유교와 기독교

秦家懿 博士 著
儒 與 耶

Julia Ching
CONFUCIANISM AND CHRISTIANITY
A Comparative Study

KODANSHA INTERNATIONAL
Tokyo, New York & San Francisco
in cooperation with
THE INSTITUTE OF ORIENTAL RELIGIONS
© Sophia University, Tokyo 1977

Translated into Korean by Sen-Hwan Byen
© Benedict Press, Waegwan, Korea 1994

유교와 기독교
1994 초판
옮긴이: 변선환/펴낸이: 이덕근

ⓒ 분도출판사(등록: 1962년 5월 7일·라15호)
718-800 경북 칠곡군 왜관읍 왜관리 134의 1
편집부: (0545)971-0629
영업부:〈본사〉(0545)971-0628 FAX.972-6515
〈서울〉(02)266-3605 FAX.271-3605
우편대체 계좌: 700013-31-0542795
국민은행 계좌: 608-01-0117-906
ISBN 89-419-9405-5 03230

줄리아 칭

儒敎와 基督敎

邊鮮煥譯

분도출판사

한국어판을 위한 저자 서문

제 책이 한국어로 번역되어 나오게 된 것을 기쁘게 생각합니다. 이 책은 이미 영어, 독일어, 중국어 등으로 나와 있습니다. 한국에서 유교와 기독교가 둘 다 중요하다는 사실을 감안할 때, 이 책이 한국말로 나와 이 책에서 말하고자 하는 바가 한국 독자들의 호응을 받을 수 있게 되었다는 것은 의미깊은 일이라 생각합니다.

한국어판이 나올 수 있도록 번역에 수고해 주신 변선환(邊鮮煥) 박사님께 감사드립니다. 이 책에서 시간적으로 맞지 않는 것들을 새롭게 하기 위해 여기 저기 고칠 것을 고쳐주신 것에 대해서도 감사하게 생각합니다.

한국어판에 유교와 기독교의 대화 문제를 다룬 캐나다 리자이나 대학교 오강남(吳剛男) 박사의 글을 실을 수 있게 된 것을 기쁘게 생각합니다. 우리는 모두 한국에서 유교과 기독교 사이에 진지한 대화가 이루어지길 고대하고 있습니다. 한국분들 상당수는 유교인임과 "동시에" 기독교인이라는 사실을 생각할 때 이 일은 더욱 흥미있는 관심사가 아닐 수 없습니다.

이 책의 한국어판이 제가 Hans Küng 박사와 공저(共著)한 더 최근의 책 『중국 종교와 그리스도교』(*Christianity and Chinese Religions*)의 한국어판과 거의 같은 때에 같은 분도출판사에서 출간된다고 하는 사실도 아울러 지적하고 싶습니다.

"以文會友, 以友輔仁!"
"글을 통해 벗을 만나고, 벗을 만나 인을 가꾼다"(論語 12:24).

1991년 3월, 캐나다 토론토에서
Julia Ching (秦家懿)

머 리 말

이 책, 『유교와 기독교』는 도쿄의 소피아(Sophia) 대학의 동양 종교 연구소의 후원으로 출판된 기획물 중의 세번째이다. 처음에 나온 두 권의 책은, H. Enomiya-Lassalle와 Heinrich Dumoulin에 의해 씌어진 것으로 불교와의 대화에 있어서의 기독교를 다루고 있고, 이번의 책은 유교와 기독교를 취급하고 있다.

다음 세대의 신학과 종교적 사고가 세계 종교들과의 만남에 심취하게 될 것이라고 예언할 필요까지는 없을 것이다. 이미 우리는 불교와 기독교, 힌두교, 이슬람교와 유대교 사이에 상호간의 이해와 협력에 큰 진전이 있었음을 알고 있다. 바라기는, 이런 연대를 추구하는 모습이 계속되어 가기를 원하고, 아울러 세계 종교들이 정신적 가치들과 소중한 생명수를 현대 세계에 공급하기를 바란다.

이러한 기획물들이 동양 종교에 대한 서구의 이해와 기독교에 대한 동양적 이해에 다소나마 이바지할 수 있게 되기를 바랄 뿐이다.

1977년 3월
도쿄 소피아 대학교 동양 종교 연구소 소장
William Johnston

감사의 글

나는 이 지면을 통해, 이 책을 집필함에 있어 다방면으로 용기와 도움이 되셨던 여러분들에 대한 감사의 마음을 표하고자 한다. 내가 여러모로 신세진 몇몇 분들은 자신의 이름이 공포되기를 꺼리시지만 감히 이 자리에서 밝히려고 한다. 무엇보다도 먼저 아시아인으로서 중국 철학의 전문가이신 Wing-tsit Chan, T'ang Chün-i, Okada Takehiko 같은 분들이다. 이분들 중 어떤 분은 기독교인이 아님에도 불구하고, 이 책을 집필함에 있어 나에게 큰 용기를 북돋아 주셨다. 또한 기독교에 대한 더욱더 책임적인 자세로 도와 주셨던 Thomas Berry, Tilemann Grimm, Douglas Lancashire, James Martin, Yves Reguin, D. Howard Smith 등을 빼놓을 수 없다. 그리고 초고를 작성할 때 엉성했던 부분들을 살펴서 완성본이 나오기까지 보살펴 주신 분들에게 특별한 사의를 표하는 바이다. W. T. de Bary, David Dilworth, Hans Küng, John E. Smith 등이 바로 그분들이다. 마지막 탈고를 살펴봐 주셨던 분들은 Norris Clarke, Edmund Leites, Hans Küng 등이다. Hans Küng은 신학적(神學的) 측면에서 이 책이 저술되도록 이끌어 주셨고, 확실하게 전체적인 구도를 제시했다는 면에서 크게 공헌해 주셨다. 아시아 신학의 발전을 위해 특별한 관심을 지니고 있는 홍콩에 있는 친구들, Peter Lee, Lee-ming Ng, Philip Shen 등도 잊을 수 없다. 또한 Brussels-Louvain에 있는 또 다른 친구인 Parig Digan과 Jan Kerkhofs도 빼놓을 수 없다. 우리의 "중국학 연구"에 있어서, 유교는 마르크시즘에 비해 거의 논제가 되지 않았어도, 여기에서 많은 것을 배울 수 있었고, 적어도 그것 중의 얼마큼은 이 책의 초석이 되었던 것이다. 무엇보다도 이 모든 작업을 시작할 수 있도록 책을 쓰게 만들어 주신 Heinrich Dumoulin의 근원적 초대에 심심한 애정과 존경을 보내는 바이다.

친절한 협조를 아끼지 않았던 **Kodansha** 연구소의 편집자와 간부들에게도 감사를 잊지 않고 싶다. 그리고 제2장 "유교; 그 유산에 대한 비판적 재평가"와 제4장 "신에 대한 문제" 등은 이미 약간 다르게 수정된 형태로 1975년 봄과 1977년 봄에 *International Philosophical Quarterly*에 게재되었던 것이었음을 밝혀 둔다.

또한 나의 가족, 아니 가족들이라고 말할 수 있는, 기독교인, 비기독교인, 차세대 기독교인(**post Christians**) 및 무신론자, 유교인, 불교인 등도 빠뜨릴 수 없다. 그들은 각각의 방법으로 나의 작업을 고무시켜 주었다.

이 자리에서 모두에게 한결같이 감사의 마음을 표하고자 한다.

그러나 정보자료와 해석에 있어서 잘못이 있다면 그것은 그 어떤 누구에게도 돌릴 수 없는 나 자신의 실책이라는 것을 분명히 밝혀 둔다.

J. C.

목 차

한국어판을 위한 저자 서문 …………………………………… 5
머리말 ……………………………………………………………… 6
감사의 글 ………………………………………………………… 7

서 론 상호 이해를 위한 해설 ……………………………… 13
    정의(定義) 문제 ……………………………………………… 13
    방법론 문제 …………………………………………………… 15
    신학적 지평 …………………………………………………… 17
    이 책의 구성 ………………………………………………… 20

제1장 만남 ……………………………………………………… 27
    서론 ……………………………………………………………… 27
        기독교란 무엇인가? ……………………………………… 27
        유교란 무엇인가? ………………………………………… 32
    역사적 만남 …………………………………………………… 38
        예수회의 유교 해석 ……………………………………… 40
        용어와 제의 논쟁 ………………………………………… 46
        중국과 일본에서의 반(反)기독교 논쟁 ……………… 54
    오늘날의 상황 ………………………………………………… 58

제2장 유교: 전통의 비판적 재평가 ………………………… 63
    서론 ……………………………………………………………… 63
    초기의 비판들 ………………………………………………… 66

현대의 비판들 ·· 71
　　　　역사적 공자에 대한 물음 ·· 74
　　1950년대 마르크스주의자들의 비판 ······························· 75
　　　　방법론의 문제 ·· 76
　　　　인(仁)에 관한 논쟁 ·· 80
　　반(反)공자 운동: 1966~1974년 ·· 83
　　서구의 비판 ··· 86
　　기존 평가에 대한 비판 ·· 93

제3장 **인간의 문제** ··· 101
　　서론 ··· 101
　　유교적 인간 ·· 105
　　　　악(惡)의 문제 ·· 108
　　　　자기 초월의 문제: 성인(聖人) ··································· 117
　　유교의 양심 ·· 130
　　　　"인간의 마음" ·· 132
　　　　우주적 덕목 ·· 135
　　유교적 공동체 ·· 139
　　　　다섯 가지 관계들〔五倫〕 ·· 139
　　　　문화적 공동체 ·· 144
　　결론 ··· 147

제4장 **신(神)의 문제** ··· 151
　　서론 ··· 151
　　인격적인 신 ·· 153
　　　　신에 대한 긍정 ·· 156
　　　　신에 대한 부정 ·· 167

절대자 ·· 170
　　　　생성으로서의 절대자 ······································ 172
　　　　마음으로서의 절대자 ······································ 179
　　　　관계로서의 절대자 ·· 184
　　오늘날의 상황 ·· 186
　　우리의 신은 동일한가? ·· 189
　　　　신의 역사성 ··· 190

제5장 **자기 초월의 문제** ·· 195
　　서론 ·· 195
　　　　하나님과의 대화로서의 기도 ·························· 198
　　　　신비주의: 예수와 공자 ·································· 203
　　유교적 신비주의 ·· 206
　　　　감정적 조화와 정좌(靜坐) ····························· 207
　　　　유교 영성에서의 능동성과 수동성 ················· 213
　　제의(rituals)에 관한 문제 ···································· 217
　　　　유교의 제의: 하늘에 대한 제사 ····················· 220
　　　　통과 제의(Rites de passage) ······················· 224
　　결론 ·· 226

제6장 **정치적 관련성의 문제** ····································· 231
　　서론 ·· 231
　　유교적인 왕 ··· 237
　　　　표준적 인간 ·· 237
　　　　반역에 대한 이론 ·· 242
　　유교적 관리상 ·· 244
　　　　충성의 의미 ·· 245

　　　　충성과 저항 ································· 248
　　　　유교적 사회 ································· 252
　　　　　　이상 국가 ······························· 254
　　　　　　오늘날의 상황 ························· 259
　　　　결론 ·· 263

　　후기 ·· 267

연대표 ·· 274
주요 참고서 ·· 276
인명 색인 ··· 279
사항 색인 ··· 283

〈부록〉
한국에 있어서의 유교와 기독교간의 대화 (오강남) ············ 285

⟨서론⟩

상호 이해를 위한 해설

유교와 기독교. 유교는 철학인가 종교인가 아니면 둘 다인가? 그리고 그것은 기독교와 대비될 수 있는 것인가? 이러한 물음들은 이미 300여 년 전 중국에 온 선교사들에 의해 제기되었다. 그리고 이 물음들은 이제까지 적절하게 해결되지 못하였다. 물론 시대가 바뀌었고, 사람들은 이 문제들을 더 이상 논의의 대상에 두지 않게 되었다. 그러나, 유교와 기독교가 다소간 위협 속에서 각각의 생존을 추구한다고 할지라도 그것들은 여전히 현존하는 전통으로 남아 있는 것이다. 내 견해로는, 이러한 물음들은 비교 종교 및 비교 철학을 연구하는 학생에게뿐만 아니라 기독교 자체의 적절한 해석을 원하는 신학자에게까지 오랜 시간 동안 중요한 문제로 남아 있게 될 것이다.

정의(定義) 문제

"유교"라는 말은 사실상, 그 근원이 되는 국가에서는 지식 계층이나 학자 그룹으로 알려져 있는 전통을 잘못 이름붙인 데서 생겨난 말이다. 그것은 경전(經典)으로 알려진 많은 저작들의 계속된 해석들에 기초한 광범위하고도 지적인 전통인 것이다. 이 위대한 저술들은 다양한 분야를 총망라하고 있는데, 예를 들어 시나 의미있는 역사적 기록, 예언적인 신탁, 그리고 수반되는 각종 해석, 봉건시대의 기록, 일련의 제의 교범 등이다.[1] 이러한 교

---

1. 이러한 고전들의 공식적인 명칭은 『詩經』『書經』『易經』『春秋』『禮記』 등이다. 이것들은 모두 공자가 주요 저자이거나 편집자인 것으로 되어 있는데, 그 실제적인 진위성은 불투명하다. 이 五經은 아마도 공자(B.C. 551~479년) 이전의 여러 책들에 그

범들은 매우 다양해서 많은 방법론과 해석을 낳게 되었고, 문화적인 측면으로 본다면 중국이나 한국, 일본 그리고 베트남 등에서 지대한 영향을 미치기까지 하였다. 이 전통은 철학적이며 종교적인 관심을 포함하면서도 초월하는 성격의 것이다. 왜냐하면 그것은 중국이나 일본의 어휘에서 볼 수 있는 "철학"(哲學)이나 "종교"(宗敎)라는 용어와 같은 좀더 기술적인 단어의 성립 이전부터 유구한 변천 과정을 겪어 온 것이기 때문이다.[2] 그리고 기독교가 관여하였던 곳에서는 철학과 종교가, 르네상스 시대 이전이나 혹은 그 이후에까지도, 결코 서로가 분리할 수 있을 만큼 뚜렷한 구분이 없었다는 점이다.

이러한 관점에서 나는 유교가 인간 지혜의 전통을 나타내 주고 있다는 점을 확신한다. 이 지혜의 전통은 동아시아에 있어서 폭넓게 철학이 중요한 의미가 되었음을 의미한다. 그러나 이것은 그리스도교가 우선적으로나 그 이상으로 계시 종교적이었다는 점에서 다른 면을 지니게 된다. 그러나 중국 철학 전문가인 Wing-tsit Chan이나 종교 사학자 Joseph Kitagawa, Ninian Smart 같은 현대의 학자들은 유교 전통의 핵심적인 내용으로서 강한 종교성을 구분해 내는 초기 Marx Weber의 견해에 일치하고 있음을 알 수 있다. 결국, 유교와 기독교는 동양과 서양에서 오랜 세대를 통해서 신앙과 도덕적 규범과 관습을 형성함에 있어서 지대한 영향을 미쳐 온 것이다. 그러므로 유교와 기독교의 비교 연구는 가능할 뿐만 아니라 매우 의미있는 일인 것이다.

기원을 두고 있는 것으로 보이며, 공자 사후에 여러 세기에 걸쳐 지금의 형태를 갖추었을 것으로 보여진다.

2. 철학(che-hsüeh)이나 종교(tsung-chiao)라는 말은 19세기 후반에 서구의 작품들이 번역되어 소개될 때 이루어진 중국어로서 일본의 학자들이 중간에서 번역해 낸 것이다. 이전에는 유교나 도교, 불교 및 여타의 모든 사상적 전통들은 "敎"(chiao)나 "家"(chia) 등으로 불리었다. 산스크리트 단어 중에서도 philosophy나 religion과 같은 기술적 용어들은 찾아볼 수 없고, 도리어 전통적 가르침을 의미하는 Dharma 같은 용어를 선호한다는 것을 밝혀 두고자 한다.

방법론 문제

연구의 진행 가능성은 그렇다 치고, 한 걸음 더 나아가 어떤 방법으로 할 수 있겠는가라는 물음이 있을 수 있다. 미국의 경우에 동양의 종교 철학은 세 가지 다른 분야에서 각각 교수되며 연구되고 있다. 철학 분야와 종교 연구(때때로 신학 등) 그리고 동아시아 언어와 문화 분야 등이 그것이다. 여기에는 많은 학자들이 시도하는 방법론과 정의(定義)에 대한 문제들을 찾아볼 수 있다. 이같은 책은 누구를 대상으로, 어떻게 쓰여져야 할까?

현대의 비교 철학자들은 이념과 사유적 성격의 문제를 문화의 비교라는 측면에서 많은 관심을 기울이고 있다. 종교 연구에 임하는 사람 자신이 철학자가 되거나 역사학자 또는 사회학자가 되기도 한다. 그러나 오늘날 비교 종교학이나 비교 철학은 스스로가 수련생이라고 느끼기보다는 변경 지역에 머물러 있거나, 변경을 개척한다는 이들조차도, 거의 불가능한 일들을 시도하는 돈키호테쯤으로 받아들여지고 있는 것이다.[3] 지식의 깊이와 관점의 깊이가 거의 배타적인 측면으로 파악되고 있다. 동아시아 전문 학자라면 항상 철학자나 종교 연구가들이 동양 전통을 언어상의 필수적인 습득이 없이 연구하는 무모함을 경계해야만 한다. 반면 학자들 중에서도 가끔 볼 수 있는 뛰어난 비교 철학자나 종교 연구가들은 동양 학자들 사이에서 나타나는 "폐쇄적 풍토"(ghetto spirit)에 대해 몹시 당황하기도 한다. 더더욱 양쪽 모든 경우에 있어, 신학자들에게서와 같은 노골적인 실제적·종파적 욕심 — 회심자들을 좀더 많이 확보하려는 — 을 드러내는 모멸적인 경향이 나타난다.

---

3. "비교 철학"의 방법론과 성격을 해명하려는 저작들이 많이 있는 것처럼 생각되겠지만, 그 대부분의 저작들은 동아시아 철학보다는 인도 철학에 경도되어 있는 것이 보통이다: Paul Masson-Oursel, *La Philosophie Comparée* (Paris, 1923). *Philosophy East and West* 같은 잡지에 있는 논문들은 비교 철학에 대한 관심을 증진시켜 줄 만한 것들이 있다. 또한 최근의 저작으로 Hans Küng – Julia Ching, *Christianity and Chinese Religions* (New York, 1989 [한국어판: 이낙선 옮김 『중국 종교와 그리스도교』 (분도출판사 1944)]를 참조.

그러므로 방법론은, 그러한 유교 전통을 철학 혹은 종교나 문화 — 대부분의 중국학자들이 이 경향임 — 로서 정의하거나 후계자 자신들의 기득권에 따라서 다양하게 나타난다. 그러나 방법론의 문제는 이 책의 저자가 시도하는 상황에 의존해 본다면 더욱 복잡 — 혹은 더 간단해질 수도 — 하게 된다. 이는 저자가 동양과 서양 양쪽에서 공부한 바 있는 동양인이고 현재에는 서양에서 살면서 작업하고 있기 때문이다. 동양과 서양 사이에서의 정체성(正體性)의 확립이 문제점이 되는 것이다. Joseph Kitagawa는 이 문제의식을 적나라하게 표현하면서 또한 그 방법도 제시하고 있다.

"서양에 정착하는 동양인들은 많은 양자택일의 문제를 맞게 된다. 의식적으로 그는 동양인으로 남아 있을 수도 있고 이런 관점하에서 동양 종교를 해석하기도 하고, 또는 자신을 서구인과 동일시함으로 할 수 있는 한 서구인의 자격으로 동양 종교를 연구할 수도 있다. 또는 달리 이 두 입장을 모두 의식하되 어느 쪽에도 몰입되지는 않으면서 경계선상에 머물 수도 있다. 필자는 여전히 또 다른 결단에 처해 있는데 그것은 좀더 난해한 것이다. 이는 동양과의 일체감을 상실하지 않으면서, 서구적 현존을 밝히는 일이다."[4]

나는, 그가 이러한 것들이 현실이라기보다는 요망사항이라고 강조했던 것과 같은 태도로 나의 개인적 동·서양의 난제를 해결해 보려고 한다. 나는 내가 이중적 배경이라는 것에 오히려 감사하며 그것이 좋은 결과로 나타나기를 희망하는 바이다. 그러나 Kitagawa는 주로 동아시아 종교 속의 신자공동체의 현상을 조명하는 사회적 관점을 지니고 있지만, 나의 경우는 좀더 문제가 복잡하게 나타난다. 나는 여기서 넓은 의미로 "가르침"이라고 할 수 있는 교리(doctrina)라는 말의 이해와 함께 이념 등의 비교 사학자들의 작업을 고려하고 있다.[5] 또한 살아 있는 두 전통의 신앙적 대화를 시도할 목적으로 열려진 신학적 지평을 전개하고자 한다. 나는 방법론에 있어서 연구된

---

4. Joseph M. Kitagawa, *Religions of the East* (Philadelphia, 1968), Foreword, p.12
5. Richard Mckeon, Philosophy and Theology, History and Science in the Thought of Bonaventura and Thomas Aquinas, *Journal of the History of Ideas* 36(1975), p.387.

전통의 본질에서뿐만 아니라 모든 경우에 명저들과 고전(古典)들로부터 철학적 해석의 발전이나 그 현대적 상관 관계에까지 걸쳐 논의하려 한다. 범위가 너무 광대하면 포괄적 처리가 어려워지므로, 나의 강조점은 항상 기독교나 유교에 공통적인 특정 주제를 가지고 명확한 유교의 전개에 두기로 하겠다. 내 견해로는 기독교란, 현대의 주석을 통해 본다면 개신교나 구교 모두에게 신약성서 가르침에 근거한 종교적 전통으로 보여진다. 그리고 유교 역시 사서오경(四書五經)이라고 흔히 말하는 경전들에 근거하고 있다고 볼 수 있다.[6] 내가 유교의 특별한 개념들을 제외한 여타의 유명한 유교 본문 해설서에 대해서는 거의 언급하지 않겠지만, 유교 전통이 현대적 형태로 전승되어 온 신유교(Neo-Confucianism)라는 사상 운동에 대해서는 많은 강조를 하지 않을 수 없다. 이러한 방법은 양자가 모두 "말씀"에 대한 존경을 근원으로 연구하는 전통이라는 점에서 적절한 것 같다. 즉, 하나는 신적 계시의 축적으로 존중되어 온 말해지고 쓰여진 본문으로서의 "말씀"과, 다른 하나는 성현의 가르침으로서의 "말씀"인 것이다. 나는 여기서 이러한 해석 과정의 구체화나 그 의미의 발전 과정을 논하기 이전에, 몇 가지 핵심 단어의 기본적 의미를 밝히기 위한 어원적(語源的) 분석에 주의를 기울였다. 나는 유교와 마찬가지로 기독교 역시 주석의 문제가 올바른 이해에 결정적이라고 생각한다. 그리고 이런 방법이 해석과 전개작업에 더 의미있는 해석학적 작업과 폭넓은 기여를 하여 두 전통의 공통적 주제를 밝히는 데 도움이 될 것을 희망하는 바이다.

신학적 지평

유교와 기독교, 더 나아가서는 기독교적 관점에서 본 유교 연구에 관심하는 바로서의 이 책은, 이러한 분야에서 처음 등장한 것은 아니다. James

---

6. 四書라 함은, 공자가 그의 제자들과의 대화를 포함한 『論語』와 맹자의 대화 기록을 담은 『孟子』, 그리고 『大學』, 『中庸』 등이다. 마지막 두 저작은 『禮記』에서 추려져 나온 것으로 10세기를 전후해 특별한 중요성을 갖기 시작했다.

Legge나 W. E. Soothill 같은 선교학자들은 이미 수십 년 전 유교를 포함한 중국의 종교 연구서를 펴냈었다. 최근에는 기독교 신앙 지식을 전제로 한 주제로 접근을 시도했던 D. Howard Smith의 책도 출판되었다.[7] 그러나 내가 생각하기로는, 두 전통 사이에서의 좀더 분명한 지적인 대화의 의도를 가지고 기독교의 현대적 이해의 빛에서 유교를 연구한 것은 이것이 처음일 것이라고 본다. 나의 주요 관점은 유교에 있다. 나는 각각의 두 전통이 서로를 비춰줌으로 더 깊어진 이해의 빛 아래서 유교 사상의 내적 구조를 해명해 보려고 하는 것이다. 내가 비교 연구를 한다고 해서, 어떤 선입견이나 우열 의식, 가치 체계 등을 가지고 양 전통을 판단하려는 의도는 전혀 없다. 나는 이 책에서 논의된 질문들에 대해 수없이 숙고했으며, 또한 스스로를 항상 기독교인이면서 동시에 비기독교인인 비기독교적 배경의 중국인으로 간주하며 양 전통의 변증법적 통일을 시도하려고 하는 것이다.

이런 점에서 나는 이 책이 유교를 신앙 전통으로 생각하는 사람들에게 유용하게 되기를 바란다. 그리고 여러 원(原)자료의 검색에 근거한 이 주제들의 역사적인 측면과 체계적인 나의 작업이 여전히 불분명하고 애매모호하다고 여겨지는 여러 문제들을 해결하는 중국학의 논리가 되어지길 비는 바이다(예를 들면 유교 전통은 유신론인가? 무신론인가? 아니면 범신론적인가? 등의 문제). 물론 나는 이 문제들이 중국의 전체적 맥락의 전통 안에서 복잡하게 얽혀 들어가지 않고 해결되어질 수 있는가에 대해 고민을 갖고 있기는 하다. 그러나 나는 이 책이 유교의 종교적 지평을 항상 추구해 나가는 비교 종교 연구가들에게 확신을 주고 비교 연구에 관심하는 철학자들에게도 동기 유발이 될 수 있으리라고 확신하는 바이다. 또한 동양과 서양의 현대 신학자들의 관심도 불러일으킬 수 있을 것으로 본다.

---

7. 나는 여기서 몇 저작들을 지적하겠다. James Legge, *The Chinese Religions* (London, 1881); W. E. Soothill, *The Three Religions of China* (Oxford, 1923); D. Howard Smith, *Chinese Religions* (New York, 1968); *Confucius* (New York, 1973). 이외에도 유교와 공자에 대한 책들이 많이 있다. 그중에 몇몇은 이 연구 과정에서 언급될 것이다.

실제로 이제까지 소수의 비교 종교 연구가나 선교학자들만이 관여해 왔던 "세계 종교"에 대해 많은 기독교 신학자들이 관심을 갖고 있는 것이 사실이다. 최근 몇 해만 해도 *Neues Glaubensbuch*(1973) 같은 기독교 교리 요약집이나 에큐메니칼 신학자 Hans Küng의 *Christ sein*(1974), 루터파의 *Erwachsenen Katechismus*(1975), W. Bühlmann의 *Wo der Glaube lebt* (1975) 등이 모두 이 문제를 다루고 있고, 거듭해서 그 중요성을 부각시키고 있다.[8] 그러나 그런 관심은 시각과 깊이가 제한되어 있다. 신학의 그룹과 동양학 그룹들, 그리고 비교 철학 및 비교 종교가들의 그룹은 대부분 무관심한 상태이고 각기 제 나름대로이다. 혹자들은 "세계 종교"들에 대한 점증하는 관심이 새로운 것 — 신적(神的)인 것을 파악하거나 종교적 경험을 나타내는 표현에 있어 사람들의 더 깊고 진지한 관심들 — 의 징표로 보기도 한다. 이것은 매우 중요한 사실이다. 이 시대의 많은 젊은이들 — 서구나 기독교 전통을 지닌 특별히 미합중국뿐만 아니라 세계 모든 곳에서 — 은 소위 동양의 철학적·종교적 전통에 매혹되거나 지대한 관심을 보여주고 있다. 이러한 관심들은 그들에게 광범위하고도 심대한 영향을 끼칠 수 있는 것이다. 하나 여기에는 전문가의 도움이 필수적이다.[9] 그리고 이는 세계의 당면 문제에 관심을 보이면서 아직도 영향력이 있고 관계가 있는 서구 기독교에 더 큰 역할을 강조하는 서구 학자들에게 지대한 관심이 요구되고 있다. 바로 앞에서 논한 바와같이, 그러한 종교 다원적 세계에 있는 신학자에

---

[8]. 이런 책들 중에서 Johannes Feiner와 Lukas Vischer가 편집한 *Neues Glaubensbuch*은, 영역판으로는 David Bourke와 여러 사람이 공동 번역한 *The Common Catechism: A Book of Christian Faith* (New York, 1975)로, 한국어판으로는 서강대학교 신학연구소와 한국신학연구소가 공동 간행한, 이경우·정한교 옮김, 『하나인 믿음 — 새로운 공동신앙 고백서』 (분도출판사 1979)로 나와 있다. Hans Küng의 *Christ sein*은, 영역판으로는 *On Being a Christian* (New York, 1970)으로, 한국어판으로는 그 축소판(*Die christliche Herausforderung. Kurzfassung von CHRIST SEIN*)이 정한교 옮김, 『왜 그리스도인인가』 (분도출판사 1982)라는 이름으로 나와 있다.

[9]. R. C. Zaehner는 동양 종교의 해석적 오류에 기인한 위험성을 논의하였다. *Our Savage God* (London, 1974)를 보라. 특히 서론이 중요하다.

게 있어서 성실성과 관련 의식만이 여타 인류의 빛 아래서 자신들의 종교적 유산을 검증해 볼 수 있는 방법이 될 것이다. 그리고 이것은 신학이, 인간이 신(神)에게 이르는 통로가 될 때 더욱더 진실로 드러나는 것이다.

이 책의 구성

제1장에서 나는 유교와 기독교간의 구체적 만남을 우선 다루었다. 유익하면서도 고무적인 것이었겠지만 국제적인 회의 차원의 것은 아니었다. 이것은 역사적 실제를 다루었고 실존적인 중요성을 취급하고 있는 것이다. 훗날 유교라고 알려지게 되는 중국 전통에 대한 예수회의 해석은, 서구인이나 중국인, 기독교 신자 혹은 확고한 불가지론자 등 여타 해석자들에 의한 다양한 해석이 일어나게 된 시발점이 되었다. "하나님" 같은 특정한 용어의 번역이나 유교 제의와 기독교 신앙 사이의 조화의 문제 등을 둘러싼 논쟁들은, 수백 년 전부터 양자 모두에게 의미의 난해성이나 "공통 주제"들에 대한 유사점과 상이성을 드러내 주었다. 2장에서는 특별히 유교 전통의 비판적 재평가를 시도하였다. 현재 이 유교 전통의 유지가 도전받고 있긴 하지만, 여전히 생존 가능성의 문제는 이 연구에서처럼 중요성을 — 혹은 결여될 수도 있지만 — 지니고 있는 것이다. 나는 여기서 이 비판적 재평가가, 중국 내에서 반(反)공자 운동을 포함한 지적·정치적 운동이 아직 분명하게 가시화되지 않았었던 — 혹은 현재도 그렇지 않은 — 1974년 후반에 완성되었다는 점을 분명히 밝히고자 한다. 어떤 이들은 그러한 정치적 사건이 중국 사람들의 진정한 정신적 상태를 대변할 수 없다고 보기도 한다.

일련의 역사적 접촉과 모호한 속에서 계속되었던 그 과정들, 그리고 오늘날 유교가 처해 있는 비판적인 상황들을 고찰해 보고 나서 좀더 사변적인 문제들을 다루고자 한다. 여기서 나는 인간(人間)의 문제와 자신을 초월하는 인간의 능력이라는 문제를 이론적으로나 실제상(praxis)으로 다뤄 보고자 한다(3장). 자기 초월의 근거로서는 의식(conscience)의 문제가 뒤따르게 된다. 또한 유교의 의식은 항상 명백한 사회적 시각을 지니기 때문에 인간사에 있어서 성인(sage)의 목표를 지닌 채 자기 초월의 방향을 아울러 제공해 주는 공동체 관념이 등장하게 된다. 이러한 초월의 차원에 대한 이론적 근거로서 절대자나 신(神)의 문제가 등장하게 된다(4장). 여기서 기도와 명상, 신비성과 제의 등도 다루게 된다(5장). 이것은 Friedrich Heiler의 『기도』[10]라는 책에서 수용한 자발적 원리(heuristic principle)의 형식을 빌려 전개했는데, 즉 개인적 신성함이나 초월적 절대자에 비중을 둔 예언자적 종교와 만물과의 합일이라는 신비적 경험에로의 명상이나 하나님과의 대화로서의 기도 같은 다양한 방식의 실천에 치중하는 신비적 종교가 그것이다.

후기 유교가 초월적이면서도 여전히 내재적 절대자가 하나님의 자리를 차지하고 있는 "신비적 종교"라고 규정할 수 있는 형태에 접근하고 있는 반면에, 초기 유교는 현존하는 각종 경전의 기도서에 나타난 바와같이, 최상의 개인적 신성함에 대한 믿음의 형태를 지닌 Heiler의 기념비적인 "예언적 종교"와 매우 유사성을 지니고 있다고 감히 주장하고 싶다. 나의 관심사는 언제나 양자간의 근본적 차이를 간과함이 없이 두 전통 사이의 특정한 유사성을 밝히려는 데 있다. 나는 유교에 관한 더 많은 욕심 때문에 예언자주의나 신비주의 등과 같은 개념들을 사용하고 싶지는 않다. 나는 항상 이러한 유비의 한계를 인식하면서 진행해 나갈 것이다. 아울러, 신에 대한 믿음보다는 윤리적 차원이 유교인에 대한 이해를 결정하는 반면에, 기독교는 하나님이신 예수 그리스도에 대한 믿음으로 형성된다는 점도 지적하려고 한다. 그리고 4장과 5장에서의 단위 형태와 마찬가지로 3장과 6장이 진행되는데, 특히 자기 초월의 실천적(praxis) 논의가 정치적 관계의 차원에서 이루어진다(6장). 이 문제는 유교 교리에 있어서 분명하고도 필수적인 부분이었고 오늘날 기독교에게 있어서도 기독자의 책임에 있어 본질적인 부분으로 점차 인식되고 있다.

---

10. Friedrich Heiler, *Das Gebet*(München, 1921)은 Samuel McComb의 편집하에 *Prayer*라는 영역본으로 나왔다(London, 1932). 4장과 5장에서 이것을 언급할 것이다.

오늘날 우리의 만남은 항상 미래로 열려진다. 여기에서 주된 관심은, 후기에서 언급한 바와같이 유교와 기독교의 대화의 빛 속에서 아시아 신학의 논제를 연구하도록 하는 것이다. 여기서 나는 나의 이중적(plulral) 개념에 대한 선호감을 나타내기 위해 이중적인 신학을 사용하였다. 즉, 사고(reflection)의 측면에서는 신학적으로, 실천의 측면에서는 신앙적인 방법이다. 비록 내가 여기서 특정한 세계 종교들로부터 공유하는 신앙에 대한 일련의 많은 공통 인식을 위한 보편적 요소를 발견할 수 있었지만, 그렇다고 세계 신앙(world faith)을 추구한 것은 아니다. 또한 나는 기독교인이 되기 위해서는 자신의 문화적 유산을 송두리째 부숴버려야만 한다는 식의 "급진적 대치"[11] 이론 같은 — 유일의 구원론을 내세우곤 하는 기독교의 측면에서 — 것은 단호히 거부한다.

이 연구를 통해서 명백한 신학적 지평이 열리게 되었지만, 또한 이것은 종교학(Religionswissenschaft)이나 종교사학(history of religions) 등 여타의 방법론에 의한 여러 저작들에 힘입은 바가 크다는 것을 빼놓을 수 없다. 나의 신학적 고찰은 개신교와 구교 신학자들의 해석에 기초하였는데, 물론 관점에서 벗어나는 논쟁점들은 취급하지 아니하였다. 또한 이 책에서 나는 단순히 신학적인 범주만 언급하지 않았고 중국에 대한 비교 철학이나 종교적 분야에 관심하는 이들도 또한 염두에 두었다. 그리고 비록 내가 대부분을 중국 유교학자들만 언급했지만,[12] 또한 일본과 한국 그리고 그외 지역에서 이루어진 지대한 업적들도 결코 잊을 수 없는 것이다. 내 의도는 완벽한

---

11. Hendrik Kraemer는 *The Christian Message in a Non-Christian World* (Zürich, 1940) 에서 기독교로의 개종 조건으로 radical displacement를 강조했다. 이미 world faith 에 대한 비전을 갖고 있었던 William E. Hocking은 *Living Religions and World Faith* (New York, 1940) 3장에서 Kraemer와 대립하고 있다.

12. 나는 주요한 주제들의 전개에 있어 중국의 유교 고전과 이를 주창해 나가는 사람들에게로 나를 국한시켰다. 그러나 이것은 일본이나 한국의 학자들과 그 사상을 무시해 버린 것을 의미하지는 않는다. 다만 내 자신이 중국과 밀접한 관계에 있기 때문에 나 자신을 제한시킨 것이고, 또 주요 논의에 있어 좀더 명확성과 일관성을 갖기 위해서일 뿐이다.

연구를 이루거나 어떤 논쟁점들을 해결하는 데 있지 않다. 다만 유교와 기독교 사이에서 밝혀지는 특정한 공통 지반의 확장과 심화를 통하여 사유와 고찰의 진정한 지평을 이루는 것이 이 서론적인 연구의 목표인 것이다.

17,8세기 예수회 선교사들에 의해 유럽에 알려지게 된 중국 철학 — 대부분 유교라는 형태로만 — 은 유럽의 지성적 계층에 강렬한 인상을 주었다. 특별히 이때는 우리 모두가 그 후손이라 할 수 있는 계몽주의라는 문화적 풍조의 시대였다. 동시에 유교는, 기독교 신앙과 유교 의식의 공존 가능성에 대한 종교적 논쟁점으로 화하고 있었다. 그러나 오늘날 기독교의 선교사나 지성인들은 불교에 대한 새로운 열풍 속에서 유교에 대한 연구를 전반적으로 외면하고 있는 듯하다.[13] 나는 그러한 관심을 깎아내릴 의도는 추호도 없다. 오히려 자신의 종교적 유산을 더 깊이있게 이해하려는 이들에게, 각자의 다양성 속에서 전인류의 유산을 수용하려는 폭넓은 비교의 시각에로의 시도는 매우 유용하고 또 필요한 것이라고 보여진다. 하나 명백히 나타난 공통의 윤리적 관심이라는 면에서 볼 때, 불교보다는 유교가 기독교와 더 잘 어울릴 수 있다고 보여진다. 그리고 유교 역시 정신적 깊이가 상실되어 있지도 않다. 실제로 역사적으로 볼 때, 유교는 불교와의 접촉 속에서 영적인 지형을 확장시켜 왔다. 심지어는, 유교가 자신의 중심적인 윤리적 관심을 깊이있는 내면성의 차원으로 통전시키면서 불교의 영성과 신비주의를 의도에 맞게 변형시켰다고 보기도 한다. 기독교와 마찬가지로 유교 역시, 자아 및 그 존엄성 그리고 그 한계를 초극하려는 능력에 대한 적절한 관심에 기초하여 "내재성"(inwardness)을 갖고 있을 뿐만 아니라 사회적, 더 나아가 세계적 책임에 대한 실제적 관심에 기초한 "외향성"(outwardness)도 지

---

13. 불교 전통과 힌두 전통은 스스로가 세계적인 것이라 할 수 있어서 주목할 만한 것이고 신중한 해석이 필요하다. 다만 나는 R. C. Zaehner가 *Our Savage God*(각주 9에서 언급한 바 있다)에서 지적한 대로 위와 같은 전통 속에서 윤리적 상응성을 찾아보기가 매우 힘들다는 점과 기독교와 유교 사이에서 더 적절한 조화를 보았다는 사실만을 지적하고 싶다. 특히 이러한 얘기가 기독교(구교) 신앙을 갖고 있다고 자처하는 인도 종교 전문가이며 비교 종교가인 인물로부터 나왔다는 사실은 주목할 만하다.

니고 있다. 게다가, 내가 연구한 바에 의하면, 유교는 초월에 대한 개방성에 기초하여 명백한 수직적 차원을 소유하고 있다. 그런고로 유교에 대해 좀더 관심을 기울인다면 기독교의 전통을 재평가하고 그 미래상을 좀더 숙고하는 데 유용할 것이라고 본다. 그러한 지식은 기독교인의 자기 이해의 감각에뿐만 아니라 진정한 아시아 신학의 형성이라는 지속적 작업을 가능케 할 수 있을 것이다.

유교에 대한 나의 변론이 전적으로 무비판적인 것만은 아니다. 한편에서 나는 유교의 이상향(Idea)으로서 인간의 완전성, 이상적인 통치, 신성(神性)에의 개방성이나 자연과의 조화 등을 상세히 논술했다. 다른 한편으로는 이 상향이나 이념들의 화석화(fossilization)나 역사적 상황과 조건의 불확실성과 같은 난점들을 지적했었다. 내가 좀더 다루고 싶었던 것들은, 예를 들자면 유교 체계 속에서 상대적으로 외면되고 있는 여성의 문제 같은 것이다. 그러나 이같은 작업 속에 있어서 그 정도 언급한 것은 적절하다고 여겨진다. 그리고 유교와 기독교가 어떻게 서로에게서 배울 수 있는가 하는 점에 대해서는 단연코 그 어느 것도 완벽치 않다는 말로 대신하고 싶다. 인간과 사회, 신과 절대자, 기도와 신비주의 등에 관한 논의에서도 나는 기독교와의 특별한 난점들을 지적했었다. 그것은 시간과 문화의 불확실성에 관한 것이다.

나의 전제 조건들을 먼저 밝힌 이후에 몇 가지 실제적인 사항들을 해명해 보고자 한다. 성경에 관한 인용은 거의 대부분이 영어로 번역된 성서(London, 1966) 중 R. S. V.(Catholic 판)을 사용했다. 유교 고전에서의 인용은 거의 James Legge가 번역한 *The Chinese Classics*(Oxford, 1893)을 이용했지만, 때로 중국어로 된 원전에서 직접 사용하기도 했다. 또한 내가 사용한 주해에 나타난 학자들의 번역도 가끔 이용했고, 그것을 약간 손보기도 했다. 그리고 영어권의 중국학 전문가들에게 잘 알려진 Wade-Giles의 중국어 로마 표기 체계를 채택했다. 본문 자체 내에서 중국어를 쓰기도 했으며 어떤 경우에 중요한 기술적 용어는 그 특징을 표현하기도 했다. 그러나 참고 도서 목록상의 주해에서는 중국어나 일본어 제목을 달지 않았다. 그것은 전문가들에게는 잘 알려져 있는 것이고, 비전문가들에게는 별 필요가 없는 것이기 때문이다. 연대표와 주요 참고서, 색인은 책 말미에 포함되어 있다.

 이 책을 저술함에 있어 많은 이들이 나에게 격려를 아끼지 않았다. 어떤 이들은 긍정적인 조언과 협조를 제공해 주었다. 나는 모두에게 감사하고 있으며 감사의 글을 통해 몇몇 분을 언급하였다. 나는 또한 이 책을 읽는 독자들의 아낌없는 지도편달을 바라 마지않는 바이다. 비교 철학자들이나 종교 연구가들, 신학자들, 중국학 연구가 및 동양학자들 사이에서, 더 나아가 유교와 기독교를 포함한 전승된 세계의 유산들의 도전에 관심하고 있는 더 보편적인 계층들 속에서 이런 움직임이 끊이지 않기를 비는 바이다. 나 자신이 모두에게 만족스럽지는 못할 것이라는 사실을 알고 있다. 어떤 이들은 나의 이런 보편화의 방식에 이의를 제기하기도 할 것이고, 또 다른 이들은 좀더 세세한 것을 요구할 것이다. 다만 내가 바라는 것은 최소한 어떤 관심을 유발시키게 하려는 것이고, 또 그러한 사람들간에 서로 배울 수 있는 계기를 희망하는 것이다.

JULIA CHING
Yale University
New Haven, Connecticut
November 1976

⟨제1장⟩

만 남

서 론

 이 연구는, 기독교인과 유교인들에 의한 "상대방"의 좀더 깊은 이해와 관심을 일으킬 뿐만 아니라 이 두 전통에 관심하는 모든 이에게 기독교와 유교에 있어서의 공통 주제에 관한 검증을 제공하는 데 그 목적이 있다. 까닭에, 본인이 생각하는 바, 기독교는 무엇이고 또 다른 편에서 유교는 무엇인가에 대한 일련의 명확한 정의를 내리려고 한다.
 예수회 선교사들이 중국문화에 접하면서 첫번째로 문제가 되었던 것들은 "하나님"이란 단어의 번역 문제와 유교 제의에 적응하는 문제였다. 이것들은 여기서 역사적인 측면만을 고찰하게 될 것이다. 여기서 드러난 문제들은 이 책의 다른 장에서 신학적 주제로서 다시 다루게 될 것이다. 특히 4장에서는 "하나님"의 문제를 취급하고, 5장에서는 제사와 성례전의 문제를 다룰 것이다. 이런 방법으로서, 이런 주요 신학적 문제가 초기 선교사 시대부터 역사적인 뿌리를 갖고 있으며 종교간·문화간의 대화에 대한 현재 우리들의 요청 의식에 비추어볼 때 여전히 중대한 문제로 — 사실상 새로운 의미로서 — 존재한다는 사실을 보여주고자 한다. 그런 의식과 함께 이 대화에 기여하고자 하는 희망으로 이 책을 쓰고 있는 것이다.

기독교란 무엇인가?

 그런데, 내가 "크리스챤"(기독교인)이라고 할 때에 그것은 무엇을 말하는가? 내가 여기서, 예수 그리스도의 본래적 가르침이나 이후 2천 년 동안의 교리의 발전에 대해서나, 오늘날의 예수 운동을 이루어 온 많은 자생적 그

룸들과 기독교인들이 입버릇처럼 사용하는 "기독교인"(Christian)의 선량하다는 모든 것, 그리고 특정한 어떤 것이나 부분 등에 대해 언급할 수 있는가? 그리고 유교적 기독교나 불교적 기독교 같은 말들이 수용되거나 용인될 수 있는가?

분명한 것은 기독교와 유교라는 주제에 대한 책이 쓰여지기 위해서는, 내가 그들 사이에 존재하는 차이점을 인식해야만 한다는 점이다. 그렇지 못할 경우에 비교 분석의 가능성은 없어지고 말 것이다. 나는 "크리스챤"이라는 용어가 모든 진선미의 대표적인 말로 대변되는 것에 찬성할 수가 없다. 이는 너무 몰염치한 태도이기도 하다. 좋은 불교인들을 익명의 기독교인이라고 부르는 것처럼, 그들 쪽에서도 좋은 기독교인들은 익명의 불교인이라고 얘기할 수 있을 때에만 그러한 이야기들이 가능할 수 있게 될 것이다. 나는 기독교란 종교에 대해서 역사적인 면과 현재에 관한 것만을 언급하려고 한다. 기독교는 셈족 속에 그 근원을 두고 있으며, 이후에 희랍화되거나 로마화되었고, 알프스 이북의 유럽에까지 확장되면서 장시간에 걸쳐서 철학적인 형성을 이루게 되었다. 초기에는 플라톤 철학과 신플라톤주의에 관련을 가지게 되었고, 이후에는 아리스토텔레스 철학과 토미즘(Thomism)에 관련을 맺게 되었다. 기독교에 있어서 또한 이중적인 형태, 라틴(로마)적인 것과 희랍 정교회적 형태를 들 수 있는데, 후자는 특히 동유럽의 슬라브 민족 사이에 퍼져가면서 플라톤주의의 형식을 지니게 되었으며, 전자는 서부유럽과 중앙유럽에 널리 퍼지면서 지리상의 탐험으로 다른 대륙에 전파될 때까지 계속되었다. 기독교에 있어서 16세기의 개혁에 따른 발전을 빼놓을 수 없는데, 이때 많은 신학적 진보와 분파들이 이루어지게 되었다. 그들 사이에서 교리나 의식, 신조상의 표현적인 측면의 상이성이 다소간 존재하기는 하지만 모두가 예수 그리스도를 고백한다는 제도적 교회라는 일치점을 가진다. 또한 기독교에 있어서 개인적 혹은 "공동적"(communal)[1] 기독교인이 있는데, 이는 여러 가지 이유로 인해 제도적인 형태를 벗어나려고 하는 사람들이지만 이러한 신앙에 의한 삶의 방식이나 본질적인 믿음에 있어서는 여전히 신앙적인 것이다. 마지막으로 적지 않은 형태의 희망적 기독교의 형태이다. 이는 모든 현재적 위기를 견디어 내면서 결정적 시기를 이루는 것으로, 비서구적 세계 종교와 문화 전통이나, 신과 인간에 대한 더 근본적 통찰, 구조적 표현보다 확장된 형식, 현대 세계에 대한 부활하는 열정 등과의 역동적인 연관을 갖고 있다. 이런 분석 가운데서 기독교 신봉자들이 비기독교인이나 기독교를 모르는 사람들과 구별되는 근본 요소는, 자신들의 믿음과 행위에 있어서 분명하고도 자유로운 형식으로 예수 그리스도를 고백한다는 점이다.

이방계 기독교인의 문제는 좀더 복잡하다. 그러나 시간이 가면서 좀더 일반화될 것이다. 유대이즘이나 이슬람교, 기독교 등은 모두 배타적 종교로 간주되는 반면 힌두교나 불교, 유교, 도교, 및 신도(神道) 등은 좀더 의식적으로 혼합적 형태를 띠는 것으로 알려져 있다. 기독교로의 개종은 개인의 삶에 있어 결정적 결단이며 과거와의 단절을 수반하는 것으로 간주되어 왔다. 특히 유대교를 믿거나 이슬람교도, 혹은 불교도 같은 경우들이다. 까닭에 기독교의 배타주의는 분파적 차이점을 극명하게 드러냈다. 개신교 신자가 천주교인이 될 때에도, 재세례는 필요없었지만 제2차 바티칸 공의회 전까지만 해도 조건부로 받아들이면서, 개인의 지난날 "잘못"에 대해 공식적인 면죄를 받아야만 했었다.

물론 기독교는 언제나 "이방적"인 요소가 있었다. 그리스나 로마의 신앙, 그리고 유럽의 게르만 민족과 중남미의 본토박이 인디언 신앙까지도 수용하고 어느 정도 변형시켰던 것이다. 하나 이것은 언제나 타당한 것으로 인정되거나 이해되지는 못했다. 그러나 오늘날 좀더 광범위한 상호 관용의 분위기 속에서 다양한 기독교 공동체 사이에서뿐만 아니라 모든 종교적 신앙인

---

1. 기독교 공동체에 대한 것으로는 Andrew Greeley, The Communal Catholic, *National Catholic Reporter* (November 1, 1974)를 보라. 또한 Michael Novak의 주장이 담겨 있는 The Communal Catholic, *Commonweal*, vol.101 (January 17, 1975), p.321, 341 을 보라.

들 사이에서 배타성의 벽은 점차 허물어지고 있다. 비록 어느 누구도 자신을 신교도인 동시에 천주교인이라고 말하지는 않지만, 대개의 모두가 사소한 차이점보다는 중요한 유사점에 대해 관심을 가지면서 자신을 단지 기독교인으로 호칭하고 있다. 기독교인과 유대인, 기독교인과 이슬람교도 사이가 점차 좋아지는 것처럼 보이기도 한다. 하나 3대 세계 종교 사이의 핵심에 있어서의 배타적 전통은, 인종적으로 유대족이나 아랍족 출신의 기독교인들을 제외한다면, 이런 "이중적"(hyphenation)인 형태는 단순히 대화로써는 이루어질 수 없다.

그러나 남부 아시아의 종교 및 극동 아시아와 기독교 사이의 대화는 가능성을 보여준다. 기독교에 있어서 이전의 정복주의나 배타주의가 포기하는 한에 있어서 힌두-기독교나 선(禪)-기독교 같은 종교적인 삶의 형태에로의 발전 가능성이 잠재해 있는 것이다. 유교적인 기독교는 확실히 커다란 가능성이 있다. 내 견해로는 유교와 기독교 사이의 관계는 힌두교-기독교 관계나 선불교-기독교 관계보다 훨씬 조화로운 위치라고 보여진다. 이 책에서 바로 이러한 측면이 고찰될 것이다. 본인은, 일련의 핵심적 조건들만 만족된다면 이방계 기독교의 실현은 명약관화하다는 점만은 확실하게 해 두려고 한다.

이러한 점은, 우리가 기독교의 핵심이라고 할 수 있는 예수 그리스도와 그의 메시지에 대한 신앙으로 돌아가 볼 때에 더욱 명백해진다. 이것은 지면 관계상 이 책의 취급 범위에 속하지 못했다. 나는 단지, 그리스도에 대한 신앙이 하나님의 계시란 점과 복음의 정신과 조화된 삶의 방식 속에서의 믿음이 기독교의 본질적 요소라고 간주한다는 점을 밝혀 두고 싶다. 이런 조건을 만족시키지 못한다면 그는 이방계 기독교인이 될 수 없는 것이다. 선불교나 유교 등 어떤 종교든지간에 기본적 대립을 전제하지 않는 위와 같은 중심적인 신앙을 허락한다면, 이방계 기독교는 가능하게 될 것이다. 다시 말해서, 선(禪)-기독교나 유교적 기독교인의 삶에서, 부처와 공자가 행위의 표준이나 영감의 근원으로 존재하면서도, 단 모든 기독교 형태의 규준

이 되는 예수 그리스도의 삶과 가르침보다는 이차적인 것이 되어야 한다는 것이다.

예수 그리스도는 기독교와 기독교적 삶의 방식에 있어 결정적인 규범이 된다. 기독교인의 메시지는 예수의 가르침에 무엇을 더 보태는 것이 아니다. 단지 그의 가르침 자체일 뿐이다. 그리고 기독교 신학은 이러한 가르침의 해설이 되어야만 한다. 물론 예수가 철학자는 아니었지만 기독교 신학은 자신의 철학적 차원을 지닐 수가 있다. 그리고 또한 복음서 자체에서는 존재하지 않을지도 모르는 기도와 영적인 삶의 형태들을 연구하면서 기독교 신학의 기도와 영성의 차원을 확보할 수도 — 아니 확보해야만 한다 — 있다. 신학에 있어서, 개인적이고 실존적 차원에서의 하나님에 대한 인간 자신의 영적인 요청이 있는 것같이 지적이고 도덕적 차원에서의 신의 계시에 대한 인간의 응답이 존재한다. 기독교와 여타의 종교적 신앙과 종교적 삶 사이에서의 대화도 모두 이런 차원에 놓여 있는 것이다.

기독교에서의 예수 그리스도는, 유교에서의 공자의 위치보다, 더욱 결정적 의미를 지닌다. 이러한 사실은 후에 내가 "유교"(Confucianism)라는 낱말의 의미를 해명할 때 분명히 드러난다. 여기서는 목적상, 예수 그리스도가 가르쳤던 기독교의 빛에서 일련의 유교적 주제를 검증하게 된 경위를 해명하는 것으로만 만족하고 싶다. 일반적으로 말해서 개인적이거나 주관적인 것에 비중을 두게 되는 기도나 영성의 영역을 제외한다면, 나머지 여타의 발전 과정은 거의 다루지 않고 싶다. 오히려, 현대의 과학적 발견에 힘입은 현대적 이해로서의 예수의 가르침이나, 다양하게 관련된 계율의 발전, 신학적 탐구에 있어서 과거의 금기에 더 이상 묶이지 아니한 독자성과 개방성에 더 치중하려고 한다. 이것이 나의 연구에 더욱 절실한 측면이다. 왜냐하면 나는 우리 시대의 독자를 위해 쓰고 있는 것이고, 그들을 유교 및 기독교 양자에 관한 좀더 나은 지평에로 초대하며, 이런 연구가 양자에 있어 창조적 이해와 갱신으로 이르게 할 것이라는 희망에서이다.

유교란 무엇인가?

내가 "유교"라고 할 때에 이는 무엇을 말하는가? 간단히 대답할 수 있는 문제가 아니다. 유교와 공자에 대한 여러 비평의 유용성이 다분히 이 대답에 좌우될 수 있다. "Confucianism"(유교)이라는 용어는 분명히 모호한 용어다. 이는 공부자(孔夫子, Confucius)라는 이름을 지닌 사람에 의해 발전된 사상을 의미한다. 그 용어를 기독교(Christianity)와 — 바람직하다면 프랑스어 christianisme와 — 비교한다면, 인간 공자는 예수 그리스도가 그의 선교와 가르침에서 했던 바와 같은 결정적인 역할에는 미치지 못했음을 감지할 수 있다. 사실 "Confucianism"이란 말은 중국 전통의 서구적인 표현에서의 오역이라 할 수 있다. 중국인들 스스로는 "Confucianism"이나 "공교"(孔敎)라는 말보다는 학파나 학자의 가르침을 의미하는 "유가"(儒家)나 "유교"(儒敎)라는 말을 일반적으로 더 잘 사용하고 있다. 공자 자신도 고대 성인의 가르침을 "전달하는 자"로 자칭하면서 선생으로서 배타적인 요구를 결코 내세우지 않았다. 그러나 중국인에게조차 이런 본래적 명칭인 "유"(儒)라는 것이 다른 의미를 함축하고 있다. 그것은 공자 자신과 그가 후세에 전달해 주었던 윤리적 가르침을 언급하고 있는 것이다. 또한 수세기를 통하여 소위 유교 전통이라고 부르는 모든 발전 과정을 지칭하는 것이다. 이는 11세기부터 부각되기 시작한 형이상학적 경향을 모두 포함하고 있다. 그리고 맹목적인 사람이나 심지어 지성인들 사이에서도 20세기 유교의 "흔적"으로 자주 언급되고 있고, 정치적인 충성, 부자간의 효도, 여성의 정조나 정의와 올바름에 관계된 윤리적 가르침과 이런 가르침이 내재된 "유교적" 사회 구조 등을 빈번하게 다루고 있다. 특히 유교는 1916년과 1919년 5·4운동 및 그 여파로 인한 20세기 초반의 비난에 처한 것이 그런 지적이고 사회적 기초를 말한다. 또한 비록 정치적 체제는 마르크스주의를 신봉한다 할지라도, 오늘날의 비판의 이면에서 유교적 기초의 "망령"이 여전히 "떠돌아다니고" 있다는 얘기들은 "공자와 후계자들"이라는 과거의 기초를 의미하는 것이다.

"Confucianism"이란 말이 모호한 상태로 계속 있게 되면, 또 다른 용어인 "신유교"(Neo-Confucianism)란 말은 더욱 모호하게 되어 버린다. 서구에서 흔히들 말하는 신유교라 함은 당(唐, 618~906년), 송(宋, 960~1279년) 왕조시대 이후에 부분적으로 불교와 도교 철학의 만남에서 비롯된 광범위한 철학적 관심을 지닌 유교를 의미한다. 그러나 후대의 유교인들이 모두 형이상학자가 아니었다는 점에서 일련의 혼동이 비롯하게 된다. 실제로 청대(淸代, 1644~1912년)의 많은 학자들은 의식적으로 반(反)형이상학적 태도를 취하였고, 또한 스스로가 당대의 위대한 형이상학자였음에도 불구하고 여전히 유학자로 남기를 자처했던 것이다. 중국에서 신유교(新儒敎: Neo-Confucianism)란 말이 특별히 사용된 것은 중일전쟁(1937~1945년) 중에 유교의 발전과 그 현대적 부활을 조장하기 위한 방편으로였다. 이런 측면에서 이 말은 유교적 부흥을 계속 시도했던 대만 정부에서도 사용되었다.

나의 논술 목적상, 여기서 "Confucianism"이란 유교 전통 전체를 뜻하되, 단지 이것이 부분적으로 전통의 시작과는 구분된다는 점과 공자 자신의 이름과 회상에 특별히 관련된다는 점을 밝혀 둔다. 또한 내가 신유교(Neo-Confucianism)라는 말을 사용할 때는 송명(宋明, 1368~1644년) 왕조시대의 철학적·형이상학적 움직임을 말한다는 점과 20세기 초반 청(淸) 왕조의 말기까지 국가적인 정통 형이상학적 운동을 지칭함을 밝혀 둔다.

유교는 과연 종교인가? 아니면 철학인가? 유교는 단순히 실천적 도덕 교육, 즉 광범위하게 사회적 행위와 관련된 규범이나 금기에 불과한 것인가? 이런 질문들은 유교 비평가들에 의해 수없이 되풀이해서 빈번하게 제기되던 문제들이다. 여기서 서술 목적상, 주의깊게 특정 용어를 사용함에 정의(定義)를 내려서 유교 이해에 이용하고자 한다.

만일 "종교"라는 것이, 로마 가톨릭과 같은 전형적인 서구 형식의 제도적 교회와 같이 조직화된 교권 제도와 제사장직, 분명하게 명시된 교리 체계와 도덕 법규, 장중하고 공식적인 예배와 성례전을 의미한다면, 현대 이전의 유교 역시 몇몇을 제외하고는 얼마간 이런 특질을 지니고 있다고 말할 수 있다. 유교는 공식적 제의를 지니고 있었다. 언급한 대로 이것이 논쟁의 대상이었다. 유교는 하늘과 조상에 대한 경배의 희생 제의를 갖고 있었다. 그리고 공자 자신을 포함해 신격화(神格化)된 역사적 인물에게까지 음식과 향불을 피우는 희생 제의가 있었다. 그러나 하늘에 제사를 드리도록 공인된 유일한 경우로서 "최고의 사제"인 황제 자신 이외에는 조직된 성직 제도가 없었고 조상신과 살아 있는 자들과의 매개자로서의 가장(家長)이 있었을 뿐이다. 비록 공자의 후손들이 고향이었던 추읍(陬邑)에서 정부가 임명한 제사직을 감당하는 등의 독특한 자리에 있긴 했지만, 전 중국을 볼 때 공식적 지도자들이 유교 사당에서 벌어지는 예식을 거의 다 집전하곤 하였다. 또한 유교는 사회라는 공간에서 분명하게 구분되지 않는 세속적 성직 제도를 지닌다. 거기에는 수도원적 제도가 없다. 사실 유교에서 강조하는 가정과 자손에 대한 견해는 성직이나 수도원적 독신과는 원칙적으로 배치된다. 유교의 사회적 책임에 대한 교훈에 있어서, 사회 구성원들에 의한 반대를 제외하면 어떤 경우든 자발적인 격리를 거부하기 때문이다. 유교는 세속적 종교였고 지금도 발견되어진 곳에서는 이런 형태를 띠고 있다.[2]

교리와 도덕이 관련된 경우 언제나 유교에서는 인(仁)이라는 가르침으로 양자를 동일화한다. 이것은 인간의 덕목으로서 부자(父子)·군신(君臣)·부부(夫婦)·장유(長幼)·붕우(朋友) 등 다섯 가지 경우의 도덕적 관계를 특정한 하나로 묶는 보편적 덕목인 것이다. 인이라 함은 인간을 완성된 존재, 즉 성인(聖人)으로서 진정한 인간이 되게 하는 것을 말한다. 인의 덕목은, 그 자체가 우주적 삶의 힘 자체와 동일시되면서, 중국의 중세 시대라 할 수 있는 송명(宋明) 왕조를 거치는 동안 형이상학적 차원은 물론이고 우주적 차원의 덕목으로 이해되었다. 유교는 모든 사람이 성인이 될 수 있다는 식으로 인간의 실제적·잠재적 위대성에 강조점을 두기 때문에 본질적으로 휴머니즘이라 할 수 있다.[3] 유교 휴머니즘은 사회 제도와 관련되어 있다. 성인은

---

2. Wing-tsit Chan 등, *The Great Asian Religions* (London, 1969), pp.99-100을 보라.

하늘과 땅, 그리고 만물과 관련되어 있을 뿐만 아니라 특별히 다른 이웃들을 위해 존재한다. 그는 세상의 아픔에 제일 먼저 반응하는 사람인 동시에 그 즐거움은 맨 나중에 참여하는 자이다.[4] 이것은 그가 개신교의 노동 윤리 같은 차원에만 머무르는 것을 말하지 않는다. 유교인들은 인 가운데서 자연과 조화의 즐거움을 느끼며 자신의 인간성의 기쁨을 맛본다. 그는 현세에서 여러 가지 선한 일을 추구하지도 아니하고 내세에서의 영생을 원하지도 않는다. 오히려 그는 더 확실한 종말적 견해를 갖고 있다. 여기 이 땅에서는, 미래의 삶이 그의 일차적인 관심이 아니다. 그것은 저절로 되는 것이다.

기독교의 윤리와 교리에 비추어 볼 때, 삶에 있어서 이런 세속적이고도 인간 중심의 양태는 초자연적인 것과 같은 것에 백지 상태인 것처럼 보인다. 하나 유교인들이 초자연적인 것을 부정하는 것은 아니다. 유교의 제의를 살펴본다면, 유교 철학이 가르치는 것 중에서 어느 정도 모호한 점은 있지만 인간이 소통 가능하다고 보는 피안의 세계가 있음을 분명하게 알려준다. 옛 경서(經書)에 나타난 상제(上帝)나 하늘(天) 등은 기독교인의 하느님과 유사하게 등장한다. 공자 자신을 포함하여 거룩하게 신격화된(semi-deified) 인물들은 기독교의 성인들과 거의 유사한 모습을 보여준다. 조상신(ancestral spirits)들은 분류하기가 조금 애매한데, 그들은 모두가 도덕적 위인이 아니기 때문이다. 그러나 그들에 대한 진정한 경배는 내세에 대한 믿음을 말해 주는 것이며 그러한 조상신이 되기 위한 열망을 보여준다. 그리고 인간의 선(善)을 의식하는 유교의 낙관주의는 종교적 신앙으로 해석되어

---

3. Carsun Chang, T'ang Chün-i, Mou Tsung-san, Hsü Fu-kuan 등이 쓰고 Carsun Chang 이 영어로 번역한 A Manifesto for a Reappraisal of Sinology and Reconstruction of Chinese Culture(1958), *The Development of Neo-Confucian Thought* (New York, 1962), pp.462-4를 보라. 또한 Robert P. Kramers, Some Aspects of Confucianism in its Adaptation to the Modern World, *Proceedings of the IXth Congress for the History of Religions* (Tokyo and Kyoto), 1958(Tokyo, 1960), pp.332-3을 보라.

4. Fan Chung-yen은 그의 논문 Yüeh-yang lou chi에서 이러한 의견을 말했다. 또한 Wm. Theodore de Bary가 편집한 *Sources of Chinese Tradition* (New York, 1960), vol. 1, p.448에서도 언급되고 있다.

왔는데, 이 신앙은 궁극적으로는 불가시한 질서, 즉 내재적이면서도 여전히 초월적인 하늘의 질서에 대한 신앙에 근거한 것으로, 이는 신유교 학자들의 용어에서도 발견된다. 또한 유교는 인간 실존의 결정적 계기들을 심각하게 수용한다. 그래서 결혼이나 죽음 같은 통과 제의들에 독자적 상징 체계를 통하여 "성례전적" 차원을 부여한다.

만일 유교가 세속적 종교라고 불려진다면, 분명히 그것은 강력한 종교성을 지니고 있다고 장담할 수 있다. 바로 정신적 교리의 핵심에 현인(sagehood)의 교리가 있기 때문이다. 현인은 자기 초월의 모델을 보여주며, 특히 송·명 왕조 시기에 이루어진 수도(修道)적 차원을 수용한 자기 수양의 과정 같은 현인에로의 방법 등은 분명한 종교적 차원의 자기 초월 방법들로 이루어져 있다. 유교적인 현인은 기독교의 경우처럼, 은총에 의한 죄로부터의 의인(義認, justification) 등의 용어보다는 인간 본연의 선성(善性)이라는 내재적 원리의 실현이라고 볼 수 있다. 유교에서의 자기 수양은 기독교의 수도에서 말하는 기도나 참회 같은 것을 거의 언급하지 않는다. 그러나 여기서 강조하는 것은 내적 경건과 정좌(靜坐) — 유교적 명상 방법 — 그리고 인간의 내적인 삶과 외적인 행동의 일치 등으로서, 명상과 행동의 합일을 말하는 평신도(lay)의 영성 수련을 요청한다. 이 경우 기독교에서는 여타의 신자들을 위한 "대리적 성화"의 모델로 이르는 도덕적 수련이 오직 수도원적 제도 속에서 이루어지는 것이 보통이다.

철학적인 측면에서의 유교는 어떠한가? 여기에서도 기독교처럼 유교의 가르침에 철학적인 형태가 나타나는가? 유교는 십계명에 나타난 것처럼 행위와 금지라는 형태로 단순히 규범과 도덕적 교훈의 단계로 보는 것이 낫지 않을까?

여기서 우리는 유교에 대한 "대중적" 이해의 문제에 직면하게 되었다. 논어를 한번 훑어보면 공자라는 사람은 덕행이나 정의, 충효 등과 같은 도덕적 행위의 교사라는 인상을 지울 수 없다. 오륜(五倫)에 대한 강조는 강한 계급 중심적 가르침을 보여주고 있으며, 내세우는 덕목들은 통치 집단에 이로운 형태로 굳어진 사회적 관습같이 순응과 수용만을 강조하고 있다. 이러한 유교 해석은 그 내적인 의미를 왜곡시켜 버린다. 이것은 마치, 부정적인 용어로 대부분 구성된 십계명과 기독교를 무조건 동일시함으로써, 예수 그리스도 자체의 이해와 십계명의 근본이 되는 하나님과 이웃에 대한 사랑이라는 예수의 근본적 가르침을 망각해 버리는 것과 같은 이치이다.

유교는 기본적으로 도덕적 노력을 통한 자기 초월이라는 삶의 방식에 대한 가르침이라는 점에서 기독교와 유사한 점은 지닌다. 각각의 경우에 있어 철학적 고구(考究)는 이후에 등장한 것이다. 철학적 구성 작업은 본래의 가르침을 제한된 사유 체계로 구속하면서 다른 것에 대해 편협하게 된 일면도 있지만 지적인 측면을 확장시키기도 하였다. 이런 점에서 신유교는, 초기의 셈적이며(semitic) 희랍적 기독교가 소유하였던 교리 중심적 자세를 벗어난 중세의 스콜라 철학과 비교될 수 있다. 국교(國敎)와 같은 경직된 형태 속에서 신유교는 휴머니즘으로 존재했었다. 하나 진정한 인간 존재를 이론상의 덕목 교훈으로 전락시키거나 진실한 도덕적 노력보다는 위선을 조장하는 화석화된 모습이 되었다. 극단적으로 평가한다면, 스콜라적 기독교 역시 미래에의 행복만을 추구하는 식으로 인간 실존에 배타적인 강조를 한 까닭에 같은 모습이 되어 버렸다.

근본적으로, 유교가 종교인가, 철학인가, 혹은 그 사이의 어떤 것이냐 하는 논의는, 이러한 재평가에는 부적절하다고 생각된다. 이러한 지적인 분류는, 이를 시도하는 사람에 따라 감정적인 경향에 다분히 치우친다. 예를 들어, 중국의 선교사들은 신유교에 있어서의 종교성의 결핍을 공박하는 것에 일관하였지만 마르크스주의자들의 비판은 그와 정반대였던 것이다. 그들에게 있어서 유교는 종교성 때문에 용납할 수가 없었다. 자기 수양이라는 가르침 속에서 이를 발견해 냈던 것이다. 이런 문제에 있어, 중국의 고전들에서는 철학이니 종교니 하는 단어들이 없었다는 점을 되새겨보는 것이 좋을 듯하다. 유교에서는 이것을 오히려 가르침(chiao, 敎)이라고 말하는데, 이는 종교와 철학적 측면을 모두 지니고 있는 것이다.

역사적 만남

기독교인들은 유교를 어떻게 이해했으며 유교인들 역시 기독교에 대해서 어떠했는가? 양쪽의 최초의 현존하는 기록들에 있어서는 이에 대한 언급이 전혀 없다. 유럽 지역에 있어서 동아시아인들에 관한 견해는 이교도나 무신론자 등과 같은 부정적이고 일반적인 것이 대부분이었다. 왜냐하면 그들은 "비기독교인"이었기 때문이다. 때때로 좀더 긍정적인 견해로서 동방을 현자의 나라, 뛰어난 철학자나 점성가 — 이것은 아마도 마태오 복음 2장의 동방박사 이야기의 영향일 수도 있다 — 의 땅으로 부각되기도 하였다. 세번째의 중간적 견해로서, 중국인들을 유사 기독교인 정도로 보거나, 거의 불사적(不死的) 존재인 — 수세기 동안, 끊임없이 거론되어 왔기 때문에 — Prester John의 전설적 이름의 통치 아래서 기독교 공동체가 함께 존재하는 식으로 보는 것이다. 이는 초기의 중국 "선교사"들로 하여금 기독교적 중국을 찾으러 오게 하였던 요인이 되게 한 경향이기도 하다.[5]

중국 쪽에서 본다면 유럽 및 그 종교에 대해서는 거의 무지한 상태였다. 중국인들은 자신의 나라가 세계의 중심이라고 생각하였다. 그들에게 있어서 "서쪽"이라는 것은 불교의 본거지였을 뿐이었다. 심지어 포르투갈 상인들과 여행자들이 16세기경 마카오에 도착했을 때에도, 중국인들은 그들을 "불교종파"의 신봉자로 생각했었다.

이러한 초기의 상호 무지(無知)는 각자에게 있어 교훈적인 것이 되었다. 서구 유럽과 동아시아의 거대한 두 문화들은 각자가 자신의 지식을 통하여 타자를 이해하였다. 각자에게 있어서 진행되었던 상호 이해를 더 심화시켜야 할 아무런 이유도 없었다. 그런 현상은 최소한, 16~17세기에 걸쳐 예수회 선교사들이 중국에 올 때까지 계속되었다. 서구의 지성적 호기심과 종교

---

5. Igor de Rachewiltz, *Papal Envoys to the Great Khans* (London, 1971), ch.1과 pp.58-9, 142-3, 184-5를 보라.

적 열정, 그리고 팽창주의가 마침내 중국의 고유한 철학-종교적 전통의 탐구에 이르게 되었다.

예수회원들이 유교를 연구했던 최초의 유럽인들이라고 생각된다. 그들은 이것을 유럽에 처음으로 해석해 준 이들이 되었다. 실제로는 예수회가 중국에 가기를 꿈꾸던 이미 오래 전에 — 예수회가 형성되기도 전에 — 서구로부터 온 다른 기독교 선교사들이 그들보다 앞서 있었다. 우리는 페르샤에서 온 것으로 알려진 수도승 Alopen이 당(唐)나라 때 온 것으로 해독된 돌비석이 17세기 초반 — Matteo Ricci가 중국에 있었던 시기 — 에도 있었던 역사적 잔존물을 통해서 7~9세기의 경교인들(Nestorians)을 알 수가 있다.[6] 13세기경 프란치스코회 수도사들이 원(元)나라에 왔을 때, 경교파들이 있었으나, 그들은 적극적인 선교 활동을 더 이상 하지 않고 있었다. 프란치스코회는 당시 Cambaluc(북경)에 살고 있었던 John of Montecorvino에게 중국의 첫번째 대주교직을 주었고 6,000여 명 정도 세례를 준 것으로 알려져 있다. 그러나 프란치스코회의 개입은 경교파보다 단기간에 그친 것으로 알려져 있다. 그리고 이들 단체 중, 어느 것도 유교에 대해 중국의 종교나 철학으로 관심을 기울이지 않았다.[7] 또한 원나라를 방문하고 그의 경험담으로 유럽을 뒤흔들었던 Marco Polo는 중국인을 이교도로 기술하는 데 그쳤을 뿐, 유교에 대해서는 언급하지 않았다.[8]

---

6. Nestorian에 관해서는 A. C. Moule, *Christians in China before the Year 1550* (London, 1930), ch.2와 그의 후기 작품, *Nestorians in China: Some Corrections and Additions* (London, 1940)을 보라. 또한 일본 학자 Saeki Yoshiro의 *Chūgoku ni okeru keikyo suibo no rekishi* (The History of Nestorianism in China)(Kyoto, 1955).

7. 프란치스코회의 선교에 대해서는, A. van der Wyngaert, ed., *Sinica Franciscana* (Quaracchi-Firenze, 1929), vol. I, pp.57-8, 346-493, I. de Rachewiltz, op. cit., ch.4, 8, 9, 10을 보라. 또한 Fang Hao, *Chung-hsi chiao-t'ung shih* (History of the Relations between China and West)(Taipei, 1953~4), vol.3, ch.8을 보라.

8. Paul Demiéville, La Situation Religieuse en Chine au Temps de Marco Polo, *Oriente Poliano*, Rome(Istituto Italiano per il Medio ed Estremo Oriente), 1957, pp.193-234; L. Olschki, Manichaeism, Buddhism and Christianity in Marco Polo's China, *Asiatische Studien 5* (1951), pp.1-21; A. C. Moule, op. cit..

그러므로 유럽은, 예수회 선교사들의 보고와 저술이 이루어진 17세기 이전에는 공자 및 그의 가르침에 대해 아는 바가 없었다. 그러나 이러한 때늦은 발견이 유럽의 지성 세계에 중대한 영향을 주었다. 그 당시 유럽은 명목상으로도 통일된 기독교 국가가 더 이상 아니었다. 유럽은 종교적 신념상으로 구교와 개신교로 나누어졌고, 이러한 차이는 자주 국경선과 같은 형태로 존재하였다. 또한 심각한 사회적·지적 변화를 겪고 있었는데, Copernicus, Galileo, Newton 등에 의한 과학적 발견과 Christopher Columbus, Vasco da Gama 등에 의한 지리적 확장이 그것이다. 이러한 사건들이 예수회로 하여금 중국과 동아시아 선교를 가능케 하였다. 또한 그들은 합리주의라는 새로운 시대와 기독교 신앙 및 가치에 대한 회의에 대비한 지적인 엘리트를 예비하였다. 매우 역설적으로 들리겠지만, 예수회의 유교 해석은 부분적으로 이러한 합리주의와 세속주의의 성장에 기여하였다.[9]

예수회의 유교 해석

예수회가 중국에 처음 왔을 때에는[10] 유교보다 불교에 대해 더 많이 알고 있었다. 그래서 기독교 복음을 가르치기 위해 불교에서 빌려 온 단어를 사용하거나 불교 승려들의 옷차림 등을 통해 선교적인 적응을 시도하였다. 최소한 피상적으로 본다면, 유교보다는 불교가 기독교와 종교적 대응을 이루기 때문에 이런 것은 자연스러워 보였다. 선교사들이 겪었던 대중 불교는

---

9. 이 주제에 관한 뛰어난 저술로는 Paul Rule의 미발표 박사 논문, *K'ung-tzu or Confucius? The Jesuit Interpretation of Confucianism* (Australian National University, 1972)을 들 수 있다. 내가 Canberra에 있을 때 Paul Rule과 함께 이 주제에 관해 논의했던 것이 매우 유익하였다.

10. 예수회의 선교에 관해서는, L. J. Gallagher, *China in the Sixteenth Century* (New York, 1953), G. H. Dunne, *Generation of Giants* (London, 1962); Henri Bernard-Maître, *Le Père Matthieu Ricci et la société chinoise de son temps* (Tientsin, 1937), 2 vols., L'Eglise catholique des XVIIe et XVIIIe siècles et sa place dans l'évolution de la civilisation chinoise, *Monumenta Serica* (1935~6), I, pp.155-67; Fang Hao, *Chung-hsi chiao-t'ung shih*, vol.5, ch.5, 6을 보라.

교리적 가르침이나 신격화된 모습을 지닌 분명한 종교 형태를 지녔다. 사후의 미래에 대한 신앙이나 인간성에 대한 자비로운 자세, 그리고 수도원적 금욕주의 등이 그 예이다. 또한 바로 이러한 이유에서, 중국인들도 기독교를 불교의 한 분파로 간주했던 것이다. 그러나 마테오 리치는 달리 생각했다. 중국에서의 그의 초기 경험에서 그는, 지배적인 가치 체계가 불교가 아닌 유교라는 사실을 확신하게 되었다. 이밖에도 그는 중국과 유교 고전의 연구에 오랫동안 헌신했고, 유교와 기독교 사이에 더 많은 공통점이 있다는 것을 깨달았다. 특히 숭고한 도덕적 권고와 지고한 존재에 대한 경외를 말하는 공자 자신의 초기 교훈을 들었다. 유교는 미래의 삶에 대해 언급하지도 않고 교리적 구조도 결여되어 있다. 그러나 기독교 선교사들에게는 유교의 모든 것이 더 적합해 보였다. 그들은 미비된 것을 채울 수 있다고 믿었다.[11] 반면 불교의 samsāra(윤회)와 nirvāna(열반) 교리는 기독교 신학자들에게 난점이 되어 버렸다. 이들은 인간의 삶을 순환적인 형태보다는 직선적인 개념으로 보았고, 죽음 이후의 삶도 공허보다는 완성으로 보았기 때문이다. 그래서 리치는 그의 승려 복장을 벗어 버리고 유교학자의 예복으로 바꾸었다. 이것은 확신에서뿐만 아니라 편의상을 이유로 한 계획적인 행동이었다. 이후로부터 예수회들이 관여된 곳에서는 불교인들이 우상 숭배자가 되었고 유교인들은 잠재적인 동조자 내지는 개종자로 간주되었다. 리치가 그의 유명한 교리문답서 『천주실의』(天主實義)[12]에서 표현했듯이, 유교의 고전들은 비록 불충분하기는 하지만 하나님이나 미래적 삶이라는 기독교적 개념에 대한 암시를 담고 있다는 것이다. 이러한 시각은 세월의 경과에 따라 모호하게 되었다. 불교의 영향을 받은 면도 있었고, 불교의 흥왕에 따른 유교의 대응 반응 때문이기도 하였다. 그러나 고전들이 유교의 경전으로 남게

---

11. Henri Bernard-Maître, *Sagesse chinoise et Philosophie chrétienne* (Tientsin, 1935), pp. 101-17을 보라. 40년 전 발행된 이 책은, 기독교적 시각에서 중국 철학을 논한 극소수의 작품 가운데 하나이다.

12. 나는 여기서 원중국어로 된 것과 Lucas Liu Shun-te가 번역한 *T'ien-chu shih-yi* (Taichung, 1966) 양쪽을 모두 사용하였다.

되면서, 본래적이고도 진정한 공자 자신의 가르침의 재발견은 기독교 복음의 이해와 수용에 기여하게 되었다는 것이다.

리치의 주장은 인정되었는가? 이 문제에 있어서, 또 다른 종교인 불교와 기독교의 조화를 모색하던 선교사들에게 있어서 특별한 호응을 받지 못했고, 오히려 리치가 유교를 호의적으로 해석하는 것에 대해 의혹을 품게 되었다. 구체적인 쟁점은 유교 제의에 관한 것이었다. 기독교 개종자들에게 조상신 제사와 공자 자신에 대한 제사를 계속 허용할 수 있는 것인가? 이러한 의식들은 관련된 인물들의 신격화를 의미하는 것인가 아니면 단순히 존경의 상징적 표지에 불과한가? 중국의 신적 존재에 대한 용어 사용은 어떤가: 상제(Lord-on-High), 천(Heaven) 같은 용어가 기독교인의 하나님 신앙 표현에 있어 적절한 것이 될 수 있는가?

제의 논쟁과 용어에 대한 논란은 일본에서처럼 중국에서도 선교사들을 대립적인 두 그룹으로 나누었다. 대부분이 예수회원으로서 지식층을 대상으로 일하고 있던 이들은 적응하려는 자세를 보였고, 반면에 문맹 계층 대중에게 전도한 프란치스코회와 도미니코회는 결사적으로 이를 반대하였다. 지식층이 예배 차원보다는 추념(commemoration)의 차원을 우선하였던 제의들에 대해 문맹 계층의 대중은 손쉽게 종교적 의미를 부여했기에 이는 자연스러운 결과였다. 그밖에도 "대부분"이 이해하는 바와같이, 대중적 유교가 대중의 불교나 도교 등의 이념에 지대한 영향을 받고 있다는 점이 있다. 집권계층과 관련이 있긴 했지만 적응을 시도하던 예수회 역시 문제를 안고 있었다. 당시의 신유교 형이상학에서는 원시 유교의 최고 존재나 하늘에 대해 광범위한 형이상학적 강조를 두고 있었기 때문이다. 하늘(天)이란 것은, 신유교 정신에 있어 동조되고 조화된 하늘-땅(天-地), 그리고 우주(Universe)가 되어 있었다. 그러나 기독교 신앙의 눈에서 볼 때 이러한 것은 초기 신론을 대치시키는 범신론적인 것이 아닌가? 이밖에도 이(理, Li)나 기(氣, ch'i) 같은 용어들이 있었는데, 이는 영적 실체와 영혼불멸에 관한 기독교인의 분명한 입장에 대한 유물론적 의미를 담고 있는 철학적 원리였던 것이다. 예수회들은, 오직 책 속에서만 파악할 수 있는 유교의 순수 존재만을 주장하고 사람들의 현실적 종교 상황을 회피함으로써 자신들을 속이고 있었던 것은 아닐까?

이러한 논쟁적인 관점에 있어서 우리는 두 가지 사건을 살펴보아야만 할 것이다. 하나는 예수회 저술가들이 유럽의 독자들에게 유교를 해석하려고 했던 태도이고, 또 하나는 유교 제의를 정죄한 교황의 결정에까지 이르게 되었던 논쟁이다. 예수회원들은 선교적인 적응이라는 나름대로의 목적을 확장하기 위해, 유럽에 유교의 종교적 가르침에 대한 호의적인 인상을 심어주는 데에 무진 애를 썼다. 그들이 비기독교적인 종교나 철학의 역사적인 고고함의 전통을 열정적으로 찬양하는 것이, 자연신교나 합리주의를 선호하면서 기독교 그 자체의 굳건한 틀을 회피하고자 했던 유럽 지식인들에게 공헌을 할 수 있었다는 사실을 그들 자신도 전혀 깨닫지 못하였다. 반면, 유교의 가르침과 제의에 대한 기독교적인 적응은 그렇게 쉽게 수용되거나 실천될 수가 없었다. 기독교와 유교와의 만남은 사실 두 전통적 정통 교리가 만나는 것이었다. 즉, 교회 밖에는 구원이 없다고 말하는 것으로서의 post-Tridentine Catholicism*과 원죄 교리도 없거니와 구원에 대한 필요를 느끼지 않는 국가 철학으로서의 신유교라는 것이기 때문이다. 많은 중국인들이 유교인으로 남아 있으면서도 기독교 신앙을 수용하는 등으로 개종이 이루어지거나 대화가 진행되기 위해서 양측의 충분한 개방성이 존재했다. 그러나 이러한 적응 과정은, 신학적 숙고의 형태를 거친 이론적 정당화가 이루어지지 않는 한 외적인 개입 없이 오랫동안 계속될 수는 없는 것이다. 그래서 결국 유교 제의에 대한 교황의 반대 결정으로 이는 불가능해졌고, 뒤이어 예수회에 대한 박해와 마찬가지로 중국에서의 종교 핍박이 시작되었다. 상황이 급작스럽게 바뀌어진다면 오늘날도 우리에게 이런 일이 가능하게 될지도 모른다.

---

* Trent 종교회의(1545~63년) 이후의 가톨릭 사상 — 역주.

한동안 중국에서처럼 일본에서도 기독교 선교가 불붙기도 하였다.[13] 심지어는 도요토미 히데요시 막부 시절에 있었던 1587년의 추방 칙령에도 불구하고 1605년에는 전 국민의 4%나 되는 750,000여 명의 기독교 신자가 있었던 것으로 알려진다. 중국에는 1700년경 300,000의 세례교인이 있었다고 보며, 법정의 예수회들이 만주 출신의 강희 황제(1662~1723년경)가 기독교인이 되길 희망하기도 했다. 그러나 이는 오래가지 못했다. 일본의 Ieyasu Tokugawa 때(1614년) 모든 선교사를 추방했다. 그와 후계자들의 무서운 핍박은, 정치적·종교적으로 기독교가 유럽적이며 미신적 — 유교인들이 보기엔 — 이라는 일본 통치자들의 중대한 불신을 나타내 준다. 그들은 기독교를 쓸어내고 유교적 가르침에 최선을 다했다. 중국에서도 역시, 로마의 제의 논쟁 간섭처럼, 선교 간섭적 충돌로 기독교 운동이 꺾여지게 되었다. 법정에서의 음모를 포함한 정치적 이유가 문제를 더 복잡하게 만들었다. 뒤이어 일어난 박해는 중국 선교의 전성기의 종말을 가져왔고, 1800년까지는 그전에 이루었던 모든 성과들이 모두 사라져 버리게 되었다.

유교 세계를 복음화하려는 네번째 시도는 19세기 후반에 이루어졌다. 그때 선교사들은 상인들과 정복자들의 뒤를 좇아서 되돌아온 것이었다. 이때 그들의 위치는, 자신들의 정치적 보호자들로 인하여 좋은 인상을 받지 못했고, 오히려 개종자들에게 누를 끼치게 하는 데까지 이르렀다. 그것은 과학이나 공업 혁명의 성공 그리고 우월한 기술 문명의 소유에서 비롯된 서구 정복주의(triumphalism)의 결과였다. 즉, 인종이나 정치·문화·종교 등에 있어서의 정복주의인 것이었다. 그것은 유교 문화에 대한 전적인 파괴를 의미했다. 신·구교를 막론하고 기독교 선교사들은 모두, 19세기 말과 20세기 초 사이에 유교 문화의 위신을 손상시킨 데 대한 일반적인 책임을 지고 있는 것이다. 당시 기독교 선교사들과 중국의 개종자들은 바로 서구화와 현

---

13. 일본에서의 기독교 선교에 대해서는, C. R. Boxer, *The Christian Century in Japan, 1549~1650* (Berkeley, 1950); Michael Cooper, *The Southern Barbarians: the First Europeans in Japan* (Tokyo, 1971)을 보라.

대화를 상징하고 있었던 것이다. 극소수의 경우를 제외한 대부분의 선교사들은, 자신들을 서구적인 경제적 진보의 혜택을 받지 못한 채로 종교적인 암흑과 무지 속에서 살고 있는 이방 세계의 죄인들에게 고귀한 구원의 복음을 나누어 주는 사람으로 생각하고 있었다. 그들은, 그러한 생각이 반(反)기독교적인 전제를 가진 합리주의 시대에서 비롯된다는 것과, 그러한 전제가 더 진행된다면, 새로운 군사적 이념 — 마르크스주의 변증법적 유물론 — 이 백수십 년간 선교사들이 쌓아올린 것들을 일시에 제거해 버릴 것이라는 사실을 전혀 깨닫지 못하고 있었다. 유교 세계를 복음화하려 했던 네번째 시도에서, 유교 세계의 붕괴가 기독교화로 이어지는 것이 아니라 오히려 제3의 방법에 승리를 가져다 주었다는 것이 밝혀졌다. 즉, 그것은 중국 대륙과 북한·베트남 등에서 볼 수 있는 마르크스적 사회주의인 것이다. 이런 지역 이외의, 유교와 불교의 영향력이 있는 여타 지역에서 선교사들의 전도는 계속되었다. 그중에서도 이전의 유교 사회였던 곳에서, 기독교는 최근까지 많은 개종자들을 얻고 있는데, 이것은 오늘날 선교에 있어서 적응의 문제에 좀더 많은 노력을 기울이고 있기 때문이다. 마르크스적인 무신론과 세속적 유물론의 득세는, 결국 유교인들과 기독교인들에게 단련의 기회를 준 셈이 되었다. 홍콩·대만·남한 및 남동 아시아에서 — 중국의 "디아스포라"와 함께 — 기독교인의 숫자는 최근까지 꾸준한 증가 추세를 보여주고 있다.

그런데 유교로부터 개종한 기독교인들에 대해서 생각해 보아야 할 질문이 아직 남아 있다. 과연 이 사람들은 기독교인인가? 아니면 유교인으로 봐야 하는가? 불교 개종자들과는 달리 그들은 고유한 "제의"(祭儀)를 포기하지 않는다. 이제 제의 논쟁(Rites Controversy)은 중요한 문제가 되지 않는다. 1939년 로마 교황청이 조상 및 공자에 대한 경배의 제의를 허락한 사건보다도, 유교 사회에서의 가속되는 세속화의 진행이 그 제의 문제 해결에 더 큰 영향을 끼쳤다. 조상에 대한 제사는 거의 행해지지 않고 있는데, 특히 중국에서 남동아시아 등으로 이주한 사람들은 그들의 새로운 터전에 조상의 위패 등을 모시지 않는다. 그러나 Sydney에서 화교 기독교인의 여러 종파 그룹을 목회하고 있는 중국인 성직자들은 다음과 같은 사실들을 지적하고 있다. 그들의 말에 의하면, 대부분이 개신교인인 이 공동체는 20~30년 전에 중국을 떠났던 사람들로 구성되어 있는데 본질적으로 유교인의 모습을 보여준다는 것이다. 그들은 자신 및 가족들에게 있어서 도덕적으로 올바른 생활을 희구하고 있고, 상호 연대와 도움을 찾기 위해 교회에 출석한다는 것이다. 또한 그들은 하나님에 대한 공통의 신앙 속에서 안위를 얻고 공통적인 구도자의 모습으로 예배한다는 것이다. 이 사실은, 기독교가 "뿌리뽑힌 유교 공동체"에 무엇인가를 제공해 주고 있다는 의미를 말해 주는 것이다.

용어와 제의 논쟁

예수회 등의 기독교 선교사들은 극동에서의 복음 선포를 선구적으로 시도하였다. 그들이 나름대로 인간 및 우주와 독자적 신앙 및 제의에 대한 일가견을 갖고 있었던 유교 문화의 차원높은 지적 수준과 접촉하였을 때, 문화적 만남의 문제가 제기되었던 것이다. 여타 상대적인 것들을 부정하고 인간과 그 구원을 염두에 둔 기독교의 독자성만이 보존되어야만 할 것인가? 혹은 치우침 없는 공정한 지적 토의와 논의를 담은 진지한 만남을 통하여서 고유한 전통적 용어들과 교통을 시도할 것인가? 아니면 기독교 진리의 표현을 위한 도구로서 적절한 어휘를 고유 전통 속에서 단순히 차용해 올 것인가? 이러한 질문들은 기독교의 극동 선교사에 있어서 중요한 결과를 낳았던 두 개의 열띤 논쟁, 즉 용어와 제의에 관한 논쟁으로 연결되고 있다.

첫번째 문제는 하나님을 의미하는 라틴어의 "Deus"[14]를 중국 말로 번역하는 과정에서 비롯된다. 이때 예수회 선교사들은, 수세기 전에 중국에서 불

---

14. 19세기 개신교 선교사이면서 학자였던 James Legge 역시, 상제가 진정한 하나님이라고 보았던 초기 예수회의 주장을 옹호하면서 중국어에 있어서 하나님 용어 문제를 신중히 검증하였다. Legge, *The Notions of the Chinese Concerning Gods and Spirits* (*Elohim*과 *Theos*란 말을 중국어로 번역하는 문제에 대한 변론서도 포함되어 있다) by William J. Boone, D. D.(Hongkong, 1852)를 보라.

교 포교자들이 겪었던 것과 비슷한 문제들에 직면하게 되었다. 그것은 하나의 종교적·문화적 전통 속에 있는 철학적·신학적 개념들을 다른 언어로 표현해 내는 문제였다. 불교인들은 격의(格義)[15]라는 방법론을 채택하였는데, 그것은 원래의 불교 언어인 Pali어나 Sanskrit어의 개념에 근접하는 의미를 가진 단어를 중국의 고전에서 뽑아내어 번역하는 것이다. 그러나 그 때도 가끔, nirvāna라는 것을 열반(涅槃)으로 번역하거나 samsāra를 생사(生死)라고 번역해야만 하는 경우도 있었는데, 후자의 경우를 살펴본다면, 원어상으로는 윤회라는 의미를 담고 있지만 중국말로 번역된 것은 삶과 죽음이란 뜻이 되는 것이다. 그러한 방법은 중국 철학 자체에 대한 융화적인 모습을 보인 것이며, 또한 인도 불교가 중국화(Sinicized)할 수 있었던 장기간의 문화적 동화 과정을 형성해 나가는 것이기도 하였다. 그래서 "불교의 중국 점령"[16]이라고까지 불리는 6세기에서 10세기까지의 불교 전성시대를 가리켜 때때로 "중국의 불교 점령"이라고 부를 때도 있다. 그러나 불교가, 인간 삶의 실존적 아픔 등을 출발점으로 삼거나 유신론 및 범신론 또는 무신론으로 해석될 수 있는 다양한 사상의 학파로 발전되어 갔던 반면에, 기독교 선교사들은 하나님의 계시를 유일한 가르침으로 삼고 특별히 Deus라는 라틴어의 의미에 알맞은 용어를 찾아내려고 하였다.[17] 그런데 그들은, 중국어의 상제(上帝)·천(天)·신(神)·태극(太極) 등과 같이 최상의 존재에 대한 상징적 지칭이면서도 제각기 다양한 의미를 담고 있었던 여러 용어에

---

15. 격의에 대해서는, T'ang Yung-t'ung, *Han Wei Liang-Chin Nan-pei-ch'ao Fo-chiao shih* (Shanghai, 1938), vol.1, pp.234-8과 그의 영어 논문인 On Ko-yi, the earliest method by which Indian Buddhism and Chinese thought were synthesized, *Radhakrishnan: Comparative Studies in Philosophy*, ed. by W. R. Inge et al.(London, 1940), pp. 276-86을 보라.

16. T'ang Yung-t'ung(각주 15를 보라)의 불교 역사에 관한 것과 영어로 된 것 중에서는 E. Zürcher, *The Buddhist Conquest of China* (Leiden, 1959)와 아울러 Kenneth Ch'en, *Buddhism in China: A Historical Survey* (Princeton, 1964), ch.2-7.

17. 용어 논쟁에 관해서는, Paul Rule, op. cit., ch.4를 보라. 여기에서 그는 원래의 문서와 자료를 연구하는 데 진력하고 있다.

대해 당황할 수밖에 없었다. 이 문제는 단순하게 해결될 성질의 것이 아니었다. 왜냐하면 이와 같은 용어들이 상고(上古) 시대의 유교에 있어서는 초월성과 인격성의 깊이있는 의미를 담고 있었지만, 후기의 신유교(Neo-Confucianism)에 가서는, 같은 용어를 철학적으로 심화시켜 절대성과 우주성을 강조하면서 종합적으로 "유기적인"(organismic) 내재의 철학으로 해석해 나갔기 때문이다. 이외에도 일상의 생활 속에서 동일한 용어가 사용되는 경우에는, 불교 및 도교의 영향 때문에, 정령숭배(animism)나 다신교 신앙 등의 다양한 양상을 띠게 되었다. 예수회 선교사들은 주로 지식층의 사람들과 교류하였기 때문에 Matteo Ricci의 경우와 같이 문화적 적응 내지는 조화를 꾀하였다. 중국의 경전들에 대해 신중히 연구한 후 그들은 상제와 하늘(天)을 고려하여 공식적으로 천주(天主)란 명칭을 확정지었다. 모든 하늘에 대한 주님(主)이란 의미는 중국인에게 상제 및 천(天)에 대한 것으로서의 천주를 낳게 한 것이었다. 그런데 바로 여기에서 논란이 야기되었다. 처음에는 예수회 교단 내에서만 거론되다가, 나중에는 다른 교단들을 포함하여 예수회의 적응 방법에 반대하고 있었던 선교 단체들의 광범위한 반발에 부딪치게 된 것이다. Matteo Ricci의 뒤를 이어 중국과 일본의 예수회 교단을 관장하는 책임자로 임명된 Nicolas Longobardi는 "천주"라는 개념을 사용한 것이 너무 경솔했다는 이의를 제기하였다. 왜냐하면 당시는 신유교의 지적인 분위기와 그것의 천(天)에 관한 이해가 만연하고 있었기 때문이라는 것이었다. 그래서 그는, 오히려 모호한 의미를 가진 중국의 용어를 사용하지 말고, Deus란 용어를 그대로 채택하면서 그것을 중국·일본어로 음역(transliteration)할 것을 주장하였다. 일본의 경우에는 16세기 중반 예수회 선교사들이 도착했을 때부터 난관에 봉착했다. Francis Xavier는 초기에 불교 용어인 *Dainichi*를 사용했으나 후기에는 불교 승려들이 대승(大乘)이란 개념을 사용하고 있는 점에 착안해 Deusu(Deus)란 음역을 채택했다.[18]

이런 와중에서 선교사들간에는, 중국에서의 천주라는 용어와 일본에서의 Deusu라는 단어 사이에서 혼란이 생겼으나 결국 후자로 낙착이 되었다. 그래서 교리적 정확성의 보존을 위해, 삼위일체의 세 인격은 성부(Deusu Patere)·성자(Deusu Hiiryo)·성령(Deusu Supiritsu Santo) 등으로 번역되었다. 이런 경우는, 기독교 신앙의 외래적 기원을 강조하면서 개종자들에게 이해할 수 없는 낯선 신(god)을 신앙하게 만드는 결과를 가져왔다. 왜냐하면 그것은 인격(persona)·실체(susutanshiya)·은혜(garasa) 그리고 신앙(hiidesu) 등에서 보는 바와 같이 유럽의 스콜라주의 용어로 주어진 것이기 때문이다.[19]

한국에서는, 중국·일본 등과 같은 하나님 용어에 관한 논란이 거의 없었다. 한편으로 보면, 기독교가 중국 서적이나 중국 성직자들의 매개를 통해 소개되었던 것이 그 이유가 될 수 있을 텐데 그 시기는 대략 17세기 초로 보여진다. 또한 한국의 언어에는 인격적 요소를 지닌 최고의 존재자에 대한 독자적인 용어로서 "하나님"이 있는데, 이것은 그들의 토착 신앙에서의 신을 말하며 본래 그들의 신화적 조상인 단군과 관련이 있는 것이다.[20]

---

18. Ricci 자신도, 최소한 선교 기간중에 특정한 얼마 동안은, Deus를 그대로 음역하여 사용하였다. P. Pasquale M. d'Elia, Le Origini dell'Arte Cristiana cinese(1583~1640) (Reale Academia d'Italia, *Studi e Documenti* 9, Roma 1939), 또한 J. J. L. Duyvendak, in *T'oung pao* 35(1940), 386-8의 평가를 보라. 이 사실은 Fang Chao-ying 교수 덕분에 파악되었는데, 그는 1975년 Columbia 대학 출판부에서 발행한 명(明)나라 시대의 역사 편찬 Project 가운데서 Ch'eng Ta-yüeh의 전기(傳記)를 저술하면서 이것을 구체화시킨 바 있다.

19. Georg Schurhammer, S. J., *Das Kirchliche Sprachproblem in der Japanischen Jesuitenmission des 16, und 17. Jahrhunderts* (Tokyo, 1928)을 보라.

20. 이 점에 관해서는 Spencer J. Palmer, *Korea and Christianity* (Seoul, 1967), ch.1을 보라. 한국에서의 기독교 선교에 대해서는, 가톨릭의 측면에 있어서 Charles Dallet, *Histoire de l'Eglise de Corée* (Paris, 1874), 2 vols를 보라. 이외에도 Charles A. Clark, *The Old Religions of Korea* (New York 1932), pp.229-55를 참고하라. 개신교 선교에 대해서는, L. G. Paik, *The History of Protestant Missions in Korea, 1832~1910* (Seoul, 1971); Samuel H. Moffett, *The Christians of Korea* (New York, 1962)를 보라. 한국의 유교에 대해서는 Laurent Youn Eul-sou, *Le Confucianisme en Corée* (Paris, 19)를 보라. 이 책의 저자는 가톨릭 신부이며, 30년 전에 쓰인 작품이지만 서구의 언어로 된 것 중에 참고가 될 만한 표준적인 수준의 것이다. 또한 K. P. Young 및 G. Henderson, An Outline History of Korean Confucianism, *Journal of Asian Studies* 18

용어 논쟁은 좀더 중요한 제의 논쟁에 의해서 더욱 심화되었고 결국 교황청의 개입에서 판가름났다. 그때 가톨릭 선교사들은 천(天)이나 상제 등 다른 용어들을 배격하고 "천주"라는 용어만을 사용하게 되었는데, 그것은 개종자들의 심성이나 관점에 있어서 혼동을 피하려는 의도에서 비롯되었다. 그러나 이 논쟁은 19세기 중반 및 후반에 걸쳐 새로운 세대의 중국 선교사들에 의해 재연되었으며, 특히 이때는 개신교에서 문제가 되었다. 결국 개신교가 하나님으로서 상제라는 용어를 채택한 것과 가톨릭에서 천주를 견지하게 된 것은, 오늘날까지도 많은 기독교인의 마음 속에 각자의 하나님을 가진 가톨릭(천주)과 개신교〔基督〕라는 두 종교의 공존을 암시하는 것이 되었다. 일본에서는 오늘날 개신교와 가톨릭 모두가 "가미"〔神〕라는 용어를 사용하는 추세로 바뀌고 있고, 한국에서도 "천주"라는 용어가 계속 쓰여지긴 해도 신·구교가 "하나님"이란 용어를 공통으로 사용한다.

유교의 "제의"는 삶의 모든 영역을 다루고 있다.[21] 이것은, 황제 혼자에 의하여 연례적으로 집행되었던 하늘에 대한 희생 의식과, 매년 봄과 가을마다 공자에 대한 공식적인 제의 및 서원(書院)에서의 여러 제의들을 포함하며, 그 외에도 각 지역을 수호한다고 믿어지는 산·강 등의 정령을 숭배하는 것과 "마을 수호신"이란 의미의 성황(城隍)이 있는데, 특히 이것은 역사 속에서 신성(神性)과 동등한 위치를 차지하게 된 것으로 지역 주민의 공동 복리와 이 세상에서의 안위를 기원하는 공식적인 지위를 점유하고 있다. 또한 가족 제의도 있어서, 장례 및 추도 의식과 같은 것으로 조상들의 생일이나 사망일에 제물을 드리는데, 이때 조상들의 이름이 적혀 있는 "위패"나 죽은 사람의 시체를 놓게 된다. 유교의 세계관과 인생관에서 볼 때, 제의는 중요한 의미를 가지며, 또한 이(理)라는 말과 제의의 의미는 예의 범절이나

(1958), pp.81-101 및 (1959), pp.259-76. 나는 또한 한국 기독교에 관한 지식에 관해서는 Columbia 대학의 Cornelius Chang 교수에게서 빚진 바 크다. 또한 李内壽 『韓國儒學史略』(서울, 1986)을 참조하라.

21. Paul Rule, op. cit., ch.4, 5를 보라.

예의 교정을 뜻하기도 한다. 그밖에도 우주적·사회적인 의미의 중요성도 담고 있는데, 그 이유는 계절의 변화와 관련이 되어 있다든지 혹은 통치 체제나 씨족 사회에 있어서의 모든 교육적인 체계와도 관련을 맺고 있기 때문이다.

문제는, 이러한 제의가 기독교 신앙과 조화될 수 없는 신앙인가라는 점이다. 공자 및 조상의 존재가 예배해야 할 신적인 대상으로 간주되어야 하는가? 만일 그렇지 않다면, 서양에서 신적인 예배의 대상에만 사용하는 향 피우는 것과 제물 드리는 것을 이런 조상숭배 등에 굳이 사용해야만 하는가? 과연 기독교 개종자들은 이러한 제의에 계속 참여할 수 있는 것인가, 아니면 그것들을 일체 포기당함으로써 자신들의 문화적 전통이나 가족 전통 및 조상들과 결별해야 할 것인가? 그리고 아울러 학생과 공무원들에게 의무적으로 부과되는 특정한 공식 제의에의 정례적 참여를 거부하면서 자신들의 교육적·공식적인 위치를 포기할 것인가?

유교 제의를 반대하는 사람들은 향 피우는 것이나 제사 음식, 그리고 조상의 위패 등을 예로 들면서 이런 점 때문에 의미가 애매모호하다고 지적하고 있다. 그들은 또한 각 지역의 정령(精靈)에 대한 제의가 정령숭배나 범신론의 잔재라고 말한다. 왜냐하면 공자나 조상에게 경배하는 것은, 교육받은 지식층의 심성을 제외하고 최소한 대중적인 심성에 있어서 숭고한 인격에 대한 특정한 신성의 위치를 부여함으로써 우상 숭배자가 되게 하는 제의를 형성한다고 보기 때문이다. 만일 기독교 개종자들에게 그런 제의를 허락하게 된다면, 그들은 아마도 기독교의 하나님을 낯익은 여러 신들 중 하나로 간주하게 될 것이라고 보는 것이다.

처음에 선교사들간의 논쟁으로 시작된 이 제의 논쟁은, 로마의 교황과 성공회(聖公會)의 Propaganda Fides의 주목을 받으면서 상호 비방에로까지 발전하게 되었고, 다른 한편으로는 중국 법정 및 예수회와 개인적 친분이 있었던 강희(康熙) 황제까지도 관여하게 되었다. 그때 로마는, 중국 황제가 매우 개방적인 자세로 제사의 의미를 해명했음에도 불구하고, 그 의견을 무시해 버렸다. 황제의 의견을 보면, 공자는 신이 아니라 하나의 선생으로서 추앙되는 것이며, 죽은 자에 대해 희생물을 드리는 것 역시 예배(worship)라기보다는 추도 의식(memorial service)임을 피력하면서, 조상의 위패는 후손으로서의 경의와 헌신의 표시 이상의 것이 아니며, 천(天)이나 상제 등은 물질적인 하늘 개념이 아니라 하늘과 땅 그리고 모든 만물의 주인되심을 천명하고 있다. 그와 반대로 로마의 최종 결정에 영향을 준 것은 다음과 같은 강력한 반대 의견이었다. "고대 중국인들은 우상 숭배자였고, 현대 중국인들은 무신론자들이다." "유교의 경전들을 비롯하여 심지어 중국에서 발행된 예수회의 서적들까지도 모두 기독교 신앙에 반대되는 교리를 갖고 있다." "조상 제사는 조상의 영(靈)에 대한 것이므로, 우상과 미신의 요소 때문에 금지되어야 한다. 공자 자신의 경우 공적으로는 우상 숭배자이고 개인적으로 보면 무신론자이므로 기독교인들이 성인으로 추앙해서는 안될 것이다." 결국 교황의 칙서인 *Ex quo singulari*(1742)에서 "중국의 제사"를 정죄하는 것으로 귀결되고 말았다.[22]

여기에서 용어와 제의 논쟁이 중요하게 다루어지고 있는 첫째 이유는, 극동 선교에 있어서 위와 같은 로마의 결정이 수세기 동안 발전의 초침을 되돌려 놓았다는 사실 때문이다. 둘째로는, 선교사들 및 유럽 각지 — 소르본느 대학의 신학 교수, Leibniz · Wolff · Voltaire 등의 유럽 철학자들 그리고 로마 교황청 — 가 개입된 수십 년간의 애매한 논쟁을 거치는 동안, 중국인들 자신이나 중국의 법정 혹은 지식인들의 해석 역시 제의와 문화적 적응에 반대하는 불행한 결정에 동조한 사람들과 별반 다를 바 없었다는 점이다. 하나 그런 중에서도, 예수회로 개종했던 유명한 학자 서광계(徐光啓, 1562~1633년)나, 중국의 첫번째 주교가 되었던 나문조(羅文藻, 일명 Gregory Lopez)[23] 등을 주목할 필요가 있다. 특히 후자는 도미니코회의 수도승이었으면서도 제의 문제에 관한 한 예수회의 주장에 동정적이었는데,

---

22. A. S. Rosso, *Apostolic Legations to China of the Eighteenth Century* (South Pasadena, 1948), pp.138-43; Paul Rule, op. cit., pp.384-5를 보라.

이때문에 그가 속해 있던 교단의 윗사람이나 그의 입장을 빌미로 그를 몰아세우는 동료들로부터 많은 괴로움을 받았다. 그의 남경 주교의 취임도 로마의 승인이 있은 지 2년 후인 1685년에야 비로소 이루어졌다. 금세기에 있어서까지도 이 제의 논쟁은 중국에 있는 선교사들 사이에서 감정적인 문제로 잔존해 있었고, 기독교인이 특정한 제의에 참석해도 된다는 1939년의 잠정적인 로마의 교칙도, 전쟁이나 국가 생존 등의 급박한 문제들로 인해, 제사 참여의 문제에 대해 사실상 관심을 쏟지 않게 될 때까지 널리 공포되지 않았었다. 겨우 뒤늦게서야 교회의 건축을 중국의 건축 양식으로 짓는다든지, 향 피우는 것을 허용한다든지, 기타 기독교 의식과 유사한 것들에 대해 문화적 적응이란 이름으로 허용하게 되었던 것이다. 그러나 이러한 조처는 너무 늦은 감이 있었기에, 이미 서구적인 분위기로 젖어버린 개종자들에게는 아무런 의미를 줄 수도 없었다. 오히려 그것은 토착 종교나 불교, 도교 혹은 유교 등과 공감대를 형성하고 있던 사람들의 심성에 혼란을 초래했을 뿐이었다. 이 사실은, 어떤 외적인 적응의 형식은 지속적이고 의미있는 결과를 얻지 못한다는 것을 말해 주고 있다. 적응의 방법은 반드시 깊이있는 만남으로 형성되어야만 하고, 그러한 만남은 16세기의 형식과는 근본적으로 다른 것이어야 한다. 오늘날 그러한 16세기의 문제는, 기독교나 유교 혹은 비기독교 전통간에 더 이상 논쟁거리가 되지 않는다. 역사적 상황은 급격하게 변모하고 있고 세속화된 서구 사상의 많은 요소들이 극동의 사람들에게 정신적으로 영향을 미치고 있다. 나는 여기서 자유주의적인 면과 사회주의적인 측면에서 서구의 세속 휴머니즘의 중요성을 고찰하려고 한다. 그것은, 정치적 입장이나 이념, 혹은 교육적 입장의 이론과 실천이라는 갖가지 형식 위에서, 불가지론적 혹은 군사적 무신론의 형태로 전개되거나 아시아에서 일고 있는 서구화 등으로 표시할 수 있는 것들이다.

---

23. Lo Wen-tsao에 대해서는, 대만에 있는 Lucas Liu 목사에게서 결정적인 도움을 얻었다. 또한 Paul Rule, op. cit., pp.313-7을 보라.

중국과 일본에서의 반(反)기독교 논쟁

반기독교 논쟁에 관련된 저술은, 복음화에 있어서 선교사들의 고민을 보여주는 동시에 선교사들이 복음화하려고 했던 사람들의 갈등도 잘 보여주고 있다. 거기에는 상호간의 경계와 오해 및 배척 등이 잘 나타나 있다. 때때로 개인적인 정신적 충격이나, 비방, 질시 등이 엿보이기도 한다. 재미있는 것은 17,8세기의 중국과[24] 일본에서의 반기독교 주장 속에서 기독교를 공격할 때에는 한결같이 기독교의 반이성적 가르침이나 "미신적 요소" 등을 지적하고 있다는 사실이다. 넓게 보면 이것은, 어떤 종교이든지간에 불교와 비슷한 것이나 혹은 더 열등한 것으로 간주하여 배척하려는 유교인의 시각이기도 하다. 반기독교에 관한 첫번째 작품인 『파사기』(破邪記, *Preface*, 1640)에 보면 이것이 잘 나타나 있는데, 그 안에는 명나라 말기의 40명의 유교 및 불교 학자들이 집필한 60여 편의 왕에 대한 기록과 논문들이 실려 있다. 그들의 중심된 논리는 과거 불교에 대한 유교의 논박에서 볼 수 있던 것과 유사하다. 이외에도 저자들은 기독교 교리를 증명할 수 있는 근거가 없다는 이유를 들고 있으며 일반적 상식과 이성의 바탕 위에서 권위의 문제를 내세우고 있다. 그들은 유교 경전에 대한 권위와 아울러 국가의 권위도 함께 취급하고 있다. 명(明) 왕조는, 하늘(天)과 개인이 직접적으로 교통하는 것은 하늘과 백성 사이에서 존재하는 유일한 매개자로서의 황제의 권리를 무시하는 것이라고 보았기 때문에 그것을 금하고 있었던 것이다. 이후의 근세・반기독교 저작에서는, 기독교를 불교 및 도교 등과 비교하는 것을 꺼리면서도 한편으로는 기독교를 불교의 다른 형태로 간주함으로써 동일한 경향을 보여주고 있다. 이것은 일본의 경우에도 마찬가지이다. Fabian Fukan (1620년)이란 사람은 유명한 *Ha-Deusu*[25]란 책을 쓴 사람인데 그는 풋내기

---

24. Douglas Lancashire, Anti-Christian Polemics in Seventeeth Century China, *Church History* 38 (1969), pp.218-41. 가장 주목할 만한 반(反)기독교 작품으로는 불교도 Chung Shih sheng이 쓴 *P'i-hsieh-chi*를 들 수 있다. 이 작품은 *T'ien-chu chiao tung-ch'uan wen-hsien hsü-p'ien* (Documents on the Eastward Spreading of the Catholic Church)(Taipei, 1966), vol.2, pp.905-60에 있다.

불교 승려였다가 예수회 회원으로 개종하였고 나중에는 기독교를 배반한 이단자가 되었다. 묘하게도 그는 일본에서 첫번째로 발행된 기독교 변증서 *Myōtei mondō*(1605년)의 저자이기도 한데, 거기에서 그는 불교와 유교, 신도(神道)를 논박하면서 기독교의 가르침을 설명해 주고 있다. 그리고 나중에 반기독교 저술을 통해서는, 하나님(Deus)이란 선교사들이 말하는 것처럼 전능하고 자비롭지 못하다는 것을 체계적으로 증명하려고 하였다. 또한 그는 일본의 개종자들에 대해서 오만하고 젠체하는 유럽 선교사들의 태도를 파헤치고 있고, 유교와 불교를 자유로이 인용하면서 확실한 역사적 비교를 제공해 주고 있다. 기독교를 박해하던 토쿠가와 막부(德川幕府) 시대에 재판관으로 활약하였던 유학자 Arai Hakuseki(1657~1725년)도 기독교 신앙의 논박에 심혈을 기울였다. 그는 기독교 교리가, 창조와 타락, 천국과 지옥 등의 허황된 교리를 말한다는 점에서 불교와 닮은 점이 있다고 본다. 또한 그는 하나님(Deus)의 개념이 유교의 이(理)라는 것과 조화될 수 없음을 주장하였다.

결국 기독교를 중국의 유교 정신과 조화시키려 하거나 불교를 하등 종교로 간주하여 공격하는 예수회들의 노력에도 불구하고, 중국이나 일본의 여러 유학자들에게 있어서는, 기독교가 교리상의 가르침에 있어서 대중 불교와 유사하다고 보여지거나 불교의 철학적 측면보다 열등한 것으로 간주되고 있다는 사실을 선교사들은 깨닫게 되었다. 기독교와 유교의 만남에 있어 기독교가 유교인들로부터 비판받는 것은, 기독교가 나름대로 이성적이라고 자처하고 있음에도 불구하고 주어진 인간 경험의 지평에서 만족하기보다는 확정된 신적 계시로부터의 전제를 갖고 있는 미신적 종교라는 것이다.

19세기 중엽 및 그 이후에 서구의 군사력・기술・정치적 압력 등과 함께 극동에 재상륙하게 된 기독교는, 또 다른 형태의 반기독교 논쟁과 시위를

---

25. Esther L. Hibbard가 번역한 *Refutation of Deus by Fabian* (Tokyo, 1963)을 보라. 또한 Ebisawa Arimichi 등이 편집한 *Kirishitan sho, Hai-Ja sho* (*Nihon shisō taikei*, vol. 25) (Tokyo, 1970) 등 일본의 작품들을 보라.

야기시켰다. 즉, 전쟁이나 정책적인 면에서 서구가 승리를 거두었다고 해서, 중국인이나 일본인들에게 서구의 이념과 가치가 전통적 동양의 지혜보다 우월한 것이라는 식으로 생각되지는 않았다. 오히려 중국과 일본에서는 동양의 윤리와 학풍을 근간으로 하여 서구의 과학이나 기술 등을 도입하자는 움직임이 일어나게 되었다.[26] 이후 반기독교, 반외세의 정치적 시위가 실패하는 계속적인 치욕 속에서 특히 중국에서의 북청사변(1900년) 이후, 일본을 시작으로 하여 중국인들과 한국인들은 서구의 과학 정신과 자유 민주주의 사고로부터 배우려는 욕구를 갖게 되었다. 여기서 종교나 기독교 등과는 관계없이 진행되었다. 그외에도 새로운 비판의 물결로 말미암아, 과거 일련의 논쟁에서 확실하게 주장된 것들 ― 기독교는 외국의 종교이고 그 외국인들의 종교적 표명은 정치적으로나 경제적, 심지어는 사상적으로도 아시아의 여러 나라를 지배하려는 의도를 담고 있다 ― 이 되풀이되기 시작했다. 아울러 서구의 과학과 이성의 원리에 대한 이해가 깊어지면서, 동양인들은 서구 기독교의 가르침이나 과학 문명 자체에 있는 갖가지 모순들을 파악하게 되었다. 서구의 종교를 포함하여 서구 사상에 대해 문호를 개방하였던 일본의 초기 메이지 정권은, 점차로 반외세의 노선을 걷기 시작했다. "교육에 관한 메이지 황제의 조서"(1890년)를 보면 유교의 가치관을 중시하고 있음을 쉽게 알 수 있다. 이노우에 데쯔지로 같은 철학자도 유교를 옹호하고 기독교를 배격한 사람이었는데, 그는 충성심이나 효성심 등과 같은 것이 기독교의 보편적 사랑 등과 같은 가르침과 조화될 수 없다고 보고 황제의 조서를 통해 그것을 명백히 천명하였다.[27] 20세기의 처음 얼마 동안 특별히 1919년 중국에서의 5·4운동을 중심해서, 많은 지도적 지식층 사이에서

---

26. 이것은, 특히 중국의 Chang Chih-tung의 *Ch'üan-hsüeh-p'ien* (Counsels on Learning)이나 일본의 Sakuma Shōzan의 경우를 보라. 나의 책 *To Acquire Wisdom: the Way of Wang Yang-ming* (New York, 1976), Appendix II를 보라.
27. Kishimoto Hideo가 편집한 *Japanese Religion in Meiji Era*를 보라. J. F. Howes는 서문과 3·4장을 번역했는데(Tokyo, 1956), 거기에는 Meiji 시대의 후기 발전뿐만 아니라 Tokugawa 시대의 종교(Confucianism and Christianity)에 대해서도 다루고 있다.

는 전통적·현대적·서구적인 것들을 막론하고 종교란 모두 비이성적인 것 혹은 미신적인 것으로 간주하게 되었다. 그들은, 18세기 서구 사상가들, 즉 Voltaire, Holbach 같은 철학자나 Darwin, Lamarck 같은 과학자들, 그리고 Bakunin, Marx 같은 사회 혁명가들을 인용하기도 하였다. 그들은 서구의 반종교적 논의를 되풀이하기도 했는데, 이로 말미암아 논리학이나 명백한 사고를 신뢰하게 되었고, 영혼 불멸이나 성서의 신화 등에 관한 이론을 배격하면서, 종교적 견해라는 것은 인간의 희생 위에서 하나님의 영광을 추구하는 것이라고 간주해 버렸다.[28]

기독교를 적대시하는 논의는 오늘날에도 동아시아의 여러 사회주의 국가에 잔존해 있다. 그들은 동일하게 과학과 논리에 호소하면서 종교와 미신을 배척하고 있다. 또한 선교사가 제국주의 권력 정치에 관여되어 있음을 강조하고 있다. 게다가 종교를 심리학적 투사로 이해하는 포이에르바하나 마르크스의 변증법적 유물론 등도 언급하고 있다. 사회주의 국가가 아닌 지역에서는 이러한 논란이 덜한 것은 사실이다. 오늘날 기독교의 선교는 홍콩이나 대만, 일본, 남한 및 남동아시아에서 광범위하게 수용되고 있다. 그러나 특별한 문제점이 드러나고 있다. 기독교는, 다수의 대중 속에서, 외국 종교 특히 서구의 종교로 남아 있기 때문에, 많은 지식인들이 이제는 더 이상 불교도나 유교인들이 아닌 상태에서 자유주의적 휴머니즘이라는 또 다른 가치 체계를 선택하게 되는 것이다. 이것은 그들에게, 사회 속에서의 인간과 그 중요성을 고려할 수 있는 원리를 제공하면서, 유교적 가치 체계의 어떤 "흔적"과도 상응하기 때문에, 특정한 종교적 규약 등에서 그들을 해방시켜 주고 있다. 그러나 여기서 우리는 또 다른 문제에 직면하게 된다. 그것은 유교 이후(post-Confucian) 사회에 있어서의 기독교 현재 상황의 문제이다.

---

28. Chow Tse-tsung, *The May Fourth Movement* (Cambridge, Mass., 1960), ch.12, 13; Robert N. Bellah가 편집한 *Religion and Progress in Modern Asia* (New York, 1965), 후기를 보라.

오늘날의 상황

유교적인 아시아에 있어서 기독교의 현주소는 무엇인가? 각자의 삶의 양식이 있고 신앙이나 그 체계를 지니고 있는 기독교와 유교 사이의 대화와 변화에의 가능성은 무엇인가?

확실히 오늘날의 상황은 몇 십 년 전 20세기의 초기 상황과는 매우 다른 양상을 보여준다. 그 당시의 극동 여러 나라에서는 유교 사회라고 부를 수 있는 것이 존재했었다. 거기에는 유교의 가르침에 근거한 폭넓은 도덕가치 등이 사회 제도에 담겨 있었고, 법적인 제도·장치 등에 의해 그것이 지켜졌었다. 오늘날 상황은 급격히 변화하고 있다. 혁명의 시대가 아시아를 뒤덮고 있는 것이다. 그로 말미암아 사회적·지적·정치적 변화가 초래되었다. 중국 본토와 북한, 그리고 베트남 등이 이데올로기의 혁명으로 말미암아 사회주의 정권이 들어서게 되었다. 극동의 나머지 나라에서는 유교적 가치관이 계속 유지되고 있긴 하지만, 교육과 철학에 있어서 유교는 그 특권적인 위치를 상실하고 말았다. 유교는 다른 여러 가지 것들 중의 하나일 뿐이다. 홍콩이나 대만, 남한 및 일본에서는[29] 유교 철학이 계속 교육되고 있긴 하지만, 그것은 불교나 도교·유럽 철학 등과 같이 여러 가르침들 중의 한 부분일 뿐이다. 절기 때마다 치러지는 유교 의식이 계속되고 있지만, 그것 역시 사회적인 연대성을 상실한 채, 단지 기념적인 행사에 그치고 있을 뿐이다.[30] 정치적인 측면에서의 도움이나, 유교의 오륜(五倫) 같은 인간 관계의 조화가 더 이상 절대적인 가치로 수용되지 않는 새로운 사회 질서 속

---

29. Joseph M. Kitagawa, *Religion in Japanese Society* (New York, 1966), pp.243-50; Warren W. Smith, *Confucianism in Modern Japan* (Tokyo, 1959).

30. 이 점에 관해서는, Albert Faurot, The Oldest Birthday Party: Confucian Rites are still Observed in Asia, *Asia Magazine* (May 12, 1974), pp.18-20을 보라. 제의 역사에 대해서는 John K. Shryock, *The Origin and Development of the State Cult of Confucius* (New York, 1966).

에서, 유교는 과연 미래를 바랄 수 있는가 하는 점이 문제가 된다. 이것이 실제로 2장에서 다루어질 주제가 된다. 여기서 다음과 같이 말할 수 있을 것이다: 해체의 과정을 겪어 온 유교는 세속화된(diffused) 종교로서의 새로운 가능성을 담고 있다. 진정 수세기 동안 유교는 문화적 전통 자체나 사회적 풍속 및 관습 등과 동일시되어 왔다. 심지어는 특권적인 위치가 없다 할지라도, 그것은 동아시아의 물질적·도덕적 관점에서 볼 때 중요하게 느낄 수 있는 부분으로 존속되어 왔다. 씨족 공동체는 대부분 사라지고 말았지만, 가족의 연대감이나 상호의 관심은 사회적 구조의 보이지 않는 사슬로 연결되면서 계속 이어지고 있는 것이다. 유교의 경전들은 특별한 학문 분야에 있어서만 주제가 되고 있지만, 유교 가치관의 의미는, 그것이 인정받든 못 받든간에, 소설이나 텔리비전의 프로그램 속에서도 찾아볼 수가 있는 것이다. 사실상 사회주의 국가인 중국에서도 유교적 가치관의 지속은, 유교를 마르크스 사회주의라는 다른 이념으로 대치시키려는 당 정부의 강력한 반공자 운동에 있어서 필연적인 요청이 되고 있다.

이러한 사실 속에서, 동아시아의 기독교의 존재 여부나 미래에 관해 기독교인들은 무엇을 깨달을 수 있는가? 또한 서구에서조차도, 점증하는 세속적 물질주의의 풍조와 함께 자유로운 형태의 인본주의나 마르크스주의적 사회주의 등으로 동일한 상황에 직면해 있는 것이 아닌가? 게다가 아시아에 있어서는 기독교의 이방적 요소라든지 헬레니즘 철학, 그리고 19세기 제국주의 세력과의 야합이라는 기억이 남아 있기에 더욱 어려움이 있는 것이 아닐까? 유교는 극동 아시아에 있어서 문화적 배경의 일부로 계속 존재하게 될 것이다. 그러나 기독교는 아직 전통적 문화에 대해 자신을 적응시키지 못하고 있는 것이다. 비기독교인이라 할지라도 어느 정도 기독교란 종교를 알고 있는 홍콩이나 대도시 등을 제외하면, 극동 아시아의 나머지 지역에서는 기독교에 대해 과연 얼마나 인식하고 있는지도 수수께끼일 뿐이다.

아시아에 있어서 기독교는 가능할 것인가? 이것이 우리의 중심 문제인 것이다. 각 정부의 허가를 받아 주재하며 활동하고 있는 기독교 선교사들은 마치 극소수의 게토(ghetto)와 같은 상태로만 남아 있을 것인가? 중국이나 일본의 기독교인들은 서구와 같은 세속 가치의 완전한 수용을 허락하지 않으면서도 자신의 고유한 문화적 풍토를 제거해 버린 외래 종교를 믿는다는 일면과, 사상적 차원에서 전통과 현대화의 새로운 조화와 균형을 시도하는 자국의 애국적 비기독교인의 가치나 신앙에 공감하는 또 다른 일면 사이의 갈등 속에서 뿌리를 상실한 채로 그냥 남아 있을 것인가?[31]

여기에서 자유주의적 휴머니즘이나 마르크스적 사회주의의 주장을 세세히 논박하려는 것은 물론 아니다. 그러나 피상적인 검증으로도 다음과 같은 결론을 얻을 수가 있다. 즉, 다양한 견해가 있을 수 있지만, 불가침의 권리를 가진 인간을 말하든, 새로운 집단에로 개인을 밀어 넣든간에 그 주장들의 공통된 관심은 인간이라는 점이다. 여기에서 또한, 인간이 유교 사상의 주요한 관심이었다는 것을 우리는 알고 있다. 즉, 인간은 사회 속에서 자신의 의무와 책임을 지닌 동시에 고귀하고 내적인 도덕률을 지닌 개체인 것이다. 그러므로 주장하는 표현의 방법은 다를지라도 인간 존재의 중요성을 간파하고 있다는 점에서 유교 휴머니즘은 일반적 휴머니즘이나 마르크스 사회주의와 유사점이 있는 것이다.

기독교의 경우는 어떠한가? 기독교는 이 세상의 인간과 그의 삶에 대해 충분한 관심을 쏟고 있는가, 아니면 오직 하나님만을 강조하고 인간의 복종을 요구하는 동시에 영원한 세계를 위해 현재의 희생을 강요함으로 타계 지향적인 삶에 치우치고 있는가?

위와 같은 물음들은 이 책을 쓸 때부터 염두에 두고 있던 것들이다. 왜냐하면 기독교와 유교가 대화할 수 있는 지평은 "인간"이라는 것을 잘 알고 있었기 때문이었다. 물론 거기에는 하나님의 문제도 있기는 하다. 그러나

---

31. Robert F. Spencer가 편집한 *Religion and Change in Contemporary Asia* (Mineapolis, 1971) 중에서 특히 중국·일본·베트남 부분을 보라. 또한 Pro Mundi Vita and Lutheran World Federation가 간행한 *Theological Implications of the New China* (Geneva and Brussels, 1974)에 보면 기독교 및 중국 공산주의와 관련된 점들이 나타난다. 거기 실린 내 논문은 Faith and Ideology in the Light of the New China, pp.15-36.

신성(神性)과 초월에 대하여 개방하는 인간이란 측면에서, 인간에 대한 하나님의 관계(relevance)를 말하게 되는 것이다. 이 책을 쓰기 시작하면서, 주제넘게도 나는 기독교 안에 이러한 대화를 가능케 하고 발전시킬 수 있는 충분한 휴머니즘이 있다고 가정하고 싶다. 왜냐하면 위와 같은 근거를 바탕으로 기독교를 유교의 존속과 관련시키면서 다음 장을 전개할 수 있기 때문이다. 나는 다른 책에서 주장하는 것처럼 기독교의 굴복을 의도하는 것이 아니다. 단지 기독교와 유교에 나타난 인간 이해와 무한의 영역에 대한 인간의 개방을 이 책의 주요 관점으로 삼고자 한다. 이 책이 기독교와 유교 양자에 있어서, 인간의 지평이 강조되고 더욱 심오하게 전개되는 동시에 더 나은 상호 이해를 위한 상호 대화가 진전되고, 기독교나 유교 모두에게 활짝 열려진 미래를 제공하는 데 도움이 되었으면 할 뿐이다.

〈제2장〉

유교: 전통의 비판적 재평가

우리의 또 다른 과제는, 우리의 역사적 전통을 검증하고 마르크시스트 방법을 사용하여 이를 비판적으로 종합하는 것이다. … 우리는 공자(孔子)에서부터 손일선(孫逸仙)에 이르는 우리의 역사를 종합하고, 이 중요한 과업을 수행해 나가야만 한다(모택동 『학습』에서).[1]

우리는 옛것이나 외국의 유산을 무조건 거부하거나, 그것으로부터 배우는 것을 꺼리지 말아야 한다. 설사 그것이 봉건적, 부르주아 계급의 산물이라고 할지라도 말이다(모택동 『연안(延安) 문예 강화』에서).[2]

서 론

과거의 문화적 유산에 대한 비판적 종합이라는 것. 지적(知的) 유산에 대한 이런 태도는 중국보다도 서구 유럽의 철학이나 신학 등에서 더 독특하게 나타난다. 우리는 비존재론화(de-ontologizing)라든지 비신화론화(de-mythologizing) 등에 관해서 알고 있다. 이러한 것은 파괴적이라기보다는 비판적인 창조의 의미가 있는 것이다. 우리 중의 어떤 이는 존재 및 새로운 형이상학을 재정립하기도 했다. 또 다른 이들은 — 어쩌면 동일인일 수도 있다 — 유신론을 넘어선 신(神)을 발견하기도 했다. 우리는 세속 사회와

---

1. *Selected Works of Mao Tse-tung* (Peking, 1967), vol.2, p.209.
2. Ibid., vol.3, p.81.

군사적 무신론 속에서도 거룩함과 종교성을 발견하기도 한다.

이제 다시 중국과 중국인들을 살펴보도록 하자. 우리는 과거 전통에 있어서 그들의 황금 시대와 순환적 사고 방식을 잘 알고 있고, 또한 그들의 전설적인 성군(聖君)이나 지혜 유산도 잘 알고 있다. 일련의 비판적 경향에도 불구하고, 여기에 항상 공자 및 공자 이전의 과거 전통에 대한 정당화가 요청되고 있다. 최소한 이것은 19세기 후반이나 중국적인 것에 대해 비판적인 유럽 정신이 침투할 때까지 계속되었다.

그 이후에 어떤 상황이 일어났는가? 결국 지금은 중국적인 형식 속에서조차 서구의 비판적 이념을 공식적으로 신봉하는 중국을 잉태하게 되었다. 새롭게 등장한 정치 지도자는 과거 중국의 문화 전통을 비판적으로 덧손질(summation)하도록 지식인들과 대중들에게 강요하고 있다. 실제로, 지난 얼마 동안 우리는 훌륭하게 유지되어 왔던 과거의 정책(즉, 유교 전통)을 비판하는 중국 내의 급격한 상황을 목격할 수 있었다. 사실상, 한풀 꺾이기 이전인 1973년 8월부터 1974년 7월까지 계속된 반(反)공자 운동의 계속된 물결은 중국에 관심있는 사람뿐만 아니라 중국 전문가들까지도 어리둥절하게 만들었고, 중국 본토에서 흘러나오는 각계의 주장이나 발표, 사진 등을 분석하기에 골몰했다. 그 반공자 운동이, 2,500년 전에 살았던 인간 공자에 대해 거의 무지한 서양인들보다도 더 강렬하게 나타난 것은 수수께끼로 보여진다. 그러나 학교 교과 과정에서도 모택동과 마르크스주의 책들이 유교 경전(經典)들을 대신하고 있는 중국의 상황에서, 그 운동이 의미를 갖기 위해서는 여타 유교 교육 책자들에 대한 비판적 견해의 출현은 필연적인 것이었다. 물론 정치가 모든 삶의 영역을 지배하고 있는 중국에서, 이것은 모두 정치적 활동이었음은 주지의 사실이다.

여기에서 반공자 운동에 대한 정치적 해석을 시도하는 것이 나의 목적은 아니다. 오히려, 그 운동이 우리 시대에 일어났기 때문에 나름대로 유교 전통의 비판적 재평가를 시도하려는 것이 나의 의도인 것이다. 그러나 나는 나의 연구를 역사나 진보 및 철학과 관련된 마르크스주의 논의에 국한시키지 않을 것이다. 그러므로 터무니없는 것이나 모호한 것으로부터 타당한 것을 가려내기 위해서, 공자 및 그의 가르침에 대한 비판에서 제기되었던 주요하고 잘 알려진 논의들을 검증하게 될 것이다. 내 의도는 유교를 공격하거나 옹호하는 것이 아니라 진정한 지성적 재평가 속에서 어떤 문제점들을 확실하게 밝히고, 오늘에 있어서의 유교의 의미를 해석하는 동시에 진부한 옛날 흔적도 들추어낼 것이다.

각 시대의 유교 전통을 나름대로 재평가하면서, 나는 유교가 한(漢, B.C. 207~A.D. 220년) 시대에 공식적인 지배 사상으로 채택되기 이전이나, 훗날 1905년 과거 시험의 폐지에 따른 그의 공식적 붕괴 및 오늘날 최근의 반공자 운동에 나타난 것들을 모두 중요하게 취급할 것이다. 또한 서양에서의 유교 "인상"(image)에 대해서도 논의할 것인데, 18세기 예수회 선교사들의 유교 전통 해석에 나타난 호의적인 반응이나 19,20세기의 나중 선교사들이 신·구교 공통적으로 보여주었던 적대적 반응 등이 그것이다. 또한 유교 전통에 대한 모든 중요한 찬반 논의를 진지하게 다루면서 중국인 자신에게 있어서 그것의 적절성과 중요성을 어느 정도 모색해 보려고 한다. 마찬가지로, 유교가 공식적인 지위를 상실했음에도 불구하고 계속 자신의 본래 문화의 일부로서 잔존해 있는 여타 극동의 민족들도 동일한 대상이 될 것이다. 그렇게 함으로써 세계의 정신 유산 중의 하나로 의미와 적절성을 갖는 일련의 이해들이 등장하게 되기를 희망하는 것이다.

나의 시도에 있어 함정이 도사리고 있다는 것도 잘 알고 있다. 그러기에 이제까지 논의되었던 많은 반대 의견들에 비추어 보면서 유교 전통을 평가하게 될 것이며, 최종의 결론 이전에 장점만을 고집해 내세우지도 않을 것이다. 그럼에도 여전히 본인은 전적으로 부정적인 결론이 나오지 않을 것으로 본다. 왜냐하면 많은 독자들이 이미 유교에 대해 약간의 이해라도 가지고 있을 것이기 때문이다. 그외에도 유교의 고전 텍스트들과 그에 대한 축적된 주석들, 그리고 그에 관한 수많은 서구의 책 등등은 모두 확실한 증거를 원하는 사람들에게 모두 유용한 것이 될 것이다.

초기의 비판들

공자 당대에 이미 최초의 비판 의견이 나타났는데, 그것은 혼란한 시기의 정치적 개입에 대한 논란에서 비롯된다. 논어(論語) 14장과 18장에 보면, 공자가 순회 여행 도중에, 나라를 다스리기 위해 자신의 조언을 필요로 하는 군주를 찾으러 다니는 공자를 헛되다고 조롱하는 일단의 현자들 — 미친 듯 하면서도 고고한 척하는 — 을 종종 만나게 된다. 이에 대해 공자는 진지하고 심각하게 반응하고 있는데, 시대와 자신에 대한 현자들의 판단을 긍정하면서도 동시에 불가능한 것을 시도해야 하는 그의 절박한 심정을 표현하고 있다.[3] 결국 그는 자신이 갈구했던 철학적 통치자 상을 이루지 못하고 죽었지만, 많은 제자들의 스승이 되었고, 그 제자들의 시대에 이르러서는 정치적 구현의 형태를 통해서 당대의 사회에 영향을 끼쳤던 것이다.

그가 죽은 후 250년간, 공자의 발흥하는 사상은 점점 영향력을 확장해 나갔고, 그의 많은 제자들은 서로 다른 노선에서 각기 스승의 가르침을 발전시켜 나갔다. 그후 "제자백가"(諸子百家) 시대에 있어서, 위의 발전은 다른 사상가들로부터 많은 논쟁과 반론을 야기시켰다. 공자에 대해 비판적인 초기 사상가로는 묵자(墨子, B.C. 468~376년경), 양주(楊朱), 도가(道家) 및 법가(法家) 등을 꼽을 수 있다.

맹자의 시대에는(B.C. 4세기) 묵자와 양주 학파가 공자에 필적할 만한 세력을 얻은 것으로 보인다. 맹자 자신은 묵가나 양주의 추종자들의 가르침이 이 세상을 타락하게 하는 사설(邪說)이라고 비판하면서 공자와 그의 가르침을 옹호하는 데 진력했다.[4] 묵자의 저술로 알려진 "공자를 반박함"이란 것을 보면, 공자 추종자들이 제사와 결혼 의식의 준수에 몰두하는 것과 그들의

---

3. James Legge, tr., *The Chinese Classics* (Oxford, 1893), vol.1, pp.290-1, 332-5.
4. 『孟子』 3B9, 7A26, in Legge, tr., *The Chinese Classics*, vol.2, pp.282-3, 464-5를 보라.

숙명적 태도, 조상들의 번잡한 의복이나 행동의 답습, 정치적 수동성이나 전쟁 기피 등에 대해 조롱하며 신랄하게 비판하고 있다. 어떤 부분에서는, 중소 봉건 영주들에게 왕에 대해 반란을 조장하는 말이나 도움을 줌으로써 공자를 공격하기도 한다. "공자는 매국노에게 봉사하는 음흉하고 은밀한 계획을 갖고 있었다. 그는 머리를 짜내어 악(惡)을 수행하는 데 그의 지혜를 사용하였다. 그의 많은 학식은 당시의 옳은 것을 위해서는 아무 쓸모도 없었고 그토록 궁구(窮究)했던 생각들은 백성들에게 도움을 주지 못했다. …"[5]

양주는 우리에게 잘 알려져 있지 않은 사람인데, 풍우란(馮友蘭)의 설명에 의하면 그는 공자를 비판했던 초기 은둔 사상가 중의 하나로 간주된다.[6] 맹자에 의하면 양주는 완벽한 개인적 자유를 주창하고 있었다. 양주에게서 나타난 특징을 보면 "그는 이 세계를 위해서 머리털 하나도 내놓지 않을 위인이다. … 그는 삶만을 중시하고 그밖의 것은 안중에도 없다."[7]

노자(老子)나 장자(莊子) 등과 같은 도가(道家)들은 공자와 그 가르침에 대해 외적으로나 내적으로나 대립되는 것으로 유명하다. 또한 이들 중 대부분은 사회적·정치적 활동에 몸담는 것에 반대하여 은둔자로 묻혀 지내는 것이 보통이다. 흥미로우면서 놀랄 만한 요소를 지닌 노자나 장자 등은 유교의 성자, 지혜, 제사, 정부 등의 이념들을 비웃고, 완전한 상태를 위해서 자연으로 돌아갈 것을 주장하였다.

성인(聖人)이라는 것을 잊어버리고 현자(賢者)라는 것도 내버려라. 그러면 도리어 많은 것을 얻을 것이다. 덕행이라는 것도 정직이라는 것도 버려라. 그러면 진실하게 될 것이다(『老子』 19장).[8]

---

5. Burton Watson, tr., *Mo-tzu: Basic Writings* (New York, 1963), p.131.
6. Fung Yu-lan, *A History of Chinese Philosophy,* tr. by Derk Bodde (Princeton, 1952), vol.1, p.135.
7. Burton Watson, tr., *Han Fei Tzu: Basic Writings* (New York, 1964), p.121.
8. D. C. Lau, tr., *Lao-tzu: Tao Te Ching* (Baltimore, 1963), p.75.

덕(德)이 완전히 실현된 시대는 인간이 새와 짐승같이 살게 된다. … 순전한 단순함 속에서 인간은 그의 진정한 본성에 도달한다.

그런데 성인이 나타나자 인(仁)을 들먹거리고 다그치며, 허겁지겁 의(義)를 만들어 내니 비로소 천하에 의심이 나타나게 되었다. 음탕한 생각으로 음악을 만들고 자질구레하게 예의를 만들어 놓자 천하가 비로소 갈라지기 시작했다. … 인(仁)과 의(義)를 만들어 내다가 도(道)와 그 덕을 잃어버리니 이 또한 성인의 허물이다(『莊子』 9장).[9]

『장자』(莊子)라는 책에 보면, 공자는 도(道)를 추구하는 사람으로 언급되면서 그가 노자에게 도움을 청했다고 묘사한다. 그때 노자는 공자에게 도란 고전적인 책에서 발견되는 것이 아니라 오히려 자연의 단순함에서 찾아야 한다고 말한다. 노자나 장자가 모두 자연의 이치, 즉 무위(無爲)에 따라 다스리는 것이 가장 훌륭한 통치자라는 신념을 갖고 있었다.

무위(無爲)를 가지라. 절로 평안해질 것이다(『老子』 3장).[10]

천하를 그대로 내어두고 거들떠보지도 않았다고 한다. 천하를 다스렸다고 하는 것을 결코 들어보지 못했다(『莊子』 11장).[11]

보편적 사랑이나 정치적 개입을 가르쳤던 묵가나 형이상학적 방법이나 개인적 자유를 주장했던 도가들과는 달리 법가들은 권력의 획득이나 유지 방법에 대해 정통해 있었다. 그들은 국가 전체를 조직하고 통치하는 이론이나 방법을 제공하는 현실 정치학파였다. 그들은 인간의 약점이라고 생각되는 과거나 도덕적 가치 따위는 거들떠보지도 않았다. "한비자"(韓非子)라는 유

---

9. Burton Watson, tr., *The Complete Works of Chuang-tzu* (New York, 1968), p.105.
10. Lau, op. cit., p.59.
11. Watson, tr., *The Complete Works of Chuang-tzu*, p.114.

명한 법가의 작품에는 세속 군주들에게 다음과 같이 얘기하면서 공자의 추종자들을 비판하고 있다.

> 이 사람들은 덕을 행하고 의로움을 실천함으로써 나라가 바로 선다고 믿고 있다. … 만일 이런 식으로 나라를 다스린다면 당장 혼란을 맞이하게 되고 통치자는 위험에 처하게 될 것이 뻔하다.[12]

다른 곳에서 한비자는 정부가 두려움을 갖게 하는 것과 도덕적으로 설득하는 것의 효과를 비교하고 있다.

> 엄격한 집안에서는 시건방진 하인들이 없으나, 유순한 어미의 자식들은 버릇없게 된다. 이 사실로 보아 권력과 권위가 폭력을 방지하고 유순함과 관대함은 무질서를 종식시키기에 부족하다는 것을 알 수 있다. … 무릇 통치자는 다수에게 이로운 것을 사용해야 하고 소수에게만 좋은 것은 마땅히 버려야 한다. 그러므로 통치자는 도덕이 아닌 법을 중요시해야 한다.[13]

법가의 철학은 확실히 실용적이다. 사람들은 도덕적 가르침이나 훈계보다는 상벌에 더욱 민감하다. 법가에서는 그 쉬운 예로서 부모의 충고나 스승의 가르침, 또 주위의 만류에도 불구하고 잘못된 길을 버리지 않는 어린 소년이 결국에는 그 지방의 통치자가 법의 준수를 위해 군사를 보내 개입하자, 비로소 그의 삶을 바꾸게 된 비유를 말하고 있다.

> 고로 부모의 사랑도 소년에게 바른 것을 가르쳐 주기에 충분하지 못했고, 지방 관리의 엄격한 형벌로써 회복이 가능하게 되었다. 인간은 원래 사랑 때문에 버릇없게 되지만 위엄에 굴복하고야 만다.[14]

---

12. Watson, tr., *Han Fei Tzu: Basic Writings*, p.107의 영어 번역에서 인용함.
13. Ibid., p.125.   14. Ibid., p.103.

법가의 도움을 입어, 진(秦, B.C. 221~207년) 나라의 초대 황제는 기원전 221년에 봉건 중국 왕조의 정치적 통일을 이룩하였다. 뒤따라 지식이나 이념 등을 포함한 다른 국면에서도 일원화가 시도되었다. 법이나 규칙, 도량형, 측량 등이 표준화되었고 중국 문서상의 다양한 형태도 일원화되었다. 기원전 213년에 황제는 의학이나 점술, 농경에 관한 것들을 제외한 모든 책들을 태우도록 명령했다. 그는 또한 자신의 법에 대한 비판을 종식시키기 위해 460여 명의 학자를 산 채로 묻어버렸다고 전해진다. 이중에 몇 명이 유학자였는지는 알려지지 않았다.[15]

유교는 지하로 들어갔다가, 한나라 무(武) 황제가(B.C. 140~87년) 나라를 수호하고 공공 교육 체계를 위해 유학을 국가 철학으로 확립하면서 다시 재생하여 번창하기 시작했다. 그러나 이것은 공자의 가르침들이 모종의 희생을 감수하면서 이루어지게 되었다. 승리를 얻은 유학 사상은 더 이상 공자나 맹자의 사상이 아니었다. 거기에는 이미 많은 이질적 사상이 혼합되어 있었는데, 특히 법가의 사상과 음양의 우주론 및 종교적 철학 사상이 현저했다. 까닭에 공자나 맹자가 의도했던 것 이상으로 오륜(五倫) 등의 수직적이고 권위적인 관계 개념이 두드러지게 나타나고 있는 것이다. 그외에도 공(公)적인 후원은 자연히 공적인 지시에 묶이게 만들었던 것이다. 유교의 미래는 이미 한나라 시대의 영향 아래서 대부분 결정지어지고 말았다. 즉, "국가 제의나 대중의 신앙의 모든 요소를 융합시킨 거대한 혼합 종교이며 … 위엄있고 훌륭한 종교로 보이기 위해 공자 및 그 이전의 고전을 내세워 눈가림을 해놓은 것"[16]이다. 그것은 위에서 이미 서술했던 바와같이 "상처뿐인 영광"(Pyrrhic victory)[17]이었던 것이다.

---

15. H. G. Creel, *Confucius the Man and the Myth* (New York, 1949), p.218.
16. 胡適의 이 말은 Creel의 영역본에서 인용하였음. ibid., p.243.
17. Vitalii Rubin, *Ideologija I Kul'tura Drevnego Kitaja* (Moscow, 1970), p.42. 이것은 *Ideology and Culture in Ancient China* (Steven I. Levine이 영역함), p.29 (New York, 1976)에 나타난다. 또한 Creel, op. cit., pp.242-4를 보라.

현대의 비판들

현대의 비판에 관해서는, 19세기 후반과 그 이후의 사실들을 중심으로 고찰해 보고자 한다. 당시 중국은 서구의 침투에 의해 정치적으로나 심리적으로 크게 흔들리고 있었다. 중국 지성인들은 자국의 문화적 유산 특히 유교의 정신 세계를 탐구하는 물음을 전개하기 시작했다. 그런데 이것은, 마음을 죄고 있는 지적인 쇠고랑처럼, 국가의 현대화를 방해하는 걸림돌이나 장애물같이 여겨지고 있었다. 공화국 이전의 초기 비평가로서는 장병린(章炳麟, 1868~1936년)을 들 수가 있다.[18] 그 뒤의 인물로는 1921년 중국 공산당의 발기인이었던 진독수(陳獨秀)가 있고, 또한 유명한 문필가이며 신랄한 풍자가였던 노신(魯迅), 존 듀이 연구가이며 중국 본토어 사용 운동의 선구자인 동시에 전통적 고전에도 정통했던 호적(胡適) 등이 있다.

1916년, *New Youth*의 편집자였던 진독수는 이미 공산주의 이론을 발굴해 내어 거기에 몰두해 있었다. 호적이나, 무우(武禹), 이백사(易白沙)와 함께 그는 유교적 기반에 반대하고 나서서, 국가 종교나 철학으로서 유교를 헌법상 공인하는 것이나, 유교 지향적 교육을 강요하는 것에 반론을 제기하였다. 호적의 경우는 특히 공화국 이전의 국가 정통 이념처럼 화석화되어 버렸던 후기 송대(宋代) 유교를 비판하였다. 이백사는 공자와 그 추종자들을 "정치적 혁명주의자"라고 공격하면서, 그 이론이나 학문이 절충주의라고 설명하고 있다. 그러나 전통적 유교에 대한 가장 강력한 고발은 노신에 의해 이루어졌다. 그의 첫 작품인 『어떤 광인(狂人)의 일기』(1918년)와 여타 유명한 작품 속에서, 그는 유교를, 무저항이나 순종, 덕(德)이란 미명하에 인간의 자유와 개인적 창의성을 말살하는 "식인적" 제의 종교라고 공격하고

---

18. 孔子 및 유교 고전에 관해 호의적이었던 Chang T'ai-yen과 그의 후기 발전에 대하여는 Shen p'u의 논문, Ts'ung fan-Ju tsun-Fa tao tsun-K'ung tu-ching, *Hsüeh-hsi yü p'i-p'an*, No.3(1973), pp.29-34.

있다.[19] 노신의 비판은, 그때까지도 권력상 이해 관계와 관련되어 정치·사회적 기반과 얽혀 있던 화석화된 전통 속에서 비인간화의 요소를 풍자하는 것이었다. 그의 반유교적 작품은, 중국 내의 최근 운동에 있어 많은 격찬을 받았고 또한 그 운동에 기여해 왔다. 뿐만 아니라 유교 전통에 관한 그의 신랄한 비판은 재외 중국인들 사이에서도 많은 호응을 불러일으켰는데, 특히 중국의 씨족 체계나 권위주의 및 개인적 창의성을 질식시키는 경향 때문에 불이익을 감수했던 사람들에게는 더욱 그러하였다. 그들의 불평과 논쟁은 기독교 전통에 대한 비판의 경우와도 양상이 비슷하다. 특별히 18세기뿐만 아니라 오늘날에 있어서도, 제도권의 교회가 권위주의적이 되고, 아울러 무의식중에, 수호해야 할 인간의 진정한 자유와 행복의 적(敵)이 되어버리는 딱딱한 교의적 자세가 공박당할 때도 쉽게 알 수 있다.

단체이든지 개인이든지를 막론하고 이런 현대의 유교 비판은, 죽어버린 사회 질서를 유지하려고 했던 고리타분한 정통주의의 사슬에서부터 지적이며 사회적인 해방을 갈망하는 것이었다. 일반적으로 평가해 본다면, 그들은 유교가 전적으로 무익한 것이라고 여기지는 않았고, 다만 자신들의 상황에 있어서 선택해야 할 것이 무엇인지를 정확히 알지 못했다는 것이다. 그들은, 지성적 다원주의라는 이름하에서, 묵가(墨家)나 도가(道家), 불교 등 유가 학파 이외의 사상들을 긍정적으로 재평가하기에 이르렀고, 아울러 서구의 새로운 사상을 갈구하기도 했는데, 그것은 여전히 그에 대한 좀더 포괄적 이해가 결여된 상태로 "과학"이나 "민주주의" 등의 구호를 피상적으로 보는 정도였다. 그런데 진독수는 기독교에 있어서의 긍정적 요소와 부정적 요소를 간파하고 있었다. 자유로운 휴머니즘을 주장하던 호적은 한 이념을 가지고 기존의 것을 대치하는 데 계속 반대하고 있었고, 우상 파괴자로서 우상숭배를 배격했던 노신은 보수주의나 혁명주의를 막론하고 권위를 지나

---

19. Chow Tse-tsung, *The May Fourth Movement* (Cambridge, Mass., 1960), pp.301-11. 또한 그의 논문, The Anti-Confucius Movement in Early Republican China, in A. F. Wright, ed., *The Confucian Persuasion* (Stanford, 1960), pp.288-312를 보라.

치게 내세우는 것에 대해 단호하게 반대하고 있었다. 그러나 기존 현상의 지지자라는 비난에 처했던 당시의 유교가 공자 자신의 가르침이라고 단정할 수는 없었다. 까닭에 주책종(周策縱)은 다음과 같이 지적한다.

> 공자의 가르침의 본래 정신이, 지성인들에 의해 비판받았던 후기 유교의 정신과 동일한 것인가에 대해서는 여전히 논쟁의 여지가 있다. 공자의 가르침은 애매모호함과 한계를 벗어나지 못하고 있다. 갖가지 강조와 왜곡은 분명 다른 공자를 만들어 낼 수 있는 것이다.[20]

이 초기 시대에는 유교에 대한 효과적인 옹호가 거의 없었다. 당시 유행했던 반유교 사상은 새롭게 각성하기 시작한 중국 애국 사상의 발로였고, (서구 유럽이나 일본과 같은) 거대한 제국주의 세력의 침략에 대한 국가적 독립을 주장하는 열망이 담겨 있었는데, 그 강력한 세력은 유교적 가치와는 상치된 내용의 규범을 갖고 있었던 것이었다. 중국은 체질 개선을 추구했었고, 유교 이념은 낡고 고리타분한 것으로 간주되었던 것이다. 중국은 서구로 눈을 돌리게 되었고, 르네상스 이념과 계몽주의 사고를 알게 되었다. 그것은 과거 유교 시대를 "암흑 시대"로 간주하였다. 이것은 비교 연구에 있어 매우 중요한 관점이 될 수 있다. 우리는 여기서 서구의 지성사 자체에 있어서도 동일 경향이 있음을 보게 된다. 17,8세기 사이에 서구 유럽은, 예수회 선교사들이 알려준 중국 유교 사회의 발견에 의해 충격을 받았는데, 이 예수회 선교사들은 이신론과 합리주의의 출현에 기여했었고, 지성인과 종교 체제 사이의 양극화를 야기시키기도 하였다. 19,20세기에 들어서서 유럽은 도리어 중국을 넘보게 되었고, 중국인들로 하여금 자신의 전통에 대해서 질문하게 만들었던 것이다.

---

20. Chow, *The May Fourth Movement*, p.311.

역사적 공자에 대한 물음

중국 전통 그 자체와 유교에 관한 물음은 특별히 대중적으로 숭앙되는 공자 모습과는 구별되는 역사적 공자에 대한 물음을 포함하고 있다. 1920년대와 1930년대 사이의 좀더 과학적이고 비판적인 역사적 방법의 발전으로 이러한 작업은 어느 정도 성과를 거두었다. 중국에서의 고도의 비평 작업은 고힐강(顧頡剛)·전현동(錢玄同) 같은 사람과 밀접하게 연관되어 있다. 전자의 경우, 유교 제의가 번창했던 역사적 상황을 과학적으로 고찰함으로써 성인의 모습을 뿌리째 파헤치는 "역사적 연구"에 전념했다. 그에 의하면,

> 공자는 춘추 시대에(B.C. 722~481년) 있어서 군자(君子)로 간주되었지만 전국시대(戰國時代, B.C. 403~221년)에는 성인(聖人)으로, 서한시대(西漢, B.C. 206~A.D. 9년)에는 교주(教主)로, 동한시대(東漢, A.D. 25~220년)에는 다시 성인으로 인식되고 있다. 오늘날 그는 군자 이상으로 간주되고 있다.[21]

전현동은 유교 경전들이 공자 개인에 의해 쓰여지거나 편집되었다는 주장을 거부하면서 저자 문제를 연구 대상에 놓고 있다. 그는 없어졌다는 악서(樂書)는 존재하지도 않는다고 보고, 한편 다른 다섯 권의 고전을 공자가 교재로 사용했다는 것이 낭설일 뿐이라고 주장했다. 그는 옛것을 대할 때는 항상 물음을 갖고 고찰했으며 권위적 견해와 다를 때에도 조금도 서슴지 않았다. 그는 스스로 의고(疑古, 옛것을 의심함)라는 이름을 붙이기도 했다.[22]

역사적 공자에 관한 물음은 중일 전쟁으로 인한 단절 때문에 오래 지속되지 못했다. 그러나 그것이 오래 지속되지 못한 이유는, 그의 인간상과 가르

---

21. Ku Chieh-kang, ed., *Ku-shih pien* (Peking, 1930~1), vol.2, p.262에 있는, 춘추 시대 및 한(漢)나라 때의 공자에 대한 Ku 자신의 글을 보라.
22. K'ang Yu-wei, *Hsin-hsüeh wei-ching k'ao* (Peking reprint, 1959) 신판(新版)에 나타난 New Text 학파와 Old Text 학파의 문제 및 K'ang Yu-wei의 기여에 대해 Ch'ien이 논의한 것을 보라. 또한 Liang Ch'i-ch'ao, *Ku-shu chen-wei chi ch'i-nien-tai* (Peking reprint, 1962)를 보라. 이것은 1927년의 그의 강의에 기초한 것이다.

침에 대한 확실한 역사적 자료가 빈약했기 때문으로 봐야 할 것이다. 공자는 확실히, 자기 이후의 예수 그리스도와 같이 역사적 인물이었다. 한(漢)나라 때 그를 신격화시키려던 극적인 일련의 시도들은 실제로 성공하지 못했으나, 진정한 인성(人性)을 모호하게 만들면서 어느 정도 성인의 냄새를 남겨놓기는 했다. 현존하는 역사 자료들은 그리 도움이 되지 않고 있는데 『좌전』(左傳, B.C. 약 300년)에 보면 일련의 전설적인 자료들이 남아 있고, B.C. 100년쯤에 씌어진 사마천(司馬遷)의 『사기』(史記)에는 서로 모순되는 연대와 불합리한 일화들이 나타나고 있다.[23] 여기에는, 공자의 후대 제자들에 의해 편집된 것으로 보이는 선생님의 어록인 『논어』의 내용과 상반되는 것들이 많다. 현대의 비신화화의 노력은 우리에게 이러한 난점을 확실하게 보여주었고, 공자와 그의 가르침에 대해서 얼마나 알 수 있는가에 대한 문제를 더욱 미궁 속에 빠뜨리게 되었다. 그럼에도 불구하고 그 물음은 유용하다고 본다. 어떤 면에서 그것은 알버트 슈바이처 및 그외의 사람들과 관련된 역사적 예수에 대한 물음과 비교해 볼 수 있다. 그러나 이런 특별한 경우에는 한계가 있다. 그리고 유교 전통에서는, 현대인들에게 의미있는 메시지를 주었던 R. Bultmann 같은 주석가가 아직은 없다. 케리그마(Kerygma)에 있어서도 역시 더 깊은 탐구와 선포가 요청되고 있다.[24]

1950년대 마르크스주의자들의 비판

1945년, 중일 전쟁의 결과는 거의 중국 시민 전쟁이나 중국 공산당의 승리로 판가름났다. 새로운 인민 공화국 정부는 마르크스-레닌주의 이념에 입각

---

23. Creel, op. cit., pp.7-11.
24. 불트만의 Christ of faith의 경우와 같이, 역사적 예수 및 계속된 연구에 대한 문제점에 대해서는, James M. Robinson, *A New Quest of the Historical Jesus* (Studies in Biblical Theology, First Series, No.25), (London, 1959)를 보라. 그러나 "선포"(Kerygma)라는 말을 유교에 적용할 때는 기독교적 상황과 다른 차원임을 주의해야 한다. 공자의 경우 예수 그리스도처럼 신(神)적인 계시 같은 것을 말하지 않았다.

하여 구성되었고, 새로운 문화 평가의 국면을 맞게 되었다. 새로운 국가 지도자 모택동은 과거의 여러 장점들을 즉각 제거해 버리지는 않았다. 그는 거대한 문화 정책을 전수하려는 입장에서, 과거에 대한 비판적 재평가를 시도하였다.

방법론의 문제

새로운 이념은 그러한 비판적 평가를 위한 새로운 규범을 필요로 한다. 변증법적 유물론의 원리와 계급 투쟁은, 객관적 변증 논리에 힘입어 중국의 지성사(知性史)를 분석하는 데 적용되었다. 이러한 접근은 그 자체에 문제를 초래하고 있다. 역사의 유물론적 해석은, 과거를 해석할 때 미래에의 정치적 목적 달성 ― 유토피아적 사회주의 공동체의 건설 ― 의 수단으로 이해한다. 이는 학문적인 결정론으로 채색되어 있는 것이지만, 유토피아라는 운동을 위한 개인적 실행의 중요성을 드러내는 것이며, 또한 역사를 창조해 가는 인간상을 보여주고 있다. 또한 그것은, 칼 마르크스가 유럽의 역사나 자본주의 생성을 분석할 때에 사용한 시대 구분의 체계를 포함하고 있기 때문에 확실히 러시아나 아시아의 이해로 전환시키는 것에 타당성을 부여할 수 없는 것이다. 그러나 소련의 스탈린 치하에서 이러한 일직선적인 역사 형식의 이론은 공산주의 이론의 중요한 내용이 되었고, 중국의 고대 사회를 연구하였던 곽말약(郭沫若)도 이를 수용하였다.[25] 이러한 사실 속에서 원시 공산주의, 노예 소유, 봉건주의, 부르주아 자본 사회라는 도식이 중국의 시대 구분에 있어서는 난점을 지니게 된다. 특별히 봉건주의의 형성이 문제점으로 제기된다. 만일 중세 유럽의 봉건 사회를 상기시켜 본다면, 중국의 과거는 일본과는 달리 매우 많은 문제점을 제기하고 있다. 유럽의 형태와 아주 유사한 것으로서의 중국의 봉건 제도는 기원전 3세기를 전후해 발생하여

---

25. Maurice Meisner, Li Ta-chao and the Chinese Communist Treatment of the Materialist Conception of History, in Albert Feuerwerker, ed., *History in Communist China* (Cambridge, Mass., 1968), pp.280-2, 296.

곧 붕괴되었고, 이후로 20세기 초반까지 각 왕조들의 흥망성쇠로 지속되어져 왔다. 그러면 중국의 봉건 시대는 과연 언제 시작되었고 언제 끝났다고 설명할 수 있을까? 시대 구분의 문제는, 춘추 시대라는 확실한 변혁기에 살았던 공자의 재평가에 있어서 매우 중요한 것인데, 그렇다면 과연 언제부터 언제까지란 말인가? 만일 그의 시대가 봉건 사회였고 그 자신이 봉건적 가치의 옹호자였다고 했을 때, 중국 사회에 있어서 부르주아 사회가 등장하기 전의 오랜 "봉건" 사회를 감안한다면 공자를 역사적 발전의 장애물로 정죄할 수는 없는 것이다. 이러한 사실은, 공자의 가르침이 "진보적"은 아닐지라도 "개혁적"이거나 혹은 흔히 말하는 바와같이 "혁명적"이라는 평가에서도 잘 나타난다.

흥미로운 사실은, 가장 훌륭한 중국 마르크스주의 역사가라는 곽말약 같은 이가 1916년 및 오늘날에도 반(反)공자파로 애용되면서 공자에 대한 신랄한 비판가로 알려진 묵자(墨子)를 연구한 책에서, 당시 묵자의 주장에 지지를 보내면서도 아울러 공자와 그 제자들이 정치적 혁명가들이었다고 찬사를 보내고 있다는 점이다. 그는 "공자와 그 추종자"들을 "묵자와 그 추종자"들로 대치하려는 것에 대해 경고하면서, 또한 한비자의 "파시스트"적 견해나 다른 중국의 법가(法家)에 대해서도 강한 비판을 보여주고 있다. 그러나 곽말약은 그의 『십비판서』(十批判書) 말미에서, 자신이 역사적 유물론자의 위치에 확고히 서 있고, 또 공자를 그 시대의 "진보주의자"로서 간주하긴 해도 유교를 현대 중국 사회에 유용한 것으로 간주하지는 않고 있다.[26]

중국 역사가들이 시대 구분의 난점을 극복하는 과제를 안고 있는 한편으로, 중국 사상의 연구가들 또한 전통 중국 철학의 이해에 대한 반제(反題)로서 유물론 이념의 적용이라는 과제를 갖고 있다. 스탈린 시대의 문화 대변인이었던 A. A. Zhdanov(1948년 사망)는 서구 유럽 철학사를 쓴 G. F. Aleksandrov를 강력히 공격하면서, 위와 같은 관점으로 러시아의 지성사를

---

26. Kuo Mo-jo, *Shih p'i-p'an shu* (Shanghai reprint, 1950), pp.90-102.

분석해 나갔다.[27] Zhdanov는, 소비에트 연방 내에서 그 중요성을 상실했지만, 그의 방법론이나 전제들은 중국 내에서 중국 철학·비판에 시금석이 되고 있다. 그는 특별히 방법론이나 논리학, 인식론의 문제에 우위성을 두고 철학을 논쟁적인 빛에서 보려고 한다. 이러한 기본적인 출발 자세는, 귀납적인 경험과 실제의 활동에서 비롯된 지식을 승인하면서 "올바른 이념"의 도달을 위한 "올바른 방법"에 중요한 의미를 부여한다. 왜냐하면 사유와 인식에 있어서 "선험적"(a priori) 방법인 연역적 태도는 선입관 때문에 쉽게 오류로 흐르기 때문이다. 중국과 관련된 것이라면 인식론적으로 정위된 도식이 폭넓게 윤리적 구조에 적용되는데, 이때는 윤리적 용어상 이런 구조의 장점을 결정하는 입장이 포함되는 것이다. 예를 들어 관념주의 사고는 나쁘다고 보는데, 그 이유는 포함된 지식의 방법에 결함이 있을 뿐만 아니라 그것이 착취 계급을 돕는 데 사용되기 때문이라는 것이다.

여기서 문제가 되는 것은, 중국의 사상가들이 그들의 교훈에 대한 최종의 판단을 위해서는 어떤 올바른 범주들을 사용하는가이다. 예를 들어 철학자였던 맹자는 신비적 경향성과 아울러 확실히 "관념론자"였다. 그러나 그의 정치적 신조는 진보적 개념이었고 혁명적 이론에까지 이르고 있다. 반면 몇몇 도가(道家)나 노자, 장자 등은 "유물론"적 인식의 초기 단계에 있었지만 정치적으로는 좀더 보수적인 경향을 띠고 있는 것이다. 또 다른 경우를 보면, 19세기 중반 기독교 농민 반란과 유사하였던 홍수전(洪秀全)과 그 동지들은 확실히 피착취 계급의 대변자였고 또 그렇게 추앙받았지만, 그들의 공공연한 기독교 신앙은 그들을 관념론자의 범주로 간주하게 하는 것이다.[28]

---

27. A. A. Zhdanov, *On Music, Literature and Philosophy* (London, 1950), pp.78-80, 106-12. 또한 J. M. Bochenski, *Soviet Russian Dialectical Materialism* (Dordrecht, 1963), pp.37-48, 97-103을 보라.

28. Brunhild Staiger, *Das Konfuzius-Bild im kommunistischen China* (Wiesbaden, 1969), pp.57-91. 또한 1957년 1월 2-26일까지 북경 대학 철학부에서 개최됐던 중국 철학사 심포지엄에서의 많은 인쇄 논문들을 참조하라. 이것은 *Chung-kuo che-hsüeh-shih wen-t'i t'ao-lun chuan-chi* (Peking, 1957)에 수록되어 있다. 특별히 Chu Po-k'un(pp. 29-36), Chang Heng-shou(pp.146-56), Ho Lin(pp.186-95, 196-202)를 유의하라.

곽말약이 비록 공자에 대해 호감을 갖고 있었지만[특히 그는 명(明)나라 때 사상가 왕양명(1472~1529년)에게 관심을 쏟았다][29] 다른 좌익 작가들은 정반대였다. 유교 전통(특히 공자 자신) 전체에 대한 혹독한 비판서로서는 채상은(蔡尙恩)의 『중국 전통의 비판』을 들 수 있다. 여기서는 공자를 귀족계급 출신으로 보고 있으며, 그의 가르침 역시 노동자·농민·여성·중국 사회와 국가·자유·민주주의·박애주의자의 적으로 보고 있다.[30] 채상은의 지적대로, 그의 독자들은 공자에 대한 중국 마르크시즘 해석가들의 다양한 견해로 인해 갈피를 잡지 못했다. 예를 들면 후외노(候外盧)·조기빈(趙紀彬)·두국상(杜國庠) 등은 『중국 사상 전통: 1957』이라는 5권으로 된 기념비적 작업을 이루었는데, 후외노와 그 동료들은 역사적이고 지적인 방법에 대해 조직적인 마르크시스트 접근 방법을 시도했다. 그들의 작업은 특히, 초기 유교를 철학적인 도교 및 선불교와 함께 종합한 후기 송명(宋明)시대의 신유교(Neo-Confucianism)에 대해 비판적이었다. 즉, 주자(朱子) 학파에 대해서는 다양한 대상의 세계에서 근저에 형이상학적 실재(reality)를 인정하는 객관적 관념론(objective idealism)이라고 규정하는 한편 왕양명(王陽明) 학파에 대해서는 외적(external) 세계를 완전히 내면화(interiorizing)시킨 주관적 관념론으로 못박고 있다. 또한 양자 모두에게 종교상으로 수도승적 고양(高揚)이나 철학적 스콜라주의를 비판하고 있다. 그리고 평민 출신이면서 정규 교육을 받지 못했던 소위 왕양명 좌파로 불리는 왕간(王艮)을 강하게 부각시키고 있다.[31] 그러나 원시 유교에 관한 부분에서는, 공자가 관료적 지배하에 있던 교육을 해방시켰다는 점과 사회적 비판 등의 진보적 특징이 있었던 개혁가라는 점을 긍정적으로 평가하고 있다.[32]

---

29. 이 점에 관해서는, Ts'ai Shang-ssu, *Chung-kuo ch'uan-t'ung ssu-hsiang chung p'i-p'an* (Shanghai, 1951), p.113을 보라.
30. Ibid.
31. Hou Wai-lu et al., ed., *Chung-kuo ssu-hsiang t'ung-shih* (Peking, 1956~7), vol.4, pt.2, pp.595-691, 875-911, 958-1002, 기타 다수.
32. Ibid., vol.1, pp.144-60.

인(仁)에 관한 논쟁

유교의 가르침에 대한 학자들의 불화는 특별히 1962년 산뚱에서 열린 공자 사망 2,440주년 추모제 회의에서 드러나게 되었다. 가장 주목을 끌었던 학술 토의는 유교의 인(仁)의 가치에 대해 새로운 평가를 한 것이다.

풍우란(馮友蘭)·조기빈(趙紀彬)·양영국(楊榮國) 등은 모두『논어』12:1에 나오는 극기복례(克己復禮)라는 말을 통해 인(仁)을 해석하려 하는데,[33] 그것은 공자와 그의 수제자인 안연(顔淵)과의 대화에서 비롯되고 있다. 풍우란의 경우는, 좀더 일반적인 해석을 전개했는데, 즉 극기의 경우는 자아의 극복을 말하고, 그로 말미암아 예(禮)나 의례(儀禮)의 회복으로서 "복례"가 된다고 설명하고 있다. 이때 공자가 회복하려는 "예"라는 것은 현명한 사람이나 보통 사람 모두에게 적용되는 "인"이라는 것이다. 그는 우주적인 덕성으로서의 "인"의 "계급 초월적 성격"을 강조했는데, 이는 공자 자신이 이미 애인(愛人)이라는 말로 규정했던 것이기도 하다.[34]

조기빈은『논어』에서 유사한 두 개의 본문을 택하고 그것을 매우 상이하게 해석한다. 동시에 그는 계급의 분석에 연연하지 않으면서도 그의 주장을 실증하기 위해 언어학적 방법을 이용한다. 그는 "극기"를 "개인적 각성"의 의미로 보고, "복례"는 서주(西周)의 모든 제의 체제를 회복하는 것으로 보면서 그것을 노예 소유의 사회와 동일시하고 있다.『논어』12:1에 대한 그의 현대판 번역이나 해석을 보면, 그는 예(禮)란 말을 "노예 소유제"란 말로 풀이하고 있다.

> 안연(顔淵)이 "인"에 대해 물었다. 공자가 말하기를 "인(仁)이란 추상적인 것이 아니다. … 언젠가 네가 서주(西周)의 노예 소유제〔復禮〕를 깨치게 될 때

---

33. Legge, tr., *The Chinese Classics*, vol.1, p.250.
34. Shantung 모임에 대해서는 *Che-hsüeh yen-chiu,* No.1(1963), pp.54-57의 보고서를 보라. Fung Yu-lan에 대해서는 Che-hsüeh yen-chiu에 의해 편집된 *K'ung-tzu che-hsüeh t'ao-lun chi* (Peking, 1963), pp.285-302, 470-3 중에서 인(仁)에 관한 그의 논문을 보라.

〔克己〕, 모든 세상은 인으로 돌아가게 될 것이다." 그러자 안연이 물었다. "그 구체적 방법을 일러 주십시오." 공자가 말하기를 "노예 소유제〔禮〕의 색깔이 아니면 보지를 말고, … 노예 소유제〔禮〕의 소리가 아니면 듣지도 말고, 노예 소유제를 주장하거나 말하지 않는다면 얘기지도 말라. 자네의 눈과 귀와 입과 몸과 보고, 듣고, 말하고, 행동하는 것이 모두 노예 소유제의 규범에 일치하도록 하라."[35]

조기빈은, 『논어』에 나타난 "사람"(人)이란 것이 하나의 사회 계급, 즉 노예 소유의 귀족 계급을 말하고 있다고 주장한다. 그는 이 계급 가운데서 군자(君子)라든지 소인(小人) 등의 구별이 있다고 보았지만 그가 노예로 간주하고 있는 하층 계급으로서의 민(民)은 위의 두 범주에 포함시키지 않고 있다. 그래서 그는, 공자가 단지 "지배받는" 데 합당한 것으로 백성〔民〕의 위치를 격하시키는 동시에, 상위 계급에만 사랑(仁)의 의미를 제한시켰다고 주장하고 있다.[36]

중국 내외를 통틀어, 오늘날 공자 비판에 있어서 가장 이름있는 사람으로 알려진 양영국은 전체적인 문제에 있어 좀더 역사적인 접근을 시도하고 있다. 그는 시종일관 춘추 시대와 노예 소유 사회를 동일시하면서, 공자는 신흥 토지 소유 계급이나 상업적 이익에 반대하여 현상 유지(status quo)를 고수했던 정치적 반동가(反動家)였다고 주장한다.[37] 그는 춘추 시대의 『좌전』(左傳)에 나타난 수많은 노예 반란의 발생을 지적하면서, 『장자』(莊子)에서 강도로 등장하는 도척(盜跖)의 비난을 인용하고 있는데, 그것은 공자에 대해, "농사하지 않으면서 먹으려고 하고, 옷감을 짜지도 않으면서 입으려 하고, 입술과 말을 놀리면서 옳고 그름에 대한 인위적인 기준을 만들어 내는"

---

35. Chao Chi-pin, Jen-li chieh-ku, in *K'ung-tzu che-hsüeh t'ao-lun chi*, p.413.
36. 논어에 대한 Chao의 논문, *Lun-yü hsin-t'an* (Peking, 1962), pp.7-28을 보라.
37. Shantung 모임에서의 Yang의 기고문, Lun K'ung-tzu ssu-hsiang, in *K'ung-tzu che-hsüeh t'ao-lun chi*, p.373-400을 보라.

기생충과 같은 존재라고 비난하는 내용이다. 실제로 강도였던 도척이 말한 대로 공자의 죄악은 지나치게 심하기에, 소위 성인이라는 것도 "도적놈 구(丘)"라고 부를 만도 했던 것이다.[38]

양영국은 또한 선험적(a priori) 관념주의나 공자가 추구하던 주관에 의한 객관의 결정, 정명(正名, Rectification of Names) 주장 등에서 나타난 인식론도 비판하고 있다. 그외에도 공자는 바꾸어질 수 없는 두 종류의 사람, 즉 높은 차원의 지식을 가진 자와 치유 불가능한 어리석은 자를 말하고 있는데, 양영국은 이를 "유전적 이론"(Genius Theory)이라고 부른다.[39]

양영국은 공자를 비판하는 동시에, 초기 공자 비판가였던 묵자 및 그 추종자들과 한비자 및 법가 계통의 사람들을 높이 평가했다. 그는 묵자를 당시의 진보주의자로 간주했으며, 지배 계급의 압제에 항거한 하층 계급이었고, 인(仁)이라는 것 대신에 만인에 대한 보편적 사랑을 주장했다고 본다. 양영국의 해석에 따르면, 묵자에게 있어서 천지(天志)라는 것은 운명론에 적극적으로 반대하는 보편적 사랑의 상징이며, 결과적으로 노예의 해방을 촉진시켰다고 본다. 또한 묵자는 내세와 마찬가지로 현세에서의 동등성(equality)을 주장하려는 의도에서 — 그 실제 존재 여부는 의심스럽지만 — 정신이나 영혼(ghosts, spirits)을 말하고 있다.

법가에 대한 양영국의 평가를 보면, 국가의 통합과 부강을 위한 올바른 방법이었다고 옹호하였고, 중국의 "봉건 시대"에서 새로운 역사적 상황에로 이끈 진보적 사상을 가진 학파로 간주한다. 또한 그는, 한비자가 인간의 위대성이나 자연[天]에 대한 정복능력을 강조함으로써 운명론이나 혼백(ghosts and spirits)론을 극복하였다고 평가한다. 또한 법가 자신들이 새로운 지배 계급이 되긴 했지만, 한비자의 법에 대한 강조는 노예 계층의 해방을 위한 투쟁을 증진시켰다는 점을 부각시키고 있다.[40]

---

38. Ch'iu(丘)는 공자의 사적인 이름이다.　　39. Ibid., pp.28-9.
40. Ibid., pp.372-89.

반(反)공자 운동: 1966~1974년

임표(林彪)의 득세와 유소기(劉少奇)의 몰락이 있었던 문화 혁명 기간 동안 반공자 운동은 새로운 국면에로 접어들게 된다. 1966~1967년 사이, 신문들은, 중국 학술 연구소에 소속되어 있으면서 독자적인 잡지『역사 연구』, 『철학 연구』를 갖고 있는 역사 연구소와 철학 연구소 내에서 시작된 문화 혁명에 관해 기사를 다루기 시작했다. 특히 이 비난은 『해서파관』(海瑞罷官)이라는 역사극의 작가 오함(吳晗)에게 집중되었는데, 이는 모택동 주석이 전 국방 장관 팽덕회(彭德懷)를 제거한 것에 대해 은밀히 비판한 것이었다(1959년). 그러나 이 소동은, 주양(周揚)과 같이 오함을 지지했던 것으로 알려진 후외노(候外盧)에게까지 미쳤는데, 그는 1962년 산뚱에서 공자에 대한 회의를 주선했던 유소기 치하의 문화상이기도 했다. 이 사건으로 소위 "철학 작업가"들도 자신들의 젠체하는 지적인 태도를 버리고 노동가들이나 농부, 군인처럼 단순하게 되라는 비판으로 번지게 되었다. "공자와 그 추종자"들에 대한 비난이 대두되었고, 이같은 기반 위에서 이 비난은 유소기의 이름과 연관되는 결과를 낳았다. 특별히 유소기의 책『훌륭한 공산 당원이 되는 방법』이란 책이 비판의 대상이 되었는데, 이 책은 훌륭한 공산 당원이 되는 방법으로 유교의 수양 개념의 실천을 당 간부들에게 권장하고 있고 사서(四書) 및 여타 유교 경전을 많이 추천하고 있다.[41]

1973년말 반공자 운동이 다시 일었을 때는, 이제 권좌에서 물러난 임표의 이름이 공자의 이름뿐만 아니라 유소기의 이름과 함께 매도당하는 기묘한 현상이 나타난다. 1974년 초반에, 신문 기사들과 지방 방송들이 공자와 그의 가르침에 대한 비난을 담은 수많은 문예 포스터와 팜플렛 등을 야기시

---

41. Julia Ching, Confucius and His Modern Critics, 1916 to Present, in *Papers on Far Eastern History* X (1974), pp.136-9를 보라. Liu Shao-ch'i의 책에 대해서는 영어로 번역된 *How To Be a Good Communist* (Peking, 1964)를 보라.

켰을 때 이 캠페인은 절정에 달하였다.[42]

1972년 곽말약이 초기 중국 역사의 시대 구분에 관한 논문을 발표한 것은 매우 주목할 만한 것이었다. 여기서 그는 이 문제를 고려한 나름대로의 지성적 전개에 관해 언급하고 있으며, 1952년경에 모택동의 주장에 힘입어 자신이 고대 중국에서의 노예 소유 시대와 봉건 시대 사이의 "구분"(dividing line)을 설정할 수 있게 된 것에 대해서도 말하고 있다. 그에 따르면, 그 구분은 춘추 전국 시대, 즉 기원전 475년경에 일어났던 것으로 보고 있다.[43] 그가 이 논문에서 공자를 직접 언급하지는 않았지만, 반공자 운동을 중요하게 다루는 것으로 봐서 이 논문의 결론이 양영국이나 조기빈 같은 사람에 의해 주장된 비판 논조를 선호하고 있음은 명백하다. 확실히 신문과 팜플렛 등에 나타난 반공자 논문들은, 공자가 노예 계급이 아닌 노예 소유 계급에 속했다는 사실과 초기 중국의 "봉건 시대" 도래를 훼방했다는 사실에 공감을 나타내고 있다.

위에 관해 언급한 좀더 학술적인 저서로는, 공자가 소정묘(少正卯)를 죽인 사건에 대한 조기빈의 논문을 꼽을 수 있다.[44] 이 불확실한(alleged) 역사적 사건은 『논어』에는 나타나 있지 않고 『순자』(B.C. 3세기), 『사기』(史記, B.C. 1세기), 왕충(王充)의 『논형』(論衡, A.D. 1세기) 등에 언급되어 있다. 이 기록에 따르면 공자가 노(魯)나라(B.C. 498년)의 법무 장관에 임명되고 7일이 지난 후, 유명한 학자이며 관리인 소정묘를 사형에 처하도록 명령했다는 것이다. 조기빈은, 이 사건의 역사적 진실성을 믿는 사람이나 의심하는 사람 또는 다른 해석을 시도하는 사람 등 모두에게, 중국 역사에 나타난 모든 논쟁을 제시하고 있다. 결국 그는 이 사건이 실제로 발생했던 것이라

---

42. Ching, op. cit., pp.138-9.
43. Kuo의 논문 Chung-kuo ku-tai shih te fen-ch'i wen-t'i, *Hung-ch'i,* No.7(1972), pp.56-62.
44. Chao의 논문은 1969년에 초판이 나왔고, 1973년에 북경 및 상하이에서 재간되었다. 이후 판을 거듭하여 널리 알려지게 되었다.

는 결론을 내렸고, 또한 공자가 소정묘를 죽인 것은 소정묘가 "봉건 사회"의 등장에 있어 신흥 지주 계급과 상인 집단의 대표자라는 정치적인 이유 때문이었고, 아울러 소정묘가 공자 자신의 추종자들을 유혹해 내는 것에 대한 사소한 질투심도 작용했다고 보고 있다.

현재의 반공자 운동을 평가하고자 할 때 많은 문제가 발생하게 된다. 현대의 비판은 공자 자신과 관련된 것 중에서 이제까지의 어느 것보다도 가장 혹독한 것임에 틀림없다. 또한 공자와 그 가르침에 대한 좀더 전통적인 면에서의 공격도 계속되고 있는 것이다. 오늘날 이 비판들은 공자를 그의 시대와는 관계없이, 역사의 진행을 가로막은 반동자나 반혁명주의자로 정죄하고 있으며, 더 나아가서 우리 시대에는 부정적 의미밖에 남아 있지 않다고 본다. 그의 계급 편향적 가르침은 보편적 의미를 상실했으며, 그의 사상 역시 근원적인 것이 아니라 타협적이고 "절충적"이었고, 평범한 학자에 불과하다는 것이다. 심지어 그는 성인은커녕 위선자였다고 인격적으로도 공격받게 되었다.[45]

이런 결론들은 당시 최종적이고도 결정적인 것으로 받아들여지게 되었다. 예를 들어 풍우란은 최초의 자아비판서를 출판했는데(1973년 12월),[46] 여기서 그는 중국철학의 일반적 측면과 공자 및 유교에 관한 특별한 측면에서 지난날 자신의 많은 잘못된 견해에 대한 책임을 인정하고, 아울러 인(仁)의 가치도 이론과 그 적용에 있어서 하나의 계급(군자)에 국한되어 있다는 것에 동의했다. 또한 그는, 그의 나머지 생애 동안 문화 혁명 기간에 익혔던 것들에 기준하여, 이제까지 쓴 것들을 좀더 이념적으로 해석할 뿐만 아니라 『중국 철학사 신편』(1964년) 등 이미 간행된 그의 책을 전면 개정하겠다고

---

45. Yang Jung-kuo 및 여러 사람에 의해 쓰여진 비판적 논문들이나 소책자, *K'ung-tzu: Wan-ku ti wei-hu nu-li chih te ssu-hsiang chia* (Peking, 1973)을 보라.

46. 자기 비판의 첫 모습은 북경 대학의 잡지, *Peching ta-hsüeh hsüeh-pao*, No.4(1973)에서 볼 수 있고, 아울러 Lin Piao와 공자에 대한 비판적 소책자 *P'i-Lin p'i-K'ung wen-chang hui-pien* (Peking, 1974), vol.1, pp.65-79에도 나타난다. 영어 번역으로는 *Hsinhua Weekly* (Hongkong, 18 March 1974), pp.12-4를 보라.

서약했다. 그의 말을 인용해 보면, "중국 철학사의 분야는 바야흐로 새로운 혁명을 통해 진행되고 있다. 모택동 주석 개인이 우리를 인도하고 지도하는 것이다. 나는 80평생 중에 절반을 중국 철학사에 전념해 왔다. 이제 앞서 말한 작업에 참여할 수 있다는 것은 내게 큰 기쁨이 아닐 수 없다. 나는 모택동 주석의 지시를 따라, 마르크시즘과 모 주석의 사상을 주의깊게 연구하고, 나의 세계관을 개조하며, (나의 저서를) 개정할 것이다."[47]

1977년 이후로, 이런 식의 견해는 차차 사라지게 되었다. 공산당 지도자들 중에서도 몇몇은 새로운 공자 연구 단체를 지원하였으며 유교에 대한 여러 국제 회의를 주선하기도 했다. 공자는 본토에서 다시 수용된 것이다(개정판 추가).

서구의 비판

유교는 중국 전통이며, 중국인들 자신은 재해석과 그 비판적 전수에 있어서 전적인 책임을 가져야만 하는 것이다. 그러나 중국인들은 서구의 비판적 정신으로부터 배워 왔으며 아울러 유교에 대한 서구의 비판과 반응으로부터 계속 배우게 될 것이다.

유교에 대한 서구의 비판은, 특별히 서구인의 지식의 시각을 그대로 지닌 선교사들이 중국에 접촉하기 시작한 17,8세기 동안에 분명하게 드러났다. 이러한 반응은 선교사들의 해석이나, 정보통의 기관 혹은 그 기관의 지적인 대변자 등의 종교적 태도에 의해 크게 좌우되었다. 선교사들의 견해는 서로 달랐다. 어떤 이들은 중국 문화를 존중하여 유교의 가르침에 기독교의 복음화를 적응시키려고 하였다. 그들은 원시 유교 사상에 있어서 유신론 신앙과 영생 불멸에 대한 표현이 있다고 확신했다. 그들은 최초의 서구 중국인들이 되었고, 또한 유럽의 독자들에게, 기독교의 윤리적 가르침과 매우 밀접하게 비교될 수 있는, 풍부하고 다양한 윤리 전통을 지닌 비기독교계의 독자적인

---

47. Ibid.

고대 문화를 소개하였다. 일반적으로 그들은, 훗날 서양인들에게 신유학으로 알려졌던 후기 철학적 발전 상태의 유교보다, 초기 유교를 더 선호했는데, 신유교란 것은 초기 신인동형론 형태의 신앙적이며 실제 윤리적인 일자(One)를 태극(太極)이나 이(理), 기(氣) 등의 철학적 용어로 대치한 형태이다. 그리고 신유교의 이론들이 초기의 경전들에 대한 정통 해석으로 공식 인정되면서,[48] 신유교는 중국의 지성적 분위기를 지배하게 되었다.

중국 및 유교에 대한 예수회 선교사들의 저작은 신학적 논쟁을 불러일으키면서 유럽에 지대한 영향을 미쳤다. 그 논쟁은, 성서적인 면과 비교해 보았을 때의 중국 역사의 깊은 연륜이나 중국 종교의 근원, 그리고 유교 제의와 기독교 신앙 사이의 상응(Compatability)에 관한 문제이다. 이것은 서구의 유교 비판이 타당성을 가진다는 일반적 견해를 반박하는 것이다.

17세기경, 유럽 지식인들의 생각을 자극하고 신학적 논쟁을 가열시킨 두 권의 예수회 계열 저서가 출간되었다. Phillipe Couplet의 *Confucius Sinarum Philosophus*(1687)는 유교의 사서(四書) 중에서 3권을 번역하여 해설을 곁들였으며, *Nouveaux Mémoires sur I'État présent de la Chine*(1696)를 쓴 L. LeComte는 기독교 계시의 유일성에 물음을 제기하면서 중국의 종교적·도덕적 교훈에 대해 지대한 찬사를 담은 저술을 한 까닭에 1700년 소르본느 대학의 교수단으로부터 엄중한 정죄를 당하기도 했다. 그러나 유럽의 훌륭한 몇몇 지성인들도 중국에 대해 연구하거나 유교에 대한 철학적·신학적 고찰을 하게 되었다. G. W. Leibniz는 많은 예수회원들을 만나고 교류를 가졌는데 그중에는 그에게 역경(易經)과 신유교 철학을 알려 준 J. Bouvet 신부도 있었다. 라이프니쯔는 *Novissima Sinica*(1697)라는 기록집을 남겼는데, 거기에는 그의 서문과 아울러 중국 제의에 대한 그의 견해가 담긴 *De Cultu Confucii Civili*(약 1700)라는 짤막한 유교 관련 논

---

48. Donald W. Treadgold, *The West in Russia and China: Religious and Secular Thought in Modern Times*, vol.2: *China, 1582~1949*(Cambridge, 1973), pp.32-3: Joseph Needham, *Science and Civilization in China* (Cambridge, 1956), vol.2, p.501.

문이 실려 있다. 기타 다른 편지나 저술 속에서 그는 주희의 이기론(理氣論)에 대한 자신의 독자적인 견해를 보여주고 있는데, 그것은 중국인들이 유물론자(materialist)가 아니라 신과 영적 존재에 대해 진지한 이해를 갖고 있다는 내용이다. C. Wolff 역시 Leibniz와 동일한 견해를 갖고 있었는데, 그는 중국 고전에 나타난 도덕적 정치 철학에 대해 존경해 마지않았다.[49]

하나 모든 선교사들과 예수회원들이 유교와 중국 문화를 존경한 것은 아니다. 또한 모든 철학자들이 Leibniz나 Wolff처럼 중국 이해를 갖고 있었던 것도 아니다. Matteo Ricci의 직속 후계자였던 Nicholas Longobardi나 프란치스코회의 Antoine de Ste. Marie 등은, 신유교의 논리들은 고대 유교 경전의 해석으로 바뀌어져야 하며, 그러므로 신유교의 당시 중국은, 물질과 구별되는 것으로서의 정신에 대한 이해를 결여한 무신론자나 불가지론자의 천국이 되어버렸다고 주장하였다. Longobardi의 *Traité sur Quelques Points de la Religion des Chinois*와 Ste. Marie의 *Traité sur Quelques Points Importants de la Mission de la Chine* 등은 1701년경에 나왔는데, 여기에서는 이러한 문제를 인식한 선교사들 사이에서 있었던 심각한 논쟁에 관해 생생히 묘사하고 있다. 중국에 대한 직접적인 경험이 없었던 유럽의 학자 중에 Fénélon은 *Dialogues des Morts*라는 글에서, 소크라테스에 비해 공자를 달갑지 않게 평가하면서 중국 문화의 우월성과 고전성(古典性)에 대해 회의를 나타내기도 하였다. 데카르트주의와 토미즘의 종합가로 알려진 Nicolas de Malebranche 역시 철학적 대화의 형식으로 유교를 비판한 저서를 출간했다(*Entretien d'un Philosophe Chrétien et d'un Philosophe Chinois*).[50] Malebranche는 신학적으로 신적인 정신 안에 있는 원형에 의

---

49. G. W. Leibniz *Zwei Briefe über das binare Zahlensystem und die chines. Philosophie* (Belser-Presse, 1968); Virgile Pinot, *La Chine et la Formation de l'Esprit Philosophique en France 1640~1740* (Geneva reprint, 1971), pp.333-40. du Halde 신부도 역시 그의 논문 *Description geographique, historique chronologique, Politique et physique de l'Empire de la Chine* (Paris, 1735)에서 유교를 언급하고 있다.

50. *Entretien d'un Philosophe Chretien et d'un Philosophe Chinois* (1936 ed.).

거해 이 세계가 창조되었다는 주장에 따라 존재론적·인식론적 하나님 존재 증명을 전개하였다. 그는 중국인들의 이(理) 이해를 자신의 독자적인 철학 용어로 재해석했는데, 그것은 그가 선호하는 신인동형론적 하나님 모습으로 서의 형이상학적 절대자로 이해하는 것이었다. Montesquieu 역시 중국 문화 예찬가라기보다는 비판자에 해당한다. 그는 *L'Esprit des Lois*(1748) 및 여타 저서에서, 중국은 유럽인들이 회피해야 할 제도나 행위의 부정적인 실례를 제공한다고 비판했다. Rousseau조차도 중국에서 말하는 "현인"이 어떻게 오랑캐의 침략의 물결에서 국가를 수호할 수 있는가를 지적하면서 중국 철학에 있어서의 지나친 주장들에 대해 의문을 제기했다.

그럼에도 불구하고 전반적으로 보면, 18세기의 유럽 지성인들은 자신들이 중국과 유교에 대하여 알게 된 것을 경이롭게 느끼고 있었다. Voltaire는, 이성과 조화가 최상으로 숭앙되고 미신이 범접하지 않는 나라라고 격찬하였다. *Essai sur les Moeur*와 *Histoire Universelle*(약 1740) 등의 저술에서 그는, 중국 고대에 근거해서 성서 연대기의 역사적 권위에 도전하였고 아울러 계시 종교의 윤리적 체계의 독자성에 대해서도 공박하였다.[51] Rousseau도 1755년에 쓴 정치적 경제론에 관한 논문에서 중국에 관하여 일련의 우호적인 평가를 하였다. 성인에 대한 그의 견해는 — 아마도 무의식적이었겠지만 — 맹자의 성선설(性善說)과 유사한 형태를 가지고 있다. 1767년 *Le Despotisme de la Chine*를 발표한 중농주의자 François Quesnay는 Montesquieu의 중국 체제 비판을 논박한 사람이기도 한데, 법과 이성주의자들의 철학에 근거한 중국의 계몽적 전제주의에 대해서 호평을 하기도 하였다.[52] 사실 이러한 불란서 철학은 중국의 지식 계급들과 거의 유사성을 지니고 있다. 왜냐하면 그들은 전문가라기보다는 대부분 종합주의자들(Universalists)이라서 철학뿐만 아니라 예술이나 정치에까지 폭넓은 관심을

---

51. Lewis A. Maverick, *China A Model for Europe* (San Antonio, 1946), pp.26-35, 112.
52. *China A Model for Europe*, pp.239-48에 나타난 Quesnay에 대한 Maverick의 영어 번역을 보라.

가지고 있기 때문이다. 그러나 중국에 대한 단순한 존경의 풍조는 곧 사라지고 말았다. 19세기 초반, 독일 철학자 G. W. F. Hegel은 유교 고전에 나타난 지혜나 중국의 이성, 혹은 체제(order)를 긍정하면서도, 그의 역사 철학을 보면 반대 감정의 병존(ambivalence)이나 생색을 내는 듯한 자세가 나타난다. Hegel은, 중국이 여타 동양 국가와 마찬가지로 유럽에서와 같은 정신적 자유나 역동성을 결여하고 있으며, 변화와 변혁에서 제외된 상태로 있다고 주장했다.[53]

유럽과 중국의 교류는, 중국의 제의 문제에 대해 이단 판정을 내렸던 로마의 정책(1742년)에 따른 수십 년 만의 종교적 박해로 인해 단절되고 말았다. 이후 중국은 19세기 중반에 가서야 겨우 선교사들에게 문호를 재개방하기 시작했다. 그 당시 중국에 입국했던 개신교나 가톨릭 선교사들은 모두, Matteo Ricci나 그 후계자들의 태도와는 다른 견해를 갖고 있었다. Donald Treadgold에 따르면, 개신교 선교사들은 중국을, 구원이나 개종을 필요로 하는 우상과 무지몽매함의 나라로 간주하고 있었다. 그들은 유교와 대결하는 것을 자신의 의무로 생각하고 있었고, 가톨릭 역시 개신교와의 사이에서 서로들 느끼고 있었던 종교적 적대감에도 불구하고, 비슷한 이유로 해서 이에 가세하게 되었다.[54]

19세기 후반과 20세기 초반에 있어, 기독교 선교사들은 유교의 위신 손상에 대한 전적인 책임을 지고 있다고 해도 과언이 아니다. 선교사들이나 그들에 의한 중국인 개종자들은 서구화 및 물질적 진보에 대한 상징이 되어 버렸다. 예수회의 중국 연구가인 L. Wieger는, 넓게는 중국 문화 전반과 좁게는 유교 자체에 대해 반대 의견을 가졌던 지식층 선교사의 모형이 되고 있다. 그는 유교에 대해 평을 하기를, 추종자들에게 자선과 헌신뿐만 아니라 "마음의 중립(neutrality)과 심정의 냉정함(coldness)"을 요구하는 "까다

---

53. *The Philosophy of History*, tr., by J. Sibree(New York, 1956), pp.111-38을 보라.
54. Treadgold, op. cit., pp.35-6. 또한 Reginald F. Johnston, *Confucianism and Modern China* (New York, 1935), pp.134-8을 보라.

로운 보수적 종파"라고 말하였다.[55] 이같은 태도는 주희(朱憙)에 대해 언급했던 또 다른 예수회 저술가인 S. LeGall에게서도 발견할 수 있다.

> … 고대의 졸렬한 철학자들과 마찬가지로, 궤변론자들은 700년이 넘는 예전부터 자신들을 추종하는 수많은 사람들에게 옛 책에 대한 다분히 유물론적인 해석을 강요하였다.[56]

그러나 약간의 예외가 있긴 하다. 장로교인인 James Legge는 선교사로서 중국에 왔지만, 중국 문화에 대한 정열을 가졌던 학생이었으며, 서구에 있어서 중국에 대한 비중있는 해석가로서는 유일한 사람이었다. 다섯 권으로 번역된 그의 『중국의 경전들』(1861~1872년)은 타의 추종을 불허하는 것이기도 하다. 중국에서 "하나님" 용어에 관한 번역 논쟁이 있었을 때 그는, 유교가 기독교에 적대적인 것이라기보다는 일련의 결함이 있는 것뿐이라고 주장하면서, 그의 동료들에게 유교의 서적들을 연구해 볼 것을 권하였다.

> 어느 누구도 스스로 거만하게, 자신이 유교 서적을 가까이 할 필요가 없다고 생각하지 말아야 한다. 그러므로 중국에 있는 선교사들은 그들이 해야 할 일을 철저히 파악해야만 할 것이다. 누구든지 주님의 무덤 위에 무례하게 자리잡으려는 태도를 멀리하면 할수록, 그분의 집이신 그 백성들의 마음 속에서 추앙받고 계신 예수님을 쉽게 보게 될 것이다.[57]

이같은 말은 상해(上海)에서 열린 선교사 협의회를 자극하게 되었고, 그의 논문은 기록 책자에서 제외되었다. 이렇듯이 유교에 대한 혐오 감정은, 협

---

55. L. Wieger, *A History of the Religious Beliefs and Philosophical Opinions in China* (Hsien-hsien, 1923), p.195를 보라.
56. S. LeGall, *Chu Hsi: sa Doctrine, son Influence* (Shanghai, 1923), p.1.
57. 이것은 Treadgold, op. cit., p.43에서 인용된 것이다.

의회에서 보는 바와같이 "미치광이와 다를 바 없다"는 식으로 나타나게 되었다.[58]

1920년경, 중국을 방문한 서구인들 가운데서, B. Russell이나 J. Dewey 등의 이름은 특히 기억할 만하다. Russell 같은 이는 중국 전통 사상이나 도교 사상 및 유교 사상에 대한 폭넓은 그의 긍정적 통찰을 보여줌으로써 여타 중국 예찬론자들을 놀라게 하였다. 하나 그는 또한 유교의 가치 체계의 고루함에서 비롯되는 난점도 잊지 않고 있었다. 예를 들어, 효(孝)의 강조라든지 유교 가족주의의 지나친 중시가 사회 변혁이나 국가 재건에 장벽이 되었다는 것이다.[59] 존 듀이 역시 이와 유사한 견해를 보여주고 있다. 즉, 존 듀이는 실용주의나 논리적 방법론에 중점을 두고 있기 때문에, 중국인의 인식에 있어 유교 사상이 부적절하다는 것을 더욱 강조하게 되었던 것이다.[60] 그 이후, 중국을 방문해 오랫동안 거주했었던 Teilhard de Chardin (그는 예수회원이었지만 선교사가 아닌 학자였다)의 경우, 유교에 대해 그리 비판적은 아니었지만, 중국어에 대한 지식이 결여된 상태에서 중국과 그 문화를 형편없는 것으로 평가하고 말았다. 원래 그가 1923년 중국으로 갈 때에는, 강렬한 신비적 전통을 지닌 고색창연한 그리고 생동감있는 문화를 발견할 수 있으리라는 부푼 기대를 갖고 있었다. 그러나 15년 동안 그의 눈에 비친 중국 사람들의 사고 방식은 "정적(靜的)이며 과거 지향적이고 … 휴머니티의 진전에 아무런 공헌도 이루지 못하는" 것이었다. 그의 평가에 의하면, 중국인의 모습은 "철없는 … 유아기적 분위기" 속에서 생을 영위하는 실용적 실증주의자(positivist)이며 불가지론자로 묘사되고 있다.[61]

---

58. Ibid., pp.42-4.
59. Bertrand Russell, *The Problem of China* (London, 1922), pp.40-2.
60. John Dewey, *Lectures in China* (Harvard, 1973), p.50.
61. Claude Riviére, *En Chine avec Teilhard, 1938~44* (Paris, 1968), p.133.

기존 평가에 대한 비판

이제까지 고대와 현대 및 중국인과 서양인 등에 의해 진행되었던 유교 비판에 관해 다루어 보았다. 그 속에서는 일치된 의견도 있었고 서로 모순되는 것들도 있었다. 묵가(墨家)와 법가(法家) 등은 도덕적 설복에 의한 정부는 허약하기 때문에 힘을 발휘하지 못한다고 비난하고 있다. 묵가와 도가(道家) 등은 지나치면서도 부자연스럽게 거행되는 제의 행사를 공격한다. 또한 도가와 법가 등은 유교적인 윤리관과 도덕관에 대해 냉소를 보내고 있다. 이러한 견해는 현대적 의미에서도 재현되고 있는데, 인간보다도 법적 위치를 상위에 놓는 정부 형태를 주장하는 것이나 국가로부터 이념이나 종교를 분리하려는 주장 등에서 그 예를 찾아볼 수 있다. 그러나 최근에 들어서서 현대인들은 — 긍정적이든 부정적이든지간에 — 공자 자체를 전통주의자 혹은 개혁주의자나 정치적 혁명주의자 등 다양한 측면에서 보게 되었다.

이러한 논의들의 대부분은, 사회 질서나 최선의 정부 형태에 더 관심을 갖게 되었다는 것을 말해 준다. 도가 및 그 무리들이 당시 주장했던 것은, 공자 및 그 추종자들이 자연적 질서와 조화를 거역하면서 기를 쓰고 관직을 추구하려는 것을 경고하려는 것이긴 하지만, 앞서 언급한 관심사는 그때의 비판에서도 잘 드러나고 있다. 또한 이런 관심사들은, 중국이 서구와 접촉하던 당시 사회적·정치적인 제도 및 그 배경이 되는 원리(rationale)적 측면에서의 유교 정책에 대해 현대적으로 비판하는 것의 기본적인 틀이 된다.

유교에 대한 서구의 비판 중 현대 이전의 것은, 사회라는 측면과는 거의 관계가 없었다. 거의가 다 기독교 및 세계 선교화라는 선교적 의미에서의 신학적 측면에서만 다루어졌다. Longobardi 같은 경우는 표면적으로만 기독교 신앙에 조화되지 못한 점을 들어 신유교를 비판하였다. Malebranche는 철학적인 면에서 위와 같은 견해를 지니고 있었다. 그들의 일차적 관심사는 유교보다는 자신들의 종교적 교리(doctrine)였었다.

최근의 서구 비판은 현대 중국인들의 평가와 같은 노선을 걷게 된다. Russell이나 Dewey 같은 이는, 그들의 중국인 친구이며 제자들이기도 한 진독수, 호적, 노신에 못지않게 중국의 정치적·사회적 장래에 대해 관심을 갖고 있었다. 특히 그들은 지적 자유나 사회적 변혁의 장애물로 남아 있는 유교의 사회적 구습에 대해 비판하였다. 그들은 중국이 살아남기 위해서는 현대화 및 서구화해야만 한다고 보았다. 제도와 이념의 측면에 있어서 과거와 확실하게 결별하는 것이 절실히 요청되었다. 윤리적인 자기 수양과 양심적인 정부 사이의 유교적 연대는 중요한 것이고 절대적인 것이다. 그러나 유교 경전을 연구한다는 것이 강력하고 활력있는 지도자 이미지에는 그리 적절하지 못했던 것이다. 섣부른 아마추어 이념으로는 충분하지가 않다는 말이다.[62] 이것은 정치적인 윤리에의 여유를 남겨 놓지 않았던 고대 법가의 경고이기도 하다. 그럼에도 불구하고 유교 사상이 어떤 방법으로 현대화에 도움이 되거나 방해가 되었는지를 살펴보는 것은 여기서 간단히 결정지을 수 없는 중대한 문제가 되고 있다.[63]

1950년대의 초기 마르크스주의 비판은, 지대한 사회적 관심을 갖고 있다는 점에서, 1910~1930년대 사이의 비판들과 같은 선상에 놓여 있음을 알 수 있다. 그러나 그들 또한 서구적이었고 선교사들의 종교적 견해에 상응하는 이데올로기를 부르짖고 나섰다. 나는 마르크스주의 분석 방법론과 그 배후의 전제를 주목해 보려고 한다. 이 이념적 차원과 철학적·문화적 평가에 대한 그 계급 지향적 접근은 1960~1970년대에도 계속되었다. 반공자 운동은 사실상 그 논쟁과 토의에 종지부를 찍게 되었던 것이다. 역사적 공자의

---

62. Joseph R. Levenson, *Confucian China and Its Modern Fate,* vol.1: *The Problem of Intellectual Continuity* (Berkeley, 1968), pp.40-3.

63. 일본의 Tokugawa 시대에 유교가 현대화에 자극을 주었다고 보는 것은 매우 중요한 견해이다. Marius B. Jansen, ed., *Changing Japanese Attitudes Toward Modernization* (Princeton, 1965). 이 책에서 제기된 일련의 문제들은 최근 Honolulu에서 열린(June 1974) 중국 및 일본에서의 실제적이고 실용적 학문에 관한 회의에서 논의되었다. 이는 미국의 지식인 단체 모임에 의해 후원되었고 W. T. de Bary(Columbia 대학) 교수에 의해 주관되었다.

문제나 그의 메시지의 진정성 및 각 시대 전통의 발전 같은 불가해한 문제는 젖혀두거나 불필요한 것으로 간주되었다. 결국 현재 중국의 기성 권력자들은 중국 공산당 이념의 지배적 통치를 확인하는 데 열중하게 되었고, 유교적 유산의 모든 흔적을 잠재적인 위협 요소로 간주하고 있는 듯하다. 또 한편으로는 예상되는 반발이나 자생적 현상(spontaneity) 및 진실성 때문에 유교적 망령이 되살아나지 않을까 하는 정부 당국자들의 염려하는 모습도 엿보인다.

 사실, 많은 중국 사람들은, 그들이 어렸을 때 기억처럼 권위적인 가부장 및 씨족 사회에서 불행하게 지낸 것, 또 학생 시절 지루하게 반복하여 암송시키는 주입식 형태의 유교적 선생 밑에서 공부한 것, 성인이 되어서도 각자의 재능이나 능력보다는 연고(緣故) 관계가 더 중요하게 취급되고, 법률보다는 인간의 즉흥적인 결정에 의해 지배되는 독재적인 정부 형태의 사회에서 살아야 하는 것에 대해 많은 불만을 갖고 있다. 그러나 앞서의 것만이 유교의 모습이라고 말할 수 있을까? 그럴 수도 있고 아닐 수도 있다. 유교가 권위의 계층적 구조를 강조했을 때 이 경험들은 유교적인 잔재라고 볼 수 있다. 그러나 유교 그 자체는 수세기에 걸쳐 법가의 사상에 지대한 영향을 받아 온 고로, 이 경험들은 또한 최악의 상태에 있는 법가이기도 한 것이다.

 유교를 대신해서 법가의 사상이 공식적으로 신봉된다 함은, 분명 강력하게 집중된 권위적 정부를 정당화시키는 것이 된다. 이런 정부에 있어서 새로운 국가 정통 이념은 마르크스-레닌-모택동 주의이다. 이 새로운 이념은 여전히 유동적이며, 이미 그 역사는 변증법적 운동과 모순으로 점철되어 있다. 반공자 운동은 그런 두 가지 모순을 잘 보여주고 있다. 즉, 하나는 과거와의 연속성이나 권위의 원리에 대한 무차별 공세를 통해 정치적·지성적 무정부 상태를 지향하는 것이고, 또 하나는 좀더 엄격한 형태의 이념적 통제를 추구하는 상반된 모습이 바로 그것이다. 윤리적 체계로서의 유교가 몰락하게 되자 전체적인 정신적 진공 상태가 야기되었다. 그 대안으로 나타난 것이 새로운 그리고 계속 형성중에 있는 모택동 이념의 윤리로서, 이는 인민에게 봉사하는 데 강조점을 두고 있다. 그러나 새로운 윤리는 여전히 완전한 구조 형성을 이루지 못하고 있으며, 밑에서부터가 아닌 위로부터 인민에게 주어진 것이 되었다. 다시 말하면 법가의 메시지와 다를 바가 없다. 유교가 혹독하게 비판받았던 권위라는 것에 대한 믿음은 이 속에서도 제거되지 못한 것이다. 그러나 도덕 의식의 최종 결정권자는 바뀌어 버렸다. 이것이 현재의 적나라한 상황이다.

모든 국가적 신조보다도 인간 도덕 의식의 내적 판단을 항상 숭앙하는 진정한 유교인들에게 있어서, 위와 같은 냉철한 분석은, 때때로 기독교인들이 하나님과 하늘〔天〕에 대해 직접적으로 호소하는 경우처럼 자신들의 판단에 있어서도 중요한 의미를 갖게 된다. 실제로 중국의 이런 상황은, 기독교인의 마음 속에도, 법가의 영향이 기독교 자체의 공식적 가르침과 유착(insertions) 관계에 있음을 회상시켜 준다. 특히 로마법의 정강은, 정책권자들에 의해 교정적이고 형벌적 제도를 통한 교의적 정통주의의 순수성을 보존한다는 명목으로 강조되어 왔다. 기독교에 있어서 그 결과는 중국에 있어서 유교의 가르침이 중국 법가의 보호벽 아래에서 재형성되었던 것처럼, 그리스도의 가르침의 재형성으로 나타나게 되었던 것이다. 진리는 번번히 이념에 자리를 양보해야 했으며, 진솔한 연구와 통찰도 같은 신세가 되었다.

위(爲)와 불위(不爲)에 관련하여 유교의 황금률이 나타내고 있는 바 불위(不爲, don't)라는 부정적 표현은, 사람에 대한 존경과 서로의 신뢰를 의미하는 인간 상호성에 대한 강조이다. 즉, 네가 타인으로부터 원치 않는 일은 너 역시도 타인에게 요구하지 말라는 교훈이다(논어 15:23). 그것은 유교의 위대한 위(爲, do)의 표명에 대한 또 다른 표현으로서 인간을 완전한 덕에 이르게 하는 인(仁)을 뜻하고 있는 것이기도 하다. 공자 자신에 의하면 이 "인"이란 것은 타인에 대한 사랑을 말하고 있다(논어 12:22). 유교의 교훈은 마치 십계명의 모습과 흡사하다. 지극한 효성이나 부부간의 조화 등등이 그것을 말해 주고 있다. 또한 유교에서의 "인"은 기본적이고 종합적인 교훈으로서, 마치 십계명의 첫 조항인 하나님에 대한 신앙이 여타 십계명의 기본적인 조항이 되는 것처럼, 다른 모든 것에 의미를 부여하게 된다. 위(爲)와 불위(不爲)는 각각 그 자체가 실제성과 인간의 삶이라는 기본적 관점에 근거한 종교적·철학적 자리를 갖고 있다. 그러나 위와 불위 등의 체계는 모두 선(善)이란 것으로 정의되는 삶의 방식을 제공해 주는 통전적인 사유 구조의 의미가 되지 못한다. 중국의 상황에 있어 법가(法家)는 국가 권위에 의해 재가받은 위와 불위의 좋은 예가 될 수 있다. 그러나 그것은 준법자와 위법자에 대한 보상과 징벌에 대한 그 자체의 권위를 부여하는 것 이상의 합당한 이유를 제공해 주지 못한다.

과거 중국에 있어서 유교는 항상 두 극단 — 도교 및 불교 등에 의해 주창되어 온 세속(society)으로부터의 소격(疎隔, retreat)과 묵가 및 법가 등의 주장처럼 정치·사회 제도 내에로의 완전한 몰입 — 사이의 중용적 학파로서 유지되어 왔다. 진정 유교인들은 중용이라는 면 때문에 유교를 선택하게 된 것이다. 그러나 중용이란 것이 유교에 있어 지배적인 요소로서 충분한 것은 아니다. 그것은 타협과 절충을 지닐 수밖에 없다. 이로써 국가 정통주의 — 법가적 규정에 지대한 영향을 받은 유교를 말함 — 를 수반한 국가의 개입을 낳게 되었고, 또한 불교의 종교적 영향 및 묵가와 도가의 사상도 흡수하게 되었다.

그러므로 현재의 유교에 대하여 정확하게 비판적 평가를 한다는 것은 아주 불가능하지는 않지만 매우 난감할 수밖에 없다. 유교와 공자에 대한 문제가 아니라 대부분 중국의 문화 및 심리학, 사회 전반에 걸친 문제가 되는 것이다.

미루어 생각해 본다면, 이러한 현상은 한국과 일본의 경우에도 마찬가지이다. 이들에게 있어서 유교는 중국인과 중국의 경우와 비슷하게 공헌과 난점을 지닌 채 문화와 사회의 대부분을 차지하고 있다. 또한 이들 나라에서도 사회적 발전과 개인적 자유에 대한 장애물이란 경계 의식 때문에 유교에 대한 반발 요소가 드러나고 있다. 특히 일본의 경우, 이방(異邦) 정신의 문화적 전통에 대한 반동으로서의 국수주의적 감정과 연결되어 반유교적 요소가 때때로 등장한다.

그러나 이것 때문에 재평가에 대한 시도를 포기할 필요는 없다. 사실상 재평가의 작업은, 문화적 유산 및 변혁의 문제와 관련이 있는 우리에게 떠맡겨진 것이다. 평가라는 작업에서 기본적인 것은 또한 재발견이라는 것과 유교 정신 세계의 근원에로 되돌아가는 작업이다. 어쩌면 역사적 공자나 그의 개인적 가르침에 대한 완전한 차원을 발견하지 못할지도 모른다. 그러나 오늘날 알려진 그대로, 유교 그 자체에서 여전히 일련의 생명력(vitality)을 볼 수가 있는 것이다. 이미 법가적인 재가(sanction)는 사라졌지만 가족 전통 및 공동체 결속에의 긍정적인 측면이 남아 있다. 유교의 가치관에 있어서 기본적으로 중심되는 인간 존엄성, 상호 관심, 도덕적 책임 및 초월에의 개방성 등은 특기할 만한 것이다. 이러한 가치들은 현대의 과학적 학문 정신 및 논리학, 해석학의 도움을 통해 고전에 대한 새롭고 의미있는 연구를 가능케 해준다. 이러한 작업은, 시대에 제한되어 있는 것으로부터 초시간적인 가치를 구별해 내거나, 화석화된 것으로부터 관련성을 이끌어 내는 데 절대 요긴한 것이다. 살아남기 위해서, 또한 현대인들에 유용한 것이 되기 위해, 유교는 마치 제자백가 시대의 "하나"였을 당시의 첫 잉태(gestation) 시기처럼 다시금 새로워져야만 한다.

중국인들은 그들 자신의 직접적 경험의 일부로서 유교를 대하고 있다. 대부분 그들은 유교적 체계의 가족 제도 속에서 성장하였고, 유교 가치관 일색의 교육을 받아왔다. 그들은 유교가 마치 제 자신인 양 행동한다. 그는 유교적일 수도 있고 반유교적일 수도 있지만 전적으로 무관심한 태도를 취하지는 않는다. 그들의 반응은, 계약 관계의 신앙인이라든지 그 메시지의 재해석을 담당한 신학자 혹은 공격적인 반성직주의적인 자들(militant anti-clerical) — 오늘날 자칭 무관심한 새로운 기독교인(post Christians)의 현실에서는 여전히 침묵적인(suppressed) 반성직주의가 여전하지만 — 의 기독교적 반응과 태도보다는, 풍부한 감정을 지니고 있다.

중국인의 경험과 유교 가치관 사이에는 정치적·사회적 격변기 속에서 잔존해 온 일련의 공통점(identification)이 있다. 이것은 중국에서 새로운 지도 체계를 곤란하게 하며 또한 반공자 캠페인에 감정적 도구로 이용되기도 하는 어정쩡한 공통점이다. 그러나 국가적 형태에 있어 완전히 과거로 돌아간다는 것이 가능한가(무비판적 공격과 비난의 형태로)? 재평가를 통한 재발견의 형식이 좀더 낫지 않을까(즉, 국가나 사회의 요구만이 아니라 가족이나 개인, 그리고 그들을 전체 인간 사회로 잉태시키는 좀더 넓은 형태의 다른 인간 및 윤리 가치관에 입각해 — 일치하든지 상이하든지간에 — 보는 것)? 세속화의 물결이 기독교로 하여금 종교적·지적 다원화의 상황에서 새로운 정체성(identity)과 목적의식을 찾도록 재촉하는 현재에 있어, 유교 전통 역시 더 넓은 미래를 바라보면서 그 자신을 개혁해야 되지 않을까?

그리고 유교는 과연 살아 있는 관계를 갖고 있는가? 만일 문자 그대로, 말라빠진 문헌 연구나 상호성(reciprocity)을 배제한 계급적 인간 관계의 사회라든지 자녀나 여성에 대한 부모 및 남성의 일방적 지배, 그리고 미래가 아닌 과거 지향적 사회 구조 등에서는 유교가 더 이상 살아 있는 관계가 아니라 죽은 것이라고 얘기할 수밖에 없다.

그러나 만일 우리가 거기에서 인간의 가치에 대한 놀라운 점을 발견한다든지 도덕적 중요성이나 심지어는 성인(聖人)의 가능성, 그리고 윤리적 가치관에 근거한 인간 사회 속에서의 타자와의 기본적 관계성 및 초월에로 개방된 자아의 형이상학 등에서 역동적 요소를 지니게 된다면 유교는 살아 있는 것이 되고 또한 언제까지라도 존속될 수가 있는 것이다.

그리고 더 나아가서 유교가, 초기에 불교로부터 경험했던 것처럼, 여타 가르침의 새로운 가치나 사상에 직면하여 자신을 비판적으로 평가하는 데 주저하지 않음으로써 변화와 개혁에 개방되어 있는 상태라면, 유교는 살아 있을 뿐만 아니라 미래를 희망할 수 있게 되는 것이다.

이제 공자는 더 이상 존경의 대상이 되지 않고 있으며 유교 자체도 영향력을 상실해 버렸다. 그러나 스스로 성인이 아니라 학생임을 자처한 공자의 자세나 힘보다는 도덕적 감화를 강조한 유교의 가르침을 고려해 볼 때, 존경과 권력이 난무하는 것은 오히려 잘못된 것일 수도 있다. 그리고 중국에서의 반공자 움직임은, 때맞추어 세계적으로 중국과 유교에 대한 폭넓은 이해를 가져오게 되었고, 본국에서 공격의 대상이 되어버린 전통에 대해 국제적으로는 더 깊은 이해를 위한 자극제가 되었던 것이다. 겸허하면서도 정치적 비권력성 속에서, 유교는 이념으로서가 아닌 정신적 지주로서 중국 및 여타 지역에서 지속되고 변혁되어야 할 것이다. 현대 학문과 사회화 및 반공자 운동에 의해 촉진된 옛날식 종합의 파괴는, 결과적으로 더 좋은 결과를 낳게 될지도 모르는 것이다. 유교는 새로운 시대를 위한 새로운 종합으로서 다시 살기 위하여 죽어야 하는 요청을 받고 있다. 그 시대는 동(東)과 서(西)의 유산들을 온 인류의 유산으로서 수용하게 되는 다원주의 시대인 것이다.

〈제3장〉

인간의 문제

서 론

휴머니즘이란 무엇인가? 기독교에도 휴머니즘이 존재하는가? 이러한 물음들은, 기독교에 대한 약간의 지식은 갖고 있지만 최근 수십 년간의 기독교 신학의 발전 과정을 알지 못하는 아시아인들에게 대두되는 것들이다. 일반적으로 생각할 때, 휴머니즘이란 것은 플라톤이나 아리스토텔레스와 같은 체계적 철학으로 형성된 것이나 공자·맹자의 경우처럼 "지혜"(wisdom)의 형태로 구체화된 태도들을 언급하며, 주로 인간 자신에 대해 일차적인 관심을 두고 인간의 본성이 완벽한 것이며 인간의 마음이 진리와 지혜에 이를 수 있다고 보는 태도라 할 수 있다. 일반적인 인식으로 볼 때, 기독교는 그리스도나 하나님 혹은 신적인 대상들에 관심하고 있으며, 다만 인간에 대한 관심은 하나님의 피조물로서의 인간이거나 구원과 은총을 필요로 하는 죄된 모습으로 나타난다. 그리고, 그런 한도 내에서 하나님은 지상에 오셔서 인간을 구원하시기 위해 육신(Man)이 되신다. 그러한 때에만이 인간이 중요하게 취급되는 것이다. 그러나 지식 계층이나 사려깊은 아시아인들에게 있어서 대개의 경우, 오히려 자신들의 전통 — 특히 유교 전통 — 보다 더욱더 인간과 인간됨에 중요한 의미를 갖고 있는 기독교를 보기도 한다.[1] 그런

---

1. 휴머니즘, 기독교인, 유교인 등의 주제에 관해서는 중국 책 T'ang Chün-i, *Chung-kuo jen-wen ching-shen chih fa-chan* (Hongkong, 1958)을 보라. 여기서 저자는 이해하기 쉽게 그리스와 로마 철학에 걸친 서구 휴머니즘의 연원을 살피고 있다. 그러나 그는 이런 휴머니즘의 발전 속에서 기독교의 종교적 인식과 세속적·철학적 인식이 점차로 혼합되는 것을 언급하고(특히 pp.69-76), 신앙적 믿음의 가치와 중국 문화의 장래 문제에 대한 논의(pp.337-99)로 책을 마무리하는데, 기독교뿐만 아니라 중국

아시아인들이 보기에는, 서구 문화에서 휴머니즘이 존재한다면 기독교보다는 희랍 문화에서 더 잘 찾아볼 수 있고, 신의 이름을 빌려 파괴적 감정을 일으키고 결국 유럽을 황폐화시킨 종교 전쟁으로 몰고 간 종교 개혁 운동보다는 그 이전 15세기 이탈리아의 르네상스 운동(Neo-Greek Renaissance)의 문화에서 더 잘 나타나고 있다. 그들이 보기에 오늘날 서구 휴머니즘은 주로 두 형태를 지닌다. 그 하나는 세속적이며 자유주의적인 휴머니즘으로, 소위 현대적 삶의 형식을 결정지은 정치적 민주주의와 자유로운 모험심이 살아 있는 사회를 말한다. 둘째로는 세속적이며 마르크스주의적인 휴머니즘으로 사회주의적 집합체라는 새로운 인간상의 이름을 내세워 무력적 무신론을 주창하고 있다. 이러한 형식들은 모두 그들의 기원을 반교권주의적(anti-clerical)인 18세기 계몽주의에 두고 있고, 점증하는 세속주의적 경향을 통해서 무르익었다. 각각의 경향들은 한 가지나 여타 방법들을 통하여 자신들의 추종자들로부터 새로운 "종교"가 되어버렸다. 그것은 인간의 삶을 위한 개인주의적 혹은 집단주의적 목표를 강조하는 공공의 시민적 종교이다.[2]

세계 사회의 휴머니즘적 경향의 관찰자인 동아시아인이 보기에는 유교의

신앙의 모든 전통적 형태를 취급하고 있다. 기독교적 휴머니즘 그 자체에 대해서는 Roger L. Shinn, *Man: the New Humanism* (Philadelphia, 1968): E. Schillebeeckx, *God and Man*을 보라. 후자는 E. Fitzgerald(New York, 1969)의 번역이다.

2. 시민적 종교 이념에 대해서는 Jürgen Moltmann et al., *Religion and Political Society* (New York, 1974)를 보라. 아메리카에 관한 부분은 Russell E. Richey and Donald G. Jones, ed., *American Civil Religion* (New York, 1974)을 보라. 미국에서의 시민 종교에 관한 주요 이론가로서는 Robert N. Bellah를 들 수 있는데 그는 일본 유교의 전문가이면서 *Tokugawa Religion* (Glencoe, 1957)의 저자이기도 하다. Richey의 책 pp. 21-44에 그의 논문이 나와 있다. 세속화에 대해서는 Harvey Cox, *The Secular City* (New York, 1965)와 D. Callahan, ed., *The Secular City Debate* (New York, 1966)를 보라. 세속화와, 마르크스주의 휴머니즘에 대해서는 Henri de Lubac, *The Drama of Atheistic Humanism*을 보라. E. M. Riley(New York, 1951)에 의해 번역됨. 또한 "기독교-마르크스주의의 대화" 기간에 일어난 인간에 대한 논의를 보라. 그리고 L. O'Neill(New York, 1966)이 번역한 Roger Garaudy and Karl Rahner, *From Anathema to Dialogue*와 같은 책이 나와 있다. 이 모든 문제들은 Hans Küng, *Christ sein* (München, 1974), pp.17-22에 간결하게 요약되어 있다.

인간 중심적 모습에 비해 기독교는 하나님 중심적으로 느껴진다. 기독교 경전에 있어서도 주인공은 창조자이며 구속자로서의 하나님이다. 토마스 아퀴나스가 그의 신학을 시작함에 있어 창조와 인간을 취급하기 전에 다루는 것도 하나님과 그의 속성에 관한 것이다. 현대에 있어서도 칼 바르트 신학에서 후기에는 "하나님의 인간성"을 점차 부각시켰지만 초기에는 하나님의 위대성과 인간의 가련함을 역설하였다.[3] 그러나 이미 그때에도 인간에 관심했던 많은 이들이 있었는데, 나찌 시절의 죄인이었던 디트리히 본회퍼 같은 경우는 예수 그리스도를 "타인을 위한 존재"라고 말하면서 기독교의 비종교성을 역설하였다. 루돌프 불트만도 하나님의 실재(reality)는 인간 이해를 초월하기에 하나님에 대해 의미있는 언표를 할 수 없다고 한다. 오직 실존적으로 그에 대해 얘기할 수 있다는 것이다.[4] 폴 틸리히 역시 인간 이성의 검증을 가지고 그의 "조직신학"을 시작하였다. 그리고 그 인식적 기능의 분석을 통하여 계시의 의미를 구명하는 신학적 질문을 정당화시켰다. 제2차 바티칸 공의회에서도 신학에 있어서 이런 "인간" 중심적 경향에 이바지하였는데, 여기에서는 최상의 인간 운명과 인간에 내재한 "신적인 종자"를 설파하였다.[5] 가톨릭의 초월 신학자 칼 라너와 개신교의 과정 신학자 S. M. Ogden 등은 공통적으로 인간과 인간의 자기 이해에서 시작하는 "인간학적인 신학적" 방향을 자리잡았다.[6] 한스 큉의 최근 저서인 *Christ sein*(1974)에서는 더욱 노골적으로 이와같이 묻고 있다. "왜 기독교인인가? 그저 인간

---

3. Gene J. Lund(St. Louis, 1968)에 의해 번역된 Bengt Hagglund, *History of Theology*, pp.397-404.
4. Bonhoeffer, *Letters and Papers from Prison* (London, 1964), pp.278-80; Bultmann, *Faith and Understanding* (London, 1969), pp.53-60.
5. "Pastoral Constitution on the Church in the Modern World", in *The Documents of Vatican II,* ed. by Walter M. Abbott, S. J.(New York, 1966), pp.209-22.
6. 특별히 다음 논문을 보라: John C. Robertson, Jr., "Rahner and Ogden: Man's Knowledge of God", *Harvard Theological Review* 63(1970), pp.377-407. 또한 Peter L. Berger, *A Rumor of Angels: Modern Society and the Rediscovery of the Supernatural* (New York, 1969), pp.61-123.

존재이면 되지 않는가? 왜 인간다움(humanity)에 기독인다움(Christianity)을 덧붙여야 하는가?" 이 질문을 가지고 그의 책 전체가 씨름하며 해답을 찾고 있다. 이제 기독교 신학은 인간 자신의 실존 양식과 이 실존에 관심하는 자기 이해 속에서, 그 근원과 적합한 자리(locus)를 찾는 "신앙의 자기 반성적 주제적 표현"이 된 것이다.[7] 계시와 하나님이 도외시되지는 않는다. 그러나 계시는 인간의 경험이나 하나님의 현존을 체험한 인간의 경험의 영역에 속해 있다. 역사에서뿐만 아니라 사람 자신의 존재 안에서도 그리고 세계와 인간 자신의 상호 작용을 통하여서도 이루어지는 것이다. 자아에 대한 지식과 신에 대한 지식은 불가분의 관계가 되었다.

이런 점에서 오늘날 기독교는 철저하게 인간의 비전을 제시하면서 휴머니즘이라고도 불릴 수 있게 되었다. 단순히 세상적인 것이 아닌 이 세계 속에서 살아가는 기독교인, 하나님에 대한 신앙이 그분을 위한 자신의 사랑과 세계에 대한 헌신으로 표현되어야만 하는 기독교인, 자기 이해가 곧 하나님 이해가 되는 기독교인이 바로 그것이다.

기독교 신학에 있어서 작금의 이러한 경향이 유교적 인생관과 세계관과의 대화를 향한 움직임이라고 보는 것이 나의 견해이다. 유교는 인간과 초월에 대한 그의 개방적 자세에 깊이 뿌리박고 있다. 인간과 그 세계를 언급함에 있어 그 궁극적 관심인 신과 초월에 대한 분명한 언급이 있는데, 이는 인간과 인간 경험의 주관적 세계 안에서 나타나며 이것은 타자의 경험들과도 서로 상관하고 있다.

이 연구에서, 인간의 문제로 시작해서 그의 자기 초월의 문제를 다뤄나가는 것이 나의 목적이다. 이것은 현대 기독교 신학의 방법론이기도 하다. 유교 철학에서도 항상 이런 방법이었다. 그러기에 수세기간 각각의 발전 이후에, 두 방향은 같은 방향으로 수렴되었고 동일한 결론에 이른 것이다. 즉, 인간의 길과 하늘의 길은 인간 가운데서 만난 것이다.

---

7. Robertson, op. cit., p.377.

유교적 인간

인간은 무엇이고, 그 가치는 어디에 있는가? 이 질문은 아마도 인간이 존재하는 한 자신들에 의해서 계속되어 왔을 것이다. 왜냐하면 인간의 자신의 위대함의 가능성과 마찬가지로 그 한계를 지닌 자신에 대해 항상 도취되어 있었기 때문이다. 또한 인간은 항상 이러한 자신에 대한 질문에 도취되어 있었다. 왜냐하면 그에 대한 완벽한 대답이 있을 수 없었기 때문이다.

신·구약 성서에서는 인간에 대해 피조물로서는 제일 뛰어난 하나님의 자녀로 묘사하고 있다. 그의 가치는 하나님과의 교제에 있다. 그분으로부터 모든 것을 부여받았다. 하나님이 존재(is)하시기에 사람도 존재(is)한다. 그리고 사람은 하나님같이 될 수 있다(Eritis sicut Deus, 창 3:5). 이는 좋은 의미로도 볼 수 있다. 왜냐하면 인간은 하나님의 형상과 모습대로 태어났기 때문이다(창 1:27, 5:1, 요한 1서 3:1-3).

이외에도, 인간은 성서에서 항상 "전인적 존재"(whole person)로 여겨진다. 그의 "마음"은 이해와 의지, 감정이 일어나는 장소이다. 인간은 육체와 영혼을 "소유"하지 않고, 육체와 영혼 그 "자체"이다. 이는 성스런 계약의 동반자이며 역사의 주인이신 하나님과 관련되며, 또한 가정과 부족 및 여타 관계 속에 있는 다른 사람들에게도 해당된다. 바울에게서도 *soma*(肉)와 *pneuma*(靈)란 단어가 "전인적 존재"를 의미하는 인간의 각 "부분"으로 함축되어 사용되며(롬 12:1, 고전 6:20, 고전 2:11, 13:3, 7:4, 7:34) 이는, 바꿔 말하면 형이상학적 원리가 아니라 살아 있는 "자신"(I)을 말한다.

그러나 또한 인간의 개념에는 이중적 의미가 담겨 있다. 특히 바울의 어떤 글에서는 죄의 인식이 인간 존재에 있어 특이한 긴장 관계를 낳고 있다 (롬 7:15-25, 8:10-13).[8] 이 구절에는 기독교와 유교의 인간관에 대한 일련

---

8. 성경의 인간 이해에 대해서는 W. Eichrodt, *Man in the Old Testament*, tr. by K. and R, Gregor Smith (Chicago, 1951), H. Conzelmann, *An Outline of the Theology of the*

의 중대한 차이점이 드러난다. 왜냐하면 유교에 있어서, 인간의 선성(善性)과 마찬가지로 악성(惡性)이 부정되지는 않지만, 그런 식의 이분법은 인간의 본래적 완전성에 경도된 전통으로 말미암아 축소되어졌던 것이다.

유교의 경전에서 인간의 피조성이나 신과 관련된 부자(父子) 개념이 부정되지는 않는다. 오히려 여러 곳에서 명백한 증거들이 드러난다.[9] 그러나 유교 경전에서는 이러한 긍정이, 창조 신화 등에 의지해서가 아니라 모두가 하늘로부터 부여받았다는 공통적 인간 본성을 강조함으로 이루어지는 것이다. 이것은 중국어에 있어서 "인간 본성"을 의미하는 "성"(性)이나, 마음 혹은 가슴을 의미하는 "심"(心)이나, 삶 또는 후손을 의미하는 "생"(生)이란 단어 등에 잘 나타나 있다. 언어 학자들은 그 어원학과 원시 종교 제의의 상관 관계를 증언하고 있다. 인간은, 남자든 여자든 하늘로부터 인간 본성의 모든 천부적 성격과 삶이란 선물을 부여받은 존재이다.[10]

인간은 여타 짐승들과 자신을 분별함으로써 또한 타인과 자신을 동일시함으로써 자기 지식을 가진다. 여타 동물처럼 "배고플 때 먹고 싶고, 추울 때 온기를 찾고, 피곤할 때 쉬고 싶은 것이 인간의 본성"이라는 것이다.[11] 이것은 순자(B.C. 298~238년경 활동)의 말로서, 그는 인간이 악하게 태어났지만 자신의 본래 성격을 거부하는 행위를 할 수 있다고 주장했다. 왜냐하면

New Testament, tr. by J. Bowden (New York, 1969), pp.173-80. 또한 Jürgen Moltmann, *Mensch: Christliche Anthropologie in den Konflikten der Gegenwart* (Stuttgart, 1971), English translation by John Stundy: *Man: Christian Anthropology in the Conflicts of the Present* (Philadelphia, 1974), ch.1; *Neues Glaubensbuch: Der gemeinsame christliche Glaube,* ed. by J. Feiner and L. Vischer (Freiburg im B., 1973), English translation in *The Common Catechism: A Book of Christian Faith* (New York, 1975), pt.3. *Evangelischer Erwachsenen Katechismus,* ed. by W. Jentsch et al., (1975), Part 5. 또한 Reinhold Niebuhr, *The Nature and Destiny of Man* (New York, 1941), vol. 1.

9. Book of Documents, Part 4, Book 2, in James Legge, tr., *The Chinese Classics* (Oxford, 1893), vol.3, pp.177-8; Book of Odes, Part 3, Book 3, in Legge, ibid., vol.4, p.64.
10. Donald J. Munro, *The Concept of Man in Early China* (Stanford, 1969), pp.65-7을 보라. 특히 그의 기다란 주해를 보라: pp.214-5.
11. *Hsün-tzu: Basic Writings,* tr. by Burton Watson (New York, 1963), p.159.

여타 짐승들과는 달리, 인간은 독특한 사회적·도덕적 행위가 가능하기 때문이라는 것이다. "물과 불은 힘이 있으되 생명이 없다. 나무와 풀들은 생명이 있으되 지능이 없다. 새와 짐승들은 지능이 있으되 의무감이 없다. 그러므로 인간은 지구상에서 가장 고귀한 존재이다."[12] 결국 "인간"이 된다는 것은 완전한 자애의 덕목인 "인간됨"[仁]을 얻을 수 있다는 말이 된다. 그래서 중용(中庸)에서는 이를 가리켜 "인(仁, 德)의 뜻은 인간됨에 있다"라고 말한다.[13]

유교에서의 일반적 인간성에 대한 강조는 또 다른 강조점을 낳고 있는데 이는 "만인의 본래적 동등성"이다. 기독교에 있어서 이런 이론은, 온 인류가 하나님의 자녀이며 피조물이라는 공통 기원설에 의해 확실하게 드러난다. 유교인들에게 있어서는, 공통적이고 도덕적인 본성, 그리고 악으로부터 선을 구별할 수 있는 능력에 중점을 두고 있는데 이는 공통적으로 마음과 심정에 근거해 있는 것이다. 실제로 이러한 본래적 동등성은 사회적 계급 구조나, 심지어 "문명인" — 중국인들 — 과 "야만인"이라는 차별에도 불구하고 계속 존재한다.[14] 공자 자신은 "사해(四海)의 모든 사람이 동포이다"라고 말했다(논어 12:5). 맹자(B.C. 371~289년경)도 모든 사람이 성군(Sage-king)이 될 수 있다고 했다(6B:2). 만일 중국어에 있어서 "야만인"이란 말이 때때로 하층민에 대한 인간적 경멸의 극단적 표시로 "개"나 "뱀" 등으로 사용됐더라도, "야만인"들 역시 소양 교육을 통한 완전한 인간이 될 수 있음은 두말할 여지가 없다. 결국은 성군조차도 "야만인" 출신이었다고도 생각할 수 있는 것이다.[15]

이 장에서 나는 특정한 논의를 위해 두 가지 문제를 제시하고 싶다. 첫번째는 악(evil)의 문제이고, 둘째는 성인(sagehood)의 문제이다. 사실 그 둘은 본래 상관되어 있다. 악에 대한 인간의 생각은, 자기를 초월하여 성인이 되려는 마음을 거슬러가는 것 같다. 그리고 인간 본성과 인간 운명에의 전

---

12. Ibid., p.45.
13. Doctrine of the Mean 20.
14. Munro, op. cit., ch.1.
15. Mencius 4B:1.

적인 몰입은, 유교에서 늘 찾아낼 수 있는 초월의 단계를 보여주며, 이는 기독교와의 유사성과 차이점을 적나라하게 밝혀주는 것이다.

악(惡)의 문제

악에 대한 문제는 기독교와 유교와의 대화에 있어 좋은 사례를 제공해 준다.[16] 맹자에까지 소급해 본 전통적 유교 사상에서 보면 언제나 인간 본성의 기본적 선함에 기초하여, 악이란 선에서 멀어진 본래적인 것의 왜곡이라는 설명이다. 이 견해를 수용한 마테오 리치는, 그의 유명한 교리서에서 인간 본성이 선과 악이 모두 가능함에도 불구하고 본질적으로 선하다고 보았다. 악한 것은 욕정의 발현으로 일어나는 것이라고 보았다.[17] 그러나 후기의 교리서에서는 원죄로부터 비롯되는 인간의 악한 경향을 강조하게 되었는데, 이는 맹자가 본질적으로 인간의 선함을 가르쳤는 데 반해 기독교에서는 반대 이론을 주장한다는 것에 영향을 받은 것이다. 내가 악의 문제를 논의하려는 데 있어서 이 점을 염두에 두려고 한다.

우선 논의한 바대로 "악"이란 것은, 인간 심성의 악이란 것 외에, 여타 우주 안에서의 존재론적 불완전성 — 사물의 불공평성 — 이나 질병·노환·죽음 등으로 말미암은 인간 고통으로서의 악 등은 취급하지 않는 것으로 한다. 이것들은 많은 고통과 재난을 무죄한 사람에게까지 일률적으로 적용케 되는 집단적·개인적 차원의 도덕적 왜곡이기 때문이다. 이런 전제 가운데서, 기독교의 악에 대한 용어라 하면 죄(*hamartia*)를 들 수 있는데, 이는 아우구스티누스(A.D. 354~430년) 이래로 인간의 오류에의 고착을 의미하는 원죄설과 인간의 자유를 가정한 개별적 자아의 책임을 말하는 인격적 죄론(personal sin)의 두 가지로 논의되어 왔다. 유교의 경우에는 더욱 애매

---

16. Julia Ching, "The Problem of Evil and a Possible Dialogue between Christianity and Neo-Confucianism", *Contemporary Religions in Japan* 9(1968), pp.161-93을 보라.
17. Ricci's Catechism, *T'ien-chu shih-yi* (The True Idea of God), Part 7을 보라. Liu Shun-te(Taichung, 1966)가 이를 중국 본토어로(고전어에서) 번역했다. pp.170-98을 보라.

모호하다. 중국어의 죄(罪)라는 것은 죄(sin)라는 의미와 범법(crime)이라는 이중적 의미를 가진다. 이러한 결과 위주의 모호성은 일련의 사람들에게 잘못된 견해를 심어주게 되었다. 그래서, 중국인들은 도덕적 죄악 의식의 내면화로 죄책 의식이 없는 도덕성을 지녔으며, 단순히 인간 관계에 근거한 외형적이고 피상적인 체면 중심적인 것에 불과하다는 견해가 대두되었다.[18]

양수명(梁漱溟)은 그의 유명한 저서 『동서양의 문화와 철학』에서 다음과 같이 구분하고 있다. 우선 유럽 문화인데, 이는 초기에는 종교 일색이었지만 후기에는 합리주의와 과학의 발흥에 의해 침식되었고 현재에는 둘 모두가 동요되고 있는 경우이고, 다음은 인도 문화인데 이는 과거뿐만 아니라 현재에도 종교성이나 내세적인 것들에 의해 강한 영향을 받고 있으며, 그 다음은 대조적인 경우의 중국 문화인데 인간 문제나 혹은 자연과 인간 사이의 조화적 관계에 주요 관심을 가지면서, 신논의(神論議)를 거의 배제하는 형태이다.[19] 이런 특징적인 중국 문화는 또한 그 선악에 관한 이론에서도 잘 나타나 있다. 악에 대하여 초인간적 원리로 치부해 버리거나, 근본적으로 비실제적 현상 세계로 몰아버리지 아니하고, 중국 유교는 악에 대한 논의를 인간 본성에 대한 논의에서 빼놓을 수 없는 요소로 간주하는 것이다. 악은 존재한다. 그것은 인간 본성의 고유한 것일 수도 있고, 혹은 본래적인 선함과 사악한 환경 사이에서 잉태된 결과일 수도 있다. 돌이켜볼 때, 이러한 것들이 순자와 맹자의 학설이 되었던 것을 알 수가 있는 것이다. 그들은 중국 철학사에서의 커다란 논쟁을 시작하였고 이는 동서양을 만나게 해준 문제이기도 했다. 왜냐하면 이 주제는 윤리적 · 심리학적 의미뿐만 아니라 형이상학적인 차원도 있기 때문이었다.

---

18. Wolfram Eberhard, *Guilt and Sin in Traditional China*에는, 중국에는 죄책 의식이 없다고 하는 주장에 대한 역사적 · 사회학적인 많은 반증들을 제시하고 있다(Los Angeles, 1967).
19. Liang Su-ming, *Tung-hsi wen-hua yü ch'i che-hsüeh* (1922). 이 책은 중국어로만 읽을 수 있다. 신론에 대한 언급 없이 특별히 철학적인 자세로 씌어진 저술이다. 『시경』과 『서경』에서는 거의 다 상제와 하늘에 대해 언급하고 있다.

기독교의 가르침에 의하면, 죄의 특징으로서는 개개인의 양심을 거스르는 것뿐만 아니라 그에 수반되는 반항(revolt) ― 하나님과 그의 명령에 대한 ― 도 뜻하고 있다.[20] 이것은 하나님과 자신으로부터의 소외라는, 죄에 대한 이중적 인격성을 보여주는 것이다. 말하자면 인간은, 신화적으로 본다면 아담과 이브라는 인간의 모습으로 죄에 의하여 하나님에 대한 선전포고를 한 것이고, 실존적으로 본다면 모든 의식적이고 고의적인 행위로서 개인적 범죄를 저지른 것이다. 죄라는 것은 대립, 즉 신과 대치한 인간의, 혹은 그 자신의 양심과 대치한 상태를 말한다. 이것은 선과 악 모두에 이끌리고 있는 인간의 적나라한 근본적 이원론 때문에 가능한 것이다. 즉, "내가 원하는 선은 행치 아니하고 원치 아니하는 악만 행하는도다"(롬 7:20).

유교인의 의식에서도 이러한 반항과 같은 개념이 존재하는가? 물론이다. 유교 경전에는, 많은 성군(聖君)들이 자신의 통치하에서 백성들의 죄를 자신의 무능으로 돌리며 그들의 실책을 하늘에 용서를 구하는 모습이 자주 등장한다. 상(商)(B.C. 1766년?) 왕조의 태조 탕왕(湯王)은 다음과 같이 말했다고 한다. "내 백성이 있는 중에 내가 죄를 짓는다면, 이 책임이 만백성에게 있는 것이 될 수 없다. 하나 만백성이 죄를 짓는다면, 이것은 모두 나의 책임이다"(논어 20:3). 사기(史記)에는 이러한 왕의 모습이 더욱 분명히 나타난다.

> 백성들 가운데 선한 것이 있다면 결코 나는 숨기지 않을 것이며, 나에게 악이 있다면 결코 나를 용서치 않을 것이다. 나는 이 모든 일을 상제(上帝)의 뜻에 합당하게 행할 것이다. 만백성들이 살고 있는 중에 죄가 드러난다면 그것은 나의 책임이며, 나 한 사람이 잘못했다면 이것을 만백성에게 미룰 수 없는 것이다.[21]

---

20. 죄에 대한 논문으로는 Piet Schoonenberg and Karl Rahner in *Sacramentum Mundi: An Encyclopaedia of Theology*를 보라. 영어 번역은 C. Ernst et al.,(New York, 1970) vol. 6, pp.87-94이다. 또한 *Evangelischer Erwachsenen Catechismus*, pp.256-78을 보라.

21. Book of Documents, Book 3, ch.2, in Legge, *The Chinese Classics*, vol.3, pp.189-90.

다른 문헌에 의하면, 탕왕(湯王)은, 자신의 불찰로 받아들인 가뭄의 극복과 자신의 죄를 용서받기 위해 상제에 대한 화목 제물로 자신의 머리칼과 손가락을 잘랐다고 한다.[22]

그러나 유교 철학은 신에 대한 반항으로서의 죄악 이론으로만 발전한 것이 아니라, 도덕적인 악과 그것의 인간 본성과의 관계로도 발전한다. 이런 경향은 성군(聖君) 시대와 공자 자신의 생애 이후에 일어나기 시작하였다. 몇몇 경우에 있어서 이것은 죄와 악에 경도되어 있는 인간에 대한 기독교의 교리와의 비교를 가능하게 해 준다. 물론 동양과 서양 모두에게 있어서 이 논쟁은 인간 본성 자체로서가 아니라 그것의 여러 가지 "상태", 즉 가설적이거나 경험적인 것을 말하는 것이다. 예를 들어 인간 타락의 신화와 그로부터 죄의 신학적 이론을 다루어 보자. 여기서는 인간의 본성이 "세 가지 계기"로 구성되어 있다고 본다. 우선 "타락" 이전의 아담의 상태로서의 "완전한" 본성, 아담의 불미스러운 유산의 결과로서의 "타락한" 본성, 그리스도 안에서 은혜로 거듭난 "구속된" 본성 등이다. 맹자와 순자에게 있어서도, 이같이 타고난 본래적인 인간 본성의 규정과 사회와 문화 속에 처해 있는 인간의 "실존적" 상황이 제시된다. 여기서 맹자는, 인간이 본성에 있어서 선하며 나쁜 악습으로 인하여 악이 나타난다고 보았으며(2A:6, 6A:1-7), 반대로 순자에 의하면 인간은 본래적으로 악하며, 인간이 선해지는 것은 교육의 영향으로 개선됨과 동시에 본성에 대한 부단한 부정으로만 가능하다고 보았다.[23]

---

22. *Lü-shih ch'un-ch'iu*, ch.9, sect.2와 *Lunheng*, ch.5, sect.19를 참고해 보라. 또한 Burton Watson에 의해 번역된 *Mo-tzu: Basic Writings* (New York, 1963), p.44의 보편적 사랑에 관한 부분을 보라. 이것은 주공(周公)의 간청과 함께 탕왕(湯王)의 제사를 말하는 것으로 서경(書經)(Metal-bound Coffer에 관한 부분), Part 5, Book 6, in Legge, *The Chinese Classics*, pp.352-61에 나와 있다. 이것이 초기 중국에서 볼 수 있는 두 가지 하늘에 대한 간구의 실례이다.

23. *Hsün-tzu*, sect.23, in Watson, op. cit., pp.157-71. 맹자보다 순자의 이론을 찬양한 것으로는 Yang Jung-kuo, *Chien-ming Chung-kuo che-hsüeh shih* (Peking, 1973), p.68을 실례로 들 수 있다.

유교적 형태의 중국에 있어서, 맹자의 이론이 — 비록 신유교가 발흥한 9세기 이후에서야 이루어진 뒤늦은 승리였지만, — 우세한 위치를 갖게 되었다. 여기에서, 기독교가 타락 이전의 아담의 순수함을, 맹자가 사회 문화에 접촉되지 아니한 유아기의 순수함에 관계하는 차이가 있긴 하지만, 동서양이 "본래적으로 선한" 인간 본성을 수용하는 데 일치하는 것을 볼 수 있다. 오늘날, 공산 중국에서는 순자의 이론을 추종하는 사람들에 의해 공자의 이론이 다시금 도전받고 있다. 그들은 인간 본성에 대한 법률의 구속적(拘束的) 영향력과 올바른 교육의 중요성을 강조한다. 어떤 경우에는, 이것이 동양보다는 서양의 특징이라고 말할 수 있는 인간의 본래적 이원론(dualism)에 관심한다고도 볼 수 있다.

칼 라너는 "욕정(concupiscentia)의 신학적 개념"을 논함에 있어, 욕정을 인간 본성과 함께 직접적으로 주어진 본질적인 "자연적"(natural) 성격을 지적했고 심지어는 그것의 "순수한"(pure) 상태를 말하기까지 하였다. 실존론자들이 말하는 바에 의하면 인간의 인격(person)은 "그 자신에 의해 자유롭게 처신할 수 있는 상태"를 말하는 것이고, 인간의 본성(nature)은 "이러한 결단 이전에 자신에게 주어져 있는 모든 것"을 가리키는데, 라너는 "신학적" 욕정을 "인격"과 "본성" 간의 긴장 혹은 이원론이라고 표현한다.

> 어떤 구체적인 상황 속에서 자신의 실존적 결단이 매우 비인간적이고 막무가내이며 무지몽매한 경우의 사람들이 많이 있다. 그저 단순히 기다리기만 하고 자유롭게 행동하지 않는다. 이것이 우리가 신학적 의미에서 욕정이라고 부르는 … 인격과 본성 사이에서의 이원론이다. 그러는 동안에 영성(spirituality)과 감성(sensibility)의 이원론 속에서 구체적인 경험적 표현을 찾지만 … 전자와 후자가 동일시되지는 않는다.[24]

---

24. Karl Rahner, "The Theological Concept of Concupiscentia", *Theological Investigations*, tr. by C. Ernst (Baltimore, 1960) vol.1, p.369.

이러한 "욕정"은, 자유로운 결단 이전에 존재하는 것이기에 "도덕적인 악"과 동일시될 수는 없다. 그러나 라너도 로마서 6-8장에서 "정욕"(concupiscence)이 "죄"라는 용어로 사용되었다는 것을 알고 있다. 까닭에 그는 다음과 같은 의미에서 그것이 "악"이라 불릴 수 있다고 보았다. 즉, 바울이나 아우구스티누스, 스콜라 철학의 대가들이나 종교 개혁자 및 파스칼 등이 모두 인정했듯이 "첫번째 아담의 타락"으로 인해 욕정이 자기 자신의 경험된(experienced) 모순으로서 그 구체적 형태가 드러날 때에만 그렇다는 것이다. 이러한 경우에 있어 그것은 "순수 본성"적인 것이 아니라 "타락 본성"에 의한 정욕이다. 또한 그는 낙원에서의 아담의 "완전성"과 회복된 상태의 완전한 기독교인의 "무흠성"(innocence)을 구분하고 있다.

> 아담에 있어서 인간의 자유란 … 선이나 악 어느 것에로든지 자신의 본성을 내맡길 수 있는 자유이다. (기독교) 성인들의 자유란 자신의 전존재를 온전히 하나님께 복종시키는 데까지 이르게 되는 사람의 자유를 말하는 것이다.[25]

잘 아는 바와같이 맹자나 순자 이후 시대의 유교학자들은, 인간 본성이 덕의 씨앗은 갖고 있지만 실제 완전한 선이 되지 못하므로 교육을 통한 개선에의 영향을 기대한다는 식으로 그들의 가르침을 조화시키려고 애를 썼다. 한 가지 예를 든다면 유교 윤리와 음양 이론을 연관시키는 것인데, 이에 따르면 능동적인 우주 원리로서의 양(陽)을 인간 본성으로, 수동적인 우주 원리인 음(陰)을 감각(emotions)으로 간주하여, 본성은 선한 것의 근원으로 감각은 악한 것의 계기로 본다는 것이다.[26] 이런 식의 범주화는 주관적인 것

---

25. 상동, p.374. 유교 정통 교리에서는 "원초적 타락"을 찾아볼 수 없지만, 대중 불교 같은 경우, 인간 본성을 본래적으로 선한 것이라 보면서 역사가 흐르면서 나중에는 악하게 되었다는 얘기가 있다. 이것은 **Kalpa**(겁사상: 42억 년에 해당) 인식과 관련된다. 유교 사상에서도 그런 생각은 초기 성인들의 주장에 담겨 있고, 나중에 도덕적으로 타락했다고 한다.

26. Ching, "The Problem of Evil", op. cit., 168을 보라.

처럼 보인다. 그러나 도덕론자들은 종종 감각을 그렇게 보는 것에 동조하곤 하였다. 정열을 초도덕적인 것이라고 말했던 토마스 아퀴나스도 그것을 못마땅한 것으로 보았다.[27]

인간과 도덕적 악의 물음에 대한 철학적 이론은 특히 신유교의 발흥으로 두각을 나타내게 되었다. 유교에 있어서의 후기의 이러한 발전은 당시 만연하던 불교와, 불교에 있어서의 사회적 의무의 소홀함에 대처하기 위해, 부분적으로는 불교적 틀을 짜깁기하여 만들어 낸 것이다. 이것은 주로 윤리적 차원에서, 공자와 맹자의 이론으로 복귀하는 것을 정당화시키는 것이었다. 그리고 악에 대한 새로운 해석은 형이상학에 대한 새로운 관심으로 채색되어 있었다.

이 새로운 형이상학에 있어서 인간은 만물의 근본과 원리가 되는 태극(太極)의 탁월함에 참여하며 음양과 오행(五行)의 상호 작용을 통해 자아에로 이르는 본성을 소유하면서 우주의 정점(頂點)을 상징한다. 인간 본성은 본래적으로 선한 것이며 "진실한"(sincere) 것이다. 외부적인 사물과의 접촉이 악에 대한 계기를 제공하는데, 이것은 적극적인 실재라기보다는 선에서 일탈되는 것을 말한다. 이것은 인간 본성의 이중적인 측면 때문이라고 할 수 있다. 즉, 천부적으로 선한 성격의 "본질적" 본성과 주어진 기(氣, vital force, material principle?)의 질적인 차이에 따라 선한 것, 또는 악한 것도 될 수 있는 육체적인 "실존적" 본성이 그것이다.[28] 확실하게 "본질적" 본성이 드러나는 곳과 기(氣)라는 말 — 인간을 포함하여 만물의 발흥에 기여하는 것을 총칭하는 — 이 의미하는 바를 정확하게 규정하는 것은 아직 논란

---

27. 아퀴나스는 열망에 대해 *Summa Theologica*, 1-11에서 다루었다. Q.22-48, 그는 그것을 마치 식욕 같은 것으로 생각했다. 영혼의 비이성적 부분에 속한다고 보면서 인간 본성의 주요 성격은 이성이라 보았다.

28. 이것은 Chang Tsai, *Hsi-ming*과 *Cheng-meng*에서 나온 것으로 영어 번역으로는 Wing-tsit Chan, *A Source Book of Chinese Philosophy* (Princeton, 1963), pp.497-517이다. "본질적", "실존적"이란 말은 축자적 번역이 아님을 밝혀 둔다. 다만 개념의 보다 확실함의 의도로 사용되었다.

의 여지가 있다. 그러나 "본질적" 본성과 "실존적" 본성 사이의 구별은 중국 철학의 인간학에 있어 중요한 진전을 이룩하였다. 또한 탄생 전과 탄생 후의 인간 본성에 대한 초기의 비실제적 구분은 진부한 것이 되어버렸다. 유아기에 있어서의 선악의 판단이 불가능해졌기 때문이었다. 가끔씩 인용되곤 하는, 맹자의 우물에 빠진 어린이에 대한 인간의 자발적 반응이라는 비유는, 인간 본성의 순수한 상태가 아닌 지성적 인간 존재의 자연적인 반응에 불과한 것일 뿐이다. 이런 점에서, 폴 틸리히의 원초적 타락(primordial Fall)의 해석 이론은, "근본적" 혹은 본질적 본성과 실존적 본성 사이의 구별이 있는 유교적인 가설과 매우 유사하다고 할 수 있다. 틸리히는 낙원에 대한 축자적 해석을 거부하면서 "실현된"(realized) 창조와 "소외된 실존"을 동일시한다. 죄의 상태를 "본질"에서 "실존"으로 전이된 것이라고 표현하는 것이다.

　　… [하나님이] 창조한 모든 것은 본질에서 실존으로의 전이에 참여한다. 그는 새로 거듭난 어린이를 창조하였다. 그러나 창조되었다면, 이는 소외의 실존에로 떨어진 상태를 말한다. … [그리고] 성숙함에로의 단계와 함께 책임과 죄책을 느끼는 자유 행위 가운데서 소외의 상태를 확인하게 된다. 창조는 그 본질상으로 선한 것이다. 그러나 현실화될 때, 자유와 역운(destiny)을 통한 우주적 소외의 형태가 이루어지는 것이다.[29]

그러나 신유교 철학자들은 왜 어떤 이는 순수한 성품을, 다른 이는 혼탁한 성품을 받는가에 대해서는 설명하려고 하지 않았다. 단지 이것은 당연하게 수용되고 있다. 결국 이 구별은 존재론적인 것이지 도덕적인 것이 아니라는 말이다. 도덕성은, 인간 본성이 정적에서 활동으로 나타나면서 구체화된다. 이때 감각(emotions)이 발흥되거나 솟구치는 것이다. 철학적인 용어로 말하자면 자유의 지적 행위가 이루어질 때를 의미한다. 이러한 견해를 인정한다

---

29. P. Tillich, *Systematic Theology* (London, 1957), vol. 2, pp.40-2.

면, 인간에 있어서 악의 계기에 대한 현대의 이원론적 해설은, 유교적인 견해와 완전히 일치하고 있다.

> 인간이 실수할 수 있다고 말하는 것은, 자기 자신과 일치될 수 없는 존재의 고유한 한계가 바로 악이 발생하게 되는 원초적 나약함이라는 의미를 담고 있다.[30]

유대교 철학자이며 신학자였던 Martin Buber가, 서구 정신사에 있어서는 낯설다고 생각되는 중국인들의 "본래적 인간"(original man)에 대한 "동경"을 언급했다는 사실은 주목할 만한 일이다. 그의 말에 의하면,

> 원초적 인간에 대한 [중국인들의] 이러한 믿음은 서구인들에게는 이미 사라져 버렸고 자력으로 회복할 수 없게 되었다. 기독교조차도 이러한 상황을 바꾸어놓지는 못하였다. 비록 실행되었다고 하지만 사실은 인류의 원초적 낙원에 대한 동양적인 가르침을 서양식으로 바꾸어놓은 것에 불과할 뿐이었다. 성서에서의 첫사람에 대한 설화에서는 오직 타락만이 서구적 기독교인의 인생 실제에 있어 영향력을 행사하고 있고, 타락 이전의 단계는 다루어지지 않고 있다.[31]

부버는 중국인들의 믿음이 타락 상태나 이원론, 분별 차원만을 인지하고 있는 서구 의식과 비교해 볼 때 어느 정도 과도하게 초자연적(!)인 것이라고 보고 있다.

---

30. Paul Ricoeur, *Human Fallibility* (Chicago, 1965), p.224. 악을 주제로 하거나 관련된 현대의 저작을 보려면, Hermann Häring, "Satan, das Böse und die Theologen – Ein Literaturbericht", im *Bibel und Kirche,* vol.1(1975), pp.27-30, 66-8.

31. Martin Buber, "China and Us" (1928), in *A Believing Humanism* (New York, 1967), p. 189.

자기 초월의 문제: 성인(聖人)

악에 대한 문제는 자기 초월의 문제를 고려하기 때문에 더없이 중요한 것이다. 도덕적 악과 인간의 오류 가능성에 대한 인정은 자기 자신을 초극하려는 어떤 시도나 해결에 있어 필수적인 것이다. 인간 본성은 천부적인 (given) 것인 동시에, 우리의 역사적 상황이라는 한계 속에서 우리가 형성해 나가는 과정(yet to become)인 것이다.

기독교인에게 있어서, 자기 초월이란 본질적으로 하나님을 닮아가는 혹은 거룩해지는 것을 말한다. 이 거룩(*hagios*)이란 그리스 말은 제의적 의미와 윤리적 의미를 같이 담고 있다. 물론 "거룩"이란 특히 하나님을 언급하는 말이다. 구약성서에서는 성전의 제단에서 선지자 이사야에게 나타날 때 그의 초월적 타자성 속에서 이스라엘의 거룩한 유일자임을 밝히고 있다(사 10:20). 신약성서에서는, 예수 그리스도가 하나님의 거룩한 종으로 나타나고(계 4:27), 자신의 추종자들이 성화(聖化)되도록 하기 위해 스스로 성화하시는 분으로 나타난다(요 17:19). 특히 기독교인들은 예수 그리스도를 인간적으로 본받고 싶은 모범으로 본다. 기독인의 삶에서는 늘 그리스도를 따르는 것에 대해 언급하고 있다.[32] 영어의 holiness에 상응하는 중국어는 성(聖)이라는 말이다. 고고학이나 신화적 성인(聖人)에 관한 연구에 의하면, 고대 성인들은 거의 유사신격(semi-divine)으로 간주된다고 볼 수 있다. 이것은 『서경』(書經)에서 전설적인 고대 성왕이었던 순(舜) 임금을 묘사할 때 거론되는데, 여기서 그는 현명한 통치자나 군주 또는 효자로 나타나고 있다.[33] 그의 성격을 표현하는 데 있어 특별히 "자연"(自然)이라는 식으로 말하고 있다. 특히 순(舜)의 덕(德)에 대해서는 "자연적인 것"에서 비롯한다고 말한다. 또 다른 속성으로 자주 등장하는 것은 "관통"〔通〕이라는 것이

---

32. "거룩"에 대한 해석에 대해서는, Hans Küng, *Rechtfertigung: die Lehre Karl Barths und eine katholische Besinnung* (Einsiedeln, 1957), Exkurs II, pp.302-10.
33. Book of Documents "Counsels of Great Yü" and the "Great Plan", English translation in Legge, *The Chinese Classics,* vol.5, pp.54, 327.

다. 특히 한(漢)나라 때의 사전인 『설문해자』(說文解字, A.D. 100년경)[34]에 따르면 성군은 모든 사물을 관장하는 통찰력을 지닌 사람으로 묘사된다. 한 나라 때의 다른 책인 『백호통』(白虎通, A.D. 80년경)에서도 역시 그를 "모든 것에 관통하는 방법을 지닌 자 또는 모든 곳에 뛰어남이 미치는 자"로 묘사되면서, 아울러 "자신의 덕 안에서 천지와 연합하는 자, 그의 찬연함이 해와 달과 연합하는 자, 사계절이 그의 규정 속에서, 정령과 영혼들이 그가 허락하는 신적인 행복과 불행 가운데 있게 되는 것으로" 묘사된다.[35] 제의문서에 보면 이러한 "통"(通)의 개념이 확실하게 나타난다. 『대대』(大戴)는 성군에 대해 "그 지혜가 대도(大道)를 관철하고 고갈됨 없이 무궁한 변화에 대처하며 만물의 내적 본질을 파악한 사람"이라고 말한다.[36] 여기에 『예기』(禮記)라는 경전에서는 삶의 부여라는 이념을 덧붙이고 있다. 그래서 성군은 "만물에 생명을 부여하는" 모습으로 제시된다.[37]

그렇다면 여러 위대한 성인들의 경우는 어떠한가? 공자는 성인에 대해 무엇이라 했는가? 맹자는 또 어떠했는가?

유교의 『논어』(論語)에는, 성인의 속성에 대해 거의 언급하지 않고 있다. 사실상 이런 물음에 관한 논의를 꺼리는 경향을 볼 수 있을 정도다. 공자 자신도 스스로를 성인으로 불릴 만한 자격이 없다고 생각했다. 그는 성인의 도(道)를 전달하는 자로서 만족했다. 여기에서의 도는 성인의 세 가지 형태에 속하게 되는데 이는 임금들과, 관리들, 그리고 은둔자들인데, 마지막의 경우는 사회적 책임에서의 도피가 아닌 고상한 뜻을 갖고 스스로 물러나 있는 사람들을 말한다. 공자는 스스로에 대해 그런 이들을 추종하고 숭앙하는

---

34. Hsü Heng, *Shuo-wen chieh-tzu* (Lexicon, with explanations by Tuan Yu-ta'ai), (Taipei, 1955), p.598.
35. Pan Ku, *Po-hu-t'ung-yi* (Taipei, 1968), pp.276-81.
36. Ta-Tai Li-chi(Book of Rites by the Elder Tai). "Duke Ai's Questions on Five Meanings." See Benedict Grynpas, tr., *Un Legs Confucéen: Fragments du Ta Tai Li Ki* (Brussels, n. d.), p.50.
37. 나는 여기서 특별히 『중용』을 언급하고 싶다. 이것은 『예기』 28장에도 나타난다.

사람에 불과하다고 말한다. 그는 성인이 되기를 바라면서, 이를 이루기 위해 진력을 다했던 "학생"이었다.[38]

성인에 대한 공자의 지대한 관심은 그의 말보다도 침묵 속에서 더 잘 나타나고 있다. 그의 겸손함은 부분적으로 이러한 상태를 매우 중시했다는 사실로 인해 기인된 것이다. 그는 말하기를 "나는 성인 보기를 결코 기대하지 않는다. 다만 군자(君子) 보는 것에 만족할 따름이다. 나는 선인(善人) 보기를 결코 원치 않는다. 다만 인내하는 자를 보는 것으로 만족할 뿐이다."[39] 그러기에 그는, 성인이 나면서부터 타고난 상태인가 아니면 인간의 노력과 수련에 의해 가능한 것인가에 대한 앞으로의 논의에 여지를 남겨 놓았다.

성(聖)이라는 말은 맹자의 책에서 더욱 빈번하게 나타나고 있다. 여기에서 성인은, 인간 관계를 지배하는 덕목을 완벽하게 실현하는 자로 나타난다. 맹자는 이전의 공자처럼 여러 대표적 인물을 제시했는데, 고대의 임금인 요순(堯舜)과 고대의 주공(周公)과 같은 관리들, 그리고 정치적 지조를 지키기 위해 물러났던 백이(伯夷)와 유하혜(柳下惠) 같은 은둔자들이 바로 그들이다.[40] 맹자에게 있어서 성인이란 단지 말로서가 아니라 확실한 예증으로서의 선생이었다. 그러나 일반인들이 교육을 통해 개인의 제한적 범주를 극복하는 데 영향력을 기울일 수 있기만 하면, 성인은 "모든 세대의 스승"이 된다고 한다.[41] 그는 여기에 논증적 정의를 덧붙인다. 즉, 성인은 양주(楊朱)나 묵책(墨翟)과 같은 잘못된 가르침에 맞서 싸워야 한다는 것이다. 이런 관점에서 그는 또한 자신의 결단을 천명한다. 즉, "나는 또한 인간의 마음을 교화시키고, 사악한 가르침을 막으며, 편견된 행동을 반대하며, 방탕한 행위를 멀리한다."[42] 그리고 "성인" 그 자체의 의미를 직접 설명하는 구절에서 맹자는 그것을 인간의 마음의 공통적 대상이라고 제시한다. 즉, "인간의 입이 동일하게 진수성찬을 즐기는 것이나, 인간의 귀가 모두 좋은

---

38. Analects 7:33.
39. Analects 7:25.
40. Book of Mencius 4A:2.
41. Book of Mencius 7B:15.
42. Book of Mencius 3B:9.

음악을 선호하는 것이나, 인간의 눈이 모두 아름다운 것에 흥겨워하는 것"처럼, 사람들의 마음은 "우리 앞서 있던 성인들이 가졌던" 인간 본성의 도덕적 원리를 모두가 인정한다는 공통적 대상에 안착하고 있다는 것이다.[43]

공자 자신은 성인으로 불리는 것을 사양했지만, 후세인들은 더 이상 주저하지 않았다. 그들은 특히 서둘러 그를 성인으로 추앙했으며, 더구나 특별한 성인으로 보았다. 특히 이것은 중용(中庸)에서 암시되어 있는데, 거기에서는 공자가 자신의 (정신적) 조상이었던 요순(堯舜)의 계통을 이어 온 사람으로 묘사되었고, 그의 삶이 문왕(文王)과 무왕(武王)에 표준을 두었다고 본다.

> 그는 위로는 천상의 계절과 조화를 이루었고 아래로는 대지와 물의 요소들과 조화를 이루었다. 그는 만물을 내포하며 지탱하는 … 하늘과 땅에 비교될 수 있고, 사계절의 주기적인 진행이나 변함없는 일월의 비추임과 비교될 수도 있다.[44]

이것은 『백호통』(白虎通)이나 『역경』(易經)의 부록에 나타나는 형이상학적 용어와도 유사하다.

유교에서의 성인의 교리나, 천부적인 것이든 교화의 순응적 영향을 통한 것이든간에 자신을 초월하는 인간 능력에 관한 맹자나 순자에 대한 동의가 더 많은 성인들을 만들어 내지는 못하는 것이다. 후대의 사상가들 또한 고전 속에서 다른 해석의 여지가 있는 구절들을 보여주었다. 성인은 천부적인 것인가 아니면 만들어지는가? 그들이 천부적이라면 그들은 초인(超人)이 아닌가? 그들은 "감정"이 있을까?[45] 만일 그들이 스스로의 힘에 의한 것이라면 왜 극소수에 불과한가? 왜 그들은 머나먼 과거와 고대 역사에만 존재하는

---

43. Book of Mencius 6A:7.
44. Doctrine of the Mean, ch.30, in Legge, tr., *The Chinese Classics*, vol.1, pp.427-8.
45. 이런 논의에 대해서는 Derk Bodde(Princeton, 1953)이 번역한 Fung Yu-lan, *A History of Chinese Philosophy* vol.2, pp.187-9를 보라.

가? 많은 사상가들이 이 물음에 매달렸고, 그중 몇몇은 성인의 개념을 인간이 실현 불가능한 신도교(新道敎, Neo-Taoism) 비인격적 이념으로 고양시켜 버리기도 하였다. 이런 논의는, 불교적 논의에서의 우주적 현존과 불성(佛性)의 성취라는 것과도 비견되기도 하였다.[46] 일반적으로 "인간 예정"이론은 "위진"(魏晋)시대(A.D. 220~420년)와 같은 귀족 정치 시대나 계층적으로 조직화된 사회 속에서 만연되었다. 이때 인간 본성의 "계층 이론"은, 주요한 가문의 자손들에게 특권을 주는 식의 "9층 계급 구조"를 통해 백성의 병역 실무에 적용되었다.[47] 불교적인 측면의 반동이 특히 도생(道生)(+434년)에 의해 일어났는데, 그는 모든 자각적 존재 속에 불성(佛性)이 현존하는 것과 "순간적 깨달음"에의 가능성을 주장하였다.[48] 한유(韓愈, 768~824년), 정이(程頤, 1033~1107년), 주희(朱熹, 1130~1200년) 등에 의해 신유교 운동이 일어났는데, 이는 성인에의 보편적 가능성을 천명하면서 공자와 맹자에게 돌아가라는 명제를 내세웠다.

그러나 인간이 본래적으로 자기를 초극하려는 열망이 있다거나 이런 열망이 성취 가능하다고 주장하는 것으로는 충분치 않다. 사람들은 여전히 그러한 완성이 실현될 수 있는 방법을 보여주고 있다. 실천이 없다면 이론이 검증된다는 보장이 없으며, 검증이 없다면 이론은 공허하게 되어 빛좋은 개살구가 되는 것이며, 자기 완성을 이루기는커녕, 자기 분열로 말미암아 인격의 파멸을 가져오는 희망 사항에 불과하게 되는 것이다.

그러한 자기 초월의 가능성에 대한 가장 확실한 증거는 물론, 삶 속에서 이를 이루어냈던 사람들을 들 수 있다. 불교는 자신들의 부처나 보살(bodhisattvas)이 될 수 있고, 유교는 전설적이며 역사적인 성인들이며, 기독교 역시 성인·성녀 등을 들 수 있다. 수세기에 걸쳐 제자들 및 추종자들의 추앙에 의해 공자가 유교의 특정한 성인이 되었고 예수 그리스도도 기독교의 특정한 성자이다. 각자는 모두 역사적 형태를 지니고 있다. 각자는 모

---

46. 上同, pp.274-84.   47. Ching, "The Problem of Evil", p.169를 보라.
48. Fung Yu-lan, vol.2, pp.274-84.

두 자신의 제자들과 후대의 추종자들에 의해 표본으로 섬겨졌지만 공자보다 예수 그리스도가 그 점에서는 더 의식적인 측면이 강하다.

　나는 지금 이러한 모델의 문제를 논의하려고 한다. 그리스도를 따르든 성인을 모방하든간에 모델에 대한 개인적 열심을 다뤄 보려는 것이다. 그런 다음 특별히 유교적 양심과 기독교적 공동체와 관련된 윤리적 문제를 다루려고 하는데, 이는 특히 예수 그리스도와 공자라는 두 가지 모델의 모습을 통해 제시될 것이다.

모델들에 관한 문제들

　　　나는 길이요, 진리요, 생명이다 (요 14:6).

　　　　나는 열다섯에 학문에 뜻을 두었고,
　　　　서른에는 확고한 자세에 이르렀고,
　　　　마흔에는 의혹됨이 없었으며,
　　　　쉰에는 하늘의 명령을 깨달았고,
　　　　예순에는 나의 이해가 (진리에) 순응할 줄 알았고,
　　　　일흔에는 마음이 원하는 대로 하여도 올바른 길에서 벗어나지 않게 되었다 (논어 2:4).

예수 그리스도와 공자의 경우이다. 각자는 모두 수세기에 걸쳐 동양과 서양에서 모델로서 추앙되어져 왔다. 그들은 자신들의 삶의 규범적(normative)인 성격을 의식하고 있었을까? 그들은 자신의 추종자들에게 특별히 무엇을 요청하였는가? 그들이 죽은 이후에 그들의 가르침은 어떻게 변했는가? 오늘날에도 적용될 수 있는 교훈들은 무엇인가?

　오늘날 예수 그리스도는 특히 "다른 이들을 위한" 존재로서 언급되고 있다.[49] 그가 다른 이들을 위한 구원의 동인(efficient cause)으로서 가르치며

---

49. 특히 Dietrich Bonhoeffer, *The Cost of Discipleship*, R. H. Fuller 번역 (London, 1948), ch.1.

고통받는 삶을 살았기 때문이다. 그외에도 그분의 삶과 교훈, 고난 등은 구원과 성화의 "모범적 원인"으로서 닮아가야 할 모델로 제시되고 있다. 복음서에 의하면, 예수 그리스도는 자기 제자들을 불러모았다(마 4:19, 막 2:14, 눅 5:11, 요 1:43). 이미 그에게로 간다는 것은 희생을 요구한다. 초기의 사도들만 해도 자신들의 배와 소유, 그리고 어부로서의 직업을 포기했던 것이다. 또한 예수는 자기를 따르려고 하던 젊은 부자 청년에게, 돌아가서 모든 소유를 팔아 가난한 자들에게 주고 난 후에 와서 나를 좇으라고 말하였다(마 19:21). 제자가 되려는 또 다른 이에게는 집에 가서 부친의 장사를 지내고 작별하는 것까지도 금지시켰다(눅 9:59-62). 이런 정도로 그를 좇는다는 것은 긴급한 성격을 지닌다. 또한 그는 자기 부정과 십자가를 질 것을 제자들에게 요구하였다(마 10:38, 16:24). 요한 복음서에서는(10:4-5) 그리스도를 좇는 것은 선한 목자를 따르는 양과 같다고 묘사되고 있다. 계시록에는(14:4) 어린 양이신 그분은 어디든 따라가는 "처녀들"의 모습으로 나타난다.

복음서의 어떤 곳에서도, 예수는 자신의 추종자들에게 체계화된 논조로 요구하는 것을 볼 수 없다. 산상 수훈에서(마 5-7, 눅 6:20-49를 비교하라) 그는 제자됨의 의미를 포괄적인 모습으로 제시한다. 팔복(八福)으로 시작해서 고통받는 자와 가난한 자에게 하나님의 나라를 약속하면서 그 무리들에게 완전하게 되기를 권면한다. "하늘의 아버지가 온전하시듯 너희들도 온전하라"(마 5:48).[50]

그러면 이 완전의 의미는 무엇인가? 예수가 이 세상의 선한 일들을 즐겨 행하며 중용을 실천했건만, 그의 삶은 십자가 위에서 끝나고 말았다. "친구를 위하여 목숨을 내어준 것보다 더 큰 사랑은 없다"(요 15:13).

공자는 개인적 이익을 위해 자신의 원칙을 희생하기를 거부했기에 재물이나 명예보다는 덕을 중요시했다. 그리고 사회나 정치적인 면에서 그의 뜻을

---

50. 上同, ch.2. 산상 수훈에 대해서는 Hans Küng, *Christsein*, pp.235-8을 보라. Küng은 절대 원리로서가 아닌 인격으로서의 예수의 추종을 강조한다(pp.535-6).

실현하기 위한 목적에서 개인적인 발전을 추구했던 것이다. 그는 도덕적·사회적 질서를 보호하기 위한 하늘로부터의 종교적 사명을 자각하여, 우주적 덕목인 인(仁)의 실천과 고대 성인의 흠모를 통해 초월에로의 삶을 이끌어갔다. 그는 온전한(whole) 인간 회복을 설파한 좋은 선생이었다. 그의 삶과 가르침은 종교적 영향력이 있었다. 그러나 그는 예수의 경우처럼 자신을 종교적 구원자로 간주하지는 않았다. 그는 하나님과 인간들을 화해시키기 위해 자기 생명을 내어놓지도 않았다.

공자에게서도 확실히 지나친 일면이 보이기도 한다. 제(齊)의 아름다운 음악에 감탄한 그는 석 달 동안 음식의 맛을 잊고 살았다.[51] 그러나 그는 항상 중용의 사람이었다. 예수와 같이, 그는 이 세계에서의 선한 일을 즐겨 행하며 진수성찬을 즐기는 사람이었다. 예수와 마찬가지로 그도 상호적인 인간 관계를 주장하는데 이는 균형과 비례에 근거한 상호성을 말한다. 특히 이것은 부정적인 형태로 표현되는데 "네가 원치 아니하는 일을 남에게도 행하지 말라"(논어 15:23)는 것이 그것이다.

공자는, 예수처럼 제자들에게나 자신에게 과도한 요구를 하지 않았다. 물론 그를 열광적으로 따랐던 소수의 제자들이 부인과 가족들에 대해 소홀했긴 했지만 제자가 되기 위한 조건으로 가정을 포기하거나 세상 물질을 버리라거나 "십자가를 지라"고 하지는 않았다.

사실, 공자는 결과에 구애됨이 없이 부단히 애를 쓰면서 "진리에 이르려고" 하는 광적인 열정을 가진 사람을 인정해 주고 있다. 차라리 그는 몸을 "사리면서" 단지 "악한 일을 금하는" 식의 사람들보다 전자를 더 선호하였다.[52] 그렇다고 그가 열광적인 것이나 외골수를 완전으로 간주한 것은 아니다. 그의 이상향은 중용에 따르는 사람인 것이다.

---

51. 논어 7:13. 공자에 대한 묘사로는 D. Howard Smith, *Confucius* (New York, 1973), p. 76ff.

52. 논어 13:21, 5:21. 나의 책 *To Acquire Wisdom: the Way of Wang Yang-ming* (New York, 1976), ch.1에서 공자의 이런 교훈을 설명했다.

결국, 예수와 공자 사이에는 유사성과 아울러 차이점도 존재한다. 예수는 자신을 길과 진리와 생명이라고 공언했다. 공자는 결코 그러한 주장을 하지 않았다. 위에서 인용했던 대로 논어에서 자기를 드러내 보이는데, 그것은 급격한 자아 발견의 특정 계기들과 아울러 단계적 성장의 틀 속에서 개인적 진보를 보여준 것이라 하겠다. 공자는 겸손한 사람이었다. 그가 예수의 경우처럼 제자들에게 고차원의 도덕적 완전에 대한 이상향을 제시했지만, 결코 그는 자신을 그들의 숭배를 위한 모델로 제시하지는 않았다. 오히려 그는 자신의 모델이었던 고대의 성인·군자(君子), 관리 등을 내세웠고, 또한 하늘(天)을 내세워 그 은밀한 가르침이 순수한 마음과 진실된 의도를 가지고 있는 사람들에게 계시적 교훈이 된다고 보았다. "어찌 내가 감히 성인이나 완덕(完德)에 이른 사람이라 할 수 있겠는가?" "다만 나는 (완전을 위해) 끊임없이 애쓰며 가르치는 것을 즐겨 할 뿐이다"고 말한다(논어 7:33).

그렇다면 그의 제자들이 즉시 수긍했던 이러한 부단한 노력이 없다면 성인이라는 것은 무엇을 말하는가? 결국 후세의 세대들에게 있어 그 스승은 모델이 되었던 것이다. 그러므로 즉시 다음과 같은 대답이 등장한다. "이러한 (노력은) 제자인 저희들이 감히 따라갈 수 없는 것입니다"(논어 7:33).

순교의 교리

알려진 대로 예수의 가르침은 그리스도를 추종함에 있어 개인의 삶의 총체적 위탁이라는 조건이 있다. 이것은 초기 그리스도의 증인인 순교자들처럼 고난과 죽음을 요청하고 있는 것이다. 그러나 복음서를 읽어 본다면, 이같은 견해는 필연적인 결론은 아니다. 엄격히 따진다면, "순교"(martys, giving testimony)라는 신약성서의 단어는 믿음 때문에 죽임을 당하는 것이라기보다는 설교를 통하여 말씀을 증거하는 것을 말한다. 그것이 후대에 와서 신앙을 위한 고난이나 죽음이라는 특별한 의미를 가지게 된 것이다. 그렇게 자신의 생명을 자유로이 내어놓는 것이, 예수의 희생적 죽음을 반추하면서 그 언약의 실재를 신뢰하고 있다는 강한 증거가 되기 때문이다. 초대 기독교인들의 임박한 그리스도 재림에 대한 열망이, 현세의 삶을 부정하면서 순교에 대한 일련의 열망을 고취시켰던 것이다. 초기의 순교자 중 하나인 안티오키아의 이냐시오는 그의 순교를 준비하면서 다음과 같은 감상을 남겨놓고 있다.

> 이 세상의 최상의 것들을 누리는 것보다 그리스도 예수를 위하여 죽는 것이 내게는 더 좋다. 그분은 우리를 위해서 죽으신 분이고, 우리를 위해 부활하신 분이다. 나의 중생의 날이 다가오고 있다. … 나에게 순전한 빛을 허락하옵소서. 내가 당신의 나라에 이를 때 온전한 사람이 될 것입니다.[53]

박해의 시대가 지나가게 되자 순교는 매우 드물어졌다. 순교의 교리는, 순교라는 긴장의 성격을 이어받은 은둔적·수도원적 삶으로 대치되었다. 특별히 그것은 수도원 생활에서의 "금욕주의"나 발전된 형태의 영적인 완전의 가르침 안에 담겨 있다. "ascesis"(*askeo*)라는 말은 그 자체에 훈련의 요청을 담고 있고, 자신의 악에의 경향에 대하여 투쟁하며 철저히 매진하는 노력을 말한다. 완전을 향한 기독교인의 노력은 때로 자신과의 싸움이 된다. 여기에는 암암리에 이원론이 있다. 그는 자아를 극복하고 신에게 도달하기 위해 자신을 정복해야만 한다.[54]

자아에 대한 자아의 이런 내적 갈등이 잘 묘사된 것으로는 D. Bonhoeffer의 시 「나는 누구인가?」를 들 수 있다. 정치범이었던 그는, 소위 말하는 거물로서 다른 이들에게 평정과 태연함을 보여줘야 함을 알게 되었다. 그러나

---

53. 순교에 관해서는 Louis Bouyer, *La Spiritualité du Nouveau Testament et des Péres* (*Histoire de la Spiritualité Chrétienne*, vol.1), (Paris, 1946), ch.8을 보라. Ignatius of Antioch의 인용은 로마로 보낸 그의 서신에서 발췌한 것이다. 영어 번역은 내가 한 것이고 프랑스어의 Bouyer의 책 p.247에 나타나 있다.

54. 자기 부정이나 금욕적 노력에 관해서는 Karl Rahner, *Theological Investigations*(vol.3: The Theology of the Spiritual Life), pp.60-8, and Bonhoeffer, *The Cost of Discipleship* (Foreword).

또한 자신 안에서 진행되는 갈등을 느끼고 있었던 하느님 앞에서의 어린이였던 것이다. 그래서 그는 말한다.

> 나는 누구인가? 이것인가, 저것인가?
> 오늘은 이 모습이고 내일은 저 모습인가?
> 두 가지 모두일까? 타인 앞에서는 위선자이고
> 자신에게는 경멸스러운 심약한 소인배인가?
> 아니면 아직도 내 속에는 이미 성취한 승리에서 엉망진창으로 빠지려는 패잔병 같은 무엇이 있는 것인가?
> 나는 누구인가? 그들은 나를 조롱한다. 이 고독한 나의 문제들을
> 내가 누구인가를, 당신은 아십니다. 오, 하느님, 나는 당신 것입니다.[55]

유교에도 순교의 교리가 있는가? 물론이다. 논어 15:8에 보면, 공자의 말이 인용된다. "확고한 학자나 덕망 있는 사람은 자신들의 인(仁)이 손상될 때에는 구차히 삶을 구걸하지 않는다. 심지어 그들은 인(仁)을 온전히 보존하기 위해서는 자신의 목숨을 바치기도 한다." 맹자의 말에 의하면 "나는 삶도 귀히 여기고 의(義)도 중히 여긴다. 만일 둘 다 지킬 수 없다면 목숨을 포기하고 의를 택하겠다."[56]

중국 역사에는 양심을 속이기보다는 죽음을 택한 이들이 많이 있다. 몽고의 침략 때(1282년), 죽임을 당한 애국자 문천상(文天祥)은 다음과 같이 말했다고 한다. "공자는 인(仁)을 보존하라고 말했고, 맹자는 의(義)를 택하라고 했다. 이제 (죽음)에 있어, 나는 부끄럽지 않을 것이다."[57]

---

55. Bonhoeffer의 시 "Who am I?"는 "Memoir" by G. Leibholz, given in *The Cost of Discipleship*, pp.15-6에서 인용함.
56. 맹자, 6A:10.
57. 이것은 Wen T'ien-hsiang에 의해 남겨진 문학 유산에서 비롯한 것이다. 그의 종합 문집(*Wen-shan hsien-sheng ch'üan-chi*, 1936 ed.), ch.19, p.685를 보라.

유교의 가르침에서는, 도덕적 확신 때문에 고난과 죽임을 당한 많은 성인들을 본받고 그 덕을 추구할 것을 권장한다. 그러나 유교는 어떤 순교적 열망에로는 몰아가진 않는다. 왜냐하면 그들에게는 발전된 종말론이 없기 때문이다. 공자나 그의 제자 모두는, 내세에 대한 암묵적 믿음을 보여주는 조상 제사 및 기타 제의에 동참하였다. 그들은 초기 기독교인들의 대림 (parousia)의 희망을 지니고 있지 않았다. 유교인들은, 내세에 몰두해 버리거나 사회적 책임과 활동을 회피하지 않고 현세에서 성인의 삶을 추구하려고 했다. 이런 까닭에, 유교는 수도원적 삶을 발전시키지 않고, 오히려 불교적 수도 체계를 인간 가치의 부정이나 이기주의의 표명으로 보고 반대하였던 것이다. 유교적 가르침에 의하면, 자기 수양은 그 자체로 끝나는 것이 아니라, 가정과 국가 및 세계라는 이웃에 대한 봉사의 기본이 되는 것이다. 유교인들은 성인에의 추구에서조차 타자를 위한 존재인 것이다.

수도원적 삶의 형태가 없다면, 유교에서는 금욕적·신비적 전통을 자기 극복이나 참회, 기원을 통해 발전시켰는가? 대답은 역시 그렇다는 것이다. 공자의 사랑하는 제자인 안연(顔淵)이 인(仁)에 대해 물었을 때 공자는 이렇게 대답했다. "자기를 극복하고 예(禮)로 돌아가는 것이 완전한 인(仁)이다." 그러면서 이러한 훈련(ascesis)에로의 "단계"들을 차례로 나열한다. "예(禮)가 아닌 것은 보지도 말고, 예가 아닌 것은 듣지도 말고, 예가 아닌 것은 말하지도 말고, 예가 아닌 것에는 움직이지도 말라"(논어 12:1).

여기에는 자기 극복과 자기 완성에로의 조직적 안내로서의 "단계"라고 할 수 있는 것들이 전혀 보이지 않는다. 그러나 이것은 단련을 요구하는 명백한 진술이고 완덕이나 성인에로 추구하는 노력을 보여주는 것이다. 이것은 후기 유교인들 중 특히 송(宋)나라 때 심각하게 때로는 너무 심각하게 취급하여서, 유교는 단순히 실제적인 도덕의 규정과 규범만의 존재라는 오명을 뒤집어쓰게 된 논리이기도 하다.

유교인들은, 기독교인들처럼 인간의 이원론이나 극복이 필요한 자기 소외 같은 것에 강한 집착을 갖고 있는가?

그렇지 않다. 유교의 입장은 기독교보다 덜 "이원론적"이다. 비록 순자가 인간 본성이 본래적으로 악하다고 주장했지만, 그 역시 교육을 통한 인간의 완전성에는 긍정했고, 후대의 추종자들 역시 그러했다. 점진적 개선 이론과 인간 본성의 선함을 주장하는 맹자 이론의 우세와 함께 유교학파에서는 점차로 인간론과 우주론에 있어서 갈등보다는 조화 이론을 발전시켜 나갔다. 한편으로는 자아에 진력하는 "공부"(工夫)가 권장되고, 다른 한편으로는 성인이라는 목표가 설정되는데 이것은 자아와의 치열한 투쟁의 대가로 얻어지는 것이 아니라 자기 수양의 종국적 단계로 이해되고 있다. 위대한 유학자들, 특히 왕양명(王陽明) 같은 이는 인간 스스로의 본성 안에 성인의 씨앗이 있다고 하면서, 실제로 성인이 될 수 있도록 일깨우기만 하면 된다고 가르쳤다.[58]

물론 유교인들도 내적 갈등을 경험하였다. 수세기를 통해 어쩌면 예전보다도 오늘날 더욱 절실하게 의무와 책임의 갈등으로 인해 와해되어 있는지도 모른다. 인간이 언제나 효자이면서 동시에 애국시민이 될 수 있을까? 국가에 충성하기 위해서 부모를 팽개칠 수 있는가? 사람이 부모의 잘못이나 범죄를 당국에 고발해야만 하는가?[59] 그리고 부인의 경우 남편이나 배우자에 대한 의무보다 국가나 부모에 대한 책임이 더 중요한 것인가? 여기에 유교적 양심을 둘러싼 많은 문제점들이 존재한다.

그러면 유교적인 양심의 의미는 무엇인가? 그것은 악으로부터 선을 구별해 내는 능력인가, 아니면 또 다른 무엇인가? 그것은 의지보다는 인식과 관련된 것인가? 악이라는 것은 도덕적 나약함이라기보다는 무지의 결과인가? 이런 것들이 검증이 필요한 문제들이다.

---

58. Ching, *To Acquire Wisdom*, ch.2를 보라.
59. 논어 8:18. 효의 개념에서 애국심으로 강조점이 변천하는 것과 중국 인민 공화국의 당령에 대해서는 C. K. Yang, *The Chinese Family in the Communist Revolution* (Cambridge, 1959), pp.176-8.

유교의 양심

"양심"이라는 말은(라틴어, conscientia; 희랍어, *syneidesis*) 스토아 사상에 의하면, 선(善)이나 선과 관련된 것에 대한 지식을 말한다. Ovid는 그것을 "우리 속에 있는 하나님"(deus in nobis)이라 했고, Seneca는 우리의 선과 악행을 지켜보시는 내재하시는 거룩한 영이라고 불렀다. 비록 선한 양심이 행동과 마음을 살피시는 하나님께 의지하면서 자신 스스로를 타이른 정신이며 영혼이고 마음이지만, 잠언에(17:10ff) 보면 이 양심(*syneidesis*)이라는 것이 경멸적인 의미로서 "나쁜" 양심을 말하고 있다. 신약성서에서, 이 말은 또 한번 긍정적 의미로 수용되는데, 특히 그리스도의 신앙에 의해 고상해진 모습으로 등장한다. 이는 영적인 권한을 말하는데 행동 그 자체뿐만 아니라 행동하게 하는 힘도 의미한다.[60]

유교의 가르침에서는 항상 도덕적 식별의 내적 능력으로서의 인간 품성으로 양심을 이야기한다.[61] 맹자는 옳고 그름에 대한 감각이 모든 이에게 있다고 말했다(2A:6). 실제로 그것은 인간 존재와 짐승을 구분하는 것이고, 모든 인간 존재들에게 본래적 동등성을 확인시켜 주는 것이다. 맹자는 또한 선을 알 수 있는 양지(良知)와 선을 행할 수 있다는 양능(良能)이 천부적으로 주어졌다고 말한다(7A:15). 철학자인 왕양명(1472~1529년)은 이것을 윤리 및 형이상학에 적용하여 그의 모든 철학의 기본으로 삼았다. 그는 양지(良知)가, 구체적 행동 속에서 특정한 상황의 식별이 이루어지는 것처럼 선과 악에 대한 구별 능력으로 간주된다고 보았다. 그러나 그것은 단순히 인간의 도덕적 감각이나 직관뿐만 아니라 도덕적 능력 그 자체와 인간 실존

---

60. 양심에 관해서는 Bernard Häring, *Das Gesetz Christi*, 영어 번역으로는 Edwin G. Kaiser, *The Law of Christ* (Paramus, 1961), vol.1, pp.135-43, *Neues Glaubensbuch*, pp. 473-6.

61. Cheng Chung-ying, "Conscience, Mind and Individual in Chinese Philosophy", *Journal of Chinese Philosophy* 2(1974), pp.6-25.

의 근거(ground)를 지칭하기도 한다.[62]

　유교와 기독교의 양심 교리에 대한 차이점은, 기독교가 도덕법의 수여자와 인간 양심의 심판자로서의 하나님에 중점하고 있다는 점이다. 유교적 가르침에서도 양심은 선물로 이해된다. 그것은 태어나면서 주어지는 것이다. 그러나 유교 철학에서는 단지 최상의 입법자와 사법자로서의 하나님의 역할에만 국한되지 않는다. 차라리 양심 그 자체의 의미를 분석하려고 하는 것이다.

　특히 주목할 만한 것은, 인간 본성 그 자체에 기초를 두고 마음에 쓰여진 법이 있다고 하는 전통적 가톨릭의 자연 도덕법 교리와 유교의 가르침 사이에 커다란 유사성이 있다는 점이다.[63] 대개의 비교 법학 전문가들은 이에 대해 부정적 견해를 가진다.[64] 그들은 유교인들이 형법적인 성격만을 갖고 있는 실정법을 경멸한다는 사실을 내세운다. 사실상 유교 전통에서는 나라를 다스리는 법률보다는 통치자의 도덕적 인격성에 비중을 더 많이 두고 있다. 그러나 이런 사실이 유교 철학은 자연법에 기초한 자명한 원리 — 즉, 도덕적 본성이 선과 악에 대한 인지로 계몽시켜 주지 못한다 할지라도 악을 피하고 선을 행하게 하는 도덕적 본성을 알고 있다는 — 를 부인하는 것을 의미하지는 않는다. 그러나 유교 전통에서는 인간의 자기 초월 가능성의 근본이라 할 수 있는 이러한 인간의 기본 인식 능력에 대해 "법"이란 이름을

---

62. Ching, *To Acquire Wisdom,* ch.4-5를 보라. 또한 Cheng의 논문 pp.24-5를 보라.
63. 자연법을 주제로 한 것으로는 Bernard Häring, *The Law of Christ,* vol.1, pp.238-50을 보라. 또한 N. H. Söe, "Natural Law and Social Ethics", in John Bennett, ed., *Christian Social Ethics in a Changing World* (New York, 1966), pp.289-91의 자연법에 관한 그의 비판을 보라.
64. 여러 사람 가운데 John C. H. Wu라는 법률학자는 중국 사상에 있어서 "자연법"의 성격을 긍정적으로 논의하고 있다. "Chinese Legal and Political Philosophy", *The Chinese Mind,* ed. by Charles A. Moore (Honolulu, 1967), pp.217-76을 보라. 또한 p.235의 18번 주를 보면 이러한 주제에 관해 Hu Shih의 논문에 나타난 견해를 요약하고 있다. 그 논문은 "The Natural Law in the Chinese Tradition", *Natural Law Institute Proceedings,* 5 1(951).

붙이지 않는다. 유교인의 의식 속에서는 맹자 학파의 지적처럼 교육과 진보가 필요하긴 하지만 선에로의 능력이 천부적인 것이라는 견해이지만 법이라는 것은 늘상 외부에서 부과된 것이라는 이해가 있다. 그래서 유교에서의 양심 이론은 도덕법의 초월적 개방성과 함께 그 내재적인 측면을 늘 강조한다. 일본 불교의 구원론적인 용어를 사용해서 표현한다면, 천주교의 가르침은 자기 의존적[自力]인 경향에 가까운 유교 이론에 해당될 수 있고, 성서법에 의존하는 개신교 신학은 믿음에의 강조와 신에로의 배타적 의존[他力]에 일관되어 있다는 것이다.

"인간의 마음"

만일 양심이 인간의 도덕적 능력이라고 가정한다면, 이것은 그 이상의 것이 될 수도 있음을 말한다. 이 말은 또한 심원한 의미의 실재를 가리키고 있다고 할 수 있는데, 즉 도덕적 능력 그 자체의 자리(seat)이며, 영혼의 가장 내밀(內密)한, 또한 그 절정이며, 인간 자유와 책임의 근원이며 원리가 되는 하느님을 인간이 만나는 자리이기도 하다.

우리는 이미 구약성서 등에서 하나님이 우리의 외적 행동이 아닌 "마음"을 감찰하신다는 반복된 얘기를 알고 있다. "내가 그들에게 (새로운) 마음을 … 새로운 영(靈)을 주리니 …"(겔 11:19), 산상수훈에서 예수 역시 올바른 내적 성품의 중요성에 대해 강조하고 있다. "마음이 가난한 자는 복이 있다"(마 5:8). 바울 역시 "마음의 할례"(롬 2:5,29), "네 안에 있는 예수 그리스도의 마음을 품으라"(빌 2:5)라고 말했다. 회개하고 하나님께 돌아가는 것이 마음의 변화, 즉 "*metanoia*"이다.[65]

중국어로 마음이나 심정을 의미하는 "심"(心)이란 단어는 본래 불의 형상에서 비롯된 것이다. 이것은 인식과 판단 행위뿐 아니라 의지와 감정까지를 포괄한다. 마음과 심정은 옳고 그름을 구분하는 동시에 그 판단에 적합한

---

65. Bernard Häring, *The Law of Christ*, vol.1, pp.206-9.

행위를 수반한다.[66] 신유교 학자들은 이 "심"이 본성(性)과 감정(情)을 다스린다고 했다. 또한 이것은 인간이 하나님과 만나는 장소이기도 하다. "심을 온전히 이루는 사람은 그의 본성을 이해하는 자이고, 그의 본성을 이해하는 자는 하늘을 아는 자이다"(맹자 7A:1). 그래서 왕양명은 다음과 같이 말했다.

> 심(心)은 도(道)이며, 도(道)는 천(天)이다. 누구든지 (자신의) 마음을 알면, 그는 또한 도(道)와 천(天)을 아는 것이다.[67]

"심"(心)은 하늘로부터 우리에게 주어진다(맹자 6A:15). 그것은 또한 우리를 하늘에로 인도한다. 이것은 인간과 하늘의 하나됨에 대한 상징이요 실재이다. 유교에서는 기독교의 경우보다 더 강하게 양심의 다양한 측면들 사이나 도덕적 능력, 그 능력의 근거, 마음과 심정이라는 양심들 사이의 연속성을 명백히 드러내고 있다.

마음[心]은 또한 인간이 자기 자신과의 일치를 위한 근거가 된다. 유교에서의 인간은 자신과의 투쟁 속에 있는 이원론자가 아니다. 유교의 인간은 자신의 마음 안에서 하나가 되는 자신을 알고 있다. 그는 자신의 마음에 진실하게 되는 마음을 지키려고 한다. "애써 찾으면 얻을 것이고 놓아 둔다면 잃을 것이라. 이렇게 되면 구하는 것이 얻음의 방법이 되고 얻어진 것은 네 안에 있는 것이다"(맹자 7A:3).

유교에서는 하늘을 생명과 인간성의 부여자로서 숭앙하며 그로부터 인간 심성과 감각 기관 및 모든 것을 받았다고 한다. 유교에서는 하늘의 선물들을 소중히 생각하고 이를 완전히 이루기까지 노력한다. 그러나 유교에서는, 셈적(semitic)이기보다는 희랍적인 것에 가까운 영혼 불멸이나 선취(preoccupation) 같은 것을 거의 숙고하지 않는다.

---

66. Munro, op. cit., pp.50-1.
67. 이것은 Ching, *To Acquire Wisdom*, ch.5에서 인용한 것이다.

사실 혼(魂)이니 백(魄)이니 하는 것은 심(心)보다도 덜 중요하게 생각된다. 이것은 사서(四書) 중 어느 곳에서도 나타나지 않는다. 유교 고전 중 하나인 『좌전』(左傳)에 보면 "혼"이란 말은 모든 의식적인 활동을, "백"이란 말은 구체적 형태를 띤 것을 가리키고 있다. 본래 두 표의문자의 공통적 요소는 가면을 쓴 인간을 묘사한 것으로, 제사에서 가면을 쓴 분장자(impersonator)를 통해 죽은 사람의 정령이 그 안에 있음을 말하는 것이다. 그러므로 이 말은 초기에는 죽은 이를 추모하는 제사 의식과 관계있던 것이었다. 민간 신앙에서는, "혼"은 고귀한 정령으로 하늘에로 올라가고, "백"은 저급한 영으로 땅에 있는 것이라 생각했다. 유교 형이상학의 발전과 함께 "혼"은 생동력(氣)과 관련되어지고 "백"은 구체적 형태 그대로의 뜻을 담게 되었다. 『예기』(禮記)에 보면 "혼과 기(氣)는 (죽은 후에) 하늘로 돌아가고, 육신과 '백'은 땅으로 돌아간다"고 한다.[68]

감각적인 정령이 항상 땅 그 자체의 부분이 된다는 것은 늘 받아들여졌다. 그러나 정신적인 차원의 "혼"은 어떠한가? 그의 종국에 대해서는 불명확하다.

우리는 왕충(王充)의 『논형』(論衡)에서, 정신적 존재나 정령으로서의 죽은 이에 대한 신앙에 반대하는 주장을 볼 수 있는데, 여기에서 공자도 답변하지 않았던 문제에 대한 상반된 견해를 볼 수 있다. 그러나 이 문제는 불교의 중국 전래에 따라 드러나게 되었고, 도가(道家)와 불가(佛家) 사이에 논쟁을 야기시켰다. 재미있는 것은, 불교인들은 인간의 영원불멸을 부정한 반면, 도교인들은 자신들의 스승을 비롯하여 많은 유교의 성인들을 영생하는 존재로 주장했다는 점이다.

유교적 입장은 이런 식으로 정리할 수 있다. 죽은 이에 대한 추모의 유구한 전통과 상제 및 하늘과 친밀한 교제 존재로서의 성인에 대한 경전의 언급으로 볼 때 인격적 불멸성에 대한 일련의 초기 신앙 형태를 짐작해 보는

---

68. *Li-chi*(Book of Rites), ch.26(On Sacrificial Victims), 또한 ch.47(Meaning of Sacrifices); Donald Munro, op. cit., p.50 and p.209, n.4.

것이다. 그러나 공자 자신은 죽은 이에 대한 제사에 적극 참여했으면서도, 이 문제에 대해 침묵을 지키고 있다(논어 11:11, 3:12). 죽은 자의 영생에 대한 『좌전』(左傳)의 논의는 흥미롭지만, 그 강조점은 개인적 업적이나 교훈, 덕목의 불멸성만으로 이루어져 있는 것이다.[69]

우주적 덕목

유교에서 인간은 자신의 내면과 삶에 있어서 하나이다. 유교인들은 오직 한 가지 덕목의 실천만을 요구한다. 그것은 자신을 완전하게, 완전한 인간을 이루게 하는 것이고, 모든 덕목들을 포괄한다. 그것은 우주적인 덕목으로서의 인(仁)을 말한다.

유교에서의 "인"이란 기독교에서의 사랑이나 자비(agape)라는 덕목과도 상응할 수 있다. 이것은 "인간다움의 자세", 사랑, 덕행으로도 번역될 수 있다. 기독교의 자비에 대한 교훈은 예수 그리스도에게서 나타난 인간에 대한 하나님의 사랑에서 그 존재 목적을 가진다.[70] 반면 유교에서 "인"의 교훈은, 명백하게 인간에 대한 하나님의 사랑이 추종의 모델이나 근거가 된다고 말하지 않는다. 경전에 따르면, 하늘은 삶의 근원인 동시에 인간의 보호자이고, 간구를 들어주는 존재로 나타난다. 그러나 "인"의 덕목은 인간 본성 안에서 더 잘 나타난다. 인간은 "인"을 행할 수 있다. 그렇지 못하다면 그는 진정한 인간이 아니다.

---

69. Wang Ch'ung, *Lun-heng*, ch.62(On Death), 영역으로는 W. T. Chan, *A Source Book of Chinese Philosophy* (Princeton, 1963), p.300. 이러한 불멸과 그에 관련한 모든 논쟁은 다음 단편들을 보라. Hu Shih, "The Concept of Immortality in Chinese Thought", *Harvard Divinity School Bulletin* (1946), pp.26-43: Walter Liebenthal, "The Immortality of the Soul in Chinese Thought", *Monumenta Nipponica* 8(1952), pp.327-97. 『좌전』(左傳)에서 인용된 구절은 7세기의 Duke of Chao로부터 비롯된 것이다. J. Legge, *The Chinese Classics* v.5, p.613을 보라. Matteo Ricci의 『천주실의』 3장에는 토론에 참여한 중국 학자가 정신적 영혼은 결국 흩어져 버린다는 믿음을 내세우고, 리치의 입장인 서구 학자는 스콜라 철학에 의지하여 불멸하는 것을 증명하려고 시도한다.
70. 기독교인의 자비에 대해서는 R. Schnackenburg, *The Moral Teaching of the New Testament*, tr. by J. Holland Smith and W. J. O'Hara (Freiburg, 1965), ch.3.

자비(charity)는 우주적 덕목이다. 이것은 "완전에의 끈"(골 3:14)이며, 모든 덕스러운 삶에 온기와 가치와 확신을 주는 역동적인 내적 원리이다. 모든 여타 가치들을 일깨우며 포용하는 것이다. "인" 역시 마찬가지이다. 공자의 이전 시대에서는, "인"이라는 것이 윗사람이 아랫사람에게 베푸는 귀족적 덕행으로 간주되었다. 그러나 공자의 가르침을 통해, 이것은 모두가 실천할 수 있는 우주적 덕목으로 변형되었다.[71]

그러면 "인"이란 무엇인가? 공자도 여러번 질문을 받았다. 그때마다 그는 약간씩 다른 대답을 했다. 그의 제자였던 번지(樊遲)에게는 "사람을 사랑함"이라고 했고(논어 12:21), 안회(顔回)에게는 자기를 극복하고 예(禮)에로 돌아가는 것이라고 했다(논어 12:1). 또 다른 경우에 보면 다음과 같은 유명한 황금률을 제시한다. "자기에게 원치 않는 일을 남에게 하지 말라"(논어 12:2, 15:23).

"인"이란 완전한 덕을 의미한다. "인"을 지닌 자는 이미 완전한 성인인 것이다. 이런 까닭에 공자가 "인"을 말하면서 다음과 같이 경고하였다.

> 나는 결코, 진정으로 "인"을 사랑하거나 "인"이 아닌 것을 미워하는 사람을 본 적이 없다. "인"을 사랑하는 것보다 더 존경받을 만한 것은 없다. "인"이 아닌 것을 미워하는 사람은 곧 "인"을 실천하는 것이고, "인"이 아닌 어떤 것이 그에게 범접할 수가 없다. 단 하루만이라도 모든 정성을 "인"에 기울이는 사람이 있을까? 나는 그럴 능력이 없는 사람은 보지 못했다. 분명히 그런 사람이 있을 것이다. 다만 내가 보지 못했을 것이다(4:6).[72]

공자에 의하면, "인"은 다른 어느 것보다도 먼저 나타난다(4:6). 군자(gentleman)는 한순간이라도 "인"을 버리지 않는다. 이것은 사람들이 하기

---

71. Wing-tsit Chan, "Chinese and Western Interpretations of *Jen*(Humanity)" in *Journal of Chinese Philosophy* 2(1975), pp.107-9.
72. 영어 번역은 James Legge, *The Chinese Classics*, vol.1, p.167.

어려운 일을 이루었을 때만 나타난다. 어떤 이는 "인"을 위해 목숨을 버린다(15:8). 그리고 "인"이란 분명히 멀리 있거나 별천지에 있는 것이 아니다. "나는 '인'을 원하며 그 '인'은 바로 여기에 있다"(7:29).

공자의 해석이나 어원학적 의미에서도, "인"은 항상 사람과 사람 사이의 관계성을 다루고 있다. 이것은, 자신의 양심과 본심에 충실하는 의미로서의 충(忠)과 타인을 생각하고 고려하는 상호적 의미의 서(恕) 등과 관련이 된다(논어 4:15). 또 "인"이라는 것은 예(禮)와 관련된다. 후자는 좀더 제의적이며 사회적 형태를 말하고, 전자는 인간의 내적 상태를 말한다.[73]

"인"이라 하는 것은, 인간 삶의 근본 자세뿐만 아니라 인간 감정의 근거가 되기도 한다. "인"이라 함은 애정과 사랑을 의미한다. "어진 자는 타인을 사랑한다"(맹자 4B:28). 실제로 그는 모든 사람을 사랑한다(7A:46). 그는 "그가 좋아하는 것은 물론이고 좋아하지 않는 것에까지 그의 사랑을 넓힌다"(맹자 7B:1). 사랑으로서의 "인"에 대한 이러한 정의는 순자(荀子)와도 일치한다. 『예기』에서도 "인"이 사랑으로 나타난다. 한나라 유학자인 동중서(B.C. 179?~104년?)는 "인"을 인류를 사랑하는 것이라 했고, 양웅(B.C. 53~A.D. 18년)은 이것을 "우주적 사랑"이라 했고, 초기의 사전 중 하나인 『설문해자』(A.D. 100년경)에서는 사랑을 친밀함[親]과 동일시하였다.[74]

그러나 유교에서 "인"을 보편적 사랑으로 해석하는 것은 여타 초기의 사상가들, 특히 묵자(墨子)를 따르는 묵가(墨家)들과는 다르다. 묵자는 모든 것의 무차별적 사랑을 주장한다. 공자의 추종자들은 구분이나 차별까지도 나타난다. "자비는 가정에서 시작되며" "인" 역시 마찬가지이다. "인"의 뿌리는 부모와 자녀간의 관계나 형제애에서 시작된다(논어 1:20). 유교에서는 부모와 친척들에게 특별한 사랑이 나타난다(중용 20). 맹자에 의하면,

---

73. Herbert Fingarette, *Confucius–The Secular as Sacred* (New York, 1972), pp.37-8; Munro, op. cit., pp.28-9, 208-9, 219.

74. 참고할 것은 *Hsün-tzu*, ch.27, Book of Rites, ch.19, Tung Chung-shu, *Ch'un-ch'iu fan-lu*, pp.29-30.

군자(君子)는 사물에 있어 신중하지만(근신하지만) "인"을 보여주지는 못한다. 그가 백성들에게 "인"을 보여주긴 하지만(감정적으로) 그들과 가깝지 못하다. (사랑으로서) 부모를 가까이 하면서 백성에게 사랑을 보여주고, 백성에 대한 사랑을 갖고 사물을 간수하라(7A:45).[75]

유교에서의 "인"에 대한 해석은 가끔 "단계적 사랑"이라고 불려지기도 한다. 그러나 그 말은 타산적인 사랑을 의미하는 것이 아니다. 그것은 인간 정서와 책임의 감정에 근거해 있다. 그것은 느낌이고 덕목이며 실행하는 것이다. 이것은 인간 존재가 지닐 수 있는 최상의 성품이다.

특정한 덕목을 넘어선 보편적 덕목으로서의 "인"에 대한 이해는 공자가 죽은 후에도 계속 이어졌다. 송(宋)나라의 철학자들이 등장하면서 또한 의미가 다양해졌는데, 창조성이나 생명, 의식, 그리고 궁극적 실재에로까지 확대되었다.[76] 정호(程顥)에 의하면, 인자(仁者)는 만물과 일체가 되고, 의로움이나 예(禮), 진실, 지식 등의 덕목이 모두 "인"의 표현이라고 한다. 그는 제자들에게 "인" 자체를 이해하라고 권하면서, 그것이 자신의 일부분이 되게 하고, 실행에 힘써 그것을 길러 나가라고 말한다. 주희(朱熹)는 삶의 원동력으로서의 "인"을 가르쳤다. 그것은 하늘과 땅을 통해 인간과 사물에 생명을 부여하는 것이다. 장재(張載)는 다음과 같은 성인의 모습을 "인"이라고 설명한다.

> … 하늘과 땅에 마음을 두고, 생존하는 백성을 위해 도(道)를 이루고, 앞서간 성인들의 가르침을 이어나가며, 다음 세대를 위한 새로운 평화의 세계를 여는 것이다.[77]

---

75. 영어 번역은 D. C. Lau, *Mencius* (Baltimore, 1970), p.192.
76. Wing-tsit Chan, "Chinese and Western Interpretations of *Jen*", pp.115-6.
77. Chu Hsi, *Chin-ssu lu*, 2에서 인용된 Chang Tsai의 글, 영어 번역은 본인의 것임.

명백한 하나님의 언급이 없다는 점만 빼놓고 본다면, 이런 식의 인간과 우주의 신비적 사랑에 대한 표현은 요한이나 바울, Henry Suso의 말을 쉽게 연상시켜 주며, 이 시대에 있어서 Teilhard de Chardin에 가깝다고 볼 수 있다. 하늘과 땅으로부터 비롯되어 인간에게 주어지고 다시금 하늘과 땅으로 돌아가는 식의 삶의 원동력에 대한 묘사는, 기독교 신학에 있어서의 삶에 대한 은총으로서의 자비에 대한 이해에 좋은 유비가 되고 있다.

이런 "인"과 인자(仁者)에 대한 이해는 우리로 하여금 천인합일(天人合一)의 이해를 가능하게 해준다. 만일 성인의 이상향이 인간과 하늘의 합일을 의미한다면, 인간 존재의 중심인 마음(심정)은 이러한 연합의 장소가 되는 것이다. 이렇듯 인간의 내면 존재에서 절대와 인간이 교제한다는 개념은, 신학적으로 자비의 극치라고 할 수 있는 기독교 신비주의 이상과도 매우 밀접한 것이다.

유교적 공동체

유교에서의 인간은 이원론자가 아니다. 그는 자신에 대해 분열되어 있지 않으며 타인에 대한 사랑도 강제적인 것이 아니다. 그는 하늘의 명령에 의해 그와 가장 밀접하게 있는 사람들을 더 깊이 사랑한다. 그리고 친구들이나 사회 그리고 세상의 모든 이들로 이 사랑을 넓혀간다. 그는 공동체와 타인에 대한 책임에 심원한 감정을 갖고 있다.

다섯 가지 관계들[五倫]

유교인들은 인간 사회를 개인적 관계성이나 거기서 비롯된 윤리적 책임들로 파악한다. 잘 알려진 대로 "오륜(五倫)"은 군주와 신하, 아비와 자식, 남편과 아내, 어른과 젊은이, 친구와 친구 사이를 다룬다. 그중 세 가지는 가족간의 관계이고, 나머지 두 가지도 대부분 가족적 모델로 파악되고 있다.[78]

---

78. Fung Yu-lan, *A Short History of Chinese Philosophy*, ed., by Derk Bodde (New York, 1948), p.21.

예를 들어 군주와 신하의 관계는 부모와 자식의 관계와 유사하며 친구와의 관계 역시 형제간의 사이로 파악된다. 이런 이유로 해서 유교 사회는 그 자체가 거대한 가족으로 간주된다. "사해(四海)의 모든 사람이 형제이다"(논어 12:5).

이러한 관계성에서 비롯되는 책임들은 상호 교통적이다. 신하는 군주에게 충성을 해야 하고, 자식은 부모에게 효도를 갖추어야 한다. 그러나 군주 역시 신하를 돌봐야 하고, 자식에 대한 부모의 경우도 동일하다. 실제로 맹자는 유교적인 "명분론"을 다음과 같이 천명하였다. 즉, 군주는 (좋은) 군주답게 되어야 하고, 신하는 (좋은) 신하답게 되어야 하고, 아비는 (좋은) 아비답게, 자식은 (좋은) 자식다워야 한다는 것이다. 이것은, 사악한 통치자는 자신의 권한을 박탈당하며 신하들에 의해 폐위될 수 있는 "폭군"에 불과하다는 것을 의미한다(1B:8). 그러나 그는 이런 견해를 천부적인 인척 관계로까지 확산시키지는 않았다. 예를 들어 부모가 잘못한 사실이 있다 하더라도, 자식은 부모의 명예를 보호하도록 하고 있다.

오륜(五倫)의 체계는 모두 동일하게 기본적으로 계급적인 의미를 강조한다. 진정한 수평적 관계는 친구와의 관계뿐이다. 그러나 여기에서도 형제 사이의 관계처럼 연장자에 대한 존경이 뒤따른다. 부부와의 관계는 형제 관계보다 더 깊은 본래적 유사성을 갖지만, 대부분 군신(君臣)과의 관계에서 더 잘 비교되어진다. 부모에 대한 효도의 의무와 조상 제사의 계속성을 위한 종족 보존의 필요성이, 수세기 동안 일부다처제의 윤리적 뒷받침이 되어 왔다.

가정은 언제나 유교적인 삶과 윤리의 중심이 되어왔다. 가족 생활 그 자체는 윤리적 체계에서만이 아닌 종교 철학적인 면에서도 유교 자체의 본질로 알려지고 있다. 홍콩이나 대만, 남동아시아, 일본과 한국에 사는 중국인들의 숙소에는 지금도 조상을 위한 제단이 존재한다. 여기에는 죽은 조상들을 나타내는 여러 개의 위패가 있다. 이것은 대부분의 경우 나무로 만들어졌다. 어떤 사회학자는 현재의 홍콩의 가정에서 어떻게 나무 위패가 종이 위패로 바뀌었는가를 연구하기도 했는데,[79] 그들의 본래 위패는 본토에 남겨져 있었다. 이 위패 앞에는 희미한 등불이 있으며, 그 주위에는 향과 초가 놓여져 있다. 이 모든 것은, 산 자와 죽은 자의 공동체로서의 유교 가정에 대한 종교적 의미를 나타내 주는 증거이다.

효도는 모든 유교적 덕목에 우선하는 것이다. 군주에 대한 충성이나 부부 관계, 그외의 어떤 것보다도 중요하다. 조상 제사는 태고 적부터 수세기를 거쳐 효도와 가족적 충성의 정서를 강화시키는 가운데 이어져 내려왔다. 이것은 항상 서로를 결속하는 통합이나 안정적 요소로 작용해 왔는데, 단순히 대가족제나 가부장적 차원이 아니라 전 부족적이며 모든 후손이 같은 조상이라는 전 중국적 혈족 체계를 구성한 것이다. 출생과 혼인은 조상 제사나 효도의 의무와 관련되어 있는 까닭에 모든 출생은 후손의 증가를 의미하고, 이에 따라 혼인은 가문의 계보와 조상 제사를 잇는 수단으로 간주되었다. 효도는, 언제나 성숙한 자녀들의 봉양으로 노년의 부모들을 보호하게 되었고, 강인한 가족 및 혈연 관계가 친척들간의 상호부조를 발달시키며, 나아가 가족적 차원을 뛰어넘어 같은 조상의 마을에서 온 사람들끼리, 심지어는 혈연이나 혼인 관계가 없다 할지라도 동일한 조상이라 생각되는 같은 성(姓)을 가진 사람들에게까지 확장되었다.[80]

가족적 관계는 사회적 행태의 모델을 보여준다. 네 어른들과 같이 남의 어른들도 존경하라. 네 자녀나 어린 것들과 같이 다른 자녀들도 사랑하라. 이것은 맹자가 한 말이다(1A:7). 이것은 유교의 세대들에게 영감을 제시해 준다. 이것은 강인한 연대감을 불러일으켜 중국의 가정뿐만 아니라, 유교적 사회 조직 속에서, 더 나아가 오늘날 세계 도처의 중국인 공동체 속에서 작용한다. 만일 오늘날 유교가 살아 있다면, 또 다가오는 세대에 있어 존재하

---

79. 조상 제사가 여전히 현존한다는 사실은 Arthur P. Wolf의 연구 "Gods, Ghosts and Ancestors", in *Religion and Ritual in Chinese Society* (Stanford, 1974), pp.146, 155-62. 특히 그는 대만의 경우와 그밖에도 중국 및 기타 여러 나라를 언급한다.
80. C. K. Yang, *Religion in Chinese Society* (Berkeley, 1961), pp.29-53.

게 된다면, 그 믿음은 바로 근본적인 가족적 정서와 보편적 형제애 신앙에 근거한 강력한 인간적 연대감에 기인할 것이다.

유교에 있어서 계급적인 자세는, 한(漢)나라 때의 국가 철학으로서의 확립, 등의 후기 발전 속에서, 음양 철학이나 국가 정책에로의 권위와 복종이라는 법가(法家)적 인식으로 강화되어 갔다. 한나라 때 사상가인 동중서(董仲舒)의 말에 보면,

> 만물에는 반드시 상관 관계가 있다. 위가 있으면 반드시 아래가 있다. … 음(陰)은 양(陽)과 상호 관계하며, 부인은 남편과, 신하는 군주와 상관하는 것이다. …[81]

동중서는 오륜(五倫) 중에서 세 가지를 가려 내었는데, 군주와 신하·부인과 남편·부모와 자식 관계가 그것이다. 그는 이것을 삼강(三綱)이라 불렀다. 그의 해석에 의하면, 군주는 신하의 주인이고, 남편은 아내의 주인이며, 아비는 자식의 주인이라는 것이다. 이 관계에서도 상호적인 의무와 책임이 계속 요구된다. 그러나 윗사람은 권리 행사에, 아랫사람은 의무에 편중되어 있다.[82]

그러나 음양 철학이 유교적 사회 윤리로 통합되면서 또 다른 유교적 휴머니즘이 자리잡게 되었다. 초월과 신성(神性)에로의 개방성이 바로 그것이다. 특히 동중서는 천·지·인(天地人)이라는 삼중적 형태를 통해 천인합일(天人合一)을 구체화했다. 그에 따르면, 인간은 정신과 육체의 양면에서 하늘의 복사판이며 대우주에 대한 소우주라는 것이다. 특히 인간은 다른 모든 창조물보다 훨씬 우월하다. 천지인은 모든 사물의 근원이 된다. "하늘이 잉태케 하고, 땅이 자라게 하며, 인간이 이를 성취한다."

---

81. Tung Chung-shu, *Ch'un-ch'iu fan-lu*, 53, quoted in Fung Yu-lan, *A Short History*, p. 196.
82. Fung Yu-lan, ibid., p.197.

이 세 가지는 손이나 발처럼 각자가 서로 상관한다. 연합된 이것은 완전한 물리적 형태를 이룬다. 그중 하나도 없으면 되지 않는다.[83]

동중서는 특히 왕권의 개념을 강화했다. 이상적인 왕은, 완벽한 사람이며, 인간의 척도이고, 하늘과 동등하며, 하늘과 땅 사이의 매개자이고, 인간 사회의 통로가 된다.

> 하늘의 뜻은 끊임없이 사랑하고 이롭게 하는 것이며, 기르고 양육하는 것이다. … 임금도 마찬가지로, 세상을 사랑하고 덕을 끼치며 기쁨과 평화를 이루는 것이 그의 직무이다. … 만일 통치자가, 의로움에 따라 사랑하고 징벌하며 기뻐하고 분노하고 기뻐할 때 태평성대가 되겠지만, 부당하게 다스린다면 혼란에 빠질 것이다. … 까닭에 우리는, 만 백성의 도의가 하늘의 뜻에 상응하는가를 살펴야 한다.[84]

물론 백성이 모두 왕이라는 것은 아니다. 그러나 유교 철학에서는 항상, 왕이 정치를 잘 할 수 있도록 모두가 정부에 동참해야 할 의무를 강조하였다. 예를 들어, 모든 관리들은 그의 백성들의 부모가 되어야 하는 것이다. 또한 유교적 성인 모델은 성군(聖君)에만 국한되지 않고 성인-관리들도 포함되는 것이다. 사실상 유교인들은, 부모에 대한 의무 같은 것으로 방해받지 않는다거나 시대적으로 자신의 양심을 굽히게 되는 때가 아니라면 국가에 봉사하기를 희망하곤 하였다.

이외에도, 유교 철학은 항상 보편적 용어를 사용한다. 위에 계신 하늘이라든지, 이 아래의 세계라든지, 하늘 아래 모든 것 등이 바로 그것이다. 공자는 배타주의자나 민족주의자도 아니었다. 그는 나라와 나라를 돌아다니며

---

83. Tung Chung-shu, 19, quoted in Fung Yu-lan, ibid., pp.194-5.
84. Tung Chung-shu, 43, quoted and translated in W. T. de Bary, ed., *Sources of Chinese Tradition* (New York, 1960), p.163.

만국을 구원하기 위한 자신의 봉사를 받아줄 통치자를 찾아다녔다. 그의 제자들도, 중국이 세계와 우주의 중심이라고 생각하는 수세기 동안 그렇게 살았다. 유교적 공동체는 세계적 공동체이고, 인간의 공동체인 것이다.

물론, 유교인들은 이러한 과제를 위해 자신을 다듬어야만 한다. 그리고 주체와 객체, 자아와 세계 사이의 구별을 뛰어넘는 인간과 삶의 종합적 태도에 대한 굳건한 신앙을 통해 이 일에 진력해야 할 것이다. 유교 경전인 『대학』에 보면, 자기 완성과 가정의 질서, 국가와 세계 사이의 이러한 유기적 통일에 관한 적나라한 묘사가 나온다. 여러 해석상의 차이는 포괄적이고 전체적인 맥락 속에서 극복되리라고 본다.

> 사물에는 뿌리가 있고 가지가 있고, 일에는 시작과 끝이 있다. 우선 순위를 아는 것이 도(道)에 가까운 것이다. 이 세계에서 덕의 근본을 이루려고 했던 옛 사람들은 우선 자신의 나라들을 평안케 하려 하였다. 자신의 나라를 평안케 하기 위하여 먼저 자기 자신을 수양하였다. 자신을 수양하기 위해, 먼저 각자의 마음과 심정을 올바로 했다. 자신의 마음과 심정을 바로잡기 위해, 각자의 뜻을 진실하게 하였다.
>
> 뿌리를 소홀히하면서 가지가 잘 되기를 바랄 수는 없다. 본질적인 것을 소홀히하면서 여타의 것이 잘 되기를 바랄 수는 없다.[85]

문화적 공동체

기독교 공동체인 교회(*Ecclesia*)는, 자신을 하나님에 의해 불림받은 신자들의 공동체라고 이해한다.[86] 물론 이것은 지역 공동체 교회의 모임이다. 그러나 이는 또한 그 자체가 모임이며 공동체이기도 하다. 모든 소속원들을

---

85. 공자가 지은 것으로 알려진 『대학』의 본문 중에 나온다. 영어 번역은 James Legge, *The Chinese Classics,* I, 356. 이 구절에 대해서는 Bernard Häring, *Christian Renewal in a Changing World,* tr. by Sr. M. Lucidia Häring (New York, 1968), p.95. Häring의 논문에는 이 본문과 복음서의 정신이 유사하다는 지적을 한다.
86. Hans Küng, *Die Kirche* (Freiburg, 1967), pp.99-107.

연합한 신앙의 공동 연대이기 때문이다. 시간이나 공간 문화, 그리고 정치적 이념이나 사회 조직의 차이를 불식하는 것이다. 그리고 사람이 하나님께, 또 사람끼리 연결되는 믿음의 결속이 각자의 사회 조직이나 지역적 입장보다도 중요하기 때문에 공동체라고 하는 것이다. 신앙은 기독교 공동체의 진정한 삶인 것이다.

유교 사회 역시 자신의 통치자와 법률과 법규들을 가진다. 그러나 이것은 사회 집단 그 이상이다. 또한 이것은 개인적 관계성의 공동체이다. 이것은 모두 종교적 신앙이 아니라 — 비록 현재의 모습이 그렇기도 하지만 — 공통적 문화 배경 속에서 이루어지는데, 이 문화는 법보다는 사람을 중시하고 국가보다는 인간의 관계성에 기초하고 있는 것이다. 문화는 유교적 공동체의 삶인 것이다. 전통적으로 중국에서는, 유교 국가가 당시 세계를 장악했다고들 하던 때에, 유교의 문화는 미개인들과는 구분되는 문명화된 인간적 문화로 간주되었던 것이다.

유교 문화는 종교적인 동시에 세속적이다. 여기서는 이 두 영역을 구분하지 않는다. 천인합일로서의 기본적 믿음은, 인간 본성과 그 완전성에 대한 거대한 낙관주의를 조장시키고, 보편적 삶의 진리와 보편적 세계 질서에 대한 물음을 묻는 신앙을 이루었던 것이다. 유교적 인간은, 하늘을 자신의 삶과 존재에 대한 근거로 간주한다. 그리고 자신의 간구를 성취하고 보호해 주는 것으로 이해한다. 그는 대지를, 자신의 삶과 죽음이 이루어지는 터전으로, 자기 자신처럼 하늘로부터 부여받아 양육되는 살아 있는 정원이며 무궁무진한 창고로 파악하는 것이다. 또한 그는 자신을 하늘과 땅의 존재와 삶에 동참하는 존재로 이해하며 이러한 공동 참여와 하늘로부터의 공동 근거를 통하여 타자와 관계된다.

유교에는 조직화된 형태의 교회적 제사장 직제가 존재하지는 않는다. 황제는 정치적 통치자라는 지위상의 덕행을 통하여 하늘과 인간 사이를 매개하는 존재가 된다. 그는 윤리나 제의 등에 숙달해 있는 지식 관리층의 신하들로부터 도움을 받는다. 그와 함께, 비록 그들이 개인적인 카리스마적 형태가 아닌 교육과 주특기를 통해 행사하는 권위와 책임이긴 하지만, 일종의 평신도 사제직을 감당하게 된다.[87] 그들은 공동선(共同善)의 이름으로 사회와 국가에 대한 봉사를 감당하는 사회의 특수 계층을 형성한다.[88] 때때로 그들은 "군자"(君子)로 불리기도 한다.[89] 시간이 경과하면서, 이 계층 가운데서 "예언자"가 출현하게 되는데, 그는 히브리 족속의 예언자가 그러했듯이 왕들의 실정(失政)에 대해 그의 불만을 소리높여 대항했던 이들이다. 그러한 이들은 진정한 공자와 맹자의 후계자로 인식되었고, 경전과 성인들과 하늘의 이름으로 선포한 것이 되었다.

여기에서 유교적 인간은 항상 현실적이든 잠재적이든 정부를 다스리거나 협조해야 할 의무를 지닌 "임금"으로 간주되었다는 사실에 주목할 필요가 있다. 『대학』의 가르침에 의하면, (자기 수양을 통하여) 덕의 원리를 실천하고, (가정과 국가를 잘 다스림으로) 모든 백성을 사랑하고, (온 세계에 평화를 주며) 최고의 선에 이르는 것을 말하고 있다. "하늘의 아들로부터 보통 사람에 이르기까지 모두 다 같은 존재들이다. 즉, 모든 사람은 개인의 수양을 근본(기초)으로 삼아야만 한다"(1장).

정치적 관계에 관련된 뒷부분에서, 나는 유교적 왕과 신하들의 이념에 대해 세부적으로 다루려고 한다. 개인적 카리스마나 자질보다는 세습적 계승

---

87. 나는 특별히 Max Weber, *The Religion of China*를 염두에 두고 있다. 영어 번역은 Hans H. Gerth(New York, 1964)의 것이다. Weber는 유교 지식 계층들을 사제적 기능의 일부를 수행하는 것으로 보았다. 그러나 "윤리적 요청을 제기하는 초월적인 하나님의 윤리적 예언성"에 대한 경험이 있다는 사실은 부정하고 있다. pp.229-30을 보라.
88. 유교적 삶과 교육에 있어서의 "보편주의자" 태도는 전문화 특히 과학과 기술 분야에 있어서 소홀함을 야기시켰다. 그러나 이러한 태도는 통전적 인간에 충실한 모습의 휴머니즘의 진정한 삶이라는 측면이 있다. 비록 그것이 주변 세계에 대한 호기심과 그 발견, 지배를 가속시키긴 했어도 말이다. 유교의 문제점은 기술적 전문화를 적극적으로 거부한다는 데에 있다. 그것을 군자(君子)의 윤리적 자세가 못된다고 보는 것이다.
89. 유교 윤리에 있어서 군자(君子)의 의미에 관해서는 Antonio S. Cua, "The Concept of the Paradigmatic Individual in the Ethics of Confucius", *Inquiry* 14(1971), pp.41-55.

에 우선한 왕조의 왕권제도가 현실과 이상 사이를 얼마나 괴리시켰는가, 그리고 이에 따라 천부적인 면보다는 자질에 의해 선발된 관리들에게 더 중요성을 두게 된 점 등을 다룰 것이다. 나는 여기서, 실무 집행자로서뿐만 아니라 비판적 조언자로서의 관리들의 자세가 일종의 "권력 균형"에 기여했다고 보고 싶다. 정치적 충성에 대한 유교 교리가 수동적 복종만을 요구하는 것은 결코 아니다. 최악의 경우에라도 충성된 신하는 통치자에게 충고하기 위해서 목숨을 포기할 준비가 되어 있는 것이다.

결 론

이 부분의 연구에 있어, 우리는 기독교와 유교에서의 인간의 이해 사이에 차이점보다는 유사성이 더 많았던 것을 짐작할 수 있다. 그러나 특별히 두 전통의 다양한 강조점에서 보여진 차이점들을 간과해서도 안될 것이다. 예를 들어 기독교가 인간의 오류성을 강조하고 있는 데 반해 유교에서는 인간의 완전성에 더 집중하고 있다는 사실이다. 까닭에 유교에서는 사회 및 우주와 조화를 이루는 인간의 모습을 내세우고 있고, 기독교에서는 자기 자신 혹은 원죄 본성과 대립 속에 있는 인간 이념을 내세우면서 하나님과 소외된 세계의 극복을 역설하고 있다. 이러한 차이는 또한 자족성(自足性)과 역동주의 등의 단어로 요약될 수도 있다. 조화를 선호하는 유교인들은 변화를 거부하는 자세이지만, 전투적인 기독교인들은 지구의 모습을 바꾸어 놓는다고 말한다. 그러나 이러한 현상에 대한 다른 측면이 존재한다. 갈등과 소외는 또한 인간과 자연에 대한 과도한 포악함에 대한 책임을 지고 있다.

그러면, 두 휴머니즘의 감정과 약점은 무엇인가?

유교 숭배자들은, 유교는 지혜와 성인됨을 추구함으로써 인간의 자기 실현과 자기 성취를 이루는 것이 주된 목표인 휴머니즘이라는 점을 강조한다. 그러나 분명히 반(反)휴머니즘적인 요소도 존재한다. 특히 "오륜"(五倫)에서 보다시피 계급적 구조 속에서 아래 계층들의 권리는 무시하고 의무만 강요하는 것 등을 들 수 있다. 기독교의 숭배자들 역시 신적인 계시가 진정한 인간의 위대함의 가능성을 밝혀 주었다고 보지만, 비판자들은 내세와 하나님에 대한 집착 때문에 휴머니즘의 적으로 간주하고 있다.

　기독교와 유교의 휴머니즘은 각기 진정한 인간 열망의 표현을 보존하기 위해 세심한 내적 긴장의 균형을 이루어야 할 것으로 보인다. 유교의 경우, 인간의 오류성에 관한 좀더 분명한 이론 정립과 더 나아가 인간의 고통 및 가치 체계 속에서 그 고통의 의미를 밝혀야 할 것이다. 반면 기독교는, 구속 은총의 교리에 얽매이지 아니하고 인간의 선함에 대한 더 심원한 물음을 제기해야 할 것이다. 이 점에서 나는 유교적 교육학이 여전히 도움이 될 것이라고 믿는다. 그렇게 된다면, 인간의 오류성과 완전성에 대한 다양한 강조가 죄와 분열 의식 또는 자신감과 행위 능력의 발전을 가져오게 할 것이다. 예를 들자면, 유교적 전통에 있어서 Anthony Burgess의 *A Clock work Orange*[90]와 같은 인간의 사악함에 대한 소설이 나올 수가 없을 것이다. 여기서는 자유나 책임 같은 것의 적절한 수용이 배제된 채로, 죄의 분석을 통한 사회와 작품의 기괴한 환상에 진일보한 작품이기 때문이다.

　유교 문화의 전개사는, 약점과 아울러 인간의 위대함, 제도적 화석화와 갱신 등의 여러 흥망성쇠를 말해 주고 있다. 흥망성쇠의 역사에 대한 유교의 평가에 있어, 다음과 같이 조심스럽게 물어봐야 할 것이다. 유교는 실패한 것인가 아니면 또 다른 무엇인가? 유교가 국가의 정통 체제로서 국가 권력에 예속되어 버린 것은 아닌가? 유교가 법가(法家) 이념의 권위와 복종에 강요당한 것은 아닌가, 바꿔 말하면 인간 관계의 윤리에 경직성을 준 것이 아닌가? 그러나 어쨌든간에 긴 세월 속에서도, 여전히 살아 움직이는 가치와 이념이 존재하고 있는가?

---

90. 이것은 1962년 런던에서 발행되었다. 그의 종교적 관점에 대해 소설가였던 John Anthony Burgess Wilson이 말하길 "나는 가톨릭으로 자랐고, 불가지론자가 되었다가 이슬람교를 섭렵하였고, 지금은 거의 마니교도라고 할 수가 있을 것이다. 내가 확신하기로는 악신(惡神)이 잠정적으로 득세하고 있고, 참된 신은 숨어 있는 것이다"(이 글은 A. A. DeVitis, *Anthony Burgess*, New York, 1972에서 인용한 것이다).

확실히 오늘날 현대인들에게 있어서, 사회학자들이나 열린 사회에서 오륜(五倫)과 같은 것들과 관련된 많은 행위는 무가치하거나 비인간적으로 보일 것이다. 왜 젊은이들이 어른들에게 양보해야만 하는가, 또한 여자도 남자에게 그래야만 하는가? 왜 현재나 미래보다 과거가 중시돼야만 하는가? 이전에 유교적 군자(君子)와 휴식 문화가 경멸했던 기술 문명과 병기가 그들을 공격하여, 서구의 젊고 역동적인 "야만인"들 앞에서 자신의 초라한 꼴을 보였던 중국의 비극적 과거를 되새겨 볼 때, 유교의 복고주의 자세가 그 책임을 져야 되지 않을까?

유교 문화에 대한 이러한 비판의 진실성은 매우 타당하다. 유교 문화가 겪었던 재난들은 그 자체가 원기회복에 대한 요구가 필요하다는 증거가 되며, 특히 고대 문화에 있어서 더욱 그렇다. 그렇다고 그것이 유교 문화가 이미 사멸하였다거나 미래가 없다고 말하는 이유가 될 수 없다.

인간의 문화는 나름대로의 흥망의 주기를 가지고 있다. 유교 문화를 살펴볼 때 그런 주기가 나타난다. 분서갱유(焚書坑儒, B.C. 213년) 사건이 그렇고, 후기에 불교와 도교가 흥왕한 것이나, 최근에 있어 서구 세속주의와 마르크스주의의 도전 등이 그것이다. 그러한 만큼, 매 시대마다 잘했건 못했건간에 일련의 숙달된 교훈을 얻은 후에 부흥하곤 했던 것이다.

두 전통 사이의 창조적 대화가 이루어지기 위해서는, 각자의 차이점보다는 각각의 수렴의 작업에 의존해야만 하는 것이다. 기독교와 유교의 대화에 있어서는, 초월에 대한 개방으로서의 인간의 신앙 이해가 가장 바람직한 시발점으로 남아 있다.[91] 이런 신앙이, 유교에 역동성을 부여해 주었고, 유교

---

91. Carsun Chang, T'ang Chün-i, Mou Tsung-san, Hsü Fu-kuan이 승인한 "A Manifesto for a Reappraisal of Sinology and Reconstruction of Chinese Culture" (1958)을 보라. 영어 번역으로는 Carsun Chang, *The Development of Neo-Confucian Thought* (New York, 1962), vol.1, pp.462-4. Robert P. Kramers, "Some Aspects of Confucianism in its Adaptation to the Modern World", *Proceedings of the IXth International Congress for the History of Religions* (Tokyo and Kyoto), 1958 (Tokyo, 1960), pp.332-3. (T'ang Chün-i의 이념은 *Chung-kuo wen-hua chih ching-shen chia-chih* (Taipei, 1960), pp. 326-44에서 더 발전되어 나타나고 있다).

에게 책임이 돌려진 많은 실수가 바로 법가(法家)의 사상이 유교 체계로 침투함에서 비롯됐다는 사실에 비추어 법가의 횡포에 대항할 수 있는 원동력이 되었던 것이다. 현대신학 자체에 있어서도 이것은 새로운 출발점을 제공해 준다. 즉, 기독교인에게 있어서도 법이나 전제들에 우선하여 진정한 법적 질서의 유일근거로서의 존재 자체를 파악하게 해주는 것이다. 마지막으로 이러한 신앙은, 각자에게 있어서 인간을 초월적 목표에 이르게 하는 창조적인 자유의 실행과 철저한 인간성의 성취를 가능케 해줄 것이다.

〈제4장〉

신(神)의 문제

서 론

신앙이 없는 종교가 있을 수 없고, 신(神)적인 차원의 초월이라는 지평이 없이는 신앙이 있을 수 없다는 것은 주지의 사실이다.[1] 이러한 사실은 하나님이 언제나 하나님으로 인정된다는 것을 의미하지는 않는다. "신"이라는 말은 종교적인 의식보다는 철학적인 신학의 용어에 더 가깝다고 할 수 있다. 유럽의 사상사에 있어서 그것은 오랫동안 신 존재 증명에 대한 요청과 관계되어 왔다. 그런데 신·구약 성서에서는 여전히 이러한 증명 논의를 찾아볼 수가 없다. 오히려 하나님은 존재하는 자체라는 형태로 존재하고 있다고 본다.

유교의 지배적인 전통에서 보면, 신을 공공연히 인정하면서도 신의 존재를 증명하기를 꺼리는 것으로 보아 유대 전통이나 기독교 복음과 매우 유사하게 나타난다. 그러나 기독교의 성경에서는 하나님이 주요한 활동자이며 기독교 신학의 구심점이 되고 있는 반면에, 유교의 경전과 그 주해서에서는 가끔 언급되기만 할 뿐이다. 이밖에도 유교학파에서 신에 대한 긍정적인 수용의 주도적인 분위기는 — 이 점에 관한 한 경전 자체와 공자 및 그 추종자의 대부분을 말함 — 공자의 여타 추종자들에 의해서 "신"에 대한 부정적

---

1. Paul Tillich, *Systematic Theology* (Chicago, 1963), vol.3, pp.130-4; John E. Smith, *Experience and God* (New York, 1968), Introduction and ch.2; Louis Dupré, *The Other Dimension: A Search for the Meaning of Religious Attitudes* (New York, 1972), p.8. 나는 모든 종교가 자기 초월의 문제에 있어 인류에게 유익하리라고 생각하지는 않는다. 여기에는 국가나 독재자, 이념을 신봉하는 "대리 종교" 등과 같이 중대한 차이점이 존재한다.

인 경향이 수반된 것이었다. 그러므로 유교 그 자체는 유신론이나 무신론 혹은 불가지론으로까지도 파악할 수가 있는 것이다. 그러나 좀더 정확히 말한다면 유교에서는 무신론적인 경향보다 유신론적인 경향에 더 가깝다고 볼 수 있다. 또한 이러한 모습은 오늘날의 유교 비판이라는 현실에서도 잘 드러난다.

유교에 있어서의 신에 대한 문제는 신 이해에 대한 발전 때문에 더욱 흥미롭게 된다. 나는 초기의 신적인 대상에 대한 신앙으로부터 후대의 철학적 절대자에 대한 해석에 이르는 단계적 변천 과정을 고찰하려고 한다. 여기서 나는 Friedrich Heiler의 저서 *Prayer*를 언급하려고 하는데, 그는 여기서 인격적 하나님에 대한 신앙을 지닌 예언자적 종교와 우주와 자아의 일치에 강조점을 둔 소위 범신론적 경향의 신비주의를 거론하고 있다.[2] 내가 보기에는 유교의 경우 초기에는 경전에서의 개인적 신성에서 점차 후기에는 철학자들의 절대자-신격으로 변천하는 형태인 것 같다. 또한 이러한 주장은 기도나 명상, 신비주의의 발전 과정에서도 그 근거를 찾아볼 수 있으리라고 본다. 나는 여기서 후기의 철학적 이해에로의 발전이 초기의 인격적 신에 대한 신앙의 존속을 배제하지 않았다는 사실 이외의 것은 상술하지 않겠다. 이것은 유교에서의 하늘에 대한 제사의 오랜 역사에서 증명되고 있다. 또한 오늘날 중국인들의 대중적 의식 속에 그러한 신앙이 존재한다는 사실로도 확인된다. 이것은 중국의 인민 공화국에서 유교와 그 종교적 차원을 계속 비판해 나가기 위해 지금도 종교 비판에 각별한 노력을 기울이는 이유이기도 하다.

유교에 있어서의 신에 대한 문제를 고찰하는 것이, 오늘날 우리의 신 이해에 무엇을 가져다 줄 것인가? 매우 놀라운 사실이 되겠지만, 경전에 나타난 인격적 신성의 발견에서뿐만 아니라 과정이나 생성으로서의 신에 초점을

---

2. Heiler, *Das Gebet* (1921)의 영어 번역으로는, Samuel McComb(New York, 1932)가 편집·번역한 책을 보라. Friedrich Heiler는 다른 종교의 신에 대한 믿음에 관한 저술을 했던 Nathan Söderblom의 제자였다. 특히 Heiler의 책 6장을 보라.

맞춘 신유교(Neo-Confucian)적 시각에서도, 후대 철학 전통에서 제기되는 마음이나 주관성의 신이라는 문제가 등장하는 것에 많은 시사점을 얻을 수가 있을 것이다. 신의 문제가 관련되는 부분에서도, 유교 전통은 늘 인간에 대한 고찰에서 시작하는 애착을 보여주고 있으며, 우주와 유교 자체에 대한 이해에서나 더 나아가 우주와 자아 사이의 일치를 설명하는 데에서도 역시 마찬가지이다. 이제, "신" 지식에로 이끄는 인간의 이러한 방법은, 현대 철학과 신학에 있어서의 방법론이 되었다.

인격적인 신

기독교에서의 신의 개념은 유대교의 구약성서에 기초하고 있는데, 여기에 보면 창조 설화로부터 선택된 민족의 역사, 그들의 족장과 임금들 그리고 예언자 등에 이르는 매 장면들을 통해 신으로부터의 계시를 보여주고 있다. 출애굽기 3:1-15에서의 모세에게의 신의 현현(Theophany) 설화는 야웨(*Yahweh*)라는 이름의 계시를 다룬다는 점에서 매우 의미깊은 것이다. 이 말에 나타난 다양한 의미의 차원은 그 자체가 계시적이다. 야웨라는 말은 "나는 존재하는 자체이다"를 의미한다. 야웨 자신의 말을 빌리면 그는 유대 족장들인 아브라함과 이삭과 야곱의 하나님이 된다. 또한 야웨라는 말은 "존재하는 모든 것을 존재케 한다"라는 의미이다. 이때의 동사는 인과적인 의미를 지닌다. 그는 창조자이고 만물의 조물주이며 만인의 주인이 되신다. 야웨라는 말은 또한 모세에게 주어진 약속의 정황에서도 해석될 수 있다. "내가 너와 함께 있겠다." 이때의 "be" 동사는 관계성의 의미이다. 독일의 실존 철학의 용어를 빌려 말하자면 야웨는 존재(Sein)일 뿐만 아니라 실존(Dasein)이기도 한 것이다. 이미 전술한 바대로, 이러한 용어 자체의 3중적 의미는 역시 3중적 계시를 담고 있다. 즉, 구원 행위를 이루심으로 역사를 통하여 "관통하시는"(transparent) 그분의 현존과 아울러 역사적 사건으로 간주되는 계시적 존재로서 역사 "안에" 하나님의 내재라는 측면과 역사의

"너머"에 계시는 하나님의 초월 등이 그것이다. 그분은 역사뿐만 아니라 자연의 주(主)도 되신다. 또한 유일하게 *El-Elohim*이라 이름하는 인격적 특성을 지닌 유일신이기도 하다.[3]

신약성서에서는 하나님이 "*Theos*"라는 희랍어로 나타나는데, 이것은 헬라적 다신주의와 제우스라는 최고신을 정점으로 한 종교적 세계를 말해 주는 것이다. 신약성서의 용어에 이 단어가 사용될 무렵,[4] 희랍의 "신" 개념은 이미 실제적인 철학적 발전을 이루었는데, 여러 것들을 넘어서 그 위에 존재하는 초월적이며 형이상학적 일자(One)를 식별해 내었던 플라톤과 아리스토텔레스의 작업에 힘입은 바 크다. 이러한 형이상학적 신 인식은 복음서나 여타 부분에서 충분하게 다루어진 적이 없었다. 오히려 거기에는 모세에게 나타났던 역사적 계시 사실과 아울러 특별히 예수 그리스도에게서 드러난 하나님의 자명한 실체에 대한 불문(不問)의 사실만이 존재하는 것이다. 신약성서에 나타난 인물들은 그리스도에 대한 증인들이었고, 그들은 그분 안에서 하나님을 체험할 수 있었던 것이다. 그들은 철학적 신 개념의 구조가 아니라 그의 인격적 계시에 매료되어 있었던 것이다.

예수의 계시에 나타난 하나님은 이스라엘과 그 족장들의 하나님인 동시에 아브라함, 이삭, 야곱의 하나님이다(마 15:31, 22:32, 막 12:26, 눅 1:68, 20:37, 행 13:17, 22:14, 고후 6:16, 히 11:16). 그는 또한 예수 그리스도의 아버지이고 하나님이었다(롬 15:6, 고후 1:3, 11:31, 엡 1:3). 그는 분명히 인격적 속성을 지니고 있다. 그는 인간과 자유롭게 역사적인 대화를 이루시는 우주의 창조자이시고 시간의 주재자가 된다. 그는 입법자이고 또한 기도

---

3. 신의 이름에 관해서는 Walther Eichrodt, *Theologie des Alten Testaments* (Stuttgart, 1968), vol.1, pp.110, 116-21. 특히 John Courtney Murray, *The Problem of God* (New Haven, 1964), ch.1을 보라.

4. Karl Rahner, "Theos in the New Testament", *Theological Investigations,* tr. by C. Ernst (Baltimore, 1965), vol.1, pp.79-148; Gerhard Kittel, ed., *Theological Dictionary of the New Testament,* tr. by G. W. Bromiley (Grand Rapids, 1965), vol.3, pp.65-119 (article by E. Stauffer).

의 대상이 되신다. 무엇보다도 그는 사랑의 하나님이시다(요一 4:16). 이미 구약성서를 통해 드러난 그의 사랑은 신약에서 예수 그리스도의 인성(人性)을 통해 더욱 명확해졌다.[5]

이제 우리는 이러한 인격적 신 이해를 염두에 두고 유교 전통을 고찰해 보려고 한다. 유교에는 유사한 신앙이 있을까, 없을까? 여기에서 우리는 기독교나 유교에 있어서의 신에 대한 논쟁적인 문제들을 다루지는 않으려고 한다. 예를 들어 신약과 구약의 신 개념을 비교하거나 두려움과 독단적인 신성(神性)과 긍휼이나 자비의 신 개념의 문제를 다루지는 않겠다는 뜻이다. 우리는 최소한 기독교에 있어서 하나님이 두려운 존재이면서도 사랑이라는 전제 속에서 시작하려고 하는 것이다.[6] 또한 우리는 유교 경전 속에서 역사의 주재자이시며 창조자이신 동시에 인격적인 신 개념에 대해서도 논의해 보려고 한다. 여기에서 상제와 천(天) 사이의 관계성이나 동일성, 혹은 하늘과 땅의 이원성에 대한 문제들을 거론해 보도록 하겠다. 그리고 특별히 유교 전통 속에서 인격적인 신에 대한 긍정과 부정이 어떻게 나타나고 있는가를 확인해 보고자 한다. 중국 역사의 대부분에 있어서, 20세기 초반까지 하늘에 대한 제사가 남아 있었다는 점에서도 긍정적 경향이 농후했다는 것을 알 수 있다. 그러나 현재 중국에서의 마르크스주의의 지배하에서는 부정적인 면이 더욱 지배적인 것을 볼 수 있다.

---

5. Hans Conzelmann, *An Outline of the Theology of the New Testament* (*Grundriss der Theologie des Neuen Testaments*, 1968). 영어 번역은 John Bowden (New York, 1969), pp.13-5, 99-115. 이밖에도 Henri de Lubac, *The Discovery of God,* tr. by A. Dru (London, 1960), pp.13-7, 119-212, *passim.*, Heinrich Ott, *God,* tr. by I. and U. Nicol (Richmond, 1974), pp.66-78; E. Schillebeeckx, *God and Man,* tr. by E. Fitzgerald (New York, 1969), pp.18-40을 보라.

6. 나는 Ernst Bloch가 그의 책 *Atheismus im Christentum* (Frankfurt, 1968)에서 제기한 문제들을 언급하고 싶다. 거기에서 독단적이고 가공할 만한 신에 대한 그의 거부는 결국 신 자체에 대한 부정에로 이른다.

신에 대한 긍정

유교는 책과 관련된 전통으로 볼 수 있다. 유교 경전들은 추종자들에게 있어서 기독교의 성경과 같은 위치를 지니고 있다. 이 경전들은, 시(詩)나 역사적 사실, 대화의 기록 및 그외의 여러 장르들로 구성되어 있다. 이런 경전들 중 『시경』이나 『서경』과 같은 몇몇은, 만물의 창조자이시고 자연과 역사의 주재가 되시는 인격적 신에 대한 신앙을 긍정하고 있다. 이것들은, 독자들을 도덕적 가치나 인간 행위 및 초월적 힘에로의 신앙적 차원으로 초청하고 있다. 엄격하게 본다면, 이것들은 신적인 계시의 축적으로 이루어진 것이라고 간주되지는 않는다. 그러나 여전히 그들은 역사를 신과 인간 사이에서의 대화라고 얘기하고 있고, 여기에는 항상 정치적 통치자이면서 동시에 종교적 매개자인 일종인 한 존재가 포함된다. 신앙은 다음과 같은 본문 구절들을 통해 드러나게 된다. 즉, 선을 보답하고 악을 징계하시면서 끊임없이 우주를 다스리시고 만물의 근원이 되시는 신에 대한 믿음을 말한다. 신화는, 비록 신중하게 사용되기는 하지만, 이 본문 속에서 제거되지는 않고 있다. 도덕적 교훈이 주류를 이루고 있지만 신학적 의미가 상실되어 있지는 않다. 신에 대한 암시는 빈번히 나타나고 있는데, 자연보다는 인간과 역사에 관련되는 경우가 많다.[7]

유교 경전에서 드러나는 신에 대한 개념은, 선교사들이나 논리학자들, 본문 주석가들, 심지어는 고고학자들에게까지 연구의 대상이 되고 있다. 그러

---

7. 특별히 Antonie Tien Tcheu-kang, *Dieu dans les huit premiers classiques chinois* (Fribourg, 1942)이 관련된 본문이다. Tu Erh-wei, *Chung-kuo ku-tai tsung-chiao yen-chiu* (Taipei, 1959) 특히 pp.92-100 부분이 인류학적 접근을 위해서 중요하다. 조상 제사와 최고신 인식의 관계성에 대해서는 Werner Eichhorn, *Die Religionen Chinas* (Stuttgart, 1973), pp.31-5. 또한 특별히 Joseph Shih "The Notions of God in the Ancient Chinese Religion", *Numen* 16(1969), pp.99-138, "Mediators in Chinese Religion", *Studia Missionalia* 21(1972), pp.113-26, "Non e Confucio un Profeta?" *Studia Missionalia* 22(1973), pp.105-21. 마지막 두 편의 논문은, 신 문제에 관한 것이라기보다는 Heiler의 "예언자적 종교" 유형과 같은 것에 가까운 초기 유교 이념에 대한 것이다.

나 대부분의 경우에, 유대 및 기독교의 성경에 나타난 대칭 개념들에 대한 주석적 차원의 비교가 많다. 중국이나 유교가 관련이 되어 있는 사항에는, 언제나 풀리지 않는 문제점들이 존재하는데, 예를 들면 최상의 신격 이념이 등장하는 중국 종교의 근원에 관한 것이다. 여기서는 우리의 목적상, 유력한 학자들의 일반적 합의 사항으로 된 것만을 논의하고자 한다. 우선 나는 오경(五經)에 속하는 『시경』과 『서경』에서 시작하여, 공자의 『논어』나 『맹자』 등의 여타 작품 등을 살펴보도록 하겠다. 여기서 나는 창조자이시고 역사의 주재자이신 인격적 신 개념을 다루려고 한다. 나는 이것이 계시라기보다는 "긍정"이란 점을 지적하고 싶다. 이 문제는 계시적 신앙의 해설이라기보다는 양해되어진 종교적 신앙인 것이다.

유교 경전에서 신 개념을 지칭하는 용어들이 많이 존재한다. 이러한 사실이 또한 많은 오해와 난점의 원인이 되고 있다. 가장 중요한 두 가지 용어는 상제(上帝)와 천(天)이라는 말이다. 어원학적으로 "제"(帝)라는 말은 초기의 문헌에서 — 소위 갑골신탁문(oracle bones) — 희생물과 관련된 제의적 의미를 지니고 있었다. 특히 "제"(帝)라는 것은 역사상의 고대 주(周) 왕조의 신(神)이었다. 전통적으로 기원전 1766년경에 시작된 것으로 알려진 "상"(商)나라와 — 비록 고고학적 증거로는 기원전 1300년경으로 밝혀져 있지만 —, 널리 행해지던 조상 제사로서의 종교적 의미인 "제"(帝)라는 이해에 기초해 본다면, 이것은 통치 왕조의 조상 정령에 대한 신격화를 말하는 것이 된다.[8]

---

8. 문제는 이것이다. 제(帝)의 시작은 신성화된 조상이었는가? 아니면 땅의 신이나 비의 신 혹은 달의 신 등이 최고신으로 변형된 것인가? 또는 신성화된 조상신 중의 하나인가? 이 문제에 대해서는 많은 논란이 있다. Carl Hentze, *Mythes et symboles lunaires* (Antwerp, 1932), Bernhard Karlgren, "Legends and Cults in Ancient China", *Bulletin of the Museum of Far Eastern Antiquities* No.18(1946), pp.199-365를 보라. 또한 고고학자나 고생물학자들의 작품을 참고하라. Cheng Te-k'un, *Archeology in China* (Cambridge, 1960), vol.2, 233, Tsung-tung Chang, *Der Kult der Shang-Dynastie im Spiegel der Orakelinschriften: Eine paläographische Studie zur Religion im archaischen China* (Wiesbaden, 1970), pp.211-36.

이와는 다르게 "천"(天)이란 용어는 좀더 자연주의적 관련 속에 있거나 최소한 하늘 숭배적인 면이 있다. 그러나 이것은 큰 머리를 가진 인간의 형상에서 비롯됐다고 하는 신인 동형론적 기원을 담고 있기도 하다. 중국의 첫번째 사전(A.D. 1세기경)에 보면, 이 상형 문자는 두 개의 뜻을 지닌 합성어로 설명되고 있다. 즉, "하나"〔一〕라는 것과 "거대함"〔大〕이라는 뜻의 결합인 "위대한 일자"라는 것이다.[9]

"천"이라는 말도 역시 "갑골신탁문"에 나타나고 있는데, 여기서는 어떠한 신을 지칭하지는 않는다. 이것은 후기의 문학에서만 나타나는데, 주(周, B.C. 1111~249년경) 왕조 시대와 유교의 경전들을 들 수 있다. "천"은 주나라 백성들의 신이 되어 있는 것으로 보이는데, 그들은 문화적으로나 종족적으로 "상"(商)나라와 관련이 있지만 후에 가서는 좀더 중심적인 정치 세력을 이루고 있다. 상제(上帝)나 천(天) 같은 형태로, "제"와 "천"의 전통이 결합된 것으로 알려진 주(周)나라 때에는, 이것이 모든 사람에 의해 최상의 신격이나 여러 신들의 주재 또는 간구나 축복·인정의 대상이 되는 신격화된 조상신과 정령으로 수용되기 시작했다. 신적인 초월의 성격은 더욱 분명하게 되었다. 그러나 상제나 천 등의 성격을 지닌 신에 대한 빈번한 간구의 모습 속에서 인격적 신에 대한 특성도 간직되어졌다. 이 신에 대한 믿음에 있어서 윤리적 의미는 특히 더 강조되었다. 신은 도덕적 질서의 원리와 근원이며 선과 악의 심판자가 된다. 주(周) 왕실의 조상들은 이러한 신에 분명히 종속되어 있었다.[10]

---

9. Fu Ssu-nien, *Hsing-ming ku-hsün pien-cheng* (On the Ancient Meanings of Nature and Destiny) (Changsha, 1940), pt.2, la-8a; Bernhard Karlgren, *Grammatica Serica Recensa*(Göteborg, 1964), pp.104, 233,Chang, op. cit., pp.236-42. 하늘 숭배 의식에 관한 여러 종교의 양상에 대해서는 Mircea Eliade, *Traité d'Histoire des Religions* (Paris, 1964)를 보라.
10. 하늘에 있는 신성을 말하는 천(天)과 제(帝)의 결합에 대해서는 중국학자들 사이에서 일반적인 합의가 이루어졌다. Ku Chieh-kang, ed., *Ku-shih pien* (Arguments on Ancient History) (1926 ed., Hongkong reprint, 1962), vol.1, pp.199-200, (1930 ed.), vol.2, pp.20-32를 보라.

"천"이란 용어로 야기된 문제는 그 반대의 현상인 땅[地]이라는 것이다. 『시경』과 『서경』에 보면, 천(天)은 독자적으로 자주 사용되어지는 데 비해, 지(地)라는 것은 언제나 천(天)과 연관되어 나타나고 있다. 오경 중의 하나인 『역경』(易經)에 보면, 천(天)과 지(地) 혹은 "천"(天) 대(對) "지"(地)의 이념에서 다른 두 형태의 용어 사용이 등장한다. 즉, 건(乾, 하늘)과 곤(坤, 땅)으로서 각자 양(陽, 남성적·능동적)의 원리와 음(陰, 여성적·수동적) 원리 등과 결합되고 있다.

신격으로서의 제(帝)는 또한 신성을 지닌 지(地)에 대한 제사와도 관련이 되는데, 이것은 천(天)에 대한 제사와는 별개로 지(地)에 대한 별도의 제사를 드리는 것으로 주(周)나라 때가 아닌 그 이후의 시대에 이루어진 것이다. 그러나 간구의 용어에 있어서는 — 천(天)에 대한 희생 제사의 용어를 포함해서 — 제(帝), 상제(上帝) 혹은 천(天)이란 용어가 모두 유일한 최고 신성에 대한 믿음의 표현으로 함께 사용되고 있다. 때때로 천지(天地)라는 용어가 독특한 신성을 말하거나 "양자를 넘어선 어떤 것"을 의미할 때도 있다. 그러나 『역경』(易經)에서뿐만 아니라 다른 경전에서도 천(天)은 지(地) 보다 결정적인 상위 개념으로 나타난다. 이러한 사실은 천(天)에 대한 제사 의식 자체에 담겨 있는 중요성을 고려해 보면 확실하게 알 수 있다. 그리고 하늘은 당연히, 곡식의 신이나 강신(江神), 산신(山神) 그리고 임금이나 백성의 조상신보다 상위에 있는 것이다.[11]

창조자

유교에서는 창조론 같은 것이 전혀 논의되지 않는다. 그러나 유교 경전에서는, 만물의 근원과 기본이며 삶의 수여자이고 인류의 보호자로서의 신에 대한 신앙이 분명히 표현되어 있다. 『서경』에 보면, 주(周) 왕조의 건국자

---

11. Joseph Shih, op. cit., pp.122-5. Shih는 특히 Hentze와 Tu Erh-wei의 저술을 많이 이용한다. 또한 Bruno Schindler, "The Development of Chinese Conceptions of Supreme Beings", *Asia Major:* Introductory Vol.(1922) 298-366을 보라.

였던 무왕(武王)의 것으로 알려진 "대 선포"가 있는데 다음과 같은 말이 나온다.

> 천지는 무수한 피조물들의 부모이고,
> 인간은 이러한 만물 중에 으뜸이다.[12]

『시경』(詩經)에서는, 주(周)나라 때부터 비롯된 것이 분명한 몇 구절이, 상제나 천(天)으로 간주되는 신을 언급하면서 이러한 믿음을 확인시켜 준다.

> 아래 인간들을 다스리시는
> 상제는 그 얼마나 위대하신가
> 상제의 위엄이 얼마나 놀라운가
> 그의 법은 변화무쌍하구나
> 하늘[天]이 만 백성을 낳았구나. ⋯ [13]

또한 계속해서:

> 만 백성을 낳으신 하늘[天],
> 만물에게 그의 법을 주셨네,
> 그 영원한 본성을 가진 백성은
> 사랑의 덕(德)을 지닐 것이라.[14]

하늘[天]이 삶의 수여자이고 인류의 첫번째 부모로 불리는 것처럼, 육신적인 부모의 사랑은 신적인 애정의 모형이 된다.

---

12. James Legge, tr., *The Chinese Classics* (Oxford: Clarendon Press, 1865), Vol. 3, 283.
13. Legge, *The Chinese Classics*, vol.4, p.541.
14. Ibid., p.505.

오, 날 낳으신 아버지여,
오, 날 기르신 어머니여,
……
내가 당신의 품으로 돌아간다면
이는 무한히 크신 하늘〔天〕이어라.[15]

상처받았을 때, 간구자는 비탄과 불만의 어조로 인간의 부모가 되는 하늘〔天〕에 호소한다.

오, 크고 위대한 분이시여
(당신은) 아버지이시고 어머니입니다.
(나는) 아무런 죄와 잘못도 없이
(여전히) 커다란 고통중에 있나이다![16]

이것으로 보아, 최소한 주(周) 왕조 시대에는 최고 신격으로서의 하늘〔天〕이 인류와 우주의 유일한 창조자로 간주되었음을 알 수 있다. 후에는, 음양(陰陽)학파의 영향으로, 창조의 작업에 있어 땅〔地〕이 하늘〔天〕과 관련을 가지게 되었다. 『역경』(易經)의 부록에 보면 유교 자체에 음양 사상이 유입되는 것을 알 수 있다. 여기에서 건(乾)이라는 것은 하늘이기 때문에 아버지라 부르는 것이고, 곤(坤)이라 함은 땅〔地〕으로서 어머니를 가리키는 것이다. 우주라는 것은, 은유적으로 표현한다면, 땅과 하늘의 연합으로 인한 결과라고 보는 것이다.[17] 이러한 발전은 유교적 창조 이해에 있어 결정적인 것은 아니다. 그러나 이것은 분명히 창조신 개념에 있어 다음과 같은 일련

---

15. Ibid., p.352.   16. Ibid., p.340.
17. 건(乾)이란 말에 관해서는 Karlgren, op. cit., p.57을 보라. 『역경』(易經)에 대해서는 Hellmut Wilhelm, *Change: Eight Lectures on the I-Ching*, tr. by C.F. Baynes (Princeton, 1973), p.39.

의 혼동을 가져왔다. 즉, 이것은 단일한 것인가 아니면 이중적인 것인가. 또 이 "창조"는 자율적인 것인가 자기 결정적 과정인가 하는 문제이다.

또한 음양학파는, 하늘의 질서와 인간 개인 사이에서의 상호성 속에서 다섯 가지 요소 — 물·불·나무·금속·흙 — 의 기능을 강조하였다. 이것이 상제와 동등한 차원의 다섯 가지 신을 등장시켰다. 비록 이런 추세가 후기 유교에까지 계속되지는 않았지만, 신격으로서의 하늘의 계시나 조상 신앙에 일치하고 있던 초기 신앙 형태에서 점차 벗어나는 계기가 되었다. 또한 이것은 유교 자체 내에서 신을 부정하는 논리에도 도움이 되었고, 미신적 신앙과 최상의 신격 혹은 다양한 신성(神性) 이해와 관련한 행위들을 구분하고 있었던 학자들까지도 점차 비판적이 되어서 결국 종교 그 자체를 부정하는 데까지 이르게 되었다.

역사의 주재

창조주 개념과는 비교가 안될 만큼 모든 권력과 권위의 근원으로서 인간 역사를 주재하는 신 개념이 강하게 등장한다. 신은 인간을 무시하기 위해 창조한 것은 아니다. 신은 인간과 늘 같이 있고, 특별히 좋은 통치자로 나타나며, 계속해서 "의심이나 염려하지 말라. 상제가 너와 함께 있으리라"[18]고 말한다. 실제로 통치력 그 자체는 하늘의 특별한 위임에서 비롯한다.

> 어린 백성들을 보호하기 위해, 하늘이 통치자와 교사를 세우셨고, 그들은 상제를 도와, (이 땅의) 사방에 평화를 이루게 할 것이다.[19]

통치자와 임금들을 통하여, 하늘은 계속해서 이 세계를 다스린다. 하늘로부터 승리와 번영이 허락되는 것이다.

---

18. Legge, *The Chinese Classics*, vol.4, p.623.
19. Legge, vol.3, p.286.

주(主)는 산들을 굽어보시며,
잡목과 수풀이 스러진 곳에 전나무·삼나무로 길을 만들고,
나라를 이루신 주(主)께서 합당한 통치자를 세우신다. …
문(文)왕이 등극하매, 그의 덕(德)이 부족함이 없었고,
주(主)의 은총을 받으매, 모든 후손에게까지 이르렀도다.[20]

실제로 신(神)은 문왕(文王)에게 교훈을 주면서 인격적으로 이끌어 준다.

주(主)께서 문왕에게 이르시기를:
"이것을 거절하고 저것을 취하려는 자들과 같이 되지 말라;
자신의 욕망과 기호에 얽매이는 자들과 같이 되지 말라."[21]

더구나, 야웨가 다윗과 솔로몬 왕에게 했던 것과 같은 교훈을 문왕에게 하고 있다.

주(主)께서 문왕에게 이르시기를,
"나는 너의 지혜로움을 기뻐하나니 너는 이를 떠벌리거나 꾸미지 말고
애써 보이려고 하지도 말고 주(主)의 뜻에만 따라 행동하라."[22]

한편으로, 신이 통치자와 특별한 관계를 갖고 있다면, 다른 편으로는 신의 보고 듣는 능력이 통치자의 지배하에 있는 백성들의 삶으로 표현된다.

하늘은 이 백성의 눈과 귀로서 보고 들으며:
백성이 공경하고 경외하는 것처럼 하늘도 공경하고 경외한다.
위와 아래는 서로 상달하니, 땅의 임금이 어찌 근신하지 않으리![23]

---

20. Legge, vol.4, p.450.
21. Legge, vol.4, p.452.
22. Legge, vol.4, p.454.
23. Legge, vol.3, p.74.

역사의 주인이신 신(神)은, 그 백성을 위해 통치자이며 보호자인 한 사람을 세웠다. 위엄있는 통치자는, 백성의 봉사자로서 그의 위치를 자각할 때에만 다스릴 자격이 주어진다. 이러한 말과 경전에 나타난 유사한 구절 등을 통해, 공자의 제자이기도 한 맹자는 통치자보다 백성의 중요함을 다음과 같이 강조하게 되었다: 군주를 위해 백성이 존재하는 것이 아니라 백성을 위해 군주가 존재한다.[24] 이러한 말들과 여타 비슷한 구절들은, 오늘날 백성을 최상으로 내세우는 중국의 인민 공화국의 경향에 일련의 단서를 제공해 주는 것이다. 그리고 이러한 일련의 유사한 구절들은, 인간과 신 사이의 대화에 있어 하늘(天)의 적극적 역할을 우리에게 확인시켜 주는 것이다.

신(神)의 의지

우리가 공자의 『논어』나 맹자의 기록된 문서들을 대해 보면, 상제(上帝) 같은 용어는 거의 볼 수 없고 단지 주석의 범위나 여타 경전의 묘사에서만 나타나는 것을 알 수 있다. 하늘[天]이란 용어는, 간구자의 언어에서는 잘 나타나지는 않지만, 『시경』(詩經)이나 『서경』(書經)에서 등장하고 있다. 『논어』에서는, 공자가 비탄이나 위기의 순간에 하늘[天]을 부르는 것으로 나타나는데, 그의 사랑하는 제자가 죽었을 때(11:8)나 자신의 덕(德)이나 사명의 근거와 원리로서(9:5), 또는 그의 삶과 행동에 대한 일관성의 증거로서(7:22), 그리고 삶과 운명을 결정하는 신비로운 능력 등으로 표현된다. 이런 말도 했다고 전해진다. "하늘을 거스르는 자는 기도할 수도 없다"(17:19). 이것은, 그에게 있어서 하늘이란 것이 다른 모든 영(靈)들을 초월하는 절대적 인간 기원의 대상으로서의 인격적 신 개념을 말하는 것이라고 볼 수 있다.[25]

『논어』에 나타나는 가장 중요한 용어는 천명(天命)이라는 것이다. 이것은 『시경』과 『서경』, 『춘추』(春秋) 및 여타 서적에서도 발견된다. 이것은 하늘

---

24. Mencius 1A5, 4A9, 7B14.
25. 공자의 종교적 태도에 대해서는 D. Howard Smith, *Chinese Religions*, 35를 보라.

의 계명이나 뜻을 의미하는 것으로, 때때로 신적인 통치 기원을 나타내는 "하늘의 위임"이라는 특별한 의미도 가진다. 또한 운명이나 숙명을 뜻할 수도 있다. 공자와 관련된 경우에는, 이 말이 항상 인격적 신의 의지로서 "신의 섭리"(God's Will)라는 뜻을 담고 있다. 공자는 이를 항상 조심스레 사용했다. 그의 말에 의하면, 이러한 뜻〔命〕을 알지 못하는 사람은 고귀한 도덕성을 지닌 군자(君子)가 되지 못한다(20:3). 그리고 그 자신도 역시 50세가 될 때까지 "천명"(天命)을 알지 못했다고 말한다(2:4).

공자는 이 "천명"을 예정된 숙명 정도로 받아들인 것일까? 때때로 이러한 말들이 있어 왔고, 중국의 인민 공화국에서는 더욱 그러했다.[26] 그러나 그들이 내세우는 구절들은(논어 9:1, 16:8) 결정적인 것이 될 수 없다. 첫번째 구절은 "천명"에 대한 필연적이며 긍정적인 "두려움"을 말하는 것이며, 두번째 구절은 자연의 측면 속에서 볼 수 있는 하늘의 "침묵"에 관한 것이다. 물론, 5세기경에 쓰여진 『묵자』(墨子)라는 책에 보면, 당대의 유교인들에 맞서서 분명하게 논박한 "숙명론에 반대함"이라는 부분이 있다. 묵자는 분명히 인격적인 신성(神性)을 믿고 있었고 그 뜻을 존중했다. 그러나 그 논쟁 자체는 공자의 후대 제자들과 관련된 것이지, 공자 자신과는 상관없는 것이다.

숙명이라는 말은 알 수 없는 힘이나 운명, 무자비한 신의 냉혹한 법칙 등을 의미한다고 볼 수 있다. 흥미있는 사실은, 인민 공화국에서의 공자 비판에 있어 불변의 의지를 가진 인격적 신성에 대한 신앙은 선호하면서도 이러한 숙명적 종교성은 신랄하게 비판한다는 점이다. 아마도 이것은 "인격적 신성" 자체에 대한 왜곡된 인식에서 비롯된 것으로 보인다.

『맹자』를 접하면 하늘이란 용어의 의미가 명백하게 변화하는 것을 알 수가 있다. 맹자에 의하면, 하늘은 인간의 마음 안에서 현존하는 것이다. 그

---

26. 소위 공자의 숙명론에 관한 비판으로는, 특히 Yang Jung-kuo, *Chung-kuo ku-tai shih-hsiang shih* (The History of Thought in Ancient China) (Peking, 1954), pp.170-2를 보라.

러기에 자신의 마음과 본성을 깨닫는 자는 하늘을 아는 자이다. 그러므로 이것은 위대한 내재성을 의미하는 것이다. 또한 이것은 윤리적 규범과 가치의 근원과 원리를 더 명확하게 드러내주는 것이다. 맹자가 천명(天命)을 언급했지만, 대개의 경우 통치권에 대한 하늘의 위임이라는 기술적인 의미를 담고 있는 것이다. 공자가 인격적 신성에 대해 주로 언급했던 것에 비해, 맹자는 대부분 이런 인격신이 아니라 좀더 하늘에 가까운 개념이었다.

유교에서의 신비적인 차원은 "천도"(天道)라는 용어를 수용한 『중용』(中庸)에서도 또한 잘 나타나 있다. 이러한 도(道) 개념은 시간과 공간, 실체와 운동을 넘어서는 영원무궁한 것이다. 이것은 인간과 자연 안에 있는 우주적 조화로 특징지어진다. 이것은 "하늘과 인간의 통일"이라는 표현에서 더 잘 나타나는데 이는 우주-도덕적 혹은 인간-사회적 차원의 사고를 통합함을 의미한다(22장).

그럼에도 불구하고 『중용』에서는 ― 『맹자』에서도 마찬가지이지만 ― 조상들에 대한 것뿐만 아니라 상제로서의 신에 대한 제사를 인정해 나가고 있다. 맹자에 의하면 "인간이 비록 악할지라도 그가 생각을 고쳐먹고, 금식하며 목욕 재계한다면 상제에게 제사드릴 수 있다"(4B:25)라고 말한다. 그리고 『중용』에서도 다음과 같이 말하고 있다. "하늘과 땅에 대한 제사 의식은 상제를 섬김을 의미하며, 조상의 사당에 제사드리는 것은 조상들을 섬김을 의미한다"(19장).

따라서 철학적 발전은 신비적 경향으로 흐르는 한편, 철학자 자신들과 그들의 저작에서는 인격적 신성에 대한 신앙을 의미하는 제사를 계속 인정해 나갔던 것이었다. 이러한 모습은, 공화국이 하늘에 대한 국가적 의식을 종식시키는 20세기 초반까지 중국 역사 속에서 계속 이루어졌다. 이 제사의 경우는, 하늘의 아들로서의 황제가 유교 제관들의 도움을 받아 독단적으로 수행하는 독자적 성격을 가진다. 그럼에도 불구하고 대중들의 의식 속에는 철학적 저술들과는 구분되어서 최상의 인격적 신성에 대한 인식이 전 역사를 통하여 잔존해 있는 것이다.

신에 대한 부정

이미 공자의 『논어』에는, 『시경』(詩經)이나 『서경』(書經)에서와 같은 신에 대한 빈번한 언급을 배제한 채, 인간사(人間事)에 지대한 관심을 보이고 있다. 물론 거기에서도 신적인 존재에 대한 숭배와 옛 성군(聖君)들에 대한 공경이 계속 나타나고 있다. 그러나 『시경』이나 『서경』 등에서 볼 수 있는 전능자에 대한 절실한 간구 등의 모습을 찾아볼 수는 없다. 『논어』에서는 신에 대한 개방적인 휴머니즘을 말하기는 하지만 신성에 대해서 과도하게 매료되지는 않는다. 『시경』이나 『서경』 등에서는 하늘로부터 성군(聖君)들에게 직접 교훈을 내리고 있지만, 『논어』나 『맹자』 등에서는 오히려 "신의 침묵"을 말하고 있다. 즉, 하늘은 자연의 작용이나 행위, 행동으로 나타나는 것이지 말로써 지시하는 것은 아니라는 것이다. 이러한 신의 침묵은 사회적·정치적인 변혁기나 격동기에 있어 강하게 드러났다. 이것은 공자나 맹자에게 있어서 불가지론이나 회의주의를 의미하는 것은 아니다. 그러나 이러한 표현은 모두가 초기 유교에 있어 점증하는 "세속화" 경향의 씨앗이 되었고, 이 경향은 특히 순자(荀子, B.C. 298~238년경)나 왕충(王充, A.D. 27~100년경)의 저작에서는 유교 전통 자체에서 신을 부정하는 데에까지 이르게 되었다.[27]

순자는, 우주-신성(神性)적 차원과 인간-도덕적 차원이라는 두 가지 질서를 분리해서 언급하였다. 그는 논리적이고 체계적인 저술을 통해, 비가 오게 하거나 육체적 질병을 치료하기 위해 기도하는 따위, 인간의 신체적 외형을 통해 인간의 미래를 점치는 기술이나 관상학 같은 것의 무용성(無用性)을 논증하려고 애를 썼다. 이렇게 해서, 순자는 인간의 간구를 들으시는 인격적 신성(神性)으로서의 하늘 개념을 비신화화하였다. 그에 의하면 하늘은 물리적 자연 이외에 다른 아무것도 아닌 것이다.

---

27. Joseph Shih, "Secularization in Early Chinese Thought", *Gregorianum* 50 (1969), pp. 403-4와 다른 논문 "The Notion of God", op. cit., pp.136-8을 보라.

> 하늘의 도(道)는 일정하다. 이는 요(堯) 같은 성인 때문에 융성해지지도 않고 걸(桀) 같은 폭군 때문에 쇠망해지는 것도 아니다. 훌륭한 정부에 걸맞게 좋은 일이 일어나는 것이고, 어지러운 만큼 불행한 결과가 오는 것이다. 열심히 밭갈고 알뜰하게 산다면, 하늘은 너를 빈궁하게 하지 않을 것이요 … 도(道)를 행하고 두 마음을 품지 않는다면 하늘이 불행하게 하지 않을 것이다.[28]

확실히, 종교적 회의론자들은 정치적 혹은 도덕적 교사가 되기 쉽다. 순자는 인간이나 사회적 행동 영역에 있어 독자적 중요성을 매우 역설하였다. 그에 따르면, 하늘과 인간의 독특한 기능을 이해하는 사람은 완전한 인간이라고 불릴 수 있다고 한다.

> 당신이 비 오기를 기도했고, 비가 왔다. 왜 그런가? 별다른 이유가 없다고 본다. 당신이 비를 간구하지 않았어도 비는 언제든지 오게 되어 있다.[29]

순자는, 우주와 인간 세계를 조정하는 지존한 신성의 존재에 대해 부인했다. 특별히 해로운 귀신들과 악령들의 존재를 부인하고 있다. 때때로 그는 신(神)이라는 용어를 사용하는데, 다른 사람들에게 있어 이것은 조상신이나 자연의 능력을 의미하지만, 그에게는 이것이 "완벽한 선(善)과 온전한 질서"라고 정의된다(8항). 즉, 도덕적 탁월함을 나타낸다. 그는 초기 유교 학자들 중 가장 철두철미한 합리주의자였다. 그러나 그는 거북등이나 풀줄기를 사용한 신탁(神託)의 방법이나 추모 및 희생 제사의 거행 같은 것을 반대하지는 않았다. 실제로, 그는 제사 의식 같은 것을 적극적으로 장려하는 편이어서, 이것이 인간의 사회 생활을 풍부하게 해주며 인간의 감정을 적절하게 표출해 내게 하는 순수한 인간의 창작품이라고 해석하고 있다. 그에

---

28. Burton Watson, tr., *Hsün Tzu: Basic Writings* (New York, 1963), p.79를 보라.
29. Ibid., p.85.

의하면 천(天)·지(地)·인(人)이 이런 제사 의식 속에서 조화된 하나가 되어진다고 본다.[30]

하늘에 대한 비신화화나 영적인 존재의 현존에 대한 부정은 순자(荀子)만이 가지고 있던 생각이 아니었다. 후기의 유교 도덕론자였던 왕충(王充)도 그와 맥을 같이하였다. 두 사람 모두가 도가(道家) 철학에서 유래한 자연주의적 영향을 드러내고 있다. 그런데 왕충의 경우에는 음양(陰陽)학파에 매우 커다란 영향을 받은 까닭에, 능동적·수동적인 두 가지 기본 원리의 상호 작용을 통한 우주 질서의 자연주의적 해석을 시도하였다. 왕충은 다음과 같은 방법으로 우주를 해석한 유물론자의 선구자였던 것이다.

> 하늘과 땅의 물질적인 힘〔氣〕이 어우러질 때, 만물이 자연스럽게 생겨난다. 이는 마치 남편과 아내의 생동력〔氣〕이 결합될 때 자녀가 생기는 것과 같은 이치이다. … 하늘이 자연스럽다는 것을 어떻게 아는가? 그것은 하늘이 눈이나 귀가 없기 때문이다. … 하늘이 눈과 귀가 없음을 어떻게 아는가? 땅으로부터 이 사실을 아는 것이다. 땅이라는 것은 흙으로 이루어졌는데, 이 흙은 눈도 없고 입도 없다. 하늘과 땅은 남편과 아내와 같은 것이다. 땅이 눈과 귀가 없기 때문에, 하늘도 눈과 귀가 없는 것이다.
>
> 하늘의 도는 작용하는 것이 아니다. 봄에 태어나는 것도 아니고, 여름에 자라는 것도 아니다. …[31]

순자의 경우와 마찬가지로, 왕충은 신 부정을 인간 정신의 불멸성을 포함한 정신적 존재의 부정과 같이 본다. 그는 단호하게 말하고 있다.

---

30. Ibid., pp.89-111.
31. See Wing-tsit Chan, *A Source Book in Chinese Philosophy* (Princeton, 1963), p.296. 나는 Chan의 번역을 약간 적용했다.
32. Ibid., p.300.

인간은 자신의 생동력으로 인해 살아가는 것이다. 죽을 때, 인간의 생동력 역시 소멸된다. 생동력이 있게 하는 것은 피다. 인간이 죽을 때 이 피도 말라버린다. 생동력이 소멸되면서 그의 몸도 흩어져 재와 먼지가 되어버린다. 정신적인 존재가 될 만한 것이 무엇이 남았을까?[32]

유교 전통에서는 신 긍정과 부정이 모두 존재하고 있다. 그러나 기독교에서 심혈을 쏟는 신 존재 증명 같은 것은 찾아볼 수 없다. 유교 전통은 유신론적이면서도 동시에 불가지론적이기도 하고 심지어는 무신론적이기도 하지만, 일반적으로 후자보다는 전자가 지배적이라고 할 수 있다. 또한 유교 전통에서는 신비주의적 경향도 볼 수 있는데, 이미 맹자에게서도 나타나 있고, 특히 신유교 철학에서의 거장들에 의해 두드러지게 발달하였다. 이 후대의 모습에서, 우리는 유교에서 발견되는 신 문제의 또 다른 차원에 이르게 되는데, 이것은 신과 절대자(the Absolute)의 관계에 대한 것이다.

절 대 자

유교 고전에서, 우리는 인격적 신성에 대한 신앙에로의 여러 가지 증거를 볼 수 있다. 그러나 이것들은 신의 속성이나 본질에 관한 철학적 측면의 해석이 거의 전무하다시피 하다. 대부분 창조나 역사 속에서의 신의 행위(action)만을 보여주고 있다. 그래서 신의 뜻을 아는 것에 중요성을 부여하고, 그에 합당하게 행동하려고 한다.

후기 유교에서의 발전, 특히 한(漢) 왕조 기간 동안에는, 음양(陰陽)학파의 조류가 심하게 유입되면서 절충주의적 결과를 낳게 되었다. 한나라의 유교는 하늘·땅·인간의 신비적 교호성에 중점을 두게 되었고, 이는 자연과 우주 질서, 도덕과 사회적 질서의 조화로 이어졌다. 하늘과 땅 관계에 대한 논의가 더해 가면서 초월보다는 내재에 더 많은 비중을 두게 되었고, 인격적 신성에 대한 믿음은 점차 희미해져 갔다.

그러나 신유교의 발흥과 그 철학적 관심을 자극한 것은, 한(漢)의 유교보다는 불교적 종교 철학이었다. 대부분의 주요한 유교 철학자들은, 자신의 고유한 철학적 입장을 얻기 이전까지는 성실한 불교 수련생들이었다. 그들은 삶과 우주에 대한 유교적 해석을 확정하고 강화한 이후에도 계속해서 명상 — 정좌(靜坐) — 을 게을리하지 않았다. 그들은 불교적 경향의 우주적 허무주의나 사회적 책임의 부정 논리에 맞서 싸울 때에도 불교적 용어와 불교 형이상학의 이념을 빌려 사용했다.

그러므로, 신유교 철학의 절대자는 명상을 통해 이루어진 불교와 유교의 종합, 심지어는 종교적 도가(道家) 사상까지 종합한 것이라 볼 수 있다. 그러나 그것은 모두가 "절대적이 아닌" 채로 남아 있었다. 이것은 존재(being)가 아닌 생성(becoming)의 형태로 나타나는데, "타자"(the other)라기보다는 자아(self) 속에서 혹은 자아와 관련된 우주 안에서 이루어지는 것이다.

이것은 신유교의 절대자가 철학적 용어로 표현된 기독교적 신 이해와 근본적으로 다르다는 것을 의미하지는 않는다. 오히려 그 반대로, 우리가 알다시피, 신유교의 절대자는 중세기의 Meister Eckhart나 현대의 Teilhard de Chardin에서 보여지는 신비적 신 이해와 매우 유사한 모습을 보여준다. 이것은 또한 Schelling, Hegel, Whitehead 같은 위대한 사상가들의 철학적 표현과도 매우 유사한 모습이다. 신유교의 절대자는 죽어 있는 신의 대명사가 아니다. 오히려 매우 현대적인 것이라 볼 수 있다.

나는 신유교 철학에서의 절대자 문제를 차례로 다루어 보려고 하는데, 주로 송(宋)나라 때의 주돈이(周敦頤, 1017~1073년)와 주희(朱熹, 1130~1200년)에게서 나타나고 있는 생성(becoming)으로서의 절대자 문제와 15세기경 왕양명(王陽明)에게서 잘 드러나고 있는 마음(Mind)으로서의 절대자의 문제를 살펴보려고 한다. 이 두 가지의 해석은 일반적으로, 세계와 자아라는 두 다른 출발점을 지니고 있다. 여기에서 나는 독자들에게, 중국의 전통은 세계나 자아 사이의 엄격한 구분이 없었다는 것과 그렇기에 그러한 구별에 의거한 고지식한 인식 이론을 발전시키지 않았다는 점을 상기시키고 싶다. 또한 나는 논의되는 유교 사상가들이 옛 시대에 속한 이들이지만 그들의 철학이 화석화된 것이라고는 전혀 생각지 않는다는 점을 밝혀 두고자 한다. 재차 언급하지만, 일련의 유교 이념들이 살아 있고 생동력이 있다는 주장에 대한 근거로서, 나는 거대한 핍박을 야기시켰던 최근의 반(反)공자운동(1973/74년)의 격렬성을 환기시키고자 한다.

생성으로서의 절대자

중국의 언어에는 존재함(to be)이라는 것에 해당할 만한 동사가 존재하지 않는다. 적확한 동의어나 반대말보다는 다양한 대용어가 널리 사용되고 있다. 흔히 거론되는 것으로 존재(being)보다 생성(becoming)이라는 개념을 선호하는 것이다.

유교에 있어서의 절대자 인식이 모든 존재와 선(善)의 근원이면서 우주를 통합시키고 그 내적·궁극적 의미를 해명하며 언젠가는 만물이 귀의하는 것이라는 사실을 검증함에 있어 위의 전제를 염두에 두는 것이 중요하다.

신유교 철학자들은 이 절대자에 많은 명칭을 부여하였다. 절대 궁극자[太極]라고 붙이기도 했고, 천리(天里) 혹은 단순하게 이(理)라고 부르기도 했다. 또한 윤리적 덕목이었다가 우주적 삶의 원동력으로 변형되었던 인(仁)이라 부르기도 했다.

10세기와 11세기 동안의 사변적인 사상을 철학적으로 종합해 낸 신유교의 거장은 주희(朱熹)였다. 그는 사서(四書)를 사변적인 유교 지혜의 기본적인 골격으로 집대성하였고 그에 대한 주석을 쓰기도 하였다. 그는 우주적 허무주의와 윤리적 냉담주의를 지닌 불교의 종교적 형이상학을 맹렬히 비판하였다. 그러나 그는 여전히, 세계와 인간에 대한 변형된 형태의 유교적인 재해석에 있어서 불교적 이념과 용어를 신중하게나마 사용하는 데 주저하지 않았다. 그런 중에, 그는 또한 형이상학적 제1 원리인 절대자에 대해 주의를 기울였다. 이것은 신유교 철학의 유기적 체계에 중심적 위치를 점하게 되었다.

종합가로서의 주희는, 주돈이(周敦頤), 장재(張載, 1020~1077년), 정호(程顥, 1032~1085년), 정이(程頤, 1033~1107년) 등 그의 선배로부터 비롯되었던 철학적 유산들을 수용하고 변형시켰다. 그가 이룩해 내었던 작업은, 토마스 아퀴나스가 새롭게 아리스토텔레스의 철학에 힘입어 그 선배들의 위대한 스콜라 철학을 집대성한 것과 비교될 수가 있다.

주희는 주돈이로부터 모든 존재와 생성의 근원이 되는 제1원인에 대한 이해를 받아들였다. 이 말을 중국어로 표현한다면 거대함과 최종적인 것을 의미하는 태극(太極)이라는 말인데, 이것은 유교의 경전인 『역경』(易經)의 부록에서 비롯된 말이다. 이것은 또한 중국어의 부정적 성격으로서의 무(無)와 다양하게 해석되는 극(極, 최종, 한계 등)에 영향을 받아 "최종적이 아님" 또는 "한계가 없음"이라는 의미의 무극(無極)이라는 말로 쓰여지기도 했다. 주돈이로부터 비롯해서 주희가 인용했던 이 구절은 본래 유명한 "태극도"(太極圖)에 대한 해설이었는데, 이것은 도가(道家)적 기원으로부터 비롯되었다고 전해진다. 거기에서는, 제1원인에서 비롯되는 무극(無極)이나 태극(太極) 또는 운동과 정지의 자발적인 교호 작용인 음(陰)과 양(陽)의 두 가지 변화 양식의 원형적 표현을 통해 변화와 생성의 과정을 해명하고 있다.

> 무극(無極)은 또한 태극(太極)이다. 태극은 운동을 통해 양(陽)을 생성한다. 이 운동이 한계에 달할 때 정지하게 된다. 이 정지를 통해 태극이 음(陰)을 생성하게 된다. 운동과 정지는 뒤바뀌면서 모든 다른 것의 근원이 된다. …[33]

여기에서 나타나듯이, 이 구절은 이미 해석상의 많은 난점을 보여주고 있다. 첫번째로 무극(無極)이 곧 태극(太極)이라는 사실이다. 이러한 난점은, 무극에 대한 번역이 완벽으로서의 충만을 의미하는 부정적 표현으로서 무한(limitless)의 측면이 있다는 해석에서 감소될 수도 있다. 그러나 중국 말에

---

33. Ibid., p.463.

서는 이러한 "무극"이 다르게 해석될 수도 있다는 사실이다. 이것은 중국의 철학사에서 종종 볼 수 있는 역설적 동일성의 한 예가 될 수 있다. 이것은, 그 자체가 단일한 유기체로서 어떤 중심적 위치라기보다는 전우주에 편만해 있는 힘이라고 해석되기도 한다. 혹자는, 파스칼이 언급했던 우주, 즉 도처에 중심이 있고 원주는 존재하지 않는 것을 회상하기도 할 것이다.

주돈이는 어떻게 태극이 모든 생성의 유일한 근거이며 또한 변화를 이루어내는지에 대하여 밝히지 않았다. 단지 그는 음양의 교호 작용이 물·불·나무·금속·대지 등의 오행(五行) — 물질적인 원소라기보다는 변화의 요소로 생각되는 — 을 낳는다고 했을 뿐이다. 음양과 오행(五行)의 더 진전된 변형적 결합은 남성적인 것[乾]과 여성적인 것[坤]을 낳고, 이는 다시 우주의 "만물"을 차례로 낳는데, 그중 가장 완전한 것이 인간이다. 주돈이는 왜 극(極)이 있어야만 하는가에 대해서 아무 말도 없었고, 다만 이것이 절대자라고 가정했을 뿐이다. 그는 단지 태극이 "무극"이라고 되풀이했을 뿐이다.

이러한 일련의 문제들을 해명한 것은 바로 주희였다. 중국 철학의 특징이기도 한 부정의 논리를 사용해서 주희는 다음과 같이 주돈이의 전제를 해석하였다.

> 극(極)은 공간적인 제한이나 물리적 형태를 갖지 아니한다. 그것이 위치하는 장소도 없다. 그것이 운동 이전의 상태라면 단지 정지가 있을 뿐이다. 운동은 극이 운동하는 것이고 정지 역시 극의 정지이다. 그러나 운동과 정지 그 자체가 극은 아닌 것이다. 이것이 주돈이가 무극(무한)이라고 표현한 이유이다.[34]

다른 말로 하자면, 태극이라는 것은, 모든 공간과 형태의 한계를 넘어선 심지어는 운동과 정지를 포함한 모든 것 위에 있다는 뜻이다. 그러나 역설적으로 그것은 또한 모든 변화와 생성 — 정지와 수동성까지를 포함해서 —의

---

34. Ibid., p.639.

근거와 원리가 된다고 말한다. 이러한 절대는 관계와 변화에서 동떨어진 것이 아니라 관계와 변화 속에서 발견되어지는 것이다.[35] 존재와 생성은 어쨌든 서로 관통하며, 각각은 서로의 근원이 된다. 그래서 주돈이는, 순수하고 무차별한 실재의 전체성인 원래의 근거로부터 비롯되는 실존의 무수한 현상들을 설명하는 세계관을 구성하려고 애썼던 것이다. 그래서 태극은, 모든 완전의 충만으로서 신적인 것의 인간적 서술로서의 최상의 방법으로 표현되었으며, 무극(무한)은 그러한 진술의 부정적 표현 방법으로 나타난 것이다. 이와 함께 우리는, 모든 변화를 초월하면서도 여전히 변화 안에 내재해 있는 절대자의 이중적 묘사를 볼 수 있다.

주돈이와 주희 양자에 의하면, 존재와 생성의 근거와 원리는 또한 모든 도덕적 선함의 근거와 원리가 된다고 한다. 특히 주희에 따르면, 이러한 것은 초월적인 동시에 내재적인 것이어서, 온 우주의 전체에 있는 동시에 모든 개체 피조물에게서도 나타난다고 본다.

> 극(極)은 오직 최고선(善)의 원리이다. 모든 각각의 인간 존재는 그 속에 극을 지니고 있고 모든 각 사물도 이와 같다. 주돈이가 극이라고 부른 것은, 하늘과 땅, 사람과 사물에 있는 모든 덕(德)과 최고선을 가리키는 말이다.[36]

비록 만물에 내재하면서 존재하는 극이지만 (많은) 조각으로 나누어진 것은 아니다. 마치 그것은 "수많은 시냇물에 달이 비추는 것처럼" 하나의 원리, 하나의 실재로 남아 있는 것이다. 이러한 말들 속에서 주희가 화엄(華嚴) 불교나 천태(天台) 불교의 철학적 영향을 받은 것을 볼 수 있는데, 이들의 가르침에는 "만물 속의 일자(一者) 또는 일자 속의 만물" 같은 사상이나 자

---

35. 과정 철학과 신학의 유사점은 명백하다. 염려와 함께 "Absolute"라는 말을 사용한 것은 더 적합한 말이 없었기 때문이었다. Charles Hartshorne, *A Natural Theology for Our Time* (LaSalle, 1967), pp.1-28.

36. Ibid., p.638.

체 본성에 여타 모든 사물을 포함하고 있다는 총체성 속에서의 "절대자의 보고(寶庫)"라는 가르침이 담겨 있다. 또한 그는 "반대의 일치"를 통해 신을 표현하려고 했던 Nicolas of Cusa를 연상시켜 준다. 니콜라스는 신에 대해서 말하기를, 가장 크면서도 가장 작은 존재이고 모든 것 속에 내재하면서도 모든 만물이 또한 그 안에 있는 존재라고 했다. 니콜라스에게 있어서 신은, 주희의 태극개념과 같이, 모든 지식과 선(善)의 근거가 되며 만물의 가능성에 있어서 최상의 우주적·창조적 통일체이다. 또한 니콜라스에게 있어 세계는, 주희의 무극이나 무한과 같이 신이 파악되지 않으면, 어떠한 중심이나 주변도 있을 수 없다고 말한다. 주희나 니콜라스 모두에게 있어, 이 우주는 이런 극(極)이나 불가시한 신의 반영이며 그로부터 진행되며 그에 전적으로 의존해 있는 것이다.[37]

니콜라스보다 더 발전된 형태는 현대 철학자인 A. N. Whitehead로서, 그는 주희의 철학과 매우 유사하게 보이는 신과 세계 사이의 상호 교호 관계를 전개하였다. 화이트헤드의 말을 인용해 보면,

> 신은 영원하고 세계는 변동한다는 것이 진리인 것처럼, 세계가 영원하고 신이 변동한다는 것도 진리이다.
>
> 세계와 비교하여 신은 하나이고 세계는 다양하다는 것이 진리인 것처럼 세계가 하나이고 신이 다양하다는 것도 마찬가지이다.
>
> 세계에 비교하여, 신이 뛰어난 현실성이라는 것이 진리인 것처럼, 신에 비교하여 세계도 뛰어난 현실성이다.
>
> 세계가 신 안에 내재해 있는 것이 진리인 것처럼 신이 세계 안에 내재한다는 것도 진리이다.
>
> 신이 세계를 초월한다는 것이 진리인 것처럼 세계가 신을 초월한다는 것도 마찬가지로 진리이다.

---

37. Nicolas of Cusa에 관해서는 *Of Learned Ignorance*, Bk 1, 4장을 보라.

신이 세계를 창조한다는 것이 진리인 것처럼 세계가 신을 창조한다는 것도 진리이다. ⋯

모든 종교의 기본이 되는 우주론의 주제는, 영원한 통일성에로의 역동적인 세계(world)의 노력과 그러한 풍성한 세계의 노력을 수용하여 완성을 이루는 정적이고 장엄한 신의 비전에 대한 이야기이다.[38]

주돈이와 주희에게서의 지배적인 우주론의 주제는, 20세기에 이르러, 적어도 반공자 운동이 있기 전의 풍우란(馮友蘭)이란 유교 철학자에 의해 계승되었다. 그에게 있어서, 절대자라는 것은 도(道)라는 것이나 하늘로 표현되었는데 이는 하나는 전체이고 전체는 하나라는 개념으로서, 초월적인 이(理), 태극의 충만 또는 생동력[氣]으로 표현되기도 했다.

풍우란은 또한 인(仁, humanity, benevolence)이란 다른 용어를 사용하기도 했다.[39] 그는 인(仁)이란 말로써 완전한 인간으로서의 성인의 생활을 묘사하였다. 또한 인이라는 것을 인간이 우주와 하나되는 원리라고 말한다. 인(仁)의 사람은 하늘의 시민이기도 하다. 그는 내재되어 있는 인을 통해 주관과 객관, 자아와 절대자를 통일시킨다. 풍우란은 자신의 사상의 철학적 성격, 즉 비종교적 성격을 취한다. 그런 한편 맹자나 주희 및 여타 신유교 거장들로부터 비롯된 철학적 사유에 적합한 신비주의적 유사성도 부정하지 않는다.

우리 시대에 있어서도 중국어나 철학을 익히지 않았지만 중국에 수년간 체류한 고생물학자이며 신비가이기도 한 Teilhard de Chardin에 의한 신의 개념에는 Nicolas of Cusa나 주희 등과 매우 유사점이 있으며, 아울러 기독교 신학에서의 구원 이론과도 상응하는 역사적 차원도 지니고 있다.

---

38. A. N. Whitehead, *Process of Reality: An Essay in Cosmology* (New York, 1969), pp. 410-1을 보라.
39. 풍우란에 대해서는 Chan, *A Source Book,* 762를 보라. 1949년 이후 풍우란의 후기 사상의 발전에 대해서는 *Fung Yu-lan te tao-lu* (Hongkong, 1974)를 보라.

> 신은 어디에서나 자신을 계시한다. … "우주적 환경"을 통해서, 그는 모든 실재가 수렴되는 "궁극적 요소"이기 때문이다.
> 신적인 환경이 얼마나 광대한가, 그는 실재 안의 "중심"이다.
> 창조자이며 특히 구원자이신 그는 만물에 가득하고 만물을 관통한다.[40]

그러나 초기 유교에서 뚜렷했던 인격적 신성 개념은 어떻게 되었나? 주희는 그것을 거부하거나 상실했는가?

중국에서 일했던 일련의 예수회 선교사들은 분명히 그렇게 생각했다. 그들은 인격적 신에 긍정하는 초기 유교를 찬양했고, 소위 "유물론적"인 철학인 후기 유교를 비난했다.

그러나 우리가 주희를 주의깊게 살펴보면, 다른 측면을 발견할 수가 있다. 경전에서 보이는 "하늘"의 해석과 관련된 질문에 답하는 가운데, 주희는 그 말이 다양한 상황에 따라 해석될 수 있음을 말하고 있다. 어떤 곳에서는 창공(Azure Sky)이나 최고천(Empyrean), 다른 경우에는 주재(主宰), 또는 이(理)로 나타나는 경우도 있다.[41]

또 다른 경우에, 주희는 창공(Azure Sky)을 — 코페르니쿠스 이전의 세계관으로 — 끝없는 변혁의 연속이라고 말하기도 했다. 또한 세계를 주재하고 통치하는 "하늘의 사람"이 타당치 않다면, "그런 통치자가 없다"는 것도 역시 잘못됐다고 설명하면서 경전에 있는 상제(上帝)에 대해 신인 동형론적 주석을 달기도 했다. 그래서 그는 최고천(Empyrean)을 어떤 신적 힘의 위치라고 보면서 최고 통치자나 상제를 거론하는 듯한 용어를 사용했다.

---

40. Teilhard de Chardin에 대해서는 *The Divine Milieu*, tr. by B. Wall (New York, 1960), p. 91을 보라.

41. 주희의 상제와 하늘에 대한 해석에 관해서는 Chu-tzu ch'üan-shu (1714 ed.) 49장을 보라. 또한 J. Percy Bruce, *Chu Hsi and His Masters* (London, 1923), p.282를 보라. Bruce는 주희 철학의 유신론적 측면을 지적하는 것에 몰두하면서, 때때로 그것의 정당화보다는 인격신에 대한 기독교적 개념과 병행시키려고 하였다.

『시경』과 『서경』에 보면, 마치 천상에 한 인간 존재가 있어 사물의 운행을 다스리며 노(怒)하기도 하는 제(帝)가 언급되기도 한다.

그러나 여기서 말하는 것에도 이(理)의 (작용이) 있다. 하늘 아래(즉, 우주 안에) 이(理)보다 더 큰 것은 없다. 까닭에 이를 통치자라 부른다. "고귀하신 상제가 아래 백성에게 도덕적 감각을 베푸셨다." "베푸심"이라는 말은 통치자의 사상을 담고 있다.[42]

까닭에 주희가 관련이 되어 있는 것이라면, "하늘"과 "상제"라는 두 말은 일련의 "하늘의 통치자"인 신을 언급하고 있는 것이다. 그러나 그는 이 세상을 지배하는 어떤 신적인 힘을 긍정하면서도, 이 말의 신인 동형론적 억양을 배제하려고 노력한다. 또한 그는 이러한 통치자의 행위를 이(理)와 동일시하고 있는데, 이것은 그에 따르면 만물의 근거이며 원리이고 궁극자인 태극에서 비롯되어 그의 하나되는 것이기도 하다. 그리고 비록 그가 인격적 절대자보다는 형이상학적 절대자로서의 신성을 강조하기는 했지만, 최고 신성에 대한 신앙을 지니고 있었다.

마음으로서의 절대자

주돈이와 주희 그리고 풍우란까지도 세계 속에서 절대자를 발견하려 했고, 절대자와 세계의 상호 관통을 파악하려 했지만, 다른 일단의 중국 철학자들은 자아의 경험 속에서 절대자를 추구하는 모습을 보여주고 있다. 그렇다고 중국인들이 세계와 자아 사이에 분명한 구별을 가졌다는 의미는 아니다.[43] 반대로 중국 철학의 전통은 그러한 구별을 결여하고 있었다. 특히 유교 철학은, 주체와 객체의 논리적 구별에 근거한 인식 이론은 뚜렷하게 나

---

42. Chu Hsi 43장을 보라. Bruce, op. cit., p.298. 구절 속의 인용은 『서경』(書經)(Legge, vol.3, p.185)에서 비롯된 것이다.

43. John E. Smith, "Self and World as Starting Points in Theology", *International Journal for Philosophy of Religion* (1970), pp.97-111.

타나지 않는다. 그러나 유교 철학자들은 인간과 자연 사이의 이원론적 경향에 대한 일반적인 의식을 지니고 있었다. 특히 "천인합일"(天人合一)에의 강한 강조는, 주객 분열을 넘어선 철학적 초월의 형태에 의해 극복되고 조화된 이원론이었음을 보여준다. 이것은 주희와 그 반대학파의 두 경우에서도 잘 나타난다. 그러나 주희가 세계에서부터 시작하여 세계와 자아에 모두 현존하는 태극을 말했다면, 육구연(陸九淵, 1139~1192년)을 비롯한 다른 이들은 자아로부터 비롯하여 모든 객체에 주입되는 주관성으로 궁극적 실재를 말하고 있다. 이러한 철학은 주희의 철학이 이학파(理學派)라는 것에 대해 심학파(心學派)라고 불리었다.

중국어에서 심(心)이란 말은 어원학적으로는 불꽃에서 유래한 것이다. 철학적으로 볼 때 이는 특히 『맹자』에서도 발견되고, 이를 궁극적 실재라고 보는 대승 불교 경전의 후대 번역에서도 볼 수 있다. 불교적인 용법에서는, 무심(無心)이라는 부정적인 어투로 나타나거나 본심(本心)과 같은 근본 자세를 말하기도 한다.

신유교의 철학자들은, 불교적 형이상학의 의미를 유지하면서도 이 말의 본래적 의미 — 심리적 원리 — 를 회복시켰다. 예를 들어 육구연 같은 이는 이 심(心)을 주희의 이(理)와 동일시하였다. 그는 또한 이것을 도(道, **Absolute**)와 도심(道心)에 합한 성인의 마음이라 보았다.

> 성인들은 수만 세대 전에 나타났다. 그들은 이 마음[心]과 원리[理]를 지니고 있었다. 성인들은 수만 세대 이후에 올 것이다. 그들 역시 이 마음과 원리를 지니고 있을 것이다. 성인들은 사해(四海)에서 나타난다. 그들도 이러한 마음과 원리를 지니고 있다.[44]

---

44. *Hsiang-shan ch'üan-chi*, 22. 영어 번역은 Wing-tsit Chan, *A Source Book in Chinese Philosophy*, p.580에서 인용한 것이다.

육구연의 철학을 이어받은 왕양명은 이 형이상학적 원리를 더욱 내면화시켰다. 또한 그는 이 심(心)을, 원리〔理〕뿐만 아니라 본성(本性, 즉 인간 본성이나 사물의 본성)과도 동일시하면서 인간과 우주 모두를 의미하는 것으로 설명하고 있다. 그러나 왕양명은 한 걸음 더 나아가, 마음 깊숙히 파고들어가서 그 속에 의미와 현존이라는 심원성의 차원을 밝혀냈다. 그는 마음과 본체(本體)를 동일시하여 마음의 본체를 말하였는데 이것은 하늘의 이치〔天理〕와 궁극적 실재〔道〕와의 동일성을 의미하는 것이다.

> 마음의 본체라는 것은 바로 천리(天理)를 말한다. 이것은 이치〔理〕에 어긋나지 않음을 말한다. 이것이 진정한 자아이다. 이 진정한 자아가 (네) 육체의 주인이다. 이것이 있으면 살고, 없으면 죽게 된다.[45]

그리고 육체 자체의 선(善)을 위하여 늘 본체와 관계하며 진정한 자아를 살펴야 한다. 그리고 인간이, 이전에 자기를 은폐하고 행동을 가로막고 있던 장애물로서의 "못난 자아"(ego)라는 상부 구조를 깨뜨려 버리고, 또한 내적인 비전을 가로막고 있던 이기심을 제거해 버릴 때에, 그는 자신에 대한 가장 내밀한 중심을 발견하게 되는 것이다. 그러면 그는 변화될 것이고, 자신이 살고 있는 우주와 자신에게 온전해지며, 그에 따라 자신 속의 절대자의 궁극적 계시인 완전한 선(善)의 실현에 이르는 자연적인 작용 과정이 되는 것이다.

이러한 방법으로 왕양명은, 인간의 마음 속에서 관계와 주체 안에 현존하는 절대자 이해를 피력했다. 그는 신비적 열정을 가지고, 계몽의 경험에서 드러나는 영적 수양의 과정을 참된 자아 발견의 근본으로 보았다. 이 말은 기독교 신비주의 특히 Meister Eckhart를 연상시키는데, 그에게 있어서 "영

---

45. *Ch'üan-hsi lu*, part 1. 영어 번역은 Wing-tsit Chan, *Instructions for Practical Living* (New York, 1963), pp.80-1에서 인용하였다. 또한 Julia Ching, *To Acquire Wisdom: the Way of Wang Yang-ming* (New York, 1976) 5 · 6장을 보라.

혼의 불꽃은 항상 신을 갈망하고 있는 신을 반사하는 빛이다."[46]

에크하르트의 신(God)과 신성(Godhead) 사이의 구분은, 세계와 인간에 있어서 점증하는 내재성으로 묘사된 신유교의 주체적인 절대자 이해에 매우 좋은 유비를 보여준다. 이러한 유비에 따르면, 본심(本心)·본체(本體)·인(仁)과 같은 말들은 유교적인 신(God)과는 다른 유교적인 신성(Godhead)을 지칭한다는 것이다. 즉, 신(God)이 인간 의식의 표명이라면, 신성(Godhead)은 사물의 핵심 너머에, 특히 인간 심성 뒤에 숨겨진 실재성이라는 것이다.

에크하르트와 왕양명 사이에는, 만물에의 하나됨에 대한 동일한 강조점을 볼 수 있다. 에크하르트에게 있어 이것은 신과 인간의 하나됨이고, 왕양명에게서는 "하늘과 땅과 만물의" 합일인데, 양자 모두에게 있어 이러한 연합 자체가 이루어지는 장소는 인간의 마음이나 심정 내에서 경험되고 비추어진다. 에크하르트는 인간의 "혈족 관계인 하나님"을 말하고 있고, 왕양명은 천도(天道)의 진정한 구현으로서의 고대 성인들과 우리들의 관계를 이어주는 "핏방울"로서의 마음을 언급했다.[47]

에크하르트는 확신있게 인간의 신성화를 통해 하나님과 연합하는 정신을 말했다. 그는 영혼이 자신으로부터 빠져나와 순수 존재에로 들어간다고 말한다.

> 여기에서 "나"는 완전한 무(無)에로 빠져들고 신 이외에는 아무것도 없다. 해가 달을 가리듯이 신은 영혼을 가리고, 신의 모든 관통력은 그 영혼을 영원한 흐름 속에서 신도 흘러 들어가는 영원한 신성(Godhead)에로 이끈다.[48]

---

46. *Meister Eckhart,* ed. by F. Pfeiffer tr. by C. de Evans (London, 1924-31), Tractate 8, p. 338을 보라. 쉘링이나 헤겔 같은 독일 관념 철학가들은 후에 에크하르트의 신비주의의 형이상학적 연구를 제공해 주었다. Wilhelm Weischedel, *Der Gott der Philosophen* (Darmstadt, 1971), vol.1, 8장을 보라.
47. Julia Ching, *To Acquire Wisdom,* ch.5, n.107을 보라.
48. *Meister Eckhart,* Tractate 11, p.366.

또한 왕양명의 철학은 독일 관념 철학과 유사한 모습을 보여주고 있는데, 이는 중세 신비 교리를 철학적으로 표현하는 Schelling과 Hegel에게서 특히 잘 드러난다. 쉘링에게 있어서의 신은, 모든 실재 위에 있으면서도 그 모두를 포괄하는 절대적 자아이다. 헤겔에게서도 신은 절대자이다. 또한 무한한 생명이고 진리이며 이념이고 정신이다. 그는 이러한 인식들을, 세계 체험에서의 유한한 것을 무한에로 통합하는 변증법적 과정을 통해 사유하고 있다.

왕양명의 절대 심(心)의 철학은, 궁극적 실재〔本體〕를 본심(本心)과 동일시했던 그의 철학적 후계자인 웅십력(熊十力, 1885~)에 의해 또다시 드러나는데, 그는 이를 존재론적 위치를 지닌 사랑과 자비라는 윤리적 덕목의 형이상학적 인(仁)과도 연결시킨다. 인(仁)이란 우주적 덕목이다. 그것은 실재성이고, 창조성이며 절대 생성이다.

> 인(仁)은 본심(本心)이다. 이것은 우리가 하늘·땅·만물과 나누고 있는 본래 실재성이다. 맹자는 덕(德)의 네 가지 발단을 말하면서 본심의 발현이란 관점에서 보고 있다. … 인(仁) 그 자체는 만물의 기초이고 변혁의 근원이 된다.[49]

물론 중국어에서의 인(仁)이라는 글자는 "사람"〔人〕과 "둘"〔二〕이라는 글자로 이루어져 있다. 이것은 관계성이나 상호 주체성을 의미한다. 그리고 관계적 성격을 상실하지 않으면서 절대화되어 간다. 이 점에서 웅십력은, 주객 구분을 극복하고 세계에서 그의 철학을 출발하면서 세계 및 자아에서 절대적 인(仁)을 추구하는 주희의 20세기 후계자 풍우란과 입장을 같이하는 것이다.

---

49. Hsiung Shih-li, *Hsin wei-shih lun* (1946, ed.), pp.79-80. 영어로 그의 철학을 이해하려면 Wing-tsit Chan, *Religious Trends in Modern China* (New York, 1953), pp.32-43을 보라.

관계로서의 절대자

유교에서 절대자를 의미하는 많은 용어 가운데 이 인(仁)이라는 것은 더 고찰할 가치가 있다. 본래 윗사람이 아랫사람에게 나타내는 친절의 미덕을 지칭했던 이 말은, 공자와 그 제자들에 의해 우주적 의미를 지니게 되었고, 이후로 인간성·자비·사랑 등의 다양한 의미가 되었다. 이어 신유교 철학의 발전으로, 이것은 인간 존재의 관계성에 적용되는 우주적 덕목의 본래적 의미는 상실하지 아니한 채 생명이나 창조성과 같은 생동력의 차원으로도 다루어졌다. 웅십력이나 풍우란뿐만 아니라 주희나 왕양명의 체계에서도, 인(仁)이라는 것이 다양한 윤리적·형이상학적·우주론적 실재의 차원을 통합하는 중심점이 되고 있다.[50] "인"은 인간 사이의 이타적인 사랑을 의미한다. 또한 인간과 세계를 이어주는 요소이다. 또한 우주 자체를 지칭하기도 하고, 우주 현상을 이루는 실재성의 총체를 말하기도 한다. "인"이라는 것은 원리(理)이고 태극(太極)이다. "인"은 또한 마음[心]이고 진정한 자아이다. 그리고 "인"이란 언제나 진정한 인간의 본질을 규정하는 덕목이다.

기독교 전통에서 이와 잘 병행되는 것이 자비와 사랑으로서의 아가페(*agape*)이다. 그러나 의미상 발전의 출발점은 기독교의 자비의 덕목과는 다르다. 이는 성경에서 나타난 계시에서 출발한다. 즉, 하나님은 사랑이다(요 1,4:39). 그러나 이것도 역시 의미가 확장되어 은총과 삶 그리고 신의 자비로움에 인간이 참여하는 지평에까지 나아간다. 또한 유교적 "인"의 두 개념, 덕으로서의 사랑과 삶으로서의 사랑을 역시 포괄하고 있다. 그리고 **Teilhard de Chardin**의 사상에서는 기독교의 사랑이 우주의 중심인 우주적 그리스도 교리에까지 변형되어 나타난다. 사랑은 모든 실재의 숨겨진 힘이고 역동적 의미가 된다. 매우 동양적 감각이라 할 수 있는 사물의 "안"과 "밖"에 대해 언급하면서 그의 말들은 매우 강한 진화적인 추세를 보여준다.

---

50. Wing-tsit Chan, "The Evolution of the Confucian Concept *Jen*", *Philosophy East and West* 4(1955), pp.295-319.

사랑의 힘에 의해서, 세계의 파편들은 세계가 존재에 이르도록 서로를 찾게 되었다. 이것은 비유가 아니다. 이것은 시(詩) 이상의 무엇이고 … "밑바닥의" 우주적 에너지를 파악하기 위해서 우리는, 그것이 사물 "안에" 있다면, 정신적 이끌림의 내적이고 넓은 곳에로 들어가야만 한다.

삼라만상의 사랑은, 우주가 자체에로 물리적 수렴을 함으로 부분들의 중심에 다소간 직접적인 흔적을 남기는 것 이상도 이하도 아닌 것이다.[51]

생명과 인간화. 사랑과 그 에너지. 인간과 인격화된 세계. 이러한 말들이 신유교, 특히 웅십력(熊十力)이 유교적 "인"으로 특징지은, 합리적이면서도 애정감있는, 내재적이면서도 초월적인, 일정하면서도 역동적인 것들을 회상시키고 있지 않은가? 실제로 수세기에 걸쳐 사랑이나 자비, 삶, 창조력 등의 풍부한 철학적 의미가 담긴 이러한 중국 말들은, 기독교적 사랑의 하나님 이해에 더 나은 이해와 통찰의 가능성이 담겨 있지 않을까? 위에서 언급했듯이, "인"은 지평적 차원의 관계 덕목으로 시작했다. 그리고 깊이와 폭을 더해가면서, 수직적 지평을 이루어나가고, 천인합일(天人合一)의 존재 근거가 되었다.

그러므로 유교 철학의 성인들이 덕이나 윤리, 특히 사랑의 의미를 밝혀낸 곳은 바로 이 인간 관계 안에서이다. 그리고 그들은 소우주에서 대우주로 나가면서, 우주 내에 존재하는 동일한 사랑의 힘이 우주의 창조성의 근거라는 것과 인간과 세계 안의 생명이라는 것도 발견하였다. 그래서, 절대자라는 것과 하늘이라고 이름하는 것들도 발견하기에 이르렀다. 그러나 자신의 출발점인 인간 관계의 영역을 상실하지 않았다. 거듭해서, 사랑과 생명과 절대자를 회복하기 위해서라도, 이 관계성에로 회귀하는 것이다.

"인"이라는 것은 인간의 위대함과 의미를 총괄하는 말이다. 이것은, 인간이 자신보다 더 위대하다는 것과 이 우주 안에 있지만 그 우주보다 위대하

---

51. Pierre Teilhard de Chardin, *The Phenomenon of Man*, tr. by Bernard Wall(New York, 1959), p.291.

다는 것을 보여준다. "인"이라 함은 인간 관계 속에서 하늘과 인간이 만남을 의미하는 것이다.

오늘날의 상황

단순히 역사적 관점에서 유교의 신 문제를 논의하는 것은, 오늘날 상황에서 경전이나 철학자의 입장과는 매우 다를 수밖에 없다. 그러므로 진도를 나가기 전에, 다음과 같은 물음을 생각해야만 한다. 즉, 신에 대한 유교의 신앙은 현재의 아시아에서 얼마나 상관되어 있는가? 초기의 인격신에 대한 신앙은 후기 철학적 절대자 인식에 완전히 대치되었는가? 그리고 철학적 절대자 그 자체는 현대 세속주의 — 마르크스주의나 여타 사상 — 에 의해 잠식되었는가?

이러한 논의에서의 상관성의 문제는 당연히 유교 자체의 생존 능력의 문제와 복잡하게 얽혀 있다. 여기서 오늘날 동아시아의 종교적 상황에 대한 지정학적 고찰이 매우 중요하다고 할 수 있다. 이전에 유교 체제였던 중국, 한국, 일본, 베트남 등은 현재 마르크스주의와 비마르크스주의 등 다양한 정치 체제를 지니고 있다. 특히 중국 인민 공화국에서는 1973/74년 동안에 반(反)공자 운동이 전국을 휩쓸었다. 반면에 남한과 대만 정부는 공식적으로 유교 이념을 지지하면서, 공자에 대한 제사도 계속되고 있다. 중국에서의 비판 운동이 유교의 영향력 자체를 말살시킨 것인지, 또한 남한과 대만에서의 공식적 지지가 실제로 영향력이 있는지의 여부는 아직 미지수이다.

유교 자체가 조직화된 종교라기보다는 분산된 — 혹자가 말하기도 하는 — 종교라는 점을 고려해 볼 때 생존 가능의 문제는 더욱 복잡하다고 본다. 이것은, 국가 이념의 위치를 상실한 이후에도 공격을 모면하면서 영향력이 살아 있는 사실을 설명해 준다. 이 사실은 부분적으로 초기의 인식이 후대에까지 계속되었음을 설명해 준다. 조직화된 종교는 다른 것들 속에서의 생존을 유지하기 위해 제도화된 성직 제도를 요구하지만, 분산된 종교는 그러한 요구를 알지도 못하고 필요치도 않은 것이다. 그리고 분산된 종교로서의 유교는 심각한 변화를 겪으면서도 놀라운 생동력을 보여주면서 전통적 도덕 질서와 사실상 결속되어 있음을 보여주었다.

인격적 신성에 대한 인식이 20세기까지 존속한다고 하는 것이, 한편으로는 하늘에 대한 공식적 제사를 통해, 다른 편으로는 소위 하늘의 주재[天老爺, 천로야]라고 불리는 통치자에 대한 대중의 신앙을 통해 나타났다. 또한 철학적 절대자에 대한 것도, 유교 전통을 재해석하는 것을 사명으로 생각한 중국학자들의 관심을 끌게 되었다. 사실 호적(胡適)을 비롯한 초기 세대의 중국학자들이 유교 휴머니즘의 세속적 차원을 강조하는 데 반해, 중국에서 빠져나온 이들은 몇몇을 제외하고는, 그 종교성에 더욱 긍정적인 태도를 취하고 있다. 특히 이것은 유명한 "중국학의 재평가와 중국 문화의 재건에 대한 성명서"의 주제이기도 하다.[52] 이 서명자들은 유교의 중심적 유산으로서 천도(天道)와 인도(人道)의 동일성을 지적하고, 서구의 중국학자들에게 이러한 유교 정신성에 더 신경쓸 것을 권하고 있다. 그러나 이런 종류의 학자들도 신에 관한 문제에는 일반적으로 침묵을 지킨다. 그들은 단지 초기 유교에서의 신에 대한 인격적 특성이, 점차로 "하늘"이나 "천도" 같이 초인격적 성격을 지닌 용어들로 대치되었다는 점만을 지적할 뿐이다.

이와는 달리, 중국 마르크스주의 학자들은 계속해서 유교 전통의 종교성을 언급하고 있다. 그들은 이를 "형이상학적 관념론"[唯心]이라고 비판한다. 그들은 주희의 "객관적 관념론"과 왕양명의 "주관적 관념론"을 다르게 부르지만, 양자가 모두 맹자 이후의 유교에 내재한 내적·신비적 차원을 궁구하고 발전시키는 공통 목표를 지니고 있다고 주장한다. 또한 신유교에서 자기 수양의 종교·금욕적 측면을 "성직주의"·"승려주의"(僧侶主義)로, 신유교 형이상학과 윤리 "스콜라주의"[經院哲學]로 비난한다. 심지어 "하늘"

---

52. 이 성명서는 중국의 잡지 *Min-chu p'in-lun* (Taipei, January 1958)에서 인쇄되었다. 영어 번역을 보려면 Carsun Chang, *The Development of Neo-Confucian Thought* (New York, 1962), vol.2, pp.455-84를 보라. 또한 Liu Shu-hsien, "The Religious Import of Confucian Philosophy: its Traditional Outlook and Contemporary Significance", *Philosophy East and West* 21(1971), pp.157-76을 보라.

이나 "길"〔道〕에 대한 신유교 이념에 "신학"이라는 명칭을 붙이면서, 종교적 미신의 영역에 속한다고 평가한다.[53] 왕양명에 대해서는 다음과 같이 말한다.

> 왕양명은 스스로 교황이라고 보았다. … 양지(良知, knowledge of good)의 확장이라는 것은 종교적 교리에 불과하다. … 신비적 종교성의 이런 형식에서 우리는 이념들이 어떻게 종국에는 신학과 연결되는가를 알 수 있다.[54]

뛰어난 유교 비판가였던 양영국(楊榮國)의 저술에 보면, 이러한 비판이 시대를 거슬러 올라가서 공자 자신의 교훈에까지 이르고 있다. 그는 공자의 "인"에 대한 교훈은 천명(天命)에 대한 초기의 종교적인 개념을 주관적으로 변형한 것뿐이라고 한다. 그는 소위 춘추(春秋)·전국(戰國)시대(B.C. 722~222년) 동안에 나타난 모든 사상의 흐름은 무신론과 종교적 사상간의 싸움으로 — 특히 법가(Legalism)와 유교학파로 대극화된 — 특징지을 수 있다고 보았다.[55]

그러나 양영국의 이러한 생각은 1977년 이후로 더 이상 주목받지 못하고 있다. 이러한 해석은, 단순히, 포이에르바하나 마르크스 등과 같은 종교 비판에 능란한 마르크스주의 학자들에 의한 유교 전통의 무분별한 공격이라고 치부해 버릴 수 있을까? 이러한 것이, 마르크스주의자들을 포함해서 서구의 분석 방법에 좀더 숙달된 학자들 사이에서 더 설득력있게 받아들여지는 표현 방법이 아닌가? 또한 절대자나 신, 또는 구태의연한 중국 전통의 종교성에 대해 더 잘 식별할 수 있게 마련된 것이 아닐까?

---

53. Hou Wai-lu et al., *Chung-kuo ssu-hsiang t'ung-shih* (A Survey History of Chinese Thought) (Peking, 1960), vol.4, pt.2, pp.905-12.

54. Ibid., pp.904-5.

55. Yang Jung-kuo, *Chien-ming Chung-kuo ssu-hsiang shih* (A Simplified History of Chinese Thought) (Peking, 1973), pp.25-8.

우리의 신은 동일한가?

우리의 신은 동일한 것인가? 이 가정은 그렇다고 말할 수 있다. 야웨는 이스라엘의 하나님이고 또한 우주적인 하나님이다. 마찬가지로 상제 역시 상(商) 왕조의 신이었고 만물의 신으로 확장되었다. 야웨는 인격적 신이며 능력과 자비의 신이다. 마찬가지로 상제 역시 만 백성의 아비요 어미이다.

물론 문제점이 존재한다. "야웨"라는 말은 자존성(self-subsistence) 개념이 담겨 있지만, 중국어에서는 존재(to be)라는 동사가 없기에 직접 표현할 길이 없다. 야웨와 상제라는 말이 모두 삶의 수여자와 역사의 주인으로 제시되지만, 유교 전통에서는 "무로부터의 창조"라는 교리가 다루어지지 않았다. 후기에 상제라는 말을 대신했던 "하늘"이란 말도 내재적 차원과 자발적 창조 개념을 강화시켰다. 이외에도, "하늘"이란 말은 본래 인격성의 개념을 결여하고 있었고, 그의 빈번한 사용은, 신비적이고도 "범신론적"인 차원으로, 단어 자체 의미의 변화를 가져오게 하였다. 동시에 이 말을 최고 존재로서 상제와 동일한 성격을 갖게 함으로 오늘날까지 계속 남아 있게 하기에 이르렀다.

분명 경전에서 다루어진 "하늘"은 인간 역사 자체뿐만 아니라 삶의 자연적 과정과 재생산에도 밀접하게 관련되고 있다. 천명(天命)의 진정한 가르침에는 부분적으로나마 야웨와 그 백성 사이의 계약(Covenant)의 내용과도 상응하는 면이 있다고 할 수 있다. 그러나 야웨가 신약성서에서 *"Theos"*(神)로 되면서 사랑과 자비의 성격이 분명히 드러나는 동시에 예수 그리스도의 역사적 계시에서 가시화된 반면에, 유교에서의 상제와 "하늘"은 분명한 역사성이 드러나지 않는다. 천명(天命)을 수여받은 역사적인 황제들과 전설적 성군(聖君)들이 일종의 신적인 육화(肉化)로 나타나지만 인격적으로 신성화되지는 않는다. 그들 중에 어느 누구도 예수 그리스도의 경우처럼 신적 계시의 유일성을 요구하지도 않았다.

사실 유교인에게 있어, 최고 신성은 동시에 과정 속에 존재하며〔易經〕, 초월이라는 것 역시 내재이고(시경, 서경, 맹자, 중용), 신 인식도 그 자체에 많은 역설을 내포하고 있다. 사실 경전에 있어 이러한 역설 때문에 신에 대한 많은 이름이 있으면서도, 그 본성과 속성에 대한 기나긴 논쟁 없이 단지 그의 능력과 현존을 얘기할 수가 있었다. 확실히 다른 무엇보다도, 황제에 의해 연례적으로 하늘의 신성에 대한 제사 의식이 계속되었다는 점이, 우주에 은폐된 궁극적 실재라는 표현이나 물리적 최고천(Empyrean)에 그치지 않고 최고 신성으로서의 하늘 개념이 존속하게 하는 요인이 되었다. 여기에서, 하늘을 찌를 듯이 솟아 있는 고딕 성당의 모습이 초월적인 하나님에 가까이 가려는 중세 기독교인의 열망의 상징이었다는 점과 아울러, 오늘날 북경 외곽에 남아 있는 하늘에 대한 사당(Temple of Heaven)이 자신의 "거룩한 것들의 거룩"으로 둘러싸인 채 신성한 것의 현현인 푸른 창공 밑에 옥외의 대리석 제단의 거대한 구조물로 남아 있는 것과 비교해 보는 것도 흥미로운 점이다. 기독교인들이 일관되게 하나님의 "타자성"이라는 커다란 차이만을 주장해 온 반면, 유교의 세계관은 신과 인간 사이의 거대한 연관성 — 타자 속에서 일자에로의 상호 투과성 — 을 추구하였다.

그럼에도 불구하고, 유교의 하늘 제사가 황제만의 특권이었다는 점은, 대부분의 대중이 최고신에 대한 연례적 제의 축전에 직접적인 역할을 하지 못했음을 말해 주는 것이다. 그들은 지방적으로 이루어지는 소규모 제사나 조상 제사로 만족해야만 했다. 더구나 "하늘"이 철학적으로 백성들과 밀접하게 되었다고 본다면, 그들이 제의적으로는 더욱 멀어질 수밖에 없었을 것이다. 하늘에 대한 개인적인 기도는 물론 금지되지 않았다. 그러나 이것은 제도화되었고 우리는 그러한 몇몇 실례를 볼 수가 있다.

신의 역사성

신의 역사성에 있어서, 나는 기독교에서 이해된 바와같이 인간에 대한 하나님의 자기 계시의 역사성을 언급하려고 한다.[56] 나는 이것이 기독교와 유교의 신 인식에 있어 중요한 차이를 지적해 준다고 확신한다.

누구도 유교 전통에 아무런 역사적 "계시"가 없다고 말할 수 없다. 사실상 더 복잡 다단하다고 볼 수 있다. 상제와 하늘로서의 신 지식이 "자연적인 신 현시"를 통해 중국 사람에게 내려지는 동안,[57] 이것은 성군(聖君)이나 여타 정신적·예언자적 인물들에 의해 광범위하게 중개되어 드러났다. 후기의 신유교 학자들까지도, "위대한 우(禹)의 지혜"라는 고대 선진(先秦) 문서에서 전해 온 것이라는 『서경』의 구절을 즐겨 인용한다. 주희가 이미 지적한 대로 그 부분의 진실성은 의심의 여지가 있다. 그러나 그 안에 나타난 신묘한 문구는, 주희와 다른 이들 그리고 일본과 한국에 있는 학자들을 포함한 모든 유교 사상가들의 관심을 끌고 있다. 나는 여기서 16세기 중국 문자로 다음과 같이 번역해 보겠다.

> 인간의 마음과 심정〔人心〕은 실수하기가 쉽고,
> "도"의 마음과 심정〔道心〕은 난해하다.
> 머물러 살피고 한 마음을 품으라.
> 흔들림 없이 중용〔中〕을 지키라.[58]

일반적으로 이 "중심 메시지" — 성인의 비밀한 전수 — 는 경고와 권고를 달고 있는데, 인간의 오류 가능성과 진리〔道〕의 난해성과 불가해성의 이중성을 보여주고 끊임없는 식별과 심리적 평정을 일깨워 주기 위한 것이다.

---

56. 신의 역사성 문제는 Hans Küng, *Menschwerdung Gottes* (Freiburg, 1970), pp.543-50.
57. Joseph Shih, "The Ancient Chinese Cosmogony", *Studia Missionalia*, 13(1969), pp. 129-30을 보라. 그는 특히 여기서 도교에 관해 언급하고 있다. 그러나 이와 비슷한 "자연 천신 숭배"는 유교적 신앙관의 기본적 골격을 형성하고 있다. 그의 다른 논문 "Revelation in Chinese Religion", *Studia Missionalia* 20(1971), pp.237-66.
58. Julia Ching, "The Confucian Way (Tao) and its Transmission (Tao-t'ung)", *Journal of the History of Ideas*, 35(1974), p.385를 보라. 여기서 나는 신 개념보다는 유교적 "계시"의 역사적 차원을 다루려는 것이다.

이것의 함축적 의미는 천인합일의 모습인데, 이때의 하늘은 우주와 결합되고, 존재와 선함의 충만으로 이해된다.

이러한 계시의 역사성은 물론 많은 문제가 있다. 주희가 이 본문의 진정성을 의심하면서도 자신의 철학적 해석에서 이를 다루는 것으로 볼 때, 그가 성인의 계시를 이념화하는 입장에 서 있다는 사실을 알 수 있다. 주희나 여타 사람들이 의식적으로 고대 성인의 역사적 실존을 부인하지는 않는다. 그러나 또한 그들 중 어느 누구도, 자신이 주장하는 계시적 가르침의 역사성에 가장 우선적인 중요성을 부여하지도 않는다.

기독교 전통을 유교와 비교할 때 가장 분명히 드러나는 것은, 인간에 대한 하나님의 계시의 역사적 성격에 제일 중점을 두는 것이다. 즉, 시내산에서 유대인들에게 나타난 것이 첫번째이고, 그 다음에는 예수 그리스도에게서 드러나는 것이다. 시내산에서의 처음 계시는 유교 성인들의 거룩한 유산과도 비교될 수 있을지도 모르겠다. 여기에서의 핵심은, 야웨 하나님 자신과 관련된 계명과 선택된 백성 및 하나님과의 관계이다. 이것은 신앙과 복종의 응답을 요청한다. 그러나 역사성의 요구는 쉽게 드러나지 않고 있다.

그러나 예수 그리스도에게서 진정한 역사적 모습을 대할 수 있다. 사람들은 그의 요구들을 수용하거나 부정할 수 있다. 그러나 그 주석가들이 이해하는 바처럼, 이러한 계시의 "역사성"에 의해 감동받지 않을 수 없다. 탄생, 활동, 죽음, 부활 같은 예수 그리스도의 모든 삶은, 이러한 역사적 계시를 대표한다. 유교 전통에서 이와 대비할 만한 계시가 있을까? 유교 성인의 가르침 가운데, 도덕적 타락뿐만 아니라 사회·정치적으로 세계를 구원하는 의식적 사명을 지닌 인격으로서의, 성인의 구원론적 차원은 없지 않은가? 또한 이것은, 다른 사람의 구원을 이루기 위해 자신의 해탈(nirvana)을 미루는 불교의 보살정신(Bodhisattva)과도 아무 관계가 없지 않은가?

유교와 불교에서도, 비록 다른 형태로나마 구원론적 차원이 있다는 것이 사실이다. 그러나 이러한 구원의 역사성에 있어서 "유일성" 같은 것은 존재하지 않는다.

그러한 역사적 차원은, 아미타불(Buddha Amitabha)의 정토 교리나, 본래 인도에서는 남성이었다가 여성으로 변형된 관음보살(觀音, Bodhisattva Avalokitesvara) 속에서 더 잘 파악될 수 있을 것이다.[59] 그러나 불교 전통에서는 애매한 특정 구원자에 대한 "유일한" 역사적 요구를 하지 않는다. 유교 전통에서도 마찬가지이다. 맹자가 지적했듯이 성인들은 역사 속에서 이따금씩 등장하기를 바랄 뿐인 것이다.[60] 그러나 그렇게 되지 않았다는 사실이, 계시에 대한 유일성의 요구를 뒷받침해 주지는 않는다.

유교와 기독교의 신 이해의 차이점은 근본적으로 예수 그리스도 자신의 인간성과 인류에 대한 그의 중요성에 있다. 유교 전통에서는, 비록 전설적인 인물이 대부분이지만, 많은 성인들을 거론한다. 기독교 신앙에서는 많은 남녀 성인들을 말하지만 신의 유일한 계시로서 예수 그리스도를 지적한다. 기독교는 그리스도 사건의 역사성에 대한 각인을 이루었고, 이러한 방식은, 유교에서 공자나 여타 성인들을 수용한 방식과 매우 다르게 되었다.

유교의 핵심에는 하늘과 인간의 하나됨에 대한 가르침이 있다. 기독교의 중심에는, 하나님이 자신을 유일한 방법으로 인간에게 보여주신 구원자로서의 예수 그리스도가 존재한다.

---

59. Henri de Lubac, *Aspects of Buddhism.* Translated by George Lamb (New York, 1954), xi, pp.24-34; Heinrich Dumoulin, *Christianity Meets Buddhism* (LaSalle, 1974), pp. 103-4; Kenneth Ch'en, *Buddhism in China* (Princeton, 1964), pp.339-42를 보라.
60. Book of Mencius 7B: 37; Legge, *The Chinese Classics*, vol.2, p.500.

〈제5장〉

자기 초월의 문제

서 론

양심의 삶에는 여러 가지 심층의 차원들이 존재한다. 도덕적 결단과 덕의 실천을 포함하는 윤리적 차원이 있는데, 이는 타인과의 관계성뿐만 아니라 자기 자신 스스로와도 관련되는 것이다. 또한 좀더 내면적인 삶이 있는데, 여기에서는 마음이나 양심이 고유한 분위기를 간직하면서, 기도와 간구 속에서 신(神)에로 귀의하고, 경전의 말씀을 상고하는 가운데 희열을 얻는다. 기독교에서는 항상 이것이 영성신학(spiritual theology)이나 정신의 영역으로 취급되었다. 그것은 정신적인 삶, 즉 영혼 안에서의 성령의 역사(役事)와 같은 종교적 경험에 자신을 관련시킨다. 이러한 영역은, 초기에는 비교 종교 전문가들에게만 관심있는 것으로 간주되었던 서양과 동양의 다른 종교적 전통들에 대한 공통적 만남의 근거로 점차 인정되고 있다. 그리고 기독교의 영성신학이, 이제는 더 이상 다른 종교를 "자연" 대 "초자연"에서의 원래적 저급한 것으로 간주하지 않는 인식과 의식 속에서 더 깊어지고 폭넓은 존재가 되었다.

여기서 내가 의도하는 것은 유교적 "영성"에 관한 일반적 고찰을 하는 것이다. 즉, 기도와 명상(meditation)이라는 정신적 실천뿐만 아니라, 신비주의에로 이끄는 명상이라는 일면과 아울러 공식적 의식(儀式)이나 제의에서의 기도라는 것까지도 다루는 것이다. 유교라는 것은 대부분 실제적 윤리의 체계로 알려져 있다. 형이상학은 물론이고, 신비(mystique)에 관해서는 거의 무지하다. 나는 이러한 주제에 관한 정보가 더 많이 제공되어지고 주요 주제들이 명확하게 되기를 바라고 있다. 내가 생각하기로는, 유교에서의 기도의 위상을 잘 이해하는 것이 그 신에 대한 이해에 도움이 될 것이라고 본다. 또한 윤리적으로 뚜렷한 입장을 가진 유교의 명상은, 지나치게 신비적 경험을 추구하곤 하는 불교의 선(禪)불교보다 기독교에 도움이 되는 상대자가 될 수 있다고 본다. 그리고 본인이 믿기로는, 유교와 기독교의 독자적이고 구별된 발전에서 비롯된 차이점과 마찬가지로, 유교적 제의나 의식과 기독교적 예배나 성사(sacramental)적 체계 사이의 유사성과 차이점은 더 깊은 철학적·신학적 유사성의 해명에 이바지할 것이라고 보는 바이다.

Friedrich Heiler의 유명한 저작인 『기도』(Das Gebet)는 비교 목적상 예언자적 종교와 신비주의라는 두 가지 명백한 모델을 제시한다. 그는 전자의 경우에 있어, 초월적 하나님에 대한 심각한 고려와 윤리적 가치나 개념에 비상한 관심을 지녔던 유대교나 기독교, 이슬람에서의 신적 계시에 대한 믿음을 가졌던 종교들을 언급하고 있다. 후자에 있어서는, 무한이나 절대자에 대한 명상을 위해서, 자아나 세계로부터의 탈각(flight)을 얘기했다. 이런 것은 본질적으로 힌두교나 불교, 도교 등의 삶(praxis)에서 나타나는데, 인간 안에 내재한 신성(神性)의 발견이라는 자기 망각(self-forgetfulness)을 통해 자기 초월을 부각시키고 있는 종교들을 말한다.[1]

---

1. Friedrich Heiler, *Das Gebet* (München, 1921), pp.248-63 등등. Samuel McComb이 영역한 책, *Prayer: A Study in the History and Psychology of Religion* (London, 1932), ch.6을 보라. 여기서는 유교의 연구에 있어 Heiler의 범주가 타당한가를 일일이 논하려고 하는 것이 아니다. 다만 "예언자적 종교"로서의 초기 유교 속에서 어떤 형태를 탐구해 보려는 희망을 강조한 것뿐이다. 특별히 Heiler가 설정한 범주의 틀 안에서 말이다. 까닭에 나는 Heiler를 언급하지 않고 독자적 측면에서 *Prophecy and Religion in Ancient China* (London, 1956)라는 작업을 시도한 H. H. Rowley의 견해도 지지하는 바이다. 특별히 p.120을 보면, Rowley는 공자를 "구약성서에서 발견할 수 있는" 예언자로서 평가했던 E. R. Hughes와 K. Hughes의 책 *Religion in China* (1950)을 특별히 언급하고 있다(Rowley의 책 p.2를 보라). 또한 여기서 나는 "중국에는 윤리적 요청의 초우주적 하나님으로서의 윤리적 예언자 정신이 존재하지 않는다"(*The Religion of China,* New York, 1964, pp.229-30)고 말한 M. Weber의 주장에 찬동할 수가 없다. 오히려 본인이 보기에는 윤리적 예언 정신이나 초우주적 하나님에 대한 믿음이 모두 존재하였고, 다만 중국의 예언자들이 그것을 명백하게 하나님 등으로 표명하지 않았을 뿐이었다고 생각한다. 여기에 예외가 있다면 철학자 묵자(墨子)의 경우일 것이다(B.C. 5~4세기).

Heiler는, 일반적으로 신비주의 위에 예언적 종교를 올려 놓음으로써, 두 가지 원형의 대극화(polarizing)를 비판하였다.[2] 그러나 그는 예언적 종교 안에 있는 신비적 경향의 현존이나 그 반대의 경우도 외면하지 않았다. 그리고 그는 대부분 — 언제나 그런 것은 아니지만 — 어느 하나를 다른 것 위에 놓는 신학적 전제를 피하려고 하였다. 그외에도 이러한 두 모델의 적용은, 다양한 종교적 전통과 그 경건의 모습에 대한 독특한 형태를 더 분명하게 볼 수 있도록 해 주었다. 예를 들어, 가장 뛰어난 비교로서 기독교와 선불교의 경우를 들 수 있다. 기독교의 영성은 그리스도의 계시에 대한 신앙에 근거하고 있다. 기독교인의 기도는 — 신비적 기도까지도 — 언제나 초월적 하나님에 대한 신앙과 은혜라는 그분의 선물에 대한 표현의 차원에 있다. 반면 선(禪)에서의 명상은, 영적인 삶에 있어서 우선적으로 자기 노력(自力)의 중요성을 말하고 있다. 신적인 실존의 물음은 단지 부차적인 의미만을 가질 뿐이다. 선(禪)에서의 중심 내용은 오히려 신비적 경험 속에서의 내적 각성(enlightenment)을 추구하는 것이다.

이러한 자력적(heuristic) 모델의 사용은, 기독교에 비교된 유교의 이해에 무엇인가 이바지하는가? 언뜻 보기에는 많은 의문점이 드러난다. 확실한 의문점으로는, 유교는 여전히 종교라고 할 수 있는가? 만일 그렇다면, 거기서 매번 언급되는 공자나 맹자, 초기의 성군(聖君) 같은 성인이나 하늘에 대한 제사, 강한 윤리적·사회적 강조점을 고려할 때 "신비적"이라기보다는 "예언적"인 것에 가깝지 않은가? 이외에도, 기도나 신비주의는 유교에 있어서 단지 부차적 관심에 불과하지 않은가? 그것은 진정한 신비성이 있는가?

결국 유교는 종교인가? 여기에서 이 문제를 길게 논의할 것은 아니다. 나는 이 책의 매 장에서, 이 문제에 대한 해결의 실마리를 제시하려고 한다.

---

2. Josef Sudbrack가 편집한 *Das Mysterium und die Mystik* (Würzburg, 1974) 중에서 Henri de Lubac, "Christliche Mystik in Begegnung mit den Weltreligion", pp.86-8. 이 것은 A. Ravier, SJ가 편집한 *La Mystique et les Mystiques* (Paris, 1965)에 있는 de Lubac의 서문을 발췌한 것이다.

그러나 유교에 대한 위상(位相)이나 기도, 명상, 신비주의 등의 검증은, 제사에 대한 것과 아울러 유교의 종교성 그 자체의 성격을 규명하는 데 도움을 줄 것이다. 이 종교성은 신비적이라기보다는 예언적인 것에 가까운가? 나는 이미 앞 장에서 언급했던 관련 사항의 고찰 외에는 어느 한쪽의 우월함을 확증하려는 의도는 전혀 없다. 예를 들면, 인격적 신성(deity)을 거의 대신할 만한 형이상학적 절대자 이념의 발전이나 유교에 있어서의 신앙이나 계시의 현존 같은 사항에 국한될 뿐이다. 이외에도, 그 물음에 대한 해답은, 제시된 고찰과 함께 드러나야만 한다. 우리가 아는 바로는, 기도가 "예언적" 경향성의 증거로서 유교의 제의 행위와 항상 관련되었다면, 명상이나 심지어 신비적 경험까지도 그것을 "신비적" 종교와 더욱 관련시키는 것이다. 그리고 신비적 유형과 예언적 유형이, 유교와 기독교의 비교 연구에 완벽하게 맞아떨어지지는 않는다고 할지라도, 여전히 그것은 유교의 종교적 차원에 대한 더 나은 이해에 기여할 수가 있는 것이다.

하나님과의 대화로서의 기도

기도나 명상에 대한 일련의 형태가 없이는 세계의 어느 고등 종교도 정신적인 발전을 이룰 수는 없다. 기독교에 있어서 "기도"(희랍어, *dialechis*; 라틴어, *homilia, conversatio*)라는 말은 항상 하나님과 대화하거나 하나님께 자신의 심정을 상달하는 것을 의미하였다.[3] 이러한 정의에 내포된 의미는, 하위와 상위자 사이에 관계성을 뜻하는 인간과 하나님이라는 이원성의 현존을 말한다. 이러한 모습은 신약과 구약 모두에게서 확실히 나타나는데, 개별적 인격이든지 이스라엘 백성이나 예수의 제자들이라는 집단이든지간에 대화적 존재의 열등한 파트너로 등장한다. 성서 본문에서, 기도는 항상 용

---

3. C. Ernst 등이 영어로 번역한 K. Rahner 등 편집서 *Sacramentum Mundi* (New York, 1970) 중에서 Josef Sudbrack의 논문을 보라(vol.5, pp.74-81). Louis Bouyer, *Introduction á la Vie spirituelle* (Paris, 1960), ch.3을 보라. G. Ebeling, "Das Gebet", *Zeitschrift für Theologie und Kirche* 70(1973), pp.206-25를 보라.

서나 자비를 구하는 간구이거나(시 74:1ff, 51), 사심없는 예배와 감사를 말할 때도 있고(대상 29:11f), 욥의 경우처럼, 마음을 찢는 울분과 고소일 수도 있고(욥 16:6-17:16, 23: 2-17), 비슷한 경우의 십자가의 예수(마 27:45, 막 15:34)를 들 수도 있다. 이외에도 기독교인에게 있어서는, 산상 수훈 중에 있는 주기도문이나(마 6:9-15, 눅 11:1-4), 겟세마네(마 26:39ff, 막 14:35ff, 눅 22:41ff) 등의 경우가 기도의 좋은 교훈이 될 수 있다. 이런 기도 이해에 함축된 의미는, 하나님의 선함에 대한 신앙 태도와 거룩자에 대한 경외라는 간구자나 예배자로서의 기본적 자세를 잘 보여주고 있다.

유교에서는 또한, 경전에서 나타난 바와같이, 성군(聖君)의 시대와 특별히 연관된 기도의 전통을 가지고 있다. 그들의 경우는 상제나 하늘로 불리는 최상의 인격적 신성에 대한 믿음이었으며, 그 두 가지는 땅이나 곡식, 산이나 강물 그리고 사망한 조상의 정령 같은 계층보다 더 높여진 신격이었다.[4] 『시경』(詩經)에 보면, 제사적 분위기에서 비롯되어서 시편의 노래와도 매우 유사한 개인적 기도와 간구에 대한 무궁무진한 자료들이 나타난다. 상제로 표기되었든 하늘로 표기되었든 상관없이, 신은 언제나 인간이 항상 외경심을 지녀야만 하는 위대성과 통치 속에서 숭앙되어졌다.

> 위엄 가운데 (세계의) 아래를
> 굽어보시는 상제가 통치자이시다.[5] …
>
> 아래 인간들을 다스리시는
> 상제가 그 얼마나 위대하신가!
> 상제의 위엄이 얼마나 놀라우신가!
> 그의 섭리가 얼마나 기묘한가![6] …

---

4. D. Howard Smith, *Chinese Religions* (New York, 1968), pp.14-21.
5. James Legge 역 *The Chinese Classics* (Oxford, 1893), vol.4(詩經), p.448. Legge를 인용할 때는 그의 번역을 항상 알맞게 수정해서 쓰도록 하겠다.
6. Ibid., p.505.

> 나로 경건케, 경건케 하소서!
> 하늘의 (가르침은) 분명한데
> 그의 법은 쉽지가 않네. …
> 우리의 행위를 일일이 감찰하시고
> 어딜 가든지 언제나 우리를 살피시네.[7]

신의 축복과 가호는, 왕과 그 백성들을 위해서 왕을 통해 간구되거나 혹은 왕을 위해 왕의 신하들이 간구하기도 한다. 다음 기도가 그것이다.

> 하늘은 너희를 보호하시고 붙잡아 주시네,
> 그 넓으신 피난처로.
> 너희로 온전히 덕스럽게 하시고,
> 행복을 누리게 하시네.
> 너희에게 더욱 많게 하시고,
> 모든 것을 넘치도록 풍족하게 하시네.
> 하늘은 너희를 보호하시고 붙잡아 주시네,
> 그리고 뛰어난 모든 것을 너희에게 허락하시네.
> 당신에게는 모든 것이 올바르게 될 것이고,
> 하늘로부터 나리는 백 가지 은총을 입게 될 것이라.
> (하늘이) 당신에게 영원한 복락을 허락하리니
> 누릴 날이 부족할 것이라네.[8] …

비록 지존한 통치와 초월이 있긴 하지만 동시에 하나님은 백성의 아비요 어미이다. 고통이 닥칠 때, 간구하는 자는 마음에서의 고통을 토로하면서 간곡한 탄원과 불만을 호소한다.

---

7. Ibid., p.599.   8. Ibid., pp.255-6.

오, 위대하고 지존하신 하늘이시여,
아비요 어미 같으신 당신께서는
죄 없이 잘못도 없이
고통받는 저를 보고 계십니까![9] ...

위대한 하늘이시여, 어찌하여
이 지긋지긋한 혼란을 주셨습니까.
위대한 하늘이시여, 어찌하여
이 커다란 비극을 주셨습니까. ...
오, 하늘이시여! 어찌하여
이 역경이 끝이 없습니까.[10] ...

하늘을 우러러 소리칩니다.
왜 이런 아픔을 주십니까? ...
하늘을 우러러 소리칩니다.
언제나 안식을 주시렵니까?[11] ...

공자 자신은 이런 간구의 전통과 얼마나 관련이 있을까? 공자는 죽음 이후의 삶이나 정령·신(神)들과 같은 특정한 종교적 문제에 관해 논하기를 꺼려했다(논어 11:11). 그러나 그는 반종교적은 아니었다.[12] 그는 당시 동료들과 신앙을 같이했고 제의 생활 특히 조상 제사 등에 빠지지 않고 참석했다. 그의 계획은 옛것과 그 의도를 현재에 의미있게 관련시키려는 "복고"(復古)

---

9. Ibid., p.340. 10. Ibid., p.312.
11. Ibid., p.534. 의로운 사람에 대한 그런 억울함 — 이 경우에는 의심의 여지 없이 임금 — 은 욥이 고난에 대해 하나님께 불평하는 것과 비교해 볼 수 있다(욥기 23-24를 보라). E. Hirsch가 독어로 번역한 욥의 고난에 관한 Kierkegaard의 언급이 담긴 *Wiederholung* (Düsseldorf, 1955), pp.68-9를 보라. Ernst Bloch, *Atheismus im Christentum* (Frankfurt, 1968), pp.148-59를 보라.
12. D. Howard Smith, *Chinese Religions*, pp.37-40; H. G. Creel, *Confucius the Man and the Myth* (London, 1951), pp.129-30; Herbert Fingarette, *Confucius – the Secular as Sacred* (New York, 1972). 또한 Smith, *Confucius* (New York, 1973), p.61을 보라.

를 지향하고 있었다. 일설에 의하면 그는 성군(聖君)들에 의해 전수되어 온 경전들을 편찬했다고 전해진다. 비록 이 사실을 문자 그대로 믿지는 않지만, 그가 죽은 후 긴 시간 동안 그 경전들이 완성되지 못했다 하더라도, 그로 말미암아 더 나은 가치가 우리에게 주어졌다는 점에서 공자 자신도 존경했던 이 저작들을 그와 동일시하는 것도 타당한 일면이 있는 것이다.

현재 공자의 것으로 생각되는 간구문의 현존 기록은 남아 있지 않다. 공자학파가 수용했던 공식 제의 형식에 의거해 볼 때, 최고의 신격으로서의 상제나 하늘〔天〕에 대한 제사는 전적으로 중국 통치자의 특권이었다. 여러 기도문들이 이 제의와 관련되어 있는데, 하나님에 대한 개인적 기도문은 전해 내려오는 것이 거의 없다. 이와 아울러, 우리는 공자의 삶 속에서 하늘에 대한 간구의 흔적을 찾아볼 수 있는데, 특별히 그가 사랑하였던 제자 안회(顔回)의 급격한 죽음을 경험했을 때이다. 『논어』(論語)에 보면 공자의 비통한 모습과 낙담의 표현이 잘 나타나 있다. "오호라! 하늘이 나를 버렸구나! 하늘이 나를 버렸구나!"(11:8).

기독교인에게 있어서 십계명을 준수하는 삶에서 보는 바와같이, 하나님에 대한 신뢰의 삶은 그 자체가 계속적인 간구의 가장 훌륭한 표현이 되고 있다. 공자에게 있어서도 올바른 사람의 생활 자체가 기도였고 하나님과 신령들에 대한 신앙의 표현이었다. 진정 그것은 특정한 기도나 간구의 행위 이상의 가치를 담고 있는 것이다. 이러한 측면에서, 이번에는 공자가, 자신이 병중에 있을 때 그를 위해서 치성을 드리겠다고 간청한 제자 자로(子路)에게 응답한 사례를 살펴보겠다. 공자는 내심 놀라면서 그에게 물었다. "그것이 될 성싶으냐?" 그 제자가 대답하였다. "물론입니다. 옛말에 이르기를 '자신을 위해 세상의 여러 신령에게 간구하라'고 했습니다." 그때 공자가 정색을 하면서 말했다. "내 기도가 이미 오래 되었다"(논어 7:34).

물론 이 경우는, 성인과 완전의 삶에 헌신했던 특별한 사람의 경우이긴 하다. 그가 말한 바에 따르면, 그는 15세에 성인의 학문에 뜻을 두었고, 30세에 이르러 이러한 요구에 확실히 자리를 잡았으며, 40세에 이르러 더 이상 유혹에 휩쓸리지 않았고, 50세에 하늘의 뜻을 알았고, 60세에 이르러서는 진리의 부름에 순응할 수가 있었으며, 70세가 되자 그 마음에 하고 싶은 바를 할 때 조금도 올바름에 어긋나지 않았다고 한다(논어 7:34). 이것이 공자의 영적인 생활과 발달 과정이었다.[13]

신비주의: 예수와 공자

신령과 하나님께 간구하며 기도하는 것은 육성(肉聲)으로뿐만 아니라 정신적으로도 진행된다. 이런 점에서 성경을 읽는다는 것은 언제나 절대적 영향력을 발휘한다. 신약성서에서 보듯이 예수는 유대 성경을 통해 자신의 행위를 보증했으며(눅 4:17ff), 해박한 성경 지식을 가졌음을 알려주고 있다. 기독교인에게 있어 성경이나 성례전은 늘 영적 생활의 기본적인 것으로 이해되어 왔다. 명상이라 함은 늘 성경을 주의깊게 읽는 동시에 진실한 마음으로 상고하면서, 자기 마음에 강하게 역사하심을(metanoia) 기원하는 마음으로 말과 행위에 있어 예수 그리스도 안의 하나님께로 나아가는 것이다. 초대교회 때는, 마치 회당에서의 유대인의 예배와같이, 성례전의 시행중에 주의깊게 선택된 본문의 간구하는 명상을 상황적으로 해명해 주기도 하였다. 이것은 점차적으로 신령한 기도의 다양한 형태로 발전되었으며 특별히 수도원에서 돋보이게 되었다. 예를 들어 베네딕도회에서는 예배 시간을 전후해 실시하는 나름대로의 독특한 영적 독경(lectio divina)을 발전시켰다.[14]

기도는 점차로 단순화의 경향을 보였고, 신비주의는 이러한 단순화 경향의 상징적 모습이 되었다. 희랍어의 *mystikos*란 말은 "다문다"(closing)라는 의미의 동사 *muw*에서 비롯된 것으로, 눈을 감는다는 의미도 내포하고 있다. 이는 본래 신비 종교의 행위와 밀접한 관계가 있으며, 신비적 제의의 황홀하고도 은밀함을 함축하고 있다.[15] 이 말은 5세기경 위(僞) 디오니소스

---

13. Smith, *Confucius,* pp.44-59.
14. Louis Bouyer, "La Vie spirituelle et la Parole de Dieu", in *Introduction á la Vie spirituelle,* ch.2.

(pseudo-Dionysius)가 쓴 신학 논문을 통해 기독교 신학에 수용되었다. 이 것은 하나님과의 직접적·비매개적 교통을 말하며, 고도의 정신적 간구 가운데 그의 지식뿐만 아니라 전 인격적으로 하나님을 만나 특별하고도 비상한 경험을 하는 것이다.[16]

Heiler에 의하면, 신비주의는 예언자적 경건과 비교해서 살펴볼 때 잘 이해할 수 있다고 한다. 이에 의하면 기도는 항상 하나님과 인간이라는 차별적인 상대자와의 대화라는 것이다. 예언자적 경건은 삶의 소여자라는 하나님에 대한 신앙으로서 기쁨과 평안의 삶을 희구하는 반면에, 신비주의는 고상한 자각을 경험하려고 하기 때문에 일상의 삶을 멀리하는 경향이 있는 것이다. 예언자적 경건은 하나님 뜻의 성취로서 도덕적 행위를 중시하는 데 반해 신비주의는 도덕성보다는 금욕주의에 가깝게 접근하면서 윤리적 무관심의 형태를 보여주고 있다. 예언적 경건이 공동체와 사회 단체에 강조점을 두고 있는 반면에 신비주의는 개인주의적이며 비사회적이다. 신비주의는, 하나님과 인간 사이의 담벽이 황홀경 속에서 제거되어 버릴 때까지 감정의 억제나 세계로부터 이탈됨으로 모든 정신적 행위의 단순화와 통일화를 시도한다. 이와는 달리 예언자적 경건은 하나님과 인간 사이의 차이를 계속적으로 인식하면서 희망과 두려움, 불신과 신앙, 의심과 확신이라는 지속적인 이원론을 보여주고 있다. 신비주의는 침묵하며 자족적인 하나님(deus absconditus)을 말하고, 예언자적 종교는 자연과 역사 속에서 그의 뜻을 펼치시는 계시의 하나님(deus revelatus)을 찬양하고 있다.[17]

더 계속하기 전에, 신약성서에서는 신비적 기도에 대해 어떻게 말하고 있는가, 그리고 예수 자신은 과연 신비적이었는가, 혹은 그가 사람에게 신비주의를 설파했는가 등을 살펴보는 것도 유익할 것이다.

---

15. Louis Bouyer, "Mystisch: zur Geschichte eines Wortes", in *Das Mysterium und die Mystik*, pp.57-60.

16. Cuthbert Butler, *Western Mysticism* (New York, 1966), Prologue and pp.181-6.

17. Heiler, *Das Gebet*, pp.248-63.

물론 이 문제는 난해한 것이다. 공관 복음서가 예수의 기도에 대해 보고하고 있지만 신비적 요소에 대한 아무런 증거가 보이지는 않는다. 요한 복음서에 보면 돌아가시기 전날 말씀하신 긴 구절 — 마지막 말씀과 예수의 대제사장적 간구(13-17장) — 이 있기는 하다. 여기에서 예수와 하나님간의 하나됨(oneness)에 관한 신비적 구절의 흔적이 엿보인다. 그러나 이 구절의 역사성은 그렇게 신빙성이 없다. 현재의 이러한 형식은, 헬레니즘 세계로부터 영향을 받아 후대에 신학화한 것으로 보여지기 때문이다.

신약성서의 다른 곳에 보면, 그 본질과 내용이 숨겨진 채 예수의 기도에 관해 언급하고 있는 부분이 있다. 흔히들 말하는, 광야에서의 40일간의 생활이다(마 4:1ff, 눅 4:1ff). 또한, 그는 가끔 밤새워 홀로 기도했으며(마 14:23, 막 6:46), 몇몇 제자와 함께 기도할 적도 있었다(눅 9:28). 그러한 본문 속에서, 기독교인들은 개인적 기도나 영적 간구를 통해 하나님과의 내밀한 결합을 이룰 수 있다는 생각을 갖게 된다.[18] 그러나 그 이상으로 나아가지 않는다. 일반적으로, 기독교가 많은 위대한 신비가들을 잉태하였지만 본질적으로 기독교는 신비적 종교가 아니라고 말한다. 기독교는, 신비적 기도 속에서 주관적인 신적 체험을 갖기보다는 예수와 그 말씀에 대한 신앙에 근거하고 있다는 것이다. 신약성서 내에 신비주의에 관한 언급이 있다고는 하지만 그것은 주된 신앙에 부차적인 것이다. 기독교는 불교나 도교, 희랍의 신비적 종교라기보다는 유대교나 이슬람교와 같이 계시적 종교에 공통점을 지닌 "예언자적 종교"이다.

그렇다면, 이제 공자와 유교의 경우는 어떠한가? 공자는 스스로 명상과 신령한 간구의 생활을 했는가? 유교는 신비주의의 전통을 갖고 있는가?

공자는 진지한 학생이었으며 경전을 전수해 준 사람으로 알려져 있다. 확실히 그는 성현의 말씀이나 책의 의미를 상고하면서, 이를 자신에게뿐만 아니라 그 이웃과 당대의 사회에까지 관련시키려고 하였다(논어 2:11, 15, 7:

---

18. Klemens Tilmann, *Die Führung zur Meditation* (Einsiedeln, 1972), p.55.

17). 그러나 공자의 경우, 이러한 연구와 독서가 상제(上帝)보다는 고대 성현들과의 영적 교통을 의도하고 있다(논어 7:5, 8:19-21, 9:5). 묘하게도 도가(道家)적 경향의 『장자』에는, 공자가 개인적으로 신비적 경향이 있다고 말하지만 사실상 그런 증거는 없다. 『논어』에 보면 공자의 말 가운데 명상적 형태의 모습이 엿보인다.

"나는 차라리 입을 다물겠다."
자공(子貢)이 말했다. "선생님이 말씀하지 않으시면 우리가 어떻게 기록할 수 있겠습니까?" 선생이 말했다. "하늘이 말하지 않겠느냐? 사계절이 제 시절을 좇고, 만물이 끊임없이 계속되는데, 하늘 역시 가만히 있기만 하겠는가?" (17:19).

이것이 우리가 파악할 수 있는 공자의 신비적 경향이다. 그러나 이 말의 역사성은 확증할 수가 없다.

그럼에도, 공자학파는 나름대로 깊은 영성의 전통을 지니고 있었고 때로는 신비주의에 가깝기도 하였다. 『시경』(詩經)과 『서경』(書經)에 보면, 고대의 성군(聖君)들은 하늘이나 상제의 대화 상대자로서 그들의 지시와 명령을 받들면서 그들에게 보호와 축복을 간구하는 형태로 나타난다. 그러나 이런 모습은, 신적인 명상 속에 침잠하는 신비주의보다 유대적인 왕이나 제사장 전통에 더 가까운 경향을 나타낸다. 유교의 신비적 전통은, 맹자의 책이나, 제의보다는 심성(心性)의 내적인 전개를 진행시키는 본문 속에서 더 잘 찾아볼 수 있다.

유교적 신비주의

공자가 예언자로서 나타나고 있는 반면에, 맹자는 도덕적 재무장이나 정치적 개혁과 아울러 신비주의의 교사로서 그 모습을 부각시키고 있다. 맹자는 그 자체보다 더 큰 마음 속에서의 현현을 암시하고 있는데, 그의 말에 의하면, 일 개인의 생각과 마음의 성취 그리고 그 지식은 마치 하늘과도 같은 각각의 본성의 성취와 그 지식에로 인도한다는 것이다.

> 인간에게 있어서 각 마음에 완벽한 실현을 이룬다 함은 각자의 본성을 이해하는 것을 말하고, 그렇게 자기 본성을 깨닫는 사람은 하늘을 알게 될 것이다. 그 마음을 잘 보존하고 자신의 본성을 잘 기르는 것은 하늘을 섬기는 것과 같다. 그가 장수하든지 일찍 죽게 되든지간에 그 목적의 일관성에는 아무런 변화가 없는 것이다. 그에게 무슨 일이 일어나든지간에 그에게 합당한 운명에 처해 있는 것이라는 완전한 성격 규정 속에서 기다리는 것뿐이다(맹자 7A:1).[19]

만일 『맹자』에서 명상이라는 주제가 없이도 신비주의의 내면성의 차원을 다루고 있다고 본다면, 유교의 제의 본문에서도 역시, 방법론과 기술적 문제가 논의되지 않고 있긴 하지만, 명상 그 자체에 대한 일반적 설정이 이루어지고 있는 것이다. 여기에서 묘사되고 있는 유교의 영성은 『시경』에 나타난 초기 형태와는 매우 다른 모습이다. 때때로 이것은 유교학파에 스며들어온 도교 사상의 영향 때문이라고 말하기도 한다. 그러나 이것은 유교 전통 자체 내의 핵심적 사상에 의한 것으로 보아야 한다. 특별히 『중용』에서 비롯되는 이러한 일련의 경향들은 후기 신유교의 명상에서 독특하게 나타나는 정좌(靜坐) 같은 형태로 발전하기에 이른다. 제의 본문상의 증거를 검토한 연후에 이 문제를 살펴보기로 하자.

감정적 조화와 정좌(靜坐)

예(禮)와 악(樂)은 유교의 윤리적·사회적 체계에서 항상 두 개의 대들보로 간주되어 왔다. 이것은 또한 인간의 정신적 존재를 지탱하는 기본적인

---

19. D. C. Lau의 영어 번역 *Mencius* (Baltimore, Md., 1970), p.182.

것으로 생각되고 있다. 비록 악경(樂經)이 현재 남아 있지는 않지만 『예기』 중에서 음악에 관한 부분을 보면, 음악은 내적 침잠과 평정 — 그 자체가 고상한 음악의 조화를 반영하는 — 을 가능케 하는 것으로 극찬받고 있다. 여기에 보면 "사람은 천성적으로 태어날 때부터 평정을 지니고 있다"라는 말이 나온다. 점차 자라기 시작하면서, 그는 외적인 영향에 직면하게 되고 "좋아하는 것과 싫어하는 것"의 반응을 나타내게 된다. 이런 것들이 내적인 원리에 의해 적절히 조정되지 않는다면, 그는 자기 본래의 깊은 자아에서 멀어지게 되고, 그로 말미암아 자신의 천리(天理)를 상실하는 자기 소외의 위험에로 치닫게 된다. 예(禮)와 의식·음악 등의 기능은, 인간의 내적 조화를 유지하고 회복하는 데 중요한 것으로서, 이 조화는 모든 도덕적 사유와 행동의 근거가 되는 하늘과 땅 사이의 조화를 반영하고 있는 것이다.

> 조화는 원칙적으로 음악 안에서만 찾을 수 있는 것이다. 그 속에서 하늘을 좇고 있고, 그러한 특징으로서 정신과 같은 정도의 광범위한 영향을 끼치고 있는 것이다. 차별이란 것은 본래 의식에서 찾아볼 수 있는 것이다. 거기에서는 땅을 섬기고 있고, 그러한 특징으로서 회귀적 형태의 정신적 영향을 미치고 있다. 그러므로 옛 성인이 말하기를, 음악은 하늘과 상응하는 것이고, 잘 갖추어진 의식은 땅과 상응한다고 하였다. 지혜와 그 의식의 완전성 그리고 음악 속에서 우리는 하늘과 땅의 통솔하는 위력을 찾아볼 수 있다.[20]

감정적 조화와 심리적 평정 — 감정의 결핍이라기보다는 시의적절한 조화로서의 — 은 유교 정신 세계의 두 기둥인 동시에 유교적 명상 그 자체의 핵심이 된다. 그런데 그러한 명상이 바로 "기도"가 될 수 있는가? 다시 말해 그 명상이 사람들로 하여금 하나님, 혹은 신적인 것과 교통하게 해주는가? 『예기』의 본문이, "천"(天)이란 말을 자연주의적 의미로 해석하여 무신론자

---

20. 『예기』(禮記) 중에서 음악에 관한 부분을 보라. James Legge의 영어 번역 *Li Ki* (Sacred Books of the East, F. Max Müller 편집, v.28) (Oxford, 1885), p.103.

로 낙인찍힌 순자(荀子) 및 그 측근의 철학적 영향을 받고 있다는 사실을 기억해 볼 때, 이 물음은 매우 심각한 것이 아닐 수 없다. 진정 그 명상이 초월에 개방되어 있을 때에만 "기도"가 될 수 있을 것이다. 여기서 『중용』이 말하는 것이 다소간 도움이 될 것이다. 여기서 마음의 두 가지 상태를 들고 있는데, 감정이 일어나기 이전[未發]의 상태와 이미 발생한 상태[旣發]가 그것이다. 여기서 말하는 중용(中庸)이라 함은, 초기 상태의 평정과도 같은 감정의 조화를 말하는 것이다. 또한 이러한 조화는 사람으로 하여금 우주 속에서 삶의 과정과 창조성을 경험하게 한다는 것이다.

> 희로애락(喜怒哀樂)의 감정이 없을 때를 가리켜 마음[心]이 평정의 상태에 있다고 말한다. 이러한 감정이 발생했을 때, 각각의 정도에 합당하게 행동하면 소위 조화의 상태에 이르게 된다. 이러한 평정은 하늘 아래 모든 것의 가장 큰 근원이 되고, 이러한 조화는 하늘 아래 모든 것의 보편적 길[道]이 된다. 평정과 조화의 상태가 완전의 단계에 이르게 되면 행복한 상태가 하늘과 땅에 가득 차게 될 것이고, 모든 것들이 보양(補養)되며 자라날 것이다.[21]

여기에서는 하나님에 대한 언급이 드러나지 않으며, 다만 하늘이라는 모호한 의미가 쓰여지고 있을 뿐이다. 그러나 감정적 조화라는 것이 인간을 그 자신보다 더 큰 무엇에로 개방케 하는 것이라는 확실한 신념이 여기에서 엿보인다. 이것의 정체와 감정적 조화에로의 도달 방법 등은 아직 분명하게 나타나지는 않는다. 이외에도 몇 가지 물음이 제기되는데, 즉 그러한 감정적 조화라는 것이 경전의 연구 및 독서와 어떤 관계가 있는가? 기독교인의 명상이 성찰이나 간구하는 마음으로 성경을 읽는 것과 깊은 관계가 있는 반면에, 유교의 명상은 전적으로 경전에서 독립해 있는가 아니면 종속되어 있는가? 이러한 문제를 해결하려는 노력 속에서, 우리는 유교적 명상 자체에

---

21. Doctrine of the Mean, in J. Legge 역. *The Chinese Classics*, vol.1, pp.384-5.

대해 좀더 적나라한 이해를 갖게 될 것이고, 아울러 그 이후의 발전이라든지 기도 및 신비주의에 대한 나름대로의 독특한 기여를 이룩할 수 있을 것이다.

분명한 것은, 성인들의 제자들은 공자가 그러했던 것같이 존경심과 진실한 마음으로 경전을 대했다는 점이다. 이외에도 그와 같은 경전의 독서와 연구는 유교의 자기 수양에 있어서 중요한 부분으로 간주되었다. 예를 들어 주희(朱熹)의 대화집에 보면, 그러한 독서의 과정과 방법에 대한 여러가지 지시가 적혀 있다. 그러나 정확히 살펴본다면, 기독교에서의 성경의 경우와는 달리, 유교의 명상은 경전의 탐독에서 비롯되지는 않는다. 유교의 명상에서 말하는 "정좌"라는 것은 도교와 불교의 강한 영향을 반영하고 있는데, 이는 장자가 말하는 "좌망"(坐忘)이나 선(禪)불교 및 그의 실천으로서의 명상(dhyana)과 밀접한 관계를 갖고 있다.[22] 우리가 아다시피, 중국에 있어서의 송명(宋明) 시대와 조선 및 도쿠가와 시대의 일본에 걸쳐 있던 많은 신유교 학자들은 이런 선불교를 체험하거나 훈련받으면서 생활했다. 실제로, 그들은 이념적으로 불교와 단절한 이후에도, 계속해서 선불교의 "좌선"이라든지 공안(公案) 및 깨달음〔悟〕 등의 선택적 수용을 통해 단순화된 형식의 명상을 실천해 나갔다. 이러한 실천에 있어서, 간접적인 준비 자세는 도덕적인 바른 삶으로 나타나며 직접적 준비 자세라면 침묵의 태도를 들 수 있다. 항상 의자, 혹은 불교인들과 같이 거친 방석 위에서 연꽃의 모습같이 "좌정"(坐定)하는 것이 기본적인 태도이다. 또한 이러한 가운데 숨쉬는 것까지도 세심한 주의와 절제가 수반되어야 한다.[23] 주희 자신도 이런 호흡 조절에 대한 유명한 일화를 남겼는데, 그것은 "코 끝의 흰 것을 바라보는 것"으로 표현되고 있으며 이는 원래 도교에서 말하던 것이었다. 이때 절제하는

---

22. 불교적인 간구와 영성에 대해 좀더 알려면 Heinrich Dumoulin, *Christianity Meets Buddhism* (LaSalle; Ill., 1974), ch.4-5를 보라. H. M. Enomiya LaSalle, *Zen Meditation for Christians* (LaSalle, 1974).

23. Okada Takehiko, *Zazen to seiza* (Nagasaki, 1965), pp.19-20을 보라. 이것은 선불교와 유교적 명상을 다룬 독보적인 역작으로서 일본에서만 찾을 수 있다.

것은 외부적인 자극에 좌우되지 않기 위해 감각을 초월한 상태에서 진행되어야 하는 것이다. 마음은 그 자체에만 집중하게 되는데, 이때 모든 허튼 생각을 체거하고, 의식하는 것과 의식하는 대상과의 가장 내밀한 상태인 일체·조화에 도달하게 되는 것이다.

이것이 점차 발전되어 가면서, 유교적 "정좌"는 도교나 불교적 명상과는 또 다른 특성을 갖게 되었다. 즉, 유교는 개개인의 장점과 약점이라는 도덕적 자아의 인식에 좀더 중점을 두게 되었는데, 이는 자기 수양의 성취나 악(惡)의 제거 및 미덕의 완전한 실천에 이르고자 한 까닭이었다. 유교인들의 인욕(人欲)이나 갈망을 불식시키면서 천리(天理)의 실현이나 확장을 말하고 있고, 때로는 침묵 속에서의 "무욕"(無欲)의 성취를 주장한다. 그러나 유교적 명상은, 단순히 양심의 검증에 그치는 것이 아니라 결국은 더 높은 의식에로의 귀결을 목적하는 바 이는 자아와 욕구를 소멸시킴으로 이루어지는 것이다. 여기서는 대화보다 감정적 조화에 그 핵심이 있다고 할 수 있다. 내적 집중의 형태에 있어서, 유교의 명상은 두 가지 다른 모습을 지니고 있는데, 하나는 추상적 사고를 통한 지성적 집중의 형태이고, 또 하나는 사유 없이 진행되는 도덕적인 집중이 그것이다. 유교의 명상은 인간 본성에 어긋남이 없는 화평을 추구하고 있다. 그러나 이것은 지성적·감정적 무감각(impassivity)의 상태를 목표로 하는 것은 물론 아니다. 사유는 오기도 하고 가기도 하는 것이다. 누군가 그것에 관심을 쓰지 않는 한 논란의 여지가 없는 것이다.

유교의 명상은 수도원적인 생활 형태를 지니지 않았던 종교 전통 속에서 발달하여 왔다. 즉, 이것은 본질적으로 세속화된 정신 세계(lay spirituality)의 구현을 뜻한다. 유교의 신비주의는 행동(action)과 명상(contemplation)을 종합하여 외면과 내면을 일치시킬 줄 아는 경지에 이르게 하는 것이다. 유교인들은, 인간의 외적 행위는 그 자신의 진정한 내적 태도의 표현이며 또한 그의 생각의 근원이 된다고 보고 있다. 유교인들이 추구하는 깨달음은 자기 자신만을 위한 것이 아니다. 이들의 신비주의는 "타자를 위한 것"이다. 유교의 신비주의는 사람들로 하여금 하늘의 이치, 즉 새가 날고 고기가 헤엄치고 다니며, 인간이 선한 것을 사랑하는 등등의 심원하고 역동적인 의미를 깨닫게 해주는 것이다. 이것이 바로, 인간이 하늘·땅 및 모든 사물들과 하나가 된다는 것의 진정한 의미이다. 동시에 그것은 심원한 희열을 체험하는 원천이 되기도 한다. 왜냐하면 인간이 스스로 가장 진실하게 되는 것은, 그의 내적 생동력과 기운이 흘러넘치는 삶의 근원으로부터 자신을 수양하는 것에서 비롯되기 때문이다. 맹자는 이를 다음과 같이 표현한다. "모든 것이 내 안에 있고 거기서 완성된다. 자기를 검증하는 가운데 자신에게 진실해지는 것보다도 더 큰 기쁨은 없다. 만일 자신이 대접받고자 원하는 만치 타인에게 최선을 다한다면 그는 이미 인(仁, 완전한 덕)이라는 목표에 도달한 것과 같다"(7A:4).

유교의 신비적 경향은, 불교의 신비 경향에서 보여주는 자아에 대한 주된 관심 같은 여타 경향에 대해 개방되어 있다.[24] 선불교의 신비적 견해가 도덕적 양립 감정(ambivalence)의 추세임에 반해 유교의 신비는 윤리적 가치를 지지하고 있다. 인간이 모든 것과 하나가 된다는 식의 전제는 다양하게 해석될 수 있는 여지가 있는데, 예를 들면, 신비적 초월로 말미암아 선이나 악, 정의와 불의에 대해 윤리적 무관심을 나타낼 수도 있다는 견해가 가능하다.[25] 그러나 유교 사상에서는, 이것이 윤리적인 것과 신비적인 것의 일치가 되는 상태를 말하고 있다. 유교인들은 자아와 타자와의 차이를 인(仁)과 사랑의 확장을 통해 초월하게 되는데, 이는 자기 및 주변의 사람으로부터 시작해서 우주 안의 모든 사람에게까지 이르는 확장을 말한다. 유교의 신비는 인(仁)과 사랑의 지고한 완성을 말하고 있는데, 이는 인간으로 하여금

---

24. 馮友蘭은 유교의 신비주의가 "사랑의 역사"를 불러일으키는 데 반해, 불교 신비주의는 내향적인 것이라고 평가했다. Derk Bodde가 영역한 *A History of Chinese Philosophy* (Princeton, 1952), vol.2, 492를 보라.

25. 이 점에 관해서는 R. C. Zaehner, *Our Savage God* (London, 1974), Introduction and ch.3 and 4를 보라. 특히 p.197에서 유교를 "인간적이고 따스하게" 하나님께 접근하는 것으로 평가한다.

삶과 우주의 창조성과 교통하게 하는 것을 말한다. 이것은 불교에서 말하는 정토정(淨土宗)과 유사하며 대자대비(大慈大悲)라는 가르침과도 상응한다. 이런 점에서 본다면, 인간의 윤리적 책임성을 빠뜨리지 않고 있는 기독교 신비주의와도 같은 맥락에 놓여 있는 것이다.

진실로, 유교는 여타 사람 및 인간 그 이상의 실현 존재인 우주와의 관계까지 추구해 나가고 있는 것이다. 유교 철학은 내재를 통해 초월에 도달하며 인간을 통해 신적인 것을 체험한다. 유교에 있어서 인(仁)이라는 용어가 덕(德)이나 생명, 창조, 심지어는 "절대"라는 의미까지 담고 있는 것도 바로 그러한 이유 때문인 것이다. 그러기에, 이러한 인간 관계 안에서 혹은 이를 통해서, 유교인들은 삶 가운데와 그 너머에 있는 유일한 실체를 파악하게 되고, 삶에로의 추진력인 사랑을 발견하며, 수많은 존재들을 설명해 주는 유일자를 갖게 되는 것이다. 그리고 유교 신비주의는, 인간이 다시금 끊임없이 절대의 현존을 체험할 수 있도록 하기 위해서, 인간 관계 속으로 돌려 보내어 나날이 인(仁)의 삶을 살게끔 하는 것이다.

유교 영성에서의 능동성과 수동성

수양(修)이라는 말과 깨달음(悟)이라는 말은, 유교 전통 및 그것을 변형시켰던 불교적인 영향력과 매우 밀접한 관계 속에서 형성되었다. 수양이라는 말 속에서 우리는 배움(學)이라는 것에 대한 중국인들의 관심을 찾아볼 수가 있는데, 이는 도덕적·지적인 노력의 과정으로서 『논어』 및 『맹자』 『대학』 등에서 빈번히 언급되고 있으며 특히 『대학』과 『중용』에서는 "성격 형성"이라는 중요한 요소로 부각되고 있다. 또 한편 깨달음(悟)이란 말은, 유럽에 있어서 중세기 이후 18세기의 지성적 운동인 계몽주의와는 비교할 수 없는 차원으로서, 『대학』·『중용』 및 『순자』·『장자』 등에서는 밝음(明)으로, 『맹자』·『장자』 등에서 깨달음(覺) 등으로 나타나며, 불교 경전에 있어서도 산스크리트어의 vidya(佛智)나 진리의 의미를 향한 깨달음이라는 의미의 bodhi 등으로 이해되고 있다. 수양과 깨달음이라는 대극적인 두 양식은 유교적 체험으로 수용되기 이전에 이미 불교의 영성에서 먼저 다루어졌다.[26] 분명한 사실은, 불교 및 도교와 밀접한 관련을 맺고 있었던 깨달음〔悟〕이란 양식은 후기에 가서야 그 중요성이 인식되어 도교와 불교 내에서 발전 과정을 거친 후 신유교에 영향을 주었음에 반하여, 수양〔修〕이란 양식은 유교 의식 속에 항상 잠재해 있었다는 사실이다.

대부분의 경우 "깨달음"이란 것이 — 좀더 수동적이고 신비적인 양상을 보이는 데 반하여 "수양"의 경우는 좀더 행동적이며 자발적인 공감대를 형성하고 있다고 볼 수 있다. 피상적으로 보면, 양자의 긴장 관계는 마치 금욕주의와 신비주의, 또는 자력적 태도와 타력적 태도라는 경우와 비슷하게 보일지도 모른다. 그러나 "수양 — 깨달음"이란 양 대극은 신비적 물음 그 자체에서도 내적 긴장 관계를 보여준다. 수양이라는 양식은 때때로 신앙, 신뢰, 혹은 빛의 갈망이나 심지어는 어둠 및 기다림 속에서 광명을 추구하면서, 위로부터의 손길〔他力〕을 의뢰하는 잠재적 의식의 형태를 가지고 있다. 반면에 깨달음이란 경우도 각 개인의 노력〔自力〕을 통해 급격한 심리적 체험의 유발을 말하고 있다.[27] 이외에도 수양과 깨달음이란 두 가지 양식에서 모두 신앙이 가능하다고 볼 수 있는데, 즉 깨달음의 가능성에 대한 신앙과 그것이 상징하는 초월의 의미에 대한 신앙을 말할 수가 있다. 여기에 있어서 그러한 영적 체험의 중요한 기본이라고 할 것 같으면, 광대한 초월에로의 개방을 들 수가 있을 것이다.

기독교에 있어서의 수동적인 정적주의자(quietists)나 능동적 행동주의자(voluntarists)간의 논쟁과 비슷하게, 유교의 명상과 신비주의에서도 깨달음

---

26. 이 주제에 관해서는 Julia Ching, *To Acquire Wisdom: the Way of Wang Yang-ming* (New York, 1976), ch.7을 보라. 또한 W. T. de Bary가 편집한 *The Unfolding of Neo-Confucianism* (New York, 1975), pp.141-84를 보라. 나는 여기서 J. A. Cuttat를 인용하고 싶다. "극단적인 내향성은, 정점에로의 기초를 다지면서 하나님과 만날 준비가 갖춰진 초월을 추구하고 있다." *La Rencontre des Religions* (Paris, 1957), pp.41-6.
27. 일본 불교에서 유래된 自力과 他力 개념에 관해서는 R. J. Zwi Werblowski와 C. J. Bleeker 편, *Types of Redemption* (Leiden, 1970), pp.98-104에 있는 Heinrich Dumoulin, "Grace and Freedom in the Way of Salvation in Japanese Buddhism"을 보라.

과 수양 사이의 긴장 관계는, 자기 초월 속에서 지고한 완전을 추구하려는 사람들에게 기본적인 문제로 부각되고 있다. 이것은 내밀(attachment)과 초탈(detachment)의 문제로서, 하나님과의 내밀 및 자아로부터의 초탈을 말하며 구시대의 언어로 표현할 때는 그 반대가 될 수도 있는 것이다.[28] 그런데 고려해야 될 문제점은 각각의 자아 내면에서 체험하는 정신적 사건의 미묘한 차이점이다. 기독교인들도 이런 점에서 신에 대한 내밀을 말하는 것인지, 완전 그 자체에 대한 것인지, 혹은 신의 체험을 말하는 것인지를 자문하게 되는 것이다. 완전(perfection) 그 자체가 목적이 된다면, 영적인 면에서의 이기심의 표현이라고 볼 수가 있다. 체험만을 추구하게 될 때에는 그것이 알맹이 없는 빈 껍데기에 불과하게 될 것이다. 유교인들은 — 더 나아가서 선불교인들도 — 깨달음을 얻는 것(acquiring)보다 자기 자신에서 벗어나는 것(forgetting)에 더욱 비중을 두려고 한다. 또한 깨달음에 집착하는 것은, 자기 주관으로 하여금 자기 부정(self-forgetfulness)을 대치시키면서 영혼으로 하여금 초월하는 것에만 집중케 함으로써 속박시키는 결과를 낳게 하는 것이다. 이런 까닭에 위대한 불교나 유교의 인물들은 진정한 자기 수양이 "수양하지 않음"에 있다고 말하는데, 이는 다시 말해 자기 자신의 깊은 욕망으로부터 벗어나야 하는 필연적인 태도를 가리키는 것이다. 결국 천리(天理)는 영혼 내에 거하는 것이다. 그것은 능동적이며 동시에 역동적인 것이기도 하다. 성인의 제자들은 이러한 것의 실천에 심혈을 기울였고 그래서 소유의 형태보다는 무소유의 형태에로, 그의 내심보다는 외적인 행동이나 독특한 반응의 형태에로 자신의 삶을 변혁시킬 수 있었다. 이러한 형태는 유교의 성인에게서 쉽게 찾아볼 수 있는 것이고, 또한 기독교 신비주의의 가르침도 이와 같은 맥락에 놓여 있는 것이다.

실제로, 모든 종교에 있어서 위대한 신비주의자들은 한결같이 기다림과 자기 부정, 그리고 희열이라는 신비적 과정을 체험하는 공통점을 지니고 있

---

28. 불교 수양에 있어서 내밀(attachment)과 초탈(detachment)에 관해서는 풍우란의 *A History of Chinese Philosophy*, vol.2, pp.393-406을 보라.

는 것이다. 또한 그들은 신비적 체험에 있어서, 각자의 세세한 신학적 해석에서는 차이가 날지 몰라도, 공통의 대화 지평을 쉽게 발견하고 있다. 신플라톤적 신비 철학뿐만 아니라, 기독교의 예언자적 종교 전통의 후예로서의 기독교 신비주의자 같은 경우에도 공통의 지반을 갖는 신비적 경험의 해석자인 동시에 그 속에서 초월과 내재의 차원을 모두 갖고 있는 것이다. 성 아우구스티누스는 이러한 대표적인 예가 될 수 있다. Dom Butler는 서구 신비주의에 대한 그의 저서에서 다음과 같은 아우구스티누스의 신비적 기도의 모습을 이끌어 내었다. "섬뜩한 순간의 광휘 속에서 나의 마음은 그 자체에로 다가갑니다"(Mens mea pervenit ad id quod est in ictu trepidantis aspectus).[29] 그는, 앞의 표현 속에서, 기독교인들이 소위 하나님이라고 부르는 절대자나 초월적 실체의 체득을 이끌어 내고 있다. 그는 또한 이러한 체험의 결과를 말하면서 특별히 희열의 단계를 언급하고 있다. 특별히 그는 성서나 아우구스티누스, Gregorius 및 Bernardus의 체험에 관한 서술 속에서 긍정과 충만의 요소를 지적하는 한편, 후기 세대에서 강하게 드러난 부정적 서술 — 아마도 pseudo-Dionysius의 영향에 기인한 듯함 — 을 들고 있는데, 여기서는 절대자에 대한 것이나 그러한 체험을 표현할 때에 어둠, 공(空), 무(無) 등으로 나타내고 있다. 그리고 이러한 신비적 체험은 신성이 임하였다는 하나님의 내재성을 주지시키는 한편, Eckhart나 Ruysbroeck, 그리고 십자가의 John 등의 저술에서도 보여지듯이 초월 및 타자성이라는 것과도 의미가 통하고 있다.

더욱더, 대부분의 신비주의자들은 원심성(centrifugal)의 회상과 집중을 말하기 때문에, 거기에서 내재가 체험되고 초월이 감지되는 것이다. 이것은 마음이나 정신 혹은 심령(mens) 등과 같이 다양하게 불리고 있다. 인간이 자기 자신 혹은 자기 정신보다 더 큰 무엇을 만나는 곳이 바로 여기이며, 이것은 여전히 그의 정신 내에서 이루어진다. 그가 절대자의 영적인 거울을

---

29. Augustinus의 『고백록』 vii, 23을 참고하라. Butler, *Western Mysticism*, 47에서 인용.

발견하거나, 하나님의 성전 혹은 그 이미지를 발견하는 곳도 바로 이곳이다. K. Rahner는 특히 이러한 신비를 내재적 인간(the man of the heart)이라고 부른다.

> 독일 신비주의는 때때로 이상적 인간을 심중의(innig) 사람, 혹은 총체적(gesammelt) 인간이라고 부르는데, 이는 그의 모든 행동이 자신의 가장 깊숙하고도 내밀한 중심과 결정적 판단의 철저한 표현이기 때문이며, 그의 판단과 동떨어진 어떤 것에도 좌우됨이 없이 최종적인 중심에 집중되어 있기 때문이다.[30]

제의(rituals)에 관한 문제

공공 제의는, 공통의 믿음에 대한 근거를 주는 종교적 삶의 중요한 차원이 된다. 이것은 유교와 기독교를 막론하고 기도나 명상, 그리고 신비주의 등의 요소와 밀접한 관련을 맺고 있다. 유교에서 볼 수 있는 성군(聖君)의 기도와 이 장의 처음에 인용된 기도들의 대부분은 대략 제의적 상황에서 비롯된 것들이다. 하나님의 말씀에 대한 명상뿐만 아니라, 경전을 읽는 것 그 자체는 — 필수적인 요소이든지 그 정신의 유예이든지간에 — 공공 예배 의식과 항상 연관을 맺고 있다. 그리고 신비주의가 관련된 곳에서는, 그 나타난 체험이 극단적인 개인적·개별적 성격을 지녔다고 할지라도, 항상 말씀 자체는 제의적 상황 속에서 비롯되는 것이다. 이와 비슷하게, 기독교에서는 신비적 체험이라는 것이 특별히 신비(Mysterium) 속에서의 신앙의 잉태로 나타나는데, 이는 공동체의 신앙을 말하며, 무엇보다도 성찬식 같은 제의 속에서 표현되고 있다.[31]

---

30. C. Ernst 역 Karl Rahner, "The Theological Concept of Concupiscentia", *Theological Investigation* (Baltimore, 1960), vol.1, p.374.
31. Otto Knoch와 Friedrich Wulf S.J.가 서문을 쓴 Josef Sudbrack, *Das Mysterium und die Mystik*, p.6.

대부분의 기독교회에서는 이러한 제의들을 성례(sacraments)라고 부르고 있다. 이 말은 희랍어에서 비롯된 것이 아니라, 라틴어 중에서 병사들의 맹세나 가입을 뜻하는 말에서 비롯된 것이다. 아마도 이것은, 성례 중에서도 기독교적 삶에로 받아들임을 뜻하는 세례(baptism)와도 관련이 있기 때문일 것이다. 어떤 의미에서 이 말은 오늘날의 공동체 예배의 형식을 통해 공식적으로 인정받는다는 뜻을 포함하기도 한다. 이러한 성례 제도는, 인간의 가장 세속적인 행위나 생존과 부요를 위한 물질적 세계의 전적인 추구 등을 모든 삶과 만물의 창조주이신 하나님을 위해 봉헌한다는 의미를 담고 있다는 것이 일반적인 견해이다.[32] 유교의 여러 실례와 비교해 보기 위해서, 유교에서도 유사하게 시행되고 있는 동일한 여러 예식들을 살펴보려고 한다. 여기서 나는 성찬식과 세례 — 견진(confirmation)을 포함하여 — 혼례 등을 대상으로 삼았다. 그리고 특히 유교에서 중요하게 생각하고 있는 장례라든지 죽은 이에 대한 제사 의식에 대해서도 언급하고 넘어가겠다. 이것은 기독교에서는 "성례"로 간주되고 있지 않은 것이며, 가톨릭 교회에서나 제의적 기도나 행위를 통한 성례 제도의 관련을 들어 성례적인 것(sacramentals)으로 취급되고 있을 정도이다.

중국어에서의 예(禮)라는 것은 어원학적으로 제사나 희생 의식을 뜻하는 말이다. 여기서 부차적 의미로 제의라든지 의례(儀禮) 및 이러한 것을 규정하는 규범이나 규칙 등이 파생되었다.[33] 더 나아가 이것은 인간 행동을 관장하는 모든 규범과 규칙들을 망라하고 있으며, 사람들로 하여금 이러한 규범과 규칙을 지키도록 하는 내적 정신으로서뿐만 아니라 도덕적 관계성의 성격을 가지게 된다. 공자 그 자신은 중용의 미덕이나 제의 수행과 관련된 예법 등과 아울러 제의의 중요성을 특별히 강조하였다. 심지어 최상의 존재에

---

32. J. Feiner와 L. Vischer가 편집한 *Neues Glaubensbuch: Der gemeinsame christliche Glaube* (Freiburg, 1973), pp.379-81, 88-9를 보라. 영어 번역은 *The Common Catechism: A Book of Christian Faith* (New York, 1975), pp.365-8, 375-6.

33. J. Shih, "I riti nella Religione Chinese", *Studia Missionalia* 23(1974), p.145를 보라.

대해 극력 부인하던 순자(荀子) 같은 경우도, 제의가 군자의 삶과 그 교육에 중요한 요소가 된다는 것을 강조하고 있는 것이다. 유교의 경전 가운데 다음 세 가지가 중요한 제의 서적으로 꼽히고 있다. 고대 정치 제도의 이상적 모형으로서의 『주례』(周禮), 그리고 주(周) 왕조 시대에 왕족과 통치자들의 행실에 관한 것으로서의 『의례』(儀禮), 일련의 철학적 성찰과 함께 삶의 교훈적인 면을 광범위하게 다룬 『예기』 등이 바로 그것이다.[34]

기독교인들이 중국이란 문제 — 유교 제의 — 를 다룰 때에 두 가지 커다란 난점에 부딪치게 된다. 그 첫째는 희생 제사로서의 제의와 연관되어 있다. 중국인들에게 최상의 신성 — 하늘에 대한 — 에의 유일한 숭배 의식이 있다는 데에, 기독교인들은 일단 호의적 평가를 내린다. 그러나 하늘에 대해서뿐만 아니라, 죽은 조상 및 여타 수많은 신령과 신성에 대한 다기한 숭배의 모습에 대부분의 기독교인들은 당황하게 되는 것이다. 역사적으로 기록된 바와같이, 로마 교황청이 그같은 사실에 직면하고 나서 반감과 거부의 반응을 보이게 된 것이다.

실제로, 하늘 자체에 대한 숭배에 관해 예의 관찰해 본다면, 조상에 대한 것을 포함해 여타 정신적 존재에 대한 부차적 숭배 행위의 의미를 이해할 수 있게 된다. 여기서 분명한 것은, 하늘〔天〕은 최상의 신성으로서 여타 다른 정신 존재 특별히 조상들에 대해 훨씬 우위에 있다는 점이다. 이런 점에서 하늘보다 하위에 있는 정신 존재들에 대한 희생 제사는 예배(worship)라기보다는 존경이나 경외의 대상이 되는 것이다.

『중용』 19장에 보면 공자의 말로 여겨지는 다음과 같은 말이 있다. "하늘과 땅에 대한 숭배는 상제에 대한 제사로 정해진 것이고 조상에 대한 숭배는 죽은 자에 대한 제사인 것이다." 이런 점에서 공자학파는 최상의 신에 대한 신앙의 표현을 위해 1차적·2차적 숭배 의식을 설정하고 있음이 분명하다.

---

34. 순자에 대해서는 Burton, Watson 역 *Hsün Tzu: Basic Writings* (New York, 1963), pp. 89-111에 있는 "A Discussion of Rites"를 보라.

둘째 문제는 희생 제사보다도 예식(ceremonies)과 관련되어 있다. 나는 여기서 유교인들의 통과 제의(rites de passage) — 젊은이들의 성인식(capping)이나 결혼·장례식 등등 — 를 다루어 보려고 한다. 과연 이것을 종교적 의미에서의 제의로 다루어야 하는가, 아니면 단지 사회학적인 의미만 있는 것인가? 이러한 물음은, 흔히 무신론자로 알려진 순자가 위와 같은 여러 예식의 절차를 상세히 규정해 놓은 『예기』라는 책의 주요한 저자 가운데 포함된다는 사실을 기억해 볼 때 더욱 심각해진다.

이러한 점에서 나는, 중국인의 통과 제의가 순수한 일상사의 측면에서 해석될 수 있으며, 그것은 삶의 어떤 특정한 사건의 경험 속에서 비롯된 인간 감정의 정형화였다고 말하고 싶다. 풍우란 역시 이와 같은 의견을 피력하고 있는 것을 볼 수 있다.[35] 그러나 나는 여기서 — 절대적인 것은 아니지만 때때로 볼 수 있는 — 잠정적인 종교성을 이끌어 내어 보려고 한다. 유교인의 통과 제의는 항상 조상의 사당에서 거행되는데, 그곳은 조상의 제사가 있을 때는 물론이고, 상제가 현현해 계시는 곳이기에 성스러운 곳으로 간주되며, 그곳에서 조상의 은혜를 기리며 상제와 함께 즐기게 된다. 그러므로 설사 그러한 예식들 자체가 하나님과 직접적인 교통을 말하고 있지는 않지만, 조상들의 중개를 통해 간접적으로나마 하나님의 축복을 기원하는 것이다. 최소한 공자 자신을 포함하여 하나님을 믿는다고 하는 사람의 대부분은, 그러한 예식을 거행할 때에 이와 같은 이해를 갖고 있는 것이다.

유교의 제의: 하늘에 대한 제사

성찬례(Eucharist)라는 말은 감사라는 뜻을 가진 희랍 말에서 비롯되었다. 이러한 성찬례의 거행은 최후의 만찬에 나타난 예수의 감사 행위에 모범과 근거를 두고 있는 것이다(눅 22:19, 고전 11:24, 막 14:23, 마 26:27). 이

---

35. 풍우란(馮友蘭)의 "Ju-chia tui-yu hun-shang chi-li chih li-lun" (The Confucian Theories of Marriage, Funerals and Sacrificial Rites), *Yen-ching hsüeh-pao* 3(1928), pp. 356-8을 보라.

것은 "예수의 행실과 교훈에 따라 교회가 거행하는 성례적 만찬"이라고 정의되는 한편, 예수에 의해 대표되는 "구원의 실제로서의 현실화" 또는 "감사의 말씀을 통해 물과 포도주로 시행되는 사건"으로 이해되고 있다.[36]

성찬례를 거행하는 기독교회에 있어서, 이것은 모든 신자들이 동참하는 중요한 제의 중의 하나이며 신앙의 공식적 선포가 되기도 한다. 유교인들의 경우를 살펴본다면 매우 다른 양상이 나타나게 된다. 유교적인 중국에 있어서, 하늘에 대한 제사는 의심할 여지 없이 종교적 신앙의 최상의 집합적 표현임이 분명하다. 그러나 이것이 매년 한 번씩 거행된다는 점에 비추어보아 기독교의 성찬례보다는 유대교적인 성전 희생 의식(Temple sacrifice)과 유사성을 보여주고 있는 것이다. 이외에도 참석 범위가 매우 제한되어 있어 일반적으로 대중이 동참한다는 것이 거의 불가능하였다. 세속적인 것(imperium)과 성스러운 것(sacerdotium)의 구별이 없는 문화권 내에서의 하늘에 대한 희생 제사는, 종교적 기능과 아울러 정치적인 면에서도 대리자나 천자(天子)로서의 황제에 대한 독특한 특권과 의무를 잘 보여주고 있는 것이다. 유대교의 성전 제사가, 여러 가지 면 중에서도, 특히 참된 하나님만을 유일하게 섬기는 하나님의 선택된 백성의 일치성을 보여주는 반면에, 유교에서의 하늘에 대한 제사는 특별히 하늘 아래 모든 나라를 통치하는 특정인의 주장을 선포하고 있는 것이다. 그것은 종교적 의무인 동시에 정치적 정당화의 표현이 되고 있다.

하늘에 대한 제사에 관련한 제의적 상황은 매우 일찍부터 발전되었으며, 공자 시대에도 이미 존재해 있었을 뿐만 아니라, 20세기 초에 이르기까지 많은 측면에서 중국 종교들의 주요한 모습이 남아 있었다. 지금도 북경 외곽에는 하늘에 제사드렸던 사당이 남아 있는데, 이는 북경을 수도로 정했던 통치자들에 의해 제사가 거행됐던 곳으로, 지금으로부터 600년을 훨씬 넘어선 오래 전의 건축물로 알려져 있다. 성전 구내를 보면, 성전의 중심부에

---

36. *Sacramentum Mundi*, vol.2, 257에 실려 있는 Johannes Metz의 성찬례에 관한 논문을 보라.

아무런 벽이나 천장을 가지고 있지 않으며, 단지 하늘에 기도하는 신적인 사제가 서 있을 수 있도록 하늘 아래 개방된 곳에 하얀 대리석의 탁 트인 제단만이 있을 뿐이다. 이 제사는 매년 동지(冬至)에 정기적으로 거행되었다. 황제는 3일 동안의 금식과 철야를 통해 그의 대제사장적 행위를 위해 준비하게 되고 왕족 및 관리와 같은 그의 측근들도 이에 참여하게 된다. 그런 후에 그는 매우 단순하게 생긴 원형의 세 회랑을 오르면서 개방된 제단에서 자신과 백성을 위해 기원하게 된다. 이 제사는 흠 없는 상태의 거세한 소를 불태워 드리는 동물 희생 제사이다. 여기에 장중한 음악과 함께 다른 공물들 그리고 주술이 수반되기도 한다. "모든 제사는 상제 및 위대한 역대 왕조들과 일월 성신에 대한 감사의 표시인 동시에 그해 동안 내내 축복을 간구하는 것이다."[37]

여기서 눈여겨봐야 할 것은 제사 의식의 핵심이 감사(Eucharist)라는 점이다. 희생 제물이 드려지는 것은 달래기(propitiation) 위함이 아니라 감사에서 비롯되는 것이다. 실제로 위무(propitiatory)적 희생 제사라는 전체적 개념은 유교 의식에 있어서 낯선 것으로 나타나고 있다. 이러한 사실은 선교사들 주장 속에서도 뚜렷이 나타나고 있는데, 예를 들어 뛰어난 중국 문화 전문가였던 James Legge 같은 이는 오히려 기독교 신앙에서 위무적 성격이 핵심적인 것으로 나타난다고 말한다.

하늘에 대한 제사는 유일한 하나님에 대한 신앙의 표현이 된다. 해 · 달 · 별 그리고 산과 강 같은 수많은 천상과 지상의 정령들은 하늘과 관련이 있지만 그것은 항상 부차적인 것 혹은 부속물과 같은 것이다. 역대 제왕들은 항상 이 의식과 관련을 맺고 있었는데, 이것은 신격화된 모습으로서가 아니라 참여자나 증언자의 자격으로서 이해되는 것이다. 또한 역대 제왕들은 그 해 마지막이나 계절이 바뀔 때마다 그들 나름대로의 제사를 드릴 수 있었

---

37. W. E. Soothill, *The Three Religions of China* (Oxford, 1923), p.232. 또한 James Legge 가 영어로 번역한 *Li Ki* vol.2, pp.210-20의 『예기』 21장 희생의 의미에 관한 부분을 보라.

다. 황제들은 그 조상들에게 겸손한 후손의 마음으로서 자신들의 통치의 잘잘못을 보고하곤 하였다. 이것은 일종의 가족 예식에 속하며 단지 여느 평민의 조상 제사보다 규모가 크다는 것이 특징이라고 할 수 있다.[38]

하늘에 대한 제사가 희생 번제물을 필요로 하는 반면에, 조상에 대한 제사는 조상의 사당이나 조상의 묘, 혹은 집에서도 치러지며 아직도 곳곳에서는 조상의 이름이 새겨진 위패를 간직하고 있는 것을 볼 수가 있다. 음식과 술 등이 제물로 항상 드려지고, 위패 앞에서 경배의 절을 드리게 된다. 그러고 난 후, 조상들이 이미 흠향했다고 간주된 음식을 모든 가족들이 나누어 먹는다. 그리고 성찬례에서와 같이, 이 조상에 대한 제사는 공동 식사의 종교적 예식을 의미하게 되는데, 특히 그 속에서는 산 자와 죽은 자들이 모두 참여하면서 씨족과 가족의 연대감이 갱신되며 더욱 결속하게 된다.[39]

하늘에 대한 제사는 중공의 성립(1912년)과 함께 종식되었다. 그러나 조상에 대한 제사는 어렵게나마 지속되고 있다. 인민 공화국은 과거로부터 등을 돌렸고 조상숭배를 거절했다. 중국 본토를 떠나 홍콩이나 대만, 남동 아시아에 정착한 중국인들이, 위와 같은 의식의 계속성을 말해 주는 조상의 위패를 모두가 갖고 나오지는 않았지만, 계속적으로 가족의 유대를 강화·유지하면서 제사에 대한 관념과 그 중요성을 자신들의 삶 속에서 간직하고 있다. 이러한 속에서 유교는 이전보다 약화된 형태로나마 체계적인 신앙의 모습을 지니게 되었으며, 어떤 점에서는 이전보다 강화된 형태로 종교적 감정을 확산시키면서 가족 내에 자리잡고 있는 것이다.

---

38. D. Howard Smith, *Chinese Religions*, pp.140-5; James Legge, *The Religions of China* 44-51.
39. 조상 제사에 대해서는 『예기』 21-22장을 보라. Legge 역 *Li Ki*, vol.2, pp.226-35, 236-54. 또한 『주자가례』(朱子家禮)를 보라. Charles de Harlez의 불어 역 *Kia-li* (Paris, 1889), pp.18-27, 146-8. Martin Buber, China and Us, in *A Believing Humanism* (New York, 1967), p.188을 보라. Buber는 중국의 조상 제사에 대해 "그것은 원칙을 수용하는 태도를 의미한다: 그것은 후손들이 죽은 이들을 수용함을 뜻한다. 이런 조상 제사는 죽은 자와의 가족 연대성이 있는 곳에서만 가능한 것이다." 그는 이것이 서구 정신에는 매우 생소한 것임을 밝히고 있다.

통과 제의(Rites de passage)

유교인의 "통과 제의"는 개인의 삶 속에서 가족 의식과 가족의 연대 의식을 특히 강조하고 있다. 이는 대부분의 백성들에게 조상 제사를 강조하면서 유교의 종교적 실천에 있어서의 가족적 특징을 말해 주는 것이다. 이에 대한 중요한 내용은 철학자 주희가 편찬한 『주자가례』(朱子家禮)라는 책에 잘 간추려져 있다. 여기에는 개인의 성장과 성숙 및 가족끼리의 결합이 되는 결혼에 있어서의 가족 원리상의 확증, 그리고 애도나 장례 의식 등등에 관한 예문 등이 포함되어 있다.

아이의 탄생은 모든 가정에 있어 중요한 사건으로 이해된다. 그러나 유교 가르침에서는, 탄생의 준비 단계에서 "태교"(胎敎)를 강조하고 탄생 후에 삼 일간 목욕 재계하는 등의 다양한 예식 전통이 있기 때문에 여기에서는 기독교의 세례와 상관성을 갖지는 않는다.[40] 아기의 명명식은 탄생 후 석 달이 지날 무렵 "삭발"(tonsure)하게 될 즈음에 거행되고 그 이름은 족보에 남게 된다. 또한 유교 의식에서는 아이의 성장에 따른 예식에도 커다란 의미를 부여하고 있는데, 이것은 지역에 따라서, 15세부터 20세에 이르는 소년들을 대상으로 하여 성장하는 그들에게 "성인식"(capping)을 베푸는 것이다. 성인으로 인정하는 특이한 예식 — 갓을 수여하고 옷을 바꿔입는 — 과 아울러 술을 바치고 공식 명칭을 수여함으로써 젊은이는 성인 사회에 들어가게 되고 조상의 반열에 들게 되는 것이다.[41] 이러한 예식은 기독교인이 된다는 의미의 세례 의식이나, 하나님을 섬기고 성인(聖人)의 모습을 본받겠다고 하는 젊은이들의 서약 의식인 견진과도 일맥상통하고 있다.

유교인에게 있어서, "결혼 예식은 양가 사이의 사랑의 연대를 말하며, … 조상의 사당을 받드는 일을 감당하고 … 가문을 계속 보존한다는 의미를 담

---

40. 목욕 재계에 대해서는 P. H. Dore, S.J., *Manuel des Superstitions Chinoises* (Paris-Hongkong, 1970), p.8을 보라. 유아의 "삭발"에 대해서는 *Li Ki*, vol.1, p.473을 보라.
41. 성인식에 관해서는, 주희의 『가례』를 보라. *Li Ki*, vol.1, pp.437-8. 여자의 경우, 약혼식 때에 성인의 비녀를 받는 예식이 있다. *Kia-li*, tr. by de Harlez, ch.5를 보라.

고 있다."⁴² 그러므로 가족의 행복은 항상 개인의 행복보다 우선적인 것이 된다. 이러한 까닭에 결혼은 본성적인 것일 뿐만 아니라 삶의 필연적인 일부로 간주되는 것이다. 결혼 예식 그 자체는 이러한 의미를 담고 있는 것이다. 그래서 이 예식은 술을 제물로 삼아 조상의 사당에 공포함으로써 시작된다. 두 배우자가 서로 만난 이후에는 — 신랑이 그 신부를 만나러 가서 — 각자에게 서로 맞절을 하고 함께 음식을 나누는데, 그들의 결합과 애정을 나타내기 위해 참외로 만들어진 잔으로 번갈아 마시게 된다.⁴³ 그러나 신랑·신부가 혼인 서약을 할 때에는 각자의 개인적 소망보다는 부모들의 결정에 복종한다는 서약을 해야 한다. 『예기』에 보면,

> 존경과 신중함, 존중과 아울러 세밀한 데까지 일일이 올바름을 유지하기에 진력하며, 서로 사랑하는 것 또한 이 예식에서 중요하게 취급되어야 한다. 이는 남자와 여자 사이에 분별이 있게 해주는 동시에 남편과 아내 사이에 올바름을 세워 주는 것이 된다. 이러한 올바름으로부터 아버지와 아들간에 친밀함이 있게 되며, 이러한 친밀함으로부터 통치자와 신하간의 정당한 관계가 성립된다. 그러기에 "결혼 예식은 여타 예식 준수의 근거가 된다"라고 말하게 된다.⁴⁴

흔히 말하기를, 유교 예식은 성인식에서 시작하여, 결혼식에서 그 뿌리를 찾아볼 수 있으며, 장례식이나 제사에서 그 중요성이 가장 강조되고 있다고 한다. 『예기』의 여러 곳에서 비중있게 취급되고 있는 것은, 장례식이나 추도 예식 및 갖가지 친족 관계에 따른 추도 시일의 설정, 그리고 제사를 둘러싼 예법 등이다. 확실히, 과거의 중국이나 한국 사람들은 죽은 사람들에 대한 적법한 절차에 관해 소소한 것까지 관심을 기울였었다. 추도 제사는

---

42. Book of Rites, 41, in *Li Ki*, vol.2, p.428.
43. *Kia-li*, ch.7; Book of Rites, 41(in *Li Ki*, vol.2, pp.428-34).
44. *Li Ki*, vol.2, p.434.

유명을 달리한 슬픔을 표현하기도 하지만, 이러한 죽은 자에 대한 존경은 삶과 죽음의 계속적인 상호 관련성과 같이 내세에 대한 믿음을 포함하게 된다. 이러한 점은 유교가 기독교의 추도식과 유사한 면이 있음을 보여주는 동시에 그런 차원을 넘어선 독특한 점이기도 하다. 그런데 유교 윤리가 명백하게 현실 지향적인 데 반해, 유교의 추종자들은 자신들의 생애중 많은 부분을 추도 제사 및 사별한 부모에 대한 예법(초막을 짓고 무덤 곁에 지냄), 그리고 사회·정치적 행동보다는 은둔적 태도를 보인다는 것이 매우 흥미롭다. 이런 점에서 볼 때, 기독교인의 도덕 관념은 타계 지향적인 경향임에도 불구하고 덜 꺼림칙하다고 볼 수 있는 것이다.

제사와 관련된 문제점은 — 희생 제물이나 성사(sacraments) 및 예식 등 모든 경우에 있어 — 그것이 진정한 공동체 신앙의 표현으로서 자기 초월의 매개체라든지 하나님을 지시하는 표징으로 이해되지 못하고 그 자체가 목적이 되어버릴 수 있다는 점이다. 이러한 이유 때문에 예전을 갱신시키거나 제의를 단순화시키면서 상징성을 풍부하게 하는 노력이 계속되고 있다. 이러한 모든 것은 진정한 마음이 담겨 있지 않은 형식주의적인 제사나 제의 형태를 극복하려는 의도가 담겨 있는 것이기도 하다. 이 점은 세계 모든 종교들에게 중요하게 고려되어야 한다. 그래서 공자도 다음과 같이 묻고 있다. "제사라는 것이 겉만 요란하고 번질나게 한다고 해서 전부일 수 있느냐…, 음악이라는 것이 나팔불고 북치는 것만이 전부일 수 있는가?"(논어 17:11). "만일 진심으로 정성이 결여되었다면 이 제의가 무슨 쓸모가 있겠느냐?"(논어 3:3).

결 론

이와 같은 유교와 기독교의 비교 연구를 마감하면서 특별히 기도나 명상, 신비주의, 제의 등의 고려를 통해 우리는, 최상의 인격적 신성에 대한 신앙의 표현으로 나타나고 있는 초기 유교와 우주 및 자아간의 일치됨을 강조함으로써 이러한 초월의 차원이 흐려지고 있는 좀더 신비적 경향의 후기 유교 사이에 커다란 간격이 있음을 발견하게 된다. 이러한 간격은 유교의 종교 의식(cult) 속에서도 찾아볼 수 있는데, 특별히 초기 유교의 주류로 볼 수 있는 하늘에 대한 의식과 후대의 유교적 명상 내지는 정좌(靜坐)가 바로 그 것이다. 사실 이미 언급한 대로 성군(聖君)이 하늘 또는 상제에게 간구하는 것은 대부분 종교 의식적 맥락에서 비롯된 것이다. 그러므로 개인적인 종교적 경건성의 신앙에서 벗어나 유일한 하나님, 또는 여타 정령들에 우선하는 최상의 창조자 및 만물의 섭리자에 대한 계속적인 제의적 신앙을 추구한다는 것은 중요한 것이다. 물론 유교의 명상이나 신비주의가 명백하게 하나님의 인간성이나 초월성을 부정하고 있지는 않다. 그러나 여기에서는 그와 같은 신앙 형태를 그리 중요하게 보지 않는 것이다.

결국 문제는 왜 그렇게 되었을까 하는 것이다. 종교 의식(cult)과 명상(혹은 철학) 사이의 계속되는 이분법은 왜 그런 것일까? 그 변화는 공자 자신으로부터 비롯되는 것일까, 아니면 후대인가? 그리고 그 과정은?

공자 자신은, 스스로를 불가지론자로 표명하기도 했고 하나님을 믿는 신앙인으로도 말하는 등 다양한 모습을 보여주고 있다. 그의 대화 기록인 『논어』를 보면, 실상 인격적 기도의 모습은 그리 많지가 않다. 인격적 신성이나 초월적 세력 같은 유일신에 대한 신앙은 모두 공개적이라기보다는 암묵적(implicit)인 형태를 띠고 있다. 그러나 이 암묵적인 형태라는 것은 매우 중요한 점이다. 유교를 종교라기보다는 철학으로서 이해했던 — 적어도 반 공자 운동 이전의 사람으로서 — 풍우란 같은 현대의 유교 철학자까지도 인격적 하나님에 대한 공자의 신앙을 긍정하고 있는 실정이다.

어쨌든간에 공자는, 중국 사상사의 진행에 있어 그 방향의 변화를 시도한 것이었고, 그 변화는 형식적 종교에 그치는 것을 탈피하여 인간의 도덕성에 기초한 휴머니즘의 경향을 갖는 것이었다. 그의 추종자들은 이러한 휴머니즘적 경향을 좀더 발전시켰는데, 맹자 같은 이는 자아와 우주간의 하나됨을 강조함으로써 신비적 차원을 열어 놓았고, 순자 같은 이는 비록 교육적 측면이지만, 예절이나 도덕적 절제의 관점에서 각종 제의에 의미를 부여함과 아울러 사실상 불가지론의 지평을 열어 놓았고, 심지어 하늘을 "비신화화"(demythologizing)함으로써 — 다시 말해 물질적 하늘(天, empyrean)로 축소시킴으로써 — 무신론에 이르게 되었다.

그러나 고대에 계속되었던 통치자와 하늘의 연관 관계 및 하늘에 대한 의식을 통치자 자신에게로 축소시킨 결과나 영향을 주의깊게 살펴보아야 할 것이다. 유교 경전에 보면, 하나님에 대한 간구나 대화의 기록이 나타나는데, 여기서 성스러운 대화의 인간측 대표자는 언제나 통치자였다. 공자의 경우에는 통치자가 아니었다. 그를 추종했던 여러 철학자들 중에서도 통치자는 없었다. 이러한 점에서 유교적 신앙과 철학의 민주화(democratization) — 이것은 서구 세계에 "유교"로 알려진 고대 중국 종교 철학의 해석자는 성군(聖君)들이 아닌 평민이었다는 사실을 말한다 — 는, 종교적 차원의 시각을 잃지 않으면서도 점차적인 사회화(secularist)의 형태를 띠게 되는 것이다.

그리고 도교와 불교의 혼합주의적 영향으로 유교가 강렬한 혼합주의적 색채를 띠게 된 것도 부인할 수 없는 사실인데, 특히 9세기 이후 신유교 사상가들의 출현에서 두드러지게 나타나고 있다. 유교에서의 정좌(靜坐)는 자아 망각(self forgetfulness)과 자기 초월 및 전체와의 합일을 추구하는 수단이나 방법으로서 강렬한 선(禪)불교의 흔적을 지니고 있다. 이러한 발전 경향은 수세기를 두고 계속 진행되었지만, 유교 의식의 종교적 기본 형태에는 영향을 미치지 못했으며, 기존의 간구 및 예배의 형식적 행위인 제의들이나 배타성 등에 의해 그 형태를 보존하였다.

결국 우리는 16,7세기의 예수회 선교사였던 Matteo Ricci 및 그 후계자들의 견해와 비슷한 결론에 도달하게 된다. 본인은, 공자 이전의 중국의 신앙이었던 원시 유교의 형태가 제의 및 간구의 삶의 형태 속에서나 그것이 의미하는 신학적 형태 속에서 기독교와 실제로 유사성을 보여주고 있다고 확신한다. F. Heiler의 말을 한 번 더 인용한다면, "예언자적 종교"의 형태란 점에서 유사하다는 말이다. 이것은 성군이 하나님으로부터 받은 순수한 계시에 근거하며, 또한 윤리가 정치와 일치하고 예배와 통치자 지위가 연관되는 계시인 동시에 하나님께서 모든 삶과 권세의 주인이 되신다는 최상의 인격적 신성의 계시에 근거한다. 그러나 도교와 불교의 영향으로 인하여, 후기의 유교는 더욱더 "신비주의" 성격을 띠면서, 그 자체가 신비주의적 종교로 변모되어 갔고, 하늘에 대한 국가적 제의를 통해 해마다 하나님의 초월을 상기하던 전통도 지속되지 못하였다.

그러나 원시 유교와 기독교의 커다란 유사성을 주장했던 Matteo Ricci 및 여타 예수회의 견해에 일면 동의하면서도, 그들이 종교 변증론적 목적으로 후대 신유교의 발전을 탓했던 사실에 대해서는 의견을 같이할 수가 없다. 나는 이러한 발전 현상 그 자체가 유교와 기독교를 확실하게 구별하는 중요한 점이라고 본다. 원시 유교의 형태에서는 단지 예언자적 종교 형태에서만 유사점을 보였다. 성군(聖君)이 받게 되는 순수한 계시는, 기독교 신앙에서의 그리스도 계시처럼 중대성을 갖지 않았고, 신앙이나 계시가 교리의 형태로 발전되지도 않았다. 또한 유교 전통에 있어서는 최상의 인격적 신성 등과 같은 하나님의 개념이 절대적인 문제점이 되지도 않았다. 공자 그 자신은, 그가 전수받고 발전시킨 전통의 예언자로서 윤리적 휴머니즘에 더욱더 초점을 맞추었다. 통치하는 하나님 상을 내동댕이치지 않고, 지혜롭게 거리를 두었고 경외와 숭배의 마음을 갖고 있었다. 유교는 결코 그 자신의 신학을 구축하지 않았다. 후대 도교와 불교의 영향으로 원래의 순수한 하나님 신앙이 흐려지긴 했지만, 이것은 영성(靈性)과 신비주의의 더 깊은 차원을 열어 주었다.

위에서 나는 유교의 종교 의식과 철학 및 영성 사이의 어떤 차이점에 대해 설명하는 식으로 분석을 해보았다. 나는 유교 전통 속에서 예언자적 요소와 신비적 요소가 독특한 방법으로 교호하고 있다는 사실을 가장 의미있게 평가하고 싶다. 이것은 예언자적 종교가 신비적인 종교에서 배울 점이 무엇인가 — 그 역으로도 타당하다 — 를 보여주는 것이고, 또한 이것은 항상 특별한 문화적 상황과 특정한 문화적·종교적 공동체 내에서 판단되어지는 것이다. 유교와 기독교는 각각, 어떻게 그런 상호 수용 과정이 가능한가 와 그 지속적 진행에 대한 좋은 예를 보여주고 있다. 유교와 기독교는 각각 다른 점이 있다는 사실에서뿐만 아니라, 그들 사이에 공통점이 있다는 사실 로부터 또한 서로에게 배울 수가 있는 것이다.

〈제6장〉

정치적 관련성의 문제

서 론

정치 및 정치적 개입은 많은 점에서 유교 철학보다도 기독교 사상에 있어 더욱 문제가 되어왔다. 우선 진정한 예수 그리스도의 가르침을 적나라하게 정치적으로 수용하는 것은, 오늘날 개방되어 있긴 하지만 동시에 논란이 되고 있다. 한데 공자와 그의 가르침을 볼 때에는 문제가 달라진다. 그는 당시, 사회 속에서 정치적 실천(praxis)에 개방적이었고 또한 그에 지속적으로 몰두해 있었기 때문에, 이 나라에서 저 나라로 돌아다니며 자기의 사상을 기꺼이 받아 줄 통치자를 찾아 다녔다. 그는 도덕적 통치력과 설복에 기초한 — 와해된 질서가 회복되고 더욱 안정된 — 그러한 사회의 형성을 염원하고 있었다. 예수 그리스도의 경우에는, 역사적 사료가 말하는 대로 본다면, 완전히 다른 모습이다. 한편에서 보면, 그는 사회·정치적 인간도 아니고 종교의 설립자도 아니다. 로마 식민지 하에서 한 유대인으로 태어났고 자랐다. 그의 유일한 자랑은 이미 오래 전에 왕권을 상실한 다윗 왕조의 혈통에 속한다는 점이다. 그는 그 당시 헤롯당이나 사두개파인들이 하던 식으로 로마 정부를 대하지 않았다. 그는 제사장 직분에 해당하거나 서기관과 장로의 일원도 아니었다. 또 한편으로 본다면, 그는 항상 애국적인 젤롯(Zealot) 운동과도 거리를 두고 있었고, 부당했던 그의 죽음은 특별히 정치적인 판정 오류 — 잘못된 고소와 시기로 인한 저주 — 속에서 일어났다. 그는 사회·정치적 혁명가는 아니었다. 하나 이것은 그의 가르침이 사회 정치적 차원을 결하고 있음을 의미하지는 않는다. 오히려 예수는 초기 유대의 예언자들이나 혹은 그 이상으로 제의적 형식주의 및 모든 부정의와 기득권,

핍박, 국수주의(國粹主義) 등에 대한 비판을 가했다.[1]

　사실상, 복음서에서는 긍정적인 정치적 가르침을 찾아보기 힘들다. 예수 그리스도는 "왕국은 이 땅에 속한 것이 아니다"라고 가르쳤다. 그는 명백하게 두 개의 권위의 공존을 인정했다. 즉, 가이사(Caesar)와 하나님 나라가 그것이다(마 22:16-22). 그러므로 그 자신은 팔레스틴에 존재했던 외국 세력의 지배에 대해 시민적 복종의 필요성을 인정한 것이다. 성 바울도 역시 이 경우처럼 세속의 정부에 대해 복종할 것을 설교하는 한편, "우리의 나라는 하늘에 있다"(빌 3:20)라는 식으로 기독교인의 희망이 하나님께 있음을 아울러 강조했다. 그리고 벧전 2:16에서도 "통치자를 존경하라"는 식으로 세상 권력을 고려하라는 분명한 진술도 볼 수가 있다. 모든 권력은 결국 하나님으로부터 비롯되기에 지키고 존경할 만한 가치가 있는 것이다. 모든 권력과 권위의 근거로서 하나님에 대한 신앙을 내세우는 것은, 서구 유럽 역사의 맥락 안에서 볼 때, 권력의 이원론을 발달케 하는 계기가 되었다. 초기의 많은 논쟁을 보면, 성직 제도(sacerdotium)와 왕권 제도(imperium)를 대표하는 종교적 권위와 세속 권위와의 대립에 대한 문제를 다루고 있다. 판결에 대한 갈등은 고소와 맞고소로 이어졌고, 법전 편찬의 신중함과 아울러 법률학의 발전도 가져왔다. 그러므로 이러한 권력의 이원론은 정치적 자유(법 아래서의 자유)의 성장을 가져오게 되었다고 평가받기도 한다.

> 교회는 그리스도의 왕국(regnum)이 아니다. 그러나 이러한 왕국의 상징이 된다. … 마찬가지로, 엄격한 의미에서 하나님의 통치권을 배제한다면 통치자에게는 아무런 권한도 없는 것이다. 모든 점에 있어서, 하나님의 이름과 권위로써 행하는 사람에게만 권력이 타당성을 갖게 된다는 말이다. 그러나 그는 대리자이고, 파견된 사람이며, 위임자이고, 대표자인 것이다.[2]

---

1. 예수 그리스도의 정치적 배경의 이해를 위해서는 H. Küng, *Christ sein* (München, 1974), 169-80, Gustavo Gutierrez, *A Theology of Liberation*, tr. by Sr. C. Inda and J. Engleton (New York, 1973), pp.225-31을 보라.

공자 또한 몰락한 옛 왕조의 귀족 후예였다. 그러나 그는 분명히 자기 시대 왕조의 기원에 자기를 일치시켰다. 조금도 변절 의식을 갖지 않고, 오히려 고도의 문화적·인종적 조화를 이룩한 공동체에 자기가 속해 있다고 생각하였다. 공자가 그의 고향에서 짧은 기간이나마 법질서를 담당하는 책임자를 맡은 것으로 보이지만, 확실히 그는 기득권자가 아니었다. 오히려 자신의 도덕적 원리를 보존하면서 정치적 기존 체계에 가담하려는 의도를 가지고 있었고, 이런 원리를 사회 체제의 개혁을 위한 기초로 삼으려고 했다. 그러므로 그는 자신이 살던 시대의 사회에 대해 개방적이고도 지속적인 정치적 실천(praxis) 의지를 갖고 있었다.[3]

공자는 죽음 이후의 삶에 대한 사색 대신에, 현세의 삶과 특히 정치적·사회적인 측면에 지대한 관심을 갖고 있었다. 그에 의하면, 적극적인 정치적 활동은 인간의 고유한 책임이며, 이러한 원칙에서의 예외는 — 전설적인 고대의 은둔 성인처럼 — 사회적 저항의 형태에서만 인정될 수 있다. 유교적 사회 참여는 자기 초월의 매개가 되기도 하는데, 이는 관계를 맺게 된 개별자에게뿐만 아니라 사회 질서상의 "구원"(salvation)에 있어서도 적용되기 때문이다. 이러한 유교 철학의 지나친 정치적 경향은 자칫 정치적 권위의 부수적 요소로 전락되거나 그 자체가 정치적 요소가 되어버릴 위험성이 있다. 하나 이러한 종속성이나 변질성이 전체적·총체적 현상이라고 생각되지는 않는다. 공자나 맹자 이후의 유교 전통은, 사회적·정치적 현상 유지(status quo)에 비판을 가한 많은 사상가들을 낳았고, 또한 옛날 윤리 질서의 이상향에 맞추어 개혁을 요청하였다. 그런데 이러한 과정은 특히, 교회와 국가에서처럼, 이중적 권력을 허용하지 않는 문화와 사회의 측면에서 발생되었다. 특별히 한(漢)나라 때에는 유교가 국가 철학 내지는 국교로서의

---

2. J. M. Cameron, *Images of Authority: A Consideration of the Concepts of Regnum and Sacerdotium* (New Haven, 1966), p.2를 보라.

3. 공자의 정치적 입장에 대해서는 H. G. Creel, *Confucius, the Man and the Myth* (New York, 1949), pp.25-55를 보라.

위치를 차지하면서, 법가(法家)의 권력 이론과 함께 음양 이론에 바탕을 둔 상관적 형이상학(correlative metaphysics)을 자체의 구조 내로 수용하기에 이르렀다. 이로써 새로운 군주 제도와 그 보편적 권위가 정당성을 가지게 되었다. 이것은 어느 정도, 4세기경 콘스탄틴 황제 때에 기독교 주교로 있었던 Eusebius of Caesarea의 노력과 이념에의 유사성을 보여준다. 그는 철학적인 유일신론을 군주 제도에 적용하여 한 하나님, 한 로고스, 한 황제, 하나의 세계라는 식으로 "정치신학"을 구상했었다.[4] 그러나 유교 철학의 경우에 있어서 최고의 신성(神性)으로서의 하늘[天] 개념은, 하늘-땅이라는 이중적 권력에의 강조점 때문에 지장을 초래하였다. 그러나 황제를 하늘과 땅 사이의 매개자나 최고 제사장으로 수용하는 것은, 종교적 사고나 제의 행사 등에 있어서 과거로부터 전승된 초월의 차원을 간직하고 있는 것이다. 이와 비슷하게 중국에 있어서의 유교는, 마치 비잔틴 교회가 동로마 황제에게 지배당하게 된 것처럼, 국가에 종속되기 시작했다는 주장도 대두되었다.

권위(authority)의 문제는 유교 전통에 있어서 통치자와 신하의 관계 속에서 형성되었다. 이러한 사실 자체는 매우 주목할 만한 것이다. 권위에 대한 서구의 인식은 법률적인 용어로 규정된다. 그러나 극동아시아에 있어서 법이란 것은 주로 형벌적인 측면에서 다루어지기 때문에, 정치적 집단의 이해나 통치자와 피지배자 사이의 상호 의무 같은 것은 개인적 관계가 지배하게 된다. 중국의 봉건 제도 역시 이러한 범주에 속하는 것으로, 주인과 하인 관계도, 계약이나 이에 상응하는 신의라는 개념보다는 친밀성이나 여타 개인적 관계가 더 중요하게 다루어지고 있다.

히브리어 성경이나 희랍어 성경을 보면 라틴어의 auctoritas(권위, 권력) 라는 개념에 상응할 만한 마땅한 것이 없다. 로마인에게 있어서 이 말은,

---

4. Jürgen Moltmann, "The Cross and Civil Religion", in Moltmann et al., *Religion and Political Society,* ed. and tr. in the Institute of Christian Thought (New York, 1974), pp.24-5 를 보라. 몰트만은 이 연구 속에서 E. Peterson의 논문 "Monotheism as a political Problem"(1935)을 인용하고 있다.

진리의 교사였던 철학자들의 저술에서처럼, 황제 및 원로원에 대한 그들의 의무와 관련을 갖고 있었다. 계시에 대해 인간이 응답하는 자유와 관련해서 볼 때, 하나님의 권위에 대한 원칙상의 이의 제기는 터무니없는 것이 된다. 인간의 전(全)존재는 하나님의 창조적인 말씀으로 존재하게 되었으므로, 사무엘이 "주여 말씀하소서, 종이 듣나이다"(삼상 3:10)라고 말한 것처럼, 그는 온전한 삶을 통해 신(神)적인 부름에 응답하여야 한다는 것이 항상 전제되고 있다. 신약성서에서도, 예수 그리스도는 하나님의 뜻에 순종하는 모델로 나타나고 있고(요 14:31), 그 사실로 말미암아 그는 인간 구원의 계기가 되고 있다(롬 5:19, 히 5:8f). 그러므로 그리스도인의 순종은 하나님과 예수의 계시에 대한 믿음의 응답을 전제하며 또한 그 자체이기도 하다. 신앙적인 교통 속에서 비롯된 하나님과 인간 사이의 이러한 권위와 순종의 상호 관계가 제도적인 장치를 통해서 진행될 때에는 많은 위험성을 수반하게 된다. 여기에서의 문제점이라 하면, 그러한 요구의 진정성(authenticity)과 이러한 권위 행사의 정당성을 들 수 있다. 진정한 의미로 본다면 모든 권력과 권위는 하나님에서 비롯된다는 믿음이 전제되는 것이다. 인간은 오직 대리자적인 권력을 행사하는 하나님의 사자(使者)라는 면에서만 이해되는 것이다. 그런 까닭에, 기독교적 상황에 있어서, 교황이나 군주에게 어떤 경우든지 완벽한 "절대"권력이 허용될 수 없는 것이다. 신약성서에서는 권력 그 자체가 공동체에 봉사(*dia-konia*)하기 위해 제정된 것임을 강조하고 있다(눅 22:24-27, 고후 4:5).[5]

유교와 기독교 사이의 정치적인 관련성에 대한 비교 연구에는, 양 전통의 색다른 성격에서 비롯되는 일련의 난점이 존재한다. 결론적으로 본다면, 엄격히 말해서 유교는 기독교가 이해되고 있는 의미로서의 종교는 아닌 것이다. 기독교가 하나님 및 피안에 있어서의 "절대적 미래"에 우선적인 중요성을 두고 있는 반면에, 유교는 항상 이 세상의 계도(啓導)에 강한 집착을 보

---

5. J. M. Cameron, op. cit., ch.1.

여주고 있다. 이러한 기본적인 차이점으로 인하여, 서구의 이론은 동아시아에 있어서는 정확하게 그에 상응하는 것을 찾아볼 수 없었던, 교회와 국가의 긴장 관계라는 것을 극도로 발전시켰다. 심지어 불교나 도교와도 일련의 연관성이 있는 그들의 본질적인 타계적(other-worldly) 지향성은, 교회와 국가가 대립하고 있던 시대 속에서도 진정한 정치 철학의 발전을 선도해 나갔다. 반면 유교의 경우에 있어서는, 엄격한 의미에서의 교회란 용어를 거의 사용하지 않았다. 유교에서는 임금이라는 이상적 지도자를 내세웠는데 이는 척도가 되는 개인이나 천명(天命)의 담지자로 표현되었다. 그러나 왕조(王朝)를 통하여 임금의 지위를 제도화하는 것은 이상과 현실 사이의 격차를 심화시켰고, 따라서 정부의 책임을 감당하며 통치자를 보조하는 유교적 학자 관료(scholar-official)라는, 관리(官吏) 기능에 대한 이상향을 추구하게 되었다. 이와 함께 그들은 과거 황금 시대의 회복이라는 정치적 비전의 성취를 갈구하게 되었다. 맡겨진 직분에 대한 결정적 실수는 왕조의 몰락을 초래하게 되었는데, 그 이유는 천명이라는 논리를 통하여 더 이상 천자(天子)라고 불리기에 합당치 않은 폭군에 대해서는 반란이 정당화되었기 때문이다.

여기에서 나의 의도는, 유교 사상에 있어서의 임금의 위치나 정부 및 이상 사회, 반란과 혁명 등의 개념을 기독교에 있어서 메시아니즘이나 정치적 종말론 및 해방 같은 일련의 사상과 비교함으로, 그 정치적 상관 관계를 논하자는 것이다. 물론 나는 두 전통 사이에 일련의 공통 지반의 영역이 있었던 것처럼 양자간의 차이점도 있음을 분명히 인정하는 바이다. 이와 관련하여 지적하고 싶은 것은, 기독교가 정치적 차원에 비중을 두고 있음에도 불구하고 그것이 정치적 종교로 축소되지 않았다는 점이다. 반면에 유교는 항상 정치 및 정부와 밀접한 관계를 유지하고 있었다. 유교적 통치자나 관리들은 모두 정치적 성격을 지녔던 것이다. 통치자와 관리들의 관계를 비판적으로 살펴볼 때, 어떤 때는 서구의 왕과 제사장의 경우와 유사하면서도 아울러 판이한 기능도 보여주고 있다.

유교적인 왕

앞에서 나는 왕의 지위에 대한 이념이 카리스마 및 미덕과 관련되기 때문에 — 실제이든 가능태이든 — 모든 유교인들이 왕으로 간주될 수 있는 방법에 대해 언급했다. 물론 실제상으로 볼 때, 전설적인 고대의 성군(聖君)을 제외한다면 그 이상향은 결코 성취되지 못하였다. 그러나 이런 이상향은 결국, 모든 이가 왕이 될 수 있다는 인간의 완전에 대한 교리의 이론적 결론에 끊임없이 영향을 미치고 있는 것이다. 그러므로 이러한 이상향을 위한 실제적인 왕조를 강력히 희구하게 되는 동시에 정부의 봉사 정신을 환기시키고, 왕국이 개인적 소유가 아닌 신뢰로 이루어졌음을 주지시키고 있다.

유교적 형태의 중국은 대리자적 권력 이념에 있어 기독교의 유럽과 맥을 같이하고 있다. 고대 에집트나 심지어 일본과도 달리 중국의 경우는 신적 통치자 이념을 품고 있지 않다. 또한 유럽과는 달리 성직권(sacerdotium)과 세속권(imperium)의 대결이라는 긴장을 경험하지 않았다. 유교적 개념에 의하면 정치적 통치자는 천명(天命)의 담지자나 천자(天子) 또는 백성의 아버지나 선생으로 간주되고 있다. 실제로 통치자가 도덕적으로나 지성적으로 평범하다는 것이 자타에 의해 공인됐다 할지라도, 온갖 수려한 말과 예우로써 통치자의 권위에 성인(聖人)의 지혜와 성격 — 카리스마적 인격 특성 — 을 부여하는 것은 통치자의 지위에 대한 성스러운 안수(aura)인 것이다.[6]

표준적 인간

이러한 이상적 임금이나 성인, 혹은 그의 직책 등에 대한 카리스마는, Hegel의 유명한 말처럼 중국 고전에 있어서 유일한 인간(one man) — 비록

---

6. 유교적 형태의 중국에 있어서 카리스마적 왕권에 관해서는 Max Weber, *The Religion of China*, tr. by Hans H. Gerth, with an Introduction by C. K. Yang (New York, 1964), pp. 30-2를 보라.

그 영역에서 유일하게 자유로운 사람은 아니지만 — 으로서의 표준적 개체인 임금을 가능케 해 주는 것이다.[7] 유교 고전에 의하면 이 임금은 유일의 사람인데, 이는 그가 천자(天子)이며 독자적인 방법으로 위에 있는 권력과 아래의 백성을 매개하는 자이기 때문이다. 그는 천명에 의해서 다스리며, 그의 행동은 하늘의 뜻에 의해 수행되는 것이다. 한편으로 그의 고양된 위치와 거룩한 책임성은 그를 고독한 상태로 만들기도 하고, 다른 한편으로 그의 백성들이 하늘에 대해 범죄하였을 때 홀로 그 죄과를 짊어지기도 한다. 이런 면에서 보면 그는 집합적 인간이기도 하다. 때때로 신적인 재앙의 표시로 생각되는 자연 재해 등이 발생하면, 그는 홀로 상제(上帝)에 대해 간구하거나 회복을 기원해야만 하는 것이다.[8]

카리스마적인 왕위에 대한 근본적인 것으로는, 잘 알려진 바대로 천명(天命) 이론을 들 수 있다. 이 이론은, 주(周) 왕조(B.C. 1111~249년)가 이전의 상(商) 왕조를 무너뜨리고 성공적으로 건국되자, 이를 정당화시키는 데서 뚜렷이 발전되었다. 이것은 유교의 여러 경전 특히 『서경』(書經)과 『시경』(詩經)에 잘 나타나 있다. 이 이론에 의하면 통치자의 권위는 상제나 하늘에 의해 부여된 천명에 기초하고, 백성들의 복지를 위해 사용하게 되어 있다. 만일 통치자가 개인적인 범법이나 실정(失政)으로 말미암아 하늘에 죄를 지었다면, 그는 천명을 상실하게 된 것이며, 적합한 덕을 지니고 있는 다른 사람에게 넘어가게 되는 것이다. 주(周) 왕조의 건국자는, 악한 폭군의 권력을 무너뜨리고 억눌린 백성을 구원하는 천명을 받았다고 주장하고 있다.

> 우리는 상(商) 왕조가 천명을 얼마나 오랫동안 받았는지에 대해 알지 못한다. 또한 언제까지 연기되는가에 대해서도 알 수가 없다. 오직 그들은 자신의 덕을 간직하지 못하고 천명을 저버렸다. … 이제 우리 왕이 나타나 그 천명을

---

7. Hegel, *Philosophy of History*, tr. by J. Sibree(New York, 1956), Introduction, p.18.
8. 역사 서적이 참고가 될 수 있다. J. Legge, tr., *The Chinese Classics*, vol.3, pp.175, 185, 288, 292, 379를 보라.

이어받았다. … 이에 왕이 그에 합당한 지도자가 되니 … 왕과 신하는 모두 조심하고 스스로 돌볼지니라.⁹

여기에서 우리는, 중국의 정치적 변혁에 관한 용어 중에서 하늘을 바꾼다〔變天〕라는 말이나 하늘의 명을 바꾼다〔革命〕라는 말이 있음을 기억할 필요가 있다.

공자 자신이 설파했던 정명(正名) 사상은 이러한 천명 이론에 영향을 끼치고 있다. 공자는 "통치자는 통치자답게, 신하는 신하답게, 아비는 아비답게, 자식은 자식답게"(논어 12:11)라고 주장하였다. 이 말은 때때로 현상 유지(status quo)의 옹호라든가, 사회 변동 변화에 반대하는 것으로 잘못 이해되곤 하였다. 하나 이 말의 진짜 의미는 그 반대이다. 공자는 바람직한 국가상을 모색하고 있었던 것이다. 바람직한 통치자상, 바람직한 관리상 등등을 요청하면서, 각자가 표상하고 있는 윤리적 이상향에 합당한 이름을 말하고 있는 것이다. 공자의 뛰어난 추종자였던 맹자는 분명히 이러한 의미로 그 가르침을 이해하고 있었다. 제선왕(齊宣王)이, 신하가 그 임금을 죽일 수 있는가를 물었을 때, 맹자는, 은(殷)나라의 마지막 왕이 악을 저지름으로써 그의 통치권을 상실했을 때 은나라를 대신해 주(周)나라가 이를 계승했음을 상기시키면서, "나는 단순히 한 남자를 죽였다는 말은 들었어도, 임금을 죽였다는 말은 아직 듣지 못했다"(맹자 1B:8)라고 대답하였다.

한(漢)나라 시대에는, 유교적 세계관이 음양(陰陽)학파에서 비롯되는 사상적 영향으로 말미암아 더욱 내재화되어 갔다. 하늘과 땅의 힘은 점차적으로 최상의 존재인 하늘에 대한 인식을 불식시키게 되었다. 특별히 하늘이나 땅과 함께 인간은 삼위(三位)의 한 구성 요소로 간주되기 시작했는데, 이는 인간의 존엄성과 아울러 하늘이나 땅에 상응하는 인간의 비중을 고려한 것이다.

---

9. J. Legge, op. cit., vol.3, p.430을 보라.

인간이 하늘이나 땅과 함께 삼위를 구성한다면, 그것은 특히 임금의 인격이란 면에서 그렇다. 그는 자연적·사회적 질서에서 발생하는 모든 것에 대해 책임을 지고 있는 유일자(one man)라는 의미를 갖고 있다. 동중서(董仲舒)는 중국어의 왕(王)이란 글자를 다음과 같이 해석하고 있다.

> 옛날 글자를 고안해 냈던 이들은 선을 세 개 긋고서 가운데의 수직선으로 연결하고 이를 왕(王)이라 불렀다. 세 선은 각각 하늘과 땅, 그리고 사람을 말하며 가운데 수직선은 세 원리를 모두 통합하는 것이다. 하늘과 땅 그리고 사람의 중심을 지나면서 세 가지 모두를 통합하는 것, 그렇게 할 수 있는 것이 바로 임금이 아닌가?[10]

임금은 하나님 앞에서 백성의 대표자가 되는 동시에, 백성들에게는 하나님의 대리자가 되는 것이다. 또한 그는 표본인 동시에 통치자가 되는 것이다. 임금의 위치는 숭고한 것이지만 마냥 부러운 것만은 아니다. 그의 임금된 것은 자기를 위함이 아니고 백성을 위함인 것이다. 맹자가 지적한 대로, "백성이 가장 귀중한 것이다. 땅과 곡식의 제의〔社稷〕가 그 다음이고, 통치자는 맨 나중이다"(7B:14). 이것은 통치자의 직위가, 자기가 아닌 타자를 위해 사는 성인들과 같은 것이라는 점을 회상해 본다면 전혀 놀랄 만한 일이 아닌 것이다. 맹자는 또한 주(周)의 통치 700년 이후에 성군(聖君)이 없었던 것을 가슴아파하였다. 그리고 한(漢)나라 때의 학자들은 뛰어난 성인이었던 공자가 왕이 되지 못했음을 애석하게 여겼다. 성군에 대한 좀더 간절한 소망으로 인하여, 공자에게 무관의 제왕〔素王〕이란 특별 칭호를 부여하는가 하면, 그를 전설적인 왕조의 창시자로 만들기도 하였다. 그의 저작에 나타난 역사적 판결을 보며 그가 세상의 통치자였다고 선포하기도 했다. 한나라 및 그 이후의 모든 왕조가 하나같이 고대 성군으로부터의 전설적 계

---

10. Tung Chung-shu의 *Ch'un-ch'iu fan-lu* (春秋繁露)를 보라. 영어역은 W. T. de Bary, ed., *Source Book of Chinese Tradition* (New York, 1964), vol.1, p.163.

보에 자신들을 일치시키려고 노력했음에도 불구하고, 어떤 왕이나 황제도 성군과 동일시되지 못했다는 것은 역사 그 자체의 아이러니일 수밖에 없는 것이다.[11]

유교에서 시대마다 등장하는 성군에 대한 믿음은, 어떤 면에서 보면, 유대교에 있어서 평화와 정의의 통치를 가져오는 정치적 메시아의 대망과 유사한 점을 보여준다. 그것이 물론 유대인의 경우에서처럼 이미 맺어진 하나님과의 약속에 근거하고 있지는 않지만, 선정(善政)과 실정(失政)의 순환이라는 신적인 역사 섭리 속에서의 신뢰의 성취라는 점에서는 동일한 맥락에 놓여 있는 것이다. 그외에도, 모든 사람이 성인이 될 수 있다는 유교의 가르침은, 역사 내에서 자유의 측면을 보장하는 동시에 성인의 모습 그 자체에 대한 영감(靈感)을 조장시켜 주고 있는 것이다. 유교적 메시아 상(像)은 택함받은 일자(Elect one)로서 이는 하나님에 의해서뿐만 아니라 신적인 선택을 확신하는 백성들을 통해서도 이뤄지는 것이다. 과거 황금 시대에 대한 인식은 항상 이 메시아니즘의 본질적 요소가 되고 있는데, 까닭에 정치적 구원자는, 맹자가 신념을 갖고 다음과 같이 피력하는 과거 지상 낙원을 회복할 의무를 지니게 된다.

> 참된 임금은 500년마다 나타나는 것이다. 그리고 이 기간중에 여타 유명한 인물이 또한 등장하는 것이다. 주(周)나라 이래로 지금까지 700년이 지났다. 계산해 보면 기간이 이미 넘어선 것이다. 생각해 보면, 이미 나타나야만 되는 것이 아닌가? 그러나, 하늘은 세상이 평안하고 다스려지기를 원치 않는 것 같다. 오늘날에 있어 만일 하늘이 그것을 원한다면 이 세상에 나 외에 누가 그것을 하겠는가(2B:13).[12]

---

11. Fung Yu-lan, *A History of Chinese Philosophy*, tr. by Derk Bodde (Princeton, 1953), pp.71, 129-30.
12. D. C. Lau, *Mencius*, p.94. 영역본에서 인용.

반역에 대한 이론

 권위란 것은, 복종과 충성이라는 형식의 변증법적 관계가 없다면 무의미한 것이다. 여기에서 권위의 소지자와 권위의 영향 범위를 결정하는 통치라는 것은, 어디에서 그리고 어떤 측면에서 복종이 이루어지는가 하는 것도 좌우하게 된다. 하나님이 복종을 승낙하실 정도로 그 명령이 타당하고 적합한 것인가, 그렇지 못한가? 공동체에 대한 봉사라는 관점에서 권위가 옳게 시행되고 있는가? 인간 존재는 도덕적인 결단에 처해 있는 것이다. 지키느냐, 어기느냐, 능동적으로 지키느냐, 수동적이냐, 주어진 권위의 명령을 배반하느냐 등은 개인적이며 법률적인 것이 된다.

 유럽의 기독교인이나 중국의 유교인 모두에게 있어, 반역을 정당화하는 사상은 위임된 권위 인식의 첫번째 것으로 나타난다. 유럽에 있어서 권위에 대한 반역 이론은 일련의 종교적·묵시적 신앙과 관계가 있다. K. Mannheim은 특별히 Thomas Münzer를 언급하고 있는데, 그는 루터파 귀족들에 대항해 농민 반역을 이끌었던 자이다.[13] 이런 점에서, 반역에 대한 인식은 역사 그 자체의 직선적(linear) 견해에서 비롯된다고 볼 수 있다. 반역자들은 대부분 자신들이 역사적 *parousia*(임재, 도래)의 실현에 기여한다고 믿기 때문이다.

 이미 언급한 대로, 도교나 불교와도 관련이 있는 종교적·묵시적 사상은 중국 역사에 있어서 다양한 정치적 반역을 조장시켜 왔다. 그러나 그들은, 앞서와 같은 명백한 반역의 논리를 형성시키지는 않았다. 이것은 차라리 중국의 권력 이론 그 자체, 즉 천명(天命) 이론에서 비롯된 것으로 볼 수 있다.

 맹자는 통치자와 신하 사이의 관계에 있어 상호성(reciprocity)을 주장하고 있다. "통치자가 그 신하를 자신의 손과 발처럼 아끼면, 그 신하는 임금을 가슴과 심장처럼 생각할 것이고, 임금이 신하를 개와 말처럼 대하면 그

---

13. Karl Mannheim, *Ideology and Utopia*, tr. by L. Wirth and E. Shils (New York, 1936), p. 212. Mannheim은 특히 Ernst Bloch의 작품 *Thomas Münzer als Theologie der Revolution* (München, 1921)을 인용한다.

신하는 임금을 여느 사람처럼 대할 것이고, 임금이 신하를 잡초나 먼지처럼 여기면 신하도 임금을 강도나 적으로 여길 것이다"(4B:3).

맹자의 폭군 제거 허용은 중국 역사에 결정적인 영향을 끼쳤다. 나라를 건국할 때나 반역의 시대에는 너나 할 것 없이 이 말에 의존하고 있다. 이런 점에서 유교적인 중국은, 독자적인 정치 윤리를 가지고 타당화하면서, 왕조를 빈번히 바꾸는 것을 체험했다. 또 다른 면에서 일본의 경우는 다른 정치적 발전을 보여주고 있다. 일본인들이 유교를 수용했음에도 불구하고, 그들은 그 가르침을 얼마간 달리 해석함으로써 그들의 신적인 통치자에 대한 어떠한 반역도 허용하지 않게 된 것이다.

서구 기독교에 있어서 폭군 제거 이론은 중국보다 훨씬 후에야 발전하기 시작했는데, 이것은 교회와 국가 사이의 정치적 대결 및 종교 개혁과 밀접하게 연관되어 있다. John of Salisbury는, 극단적인 상황에 있어 폭군을 죽이는 하나님의 도구로서의 백성들의 행위를 허용하고 있다. 이것은 12세기의 일이다. 이후 16세기에 이르러서, 이러한 이념들은 익명의 위그노 교도가 쓴 *Vindiciae contra Tyrannos*(1579) 및 *De Rege et regis institutione* (1598~1599)를 쓴 스페인의 예수회원인 Luis Mariana 등에 의해 더욱 분명히 밝혀지게 되었다. 전자의 작품은 영국에서 공식적으로 불태워졌고, 후자는 프랑스 천주교에 의해 정죄당했다.[14]

한데, 폭군 제거의 정당화가 혁명의 당위성을 낳게 하는 몇몇 가지 문제의 근거가 되긴 하지만, 이것이 사회적·정치적 혁명과 동일하게 취급될 수는 없는 것이다. 오늘날 주지하다시피, 혁명이란 말은 정치적·과학적·사회적·경제적 체제의 전체적 변화를 통하여 인간의 총체적 삶에 중대한 결과를 잉태하는 것을 말하고 있다. 지난 수십 년간 중국 인민 공화국 내에서는 "문화 혁명"이라는 용어가 유행하는 사건이 있었는데, 이는 사회 생활의 전체적인 국면에서 동시적인 변화를 의미하는 것이었다. 혁명은 항상 급작

---

14. Touchard, op. cit., vol.1, pp.283-4.

스럽고도 강력하게 발생하는 것으로서 그 정치적 실례를 든다면, 1789년의 불란서 혁명, 1917년의 러시아 혁명, 1949년의 중국 공산당 혁명 등으로 각자가 모두 폭력과 유혈을 수반하고 있다. 그러므로 혁명은 반역이나 반동(rebellion, revolt)과는 다른 것으로서, 이 후자의 것들은 단순히 무정부를 말하거나 아니면 사회적 질서의 광범위한 변혁을 기도하지 않으면서 정치적 차원에서 지도자의 교체만을 의도하고 있는 것이다. 이러한 점에서 볼 때, 중국 역사 속에서 비록 셀 수 없는 반역과 왕조의 교체가 있었지만, 20세기에 이르기까지 혁명은 없었다고 보는 것이다.

유교적 관리상

유교적 임금의 성군(聖君) 모형이 고대 전설적인 요순(堯舜)의 인격 속에서 찾아지는 한편으로,[15] 유교의 관리상(官吏像)은 좀더 구체적인 역사 속의 인물인 상(商)나라의 이윤(李尹)이라든지 공자도 흠모하였던 주공(周公)의 모습에서 찾아볼 수 있다. 이런 사실에서 일련의 의미있는 교훈을 얻을 수 있는데, 당시 요·순 등이 자신의 혈통보다는 덕(德)에 비중을 두어 왕위를 계승한 것 때문에, 후대에 있어서 자신 및 가족에 국한시켜 천명을 보존하는 데 급급했던 건국자들보다도 어진 관리를 덜 필요로 했다는 사실이다. 주공(周公)의 경우를 모범으로 삼았던 공자는 결코 사사로이 왕의 지위를 추구하진 않았다. 다만 어느 곳에 가든지 그의 봉사를 필요로 하는 군주를 찾아다닌 것이다. 역사는, 공자가 당대 어느 누구보다도 왕위를 중시했다고 평가하고 있다. "무관의 제왕"이라는 그에 대한 칭송은, 바로 참된 임금이나 그 신하들에 대한 귀감이 되고 있다. 양자는 모두 그의 덕을 본받아야만 하는 것이며, 그러한 점에서 스승으로 여겨지는 것이다. 그리고 임금이 하늘 아래 모든 이의 스승인 한편으로, 그 관리들은 특정한 방식으로 이러한

---

15. 여기서 순(舜) 임금은 항상 통치자의 모델이 되었음을 인정해야만 한다. 왜냐하면 그는 왕위에 오르기 전에도 그러하였기 때문이다.『맹자』4장 2를 보라.

임무에 참여하는데, 이것은 관리들이 백성들을 법대로 가르치는 것뿐만 아니라 임금의 스승 내지는 조언자의 역할을 감당한다는 것이다.

정치적 충성이란 면에서 보면, 임금의 비판적 조언자로서의 관리의 의무는 매우 주목할 만한 문제이다. 신하의 충고를 귀담아듣지 않고, 나라를 혼란에 빠뜨리고, 백성을 도탄에 허덕이게 하는 부덕(不德)한 임금에 대해 그는 어떻게 처신해야만 하는가? 만일 그가, 주위의 어떤 사람이나 혹은 자신을 좀더 합당하고 덕이 있는 통치자로서 간주할 때 그는 반란을 시도해야 할 의무를 지게 되는 것일까? 아니면 왕조가 종말에 이르렀다 할지라도 임금을 위해서 혹은 그와같이 죽을 각오로 희생을 감당해야만 하는가?

여기서 나는, 통치자에 대한 충성 의무나, 필연적인 정치적 저항의 인식 등을 통해 유교적 관리의 이념을 파헤쳐 보려고 한다. 먼저, 유교의 충성 개념이, 통치자 개인에 대한 차원을 넘어서 각 개인의 독자적 양심에 대한 충성을 최고 우선으로 간주한다는 사실을 지적하고 싶다. 이러한 인식에 함축된 것은, 임금이나 신하가 자기 양심에 명령하고 있는 하늘에 대해 충성해야 한다는 공통적 의무이다. 그러나 만일, 이론상으로 유교 관리들이 폭군에 대해 반항하도록 규정되었더라도, 실제상으로 무기를 들고 대항하거나 폭력적 혁명에 이르기보다는 대부분 저항을 표명하는 것에 그치고 있다.

충성의 의미

정치적 권위 문제에 대한 유교적 반응은 항상 충성이란 말로 요약되어 왔다. 그것은 좀더 서구적 인식의 복종이라는 것과는 차이를 보여주고 있다. 복종에는 비인격적 측면이 있기 때문에 내적으로는 양심에, 외적으로는 법에 적용되고 있다. 그와는 달리 충성이란 것은 도덕적 신념이라는 이름의 원인이나 다른 사람 및 인간 집단 등 어느 것을 지향하고 있든지간에 깊은 인격적 차원에 놓여 있다.[16]

---

16. Josiah Royce, *The Philosophy of Loyalty* (New York, 1909), pp.16-7, 162, 357ff.를 보라.

통치자나 주권자에 대한 신하나 관리들의 의무를 규정하는 덕목으로서의 충성에 대한 인식은, 실제로 초기 유교의 경전에 있어서 광범위한 의미를 지니고 있었다. 『좌전』(左傳)에 보면 충(忠)이란 것은 통치자에게 있어 "백성을 이롭게 하는 것"이라고 규정되어 있다. 『논어』에서도 증자(曾子)는 이를 개개인과 관련시켜서 "각자의 본성에 진실하게 되는 것"이라고 말하고, 아울러 사람과 사람 사이에 있어서의 상호성〔恕〕과 연관시키고 있다. 또한 그는 이것을, 자기 자신의 의무에 성실하면서도 웃사람과 이웃에게 헌신하는 것이라고 표현하고 있다. 공자 자신이 충성을 설명할 때에는 대부분 믿음〔信〕과 결부시켜 언급하고 있는데, 이는 사회적 지위를 불문하고 자신과 이웃 사이를 규정짓는 것이다. 또한 그는 이 믿음이라는 것을 통치자에게도 적용하고 있는데, 즉 백성들의 충성을 얻기 위해서는 그들에게 부모와 같은 희생을 보여주어야만 한다는 것이다. 관중(管仲, + B.C. 645년)은 공자가 흠모한 사람 중의 하나인데, 그는 자기와 경쟁자였던 제공(齊公)을 섬기기 위해 이전 임금으로부터 돌아선 사람이었다. 『대학』과 『중용』에 보면, "충"이란 말은 항상 "신"(信)이란 말과 연관되어 나타나고, 때로는 신하에 대한 통치자의 희생을 말하기도 한다. 『맹자』에서는, 충성이란 것이 항상 각자의 마음과 본성에 진실하게 되는 것과 이웃에게 선(善)이 되라는 가르침을 말하고 있다. 허신(許愼, 약 A.D. 30~124년)도 역시 그의 사전 속에서 충성을 통치자-신하라는 관계에 국한시키지 않고 "(어떤 것이나 사람에 대해) 마음을 다하는 것"이라고 정의하고 있다. 정현(鄭玄, A.D. 127~200년)도, 주(周)의 의례를 언급하면서, 충성이란 것이 "마음과 생각이 중간 위치를 지키는 것", 즉 헌신하는 가운데 판단이나 행동이 균형있고 공정한 상태라고 말하고 있다.[17]

---

17. *Tso-chuan*(左傳)의 환공(桓公) 6년 및 『논어』 4:15, 1:4, 9:24, 12:10, 15:5, 2:20, 3:19, 14:17-18, 『대학』 10, 18, 『중용』 20, 『맹자』 1A:5, 3A:4, 4B:28, 31, 6A:16, 7A:32 그리고 7B:37을 참조하라. 그리고 *Shuo-wen chieh-tzu* (Taipei edition, 1964), p.507을 보라. 중국말에서의 충(忠)이란 것은 중(中)과 심(心)의 결합으로 형성되었다.

역사적 흐름 속에서, 점증하는 정치 권력의 집중화와 함께 충성의 의미도 점점 왜곡되어, 단순히 통치자나 왕조에 대한 수동적인 헌신으로 간주되어 갔다. 이것은 소위 『충경』(忠經)이라는 위서(偽書)의 출현으로 더욱 조장되었다. 이 책은 공자의 제자였던 증자가 지은 것으로 여겨지는 『효경』(孝經)을 본따서 만든 조그만 책자였다. 마융(馬融, A.D. 79~166년)이 쓴 것으로 보이는 이 책은 이미 위서임이 널리 알려졌던 것으로, 송(宋)나라 시대쯤 처음으로 모습을 드러낸 것으로 보인다. 여기서는 충(忠)이란 것이, 통치자 개인에 대한 헌신과 숭배에 중점을 둔 절대 가치로 간주되고 있고, 통치자는 백성을 다스리기 위해 위로는 하늘을 섬기고 아래로는 땅을 섬기며 또한 중간적으로는 조상의 사당을 섬기는 것으로 이해되고 있다. 그리고 신하들은 "통치자를 위해서라면 그 가족을 잊어야 하며, 말에 있어서 바르고 곧아야 하며 환난의 시대에는 통치자를 위해 충성되이 그들의 목숨까지 버려야 한다"는 것이다.[18]

또한 통치자의 우선적 의무로서, 이 우주와 그의 조상들의 영적 권능에 대해 예배해야 하는데, 이는 그가 왕좌에 오른 것이 그들의 은덕에 기인했다고 보기 때문이다. 또 다른 편에서 신하된 자의 의무는, 효도라기보다는 충성이라는 측면에서 통치자 개인과 그 왕조에 대해 절대적으로 봉사하는 것이 된다. 그러나 맹자의 주장 속에서, 땅이나 곡식의 신(神)은 물론이고 통치자보다도 우선적으로 간주되고 있는 백성의 복지라는 측면이, 여기서는 부차적인 것으로 간주되고 있다. 그들은 오직 지배받기만 하는 것이다.

신유교의 철학자들은 "충"에 대한 정치적 이해에 있어서 초기의 견해에 동조하였고, 그것을 국가에 집중시키려 하지 않았다.[19] 정이(程頤)의 경우 "충"이란 말은 "혼신의 힘을 다함"이나 "오류로부터의 해방"이라고 풀이했고, 주희(朱熹)도 "충"이란 말을 "서"(恕, reciprocity)란 말과 동일시하면

---

18. 나의 논문 "Neo-Confucian Utopian Theories and Political Ethics", *Monumenta Serica*, 30(1972~73), part 2, p.40을 보라.

19. Ibid., p.54.

서 앞서와 같은 견해를 지니고 있었다. 그에게 있어서 "충"이란 것은 각자 자신의 신념에 신실한 태도를 말하는 것이고, "서"란 것은 이러한 믿음이 이웃과의 교류에까지 확장되는 것이다. 신하와 임금과의 관계에 있어서, 이 철학자들은 항상 백성의 존귀함과 아울러 통치자의 권위를 제한하는 데에 주의를 기울이고 있었다. 그들은 정치적 권력의 통제를 초월해·있는 영원한 진리의 절대적 가치를 말하려고 했던 것이다. 그들은 맹자가 명한 바대로 통치자의 생각과 마음을 바로잡아야 하는 자신들의 책임을 잘 알고 있었다. 정호와 정이, 주희(朱熹)는 모두 도덕 강론과 같은 형태로 왕에 대한 충고를 남기고 있다. 그들은 자신의 통치자에게 임금다운 임금과 폭군의 근본적인 차이점에 대해 역설하였다. 또한 임금이 거느리는 사람들 — 왕족 및 왕궁 내에 있는 — 을 잘 다스리고, 나랏일을 맡아보는 유능한 관리를 신중히 선택하기 위해 임금 자신이 스스로 수양해야 한다고 충고하고 있다. 정이는 그 제자들에게 소년 황제였던 철종(哲宗, 1085~1099년경)에 대해서 다음과 같이 말하고 있다. "통치자는 그의 위엄이 세워지지 않음을 염려할 필요가 없다. 오히려 그는 백성들이 너무 임금의 칭송을 늘어놓을 정도로 지나친 추앙을 받지 않도록 주의해야 할 것이다."[20]

충성과 저항[21]

"충"이란 것이 본질적으로 인간의 성실이나 인간과 근본에 대한 모든 신뢰의 원천과 원리를 의미한다면, 충성스런 신하는 합당치 못한 군주에 대해 어떻게 행동해야만 하는가? 유교 경전들은 이런 곤란과 역경에 있어서 각자의 도덕적 결단에 도움을 줄 만한 가르침을 제시하고 있는가? 맹자는 이미 그의 시대에 이러한 문제를 고려하고 있었다. 예를 들어 그는 세 가지 중요한 점을 내세우고 있는데, 그것은 지위와 연령, 그리고 덕(德)이다. 만약

---

20. 이것은 정이(程頤)의 생애를 다룬 주희(朱熹)의 글에 나타난다. 또한 Hsiao Kung-ch'üan, *Chung-kuo cheng-chih ssu-hsiang shih* (Taipei, 1954), vol.4를 보라.
21. "Neo-Confucian Utopian Theories", part 2, op. cit.

지위가 봉건 사회에서 우선적인 것으로 취급된다고 하면, 연령은 마을 내에서 우선적인 중요성을 가지며, 그중에서도 "덕"은 인간을 다스림에 있어 가장 중요한 영향을 미친다고 보는 것이다. 그러므로 세 가지 가운데 어느 하나를 가진 사람은 여타의 것을 소유한 사람에 대해 경멸하지 말아야 하는 것이다. 이러한 사고 방식 때문에, 그 철학자들은 봉건 왕조의 부름에 응하지 않았던 자신의 행위를 정당한 것으로 생각했던 것이었다(2B:2).

맹자는 또한 두 가지 종류의 관리를 언급하는데, 하나는 임금과 같은 성씨를 갖고 친족 관계를 형성하는 사람들이고, 또 다른 이는 다른 성씨를 가진 부류들이다. 통치자가 실정(失政)을 했을 때 그 친족들은 그에게 충고를 하였고, 사심없이 거듭 충고하고 난 후에야 그를 왕좌에서 물러나게 할 수 있는 것이다. 다른 부류의 관리는 같은 상황에 처했을 때 차라리 정부의 관직을 떠나는 형태를 취한다(5B:9).

이러한 맹자의 견해에 대한 비판도 없지는 않았다. 송(宋)나라 때의 관리인 사마광(司馬光, 1019~1086년)은 관리들에게 엄격한 충성과 존경의 의무를 강조한 대표적인 인물로 꼽을 수 있다. 그는 국가의 왕족들이 권력을 다툴 위험성이 있는 "혁명" 이론을 비판하였다.

> 왕족이든 아니든간에 관리들은 모두 신하인 것이다. 신하된 의무라고 하면 통치자에게 좋은 충고를 하는 것이 필수적이다. 만일 임금이 이를 듣지 않는다면 그는 나라의 직분을 내놓거나 (순교자로서) 죽어야 하는 것이다. 어찌 감히 자신이 왕족이라는 이유로 신하된 자가 임금을 내어쫓을 수 있겠는가?[22]

신하된 입장에서, 사마광이 추구하는 것은 모든 백성의 복지를 위한 헌신이었다. 그러나 그는 항상 통치자의 권위를 보존하는 데 힘을 기울였다. 또한 그가 왕안석(1021~1086년)의 개혁을 반대하고 불간섭의 정책을 옹호한 것

---

22. *Ssu-ma Kuang wen-chi*, SPTK ed., 73:12a-b.

으로 보아 일종의 도가(道家)적 태도가 엿보인다. 그런데 극단의 충성주의자였던 사마광이 훗날 임금의 박해로 고통을 겪은 것은 역사적인 모순이 아닐 수 없다. 1101년, 왕안석의 후대 제자들이 중심이 되어, 개혁을 반대하였던 무리들을 깎아내리려는 의도의 돌비석이 세워졌는데 새겨진 이름 중에 첫번째가 사마광이었다.

점증해 가는 권력 집중과 통치자 위치의 숭배 분위기 속에서, 통치자의 권력 남용을 시정하려 했던 관리들은, 통치자나 그의 실정을 비판하기보다는 자기 자신을 스스로 고소하는 역설적 형태를 시도하였다. 명(明)나라 때의 왕양명은 그러한 대표적 경우로 꼽을 수 있다. 그는 전쟁이 끝난 후 강서(江西)의 백성들을 복권시키려고 애쓰다가, 그 시도가 임금에게 아부하는 사람들에 의해 좌절되는 경험을 겪는다. 그는, 자신이 왕을 설득하지 못한 것 등을 내용으로 하는 네 가지 자신의 죄목을 열거하면서 자신을 사직시켜줄 것을 왕에게 간청했는데 그는 다음과 같은 말로 끝을 맺고 있다.

> 이러한 죄목 중의 하나만으로도 대역죄나 반역에 충분히 합당한 죄목이 될 것입니다. 그리고 이러한 죄목에 해당하는 자들이 더욱더 늘어나게 될 것입니다. ··· 간구하오니 그러한 커다란 재앙을 걱정하고 계시는 대왕님께서는 이 종을 면직시키시고 그 자리에 합당한 유능한 자를 선택하옵소서. 세상에 널리 경계하는 의미로 그렇게 해주신다면 신(臣)은 더할 나위 없이 다행으로 여기겠습니다.[23]

우리는 이 자료에서 확실히 역설과 저항의 표현을 느낄 수 있을 것이다. 그러나 이러한 것은, 비록 사실상의 죄를 저지른 임금의 마음을 움직여 보려

---

23. *Wang Wen-ch'eng kung ch'üan-shu*, SPTK double-page lithograph ed., 13:391. tr. by Chang Yu-ch'üan in his article, "Wang Shou-jen as a Statesman", *Chinese Social and Political Science Review* 23(1939~40), pp.221-2 (Wang Shou-jen은 Wang Yang-ming의 어릴 때 이름임).

는 필사적인 노력을 담고는 있지만, 헛된 시도임을 말해 주고 있다. 아울러 고대의 통치자들이 자신들의 실정으로 인하여 그 백성들에 의해 비판받고 있었다는 점을 상기해 볼 때, 우리는 다음과 같은 중요한 사실을 깨닫게 된다. 즉, 유교의 관리들은 무책임한 통치자들에 의해 야기된 도덕적 공허의 상태를 깊어지고 있었다는 점이다. 성현들의 믿음직한 후예들이었던 그들은 각각이 표준적인(paradigmatic) 개별자가 되었던 것이다.

이로써, 신유교 철학자들이 통치자의 권위 유지 및 절대 권력에 충성적인 지지자들이었다는 비판이나 통치 권력 및 그 왕조에 대한 백성의 불변하는 복종만을 설교한 야비한 자들이었다는 일반적 인식과는 달리, 이러한 송·명(宋明) 시대의 사상가들은 생각과 행동에 있어 오히려 통치자의 조언자인 동시에 판결자였다는 것이 드러난다. 도덕과 정치의 일치에 대한 그들의 깊은 관심은, 마치 예언자들의 경우와 같이 유교의 양심을 의식적으로 지키고 대변하게 했다. 이것은 그들이 이전의 공자나 맹자의 경우와 같이, 국가 유지의 기본이 되는 백성을 의식하면서 조언과 비판을 통해 임금을 바로잡으려는 하늘로부터의 카리스마적 임무를 의식하였기 때문이었다. 이들은 절대 왕국 체제에 있어서 통치자의 중요성을 확실하게 인식하고 있었다. 황종희(黃宗羲, 1610~1695년)가 이미 지적한 대로, 그들은 그 체제 자체를 직접적으로 비판하지는 않았지만 통치자의 뜻이 곧 법이라는 식의 강권보다는 도덕적 설득에 의해 다스려지는 성인-통치자라는 황금 시대를 희구하면서 스러져갔던 것이다. 또한 그들은 관직을 얻거나 잃거나를 상관하지 않고 통치자의 생각과 마음을 바로잡기에 애썼으며, 그를 진정한 성인-임금으로 받들기 위해 끊임없는 노력과 열정을 보여주었다. 통치자와 백성 사이의 관계가 상호 책임을 의미한다고 하면, 이 철학자들은 백성들의 충성 의무보다는 통치자의 백성에 대한 보호 책임을 더욱 비중있게 취급하고 있다. 그 백성의 의무라는 것은 통치자의 현명함과 덕에 좌우되기 때문이다.[24]

---

24. "Neo-Confucian Utopian Theories", part 2.

유교적 사회

유대인들의 약속의 땅이나, 기독교인의 의식 형성 중 미래의 천년 왕국(계 20장)[25]으로 상징되는 메시아 및 그의 통치에 대한 기대에서 나타나듯이 유대 및 기독교인의 미래적 이상향에는 항상 하나님의 약속이라는 것이 기본적이다. 이것은 하나님을 창조자나 섭리자, 역사의 주인 등으로 고백하는 계시 종교의 특징이기도 하다. 신앙인에게 있어 정치적 욕구는 항상 종교적 예견과 전제를 가지며 또 성서적 이미지로 표현된다. 이외에도 기독교적 천년 왕국의 종말론적 차원은 예외없이 직선적 역사관 — 시종여일한 일직선상의 — 의 모습을 가진다. 이러한 이상적 사회는 인간 희망의 종국적 성취로서 시간과 역사에 제한된 상태의 지상적 삶과 실존이지만, 이것이 시공을 뛰어넘어 존재하는 새 하늘과 새 땅에 대한 전주곡이 된다고 믿는 것이다.

City of God(427)[26]에서 보듯이 성 아우구스티누스의 저작들은 기독교 역사 철학에 있어서 이러한 직선적 경향을 더욱 촉진시켰다. 아우구스티누스는 교회와 국가를 그가 말하는 하늘의 도성과 땅의 도성이라는 것에 일치시키지 않았다. 그에 의하면 이 지상의 도성은 자애(自愛)에 의해 지배받는 사람들에 의해 이루어지는 것이고, 하늘의 도성은 하나님을 사랑하는 선택된 심령들에 의한 공동체라는 것이다. 그러기에 "하나님의 도성"은 시간의 종말에 가서야 완전히 드러나게 된다는 것이다. 이런 묵시적 자극이 의도하는 바는, 단순한 환상 세계에로의 도피가 아니라 평화와 정의에 기초한 새로운 약속의 땅에 대한 투쟁과 노력이라는 행동이 주제가 되는 것이다.

정의와 평화에 대한 이런 고려는, 서구 정신사에 있어서 정형적인 형태의 유명한 Thomas More 작 *Utopia*(1516)에서도 잘 나타나 있다.[27] More는

---

25. Jean Servier, *Histoire de l'utopie* (1967), pp.47-60, 74-86.
26. 특별히 St. Augustine, *City of God,* Book VI, ch.12를 보라.
27. Thomas More, *Utopia* (London and New York, 1955).

자기 시대의 사회적 불평등과 종교적인 비관용에 대해 비판적이었던 휴머니스트였고 예언자였다. 그가 말한 "행복한 섬"이란 것은 비기독교 사회를 말하는 것이다. 틈만 있으면 그는 자신이 경험했던 기독교 유럽의 이기심과 분열, 다툼 등을 비판하곤 했었다. 또한 그와같이 이상적 "약속의 땅"에 대한 열망으로 인하여 유럽 이외의 다른 지역에 눈을 돌리는 지정학적 발견을 야기시켰다. 이것은 또 다른 형태의 역동적이며 직선적인 역사 해석을 말해 주는 것이기도 하다. 하나 More의 기독교적 정신이 추구했던 것은 지상에서의 이상향이며, 그것은 복음을 알지 못했던 사회나 인간의 순진무구한 원상태를 투사하는 것이었다. 그러므로 이것은 기독교의 사회적 심상(imagination)에서 완전히 사라지지 않았던 순환적(cyclical) 차원에 대한 좋은 예가 될 수 있다. "과거의 황금 시대"라는 것은, 유교적인 경우와 마찬가지로, 기독교에서도 독자적인 전통을 가지고 있다는 것이다.

이제 우리는 유교적 전통의 이상적 사회 질서를 살펴보면서, 그와 아울러 기독교적 모델과 비교하여 그 유사성과 차이점도 찾아보려고 한다.[28]

한 가지 언급하고 넘어갈 것은 자료에 대한 난점이다. 중국 철학의 전통은 결코 정치와 윤리를 구분하고 있지 않다. 다만 법가에서 보여지는 무도덕적 철학이나, 소위 "통치자 입문서"라고 불리는 소책자에 응용된 정치술의 진보가 그 유일한 예외라고 볼 수 있다. 이 대표적인 모습으로 한비자(B.C. 3세기)의 책을 들 수 있는데, 이는 훨씬 후대의 인물인 Machiavelli의 『군주론』(1512~1513년)과도 매우 비슷한 양상을 보여준다. 양자는 모두 냉정하고 계산적인 이성적 특성을 가지고 있으며 권력에 대해서만 관심을 집중하고 있다. 중국 철학에서는 Plato의 『공화국』이나 More의 경우같이 이상 사회에 대한 명확한 통치나 원리의 분석을 지닌 "유토피아적" 서적은 없다. 다만 현대 이전의 중국 자료 가운데서 몇몇 군데에서만 "유토피아적" 의미를 지닌 부분들을 찾아볼 수가 있다.

---

28. Julia Ching, "Neo-Confucian Utopian Theories and Political Ethics", in *Monumenta Serica* 30(1972~73), part 1, p.3을 보라.

이상 국가

도교적 식자(識者)층의 이상향은 Thomas More의 저술에 나오는 것과 매우 유사한 모습을 갖고 있다. 그것들은 장자(莊子)가 남쪽 지역(南越)에 위치했다고 여겼던 환상적인 건덕(建德)이나, 열자(列子)에서의 화서씨(華胥氏), 종북(終北) 등이다. 이 모든 것들은 자연주의적 색채를 띠고 있다. 거기 사는 사람들은 정치·사회적 계급 같은 인위적인 구별이나 문화, 예의 범절 및 삶과 죽음에 대한 선입견을 떨쳐 버리고, 단순하면서도 지복(至福)의 삶을 누리는 것이다. 이것은 사회 계급에 대해 염증을 느낀 은둔 철학자들의 환상의 산물로서, 그들은 편당을 하거나 변혁 혹은 반란의 의도도 전혀 갖고 있지 않았다.[29]

좀더 종교적이고 묵시적 형태의 이상향에 대한 꿈은 또 다른 형태로 나타났는데, 이로 인하여 빈번하게 사회·정치적 변혁을 꾀하는 무력적 시도로 발전하게 되었다. 예를 들면 2세기 후반에 황건적의 난에 영향을 끼쳤던 태평경(太平經)에 의한 태평에의 비전을 들 수가 있다. 또한 6세기 및 그 이후에는 미륵불에 대한 메시아니즘적인 이상(Maitreya)도 있었는데, 이것은 명(明)왕조를 구축하였던 주원장(朱元璋, 1368~1398년)의 성공적인 혁명에서 구체화되었다. 그는 미륵불에 있어서의 의도적인 재림자였던 한림아(韓林兒)의 지지자로 자처하면서 등장한 것이었다.[30]

유교에서의 이상향은, 자연주의 철학자들이 몰입하려는 평화스러운 지상낙원의 꿈이나 종교적이고 묵시적인 형태 속에서의 대중 봉기와 같은 그러한 비전과는 형태가 다르다. 유교의 이상향은 장소적인 성격보다는 시간적인 특성의 것으로 나타나는 것을 볼 수 있다. 여기에는 강력한 윤리적 의미가 담겨 있는데, 즉 해야만 하고 할 수 있는 것들을 말하는 동시에 올바른

---

29. Ibid., 참고로 장자 20편, 노자 2편, 5편을 보라.
30. 알려진 바에 의하면 *T'ai-p'ing ching*은 A.D. 2세기경 Yü Chi가 쓴 것으로 보인다. 또한 *Hsin Yüan-shih* (K'ai-ming edition, 1935), 225: 431ff.를 보면 명나라의 건국자에 대한 배경을 알 수 있다.

행동으로 그러한 변화를 이루도록 하고 있다. 성공적으로 혁명을 완수하거나 나라를 건국한 이들은 거의 대부분, 여러 가지 방법으로 유교적 이상향의 적나라한 모습을 공공연히 자신의 공적에 일치시키면서 스스로의 행위를 정당화시키곤 하였고, 또한 하늘이 내린 위대한 대리자임을 자처하였다. 부분적으로 본다면, 유교 이념은 1911년의 중국의 공화국 혁명 및 19세기 일본의 메이지 개혁에 영향을 끼쳤다.

『예기』(禮記)의 "예운"(禮運) 편에 보면 유교적 황금 시대로서, 하(夏)·은(殷)·주(周)라는 세 왕조의 예를 들어, 소극적 평화〔小康〕의 시대와 대화합〔大同〕의 시대라는 상고 시대의 이념을 잘 보여주고 있다. 공자가 말한 것으로 보여지는 이 부분에서 대동(大同)이라 함은 "이 세계가 모두에게 공유된" 시대로 표현되고 있다.

> 대도(大道)가 행하여졌을 때는 천하가 모든 사람의 공유물(共有物)이었다. 현자나 재능이 있는 자는 뽑아서 충신(忠信)을 가르치게 하고 화목의 도를 닦게 하였다. 그리하여 사람들이 유독 자기의 어버이만을 친애(親愛)하지 아니하였고 유독 자기의 자식만을 친애하는 풍조가 없었다. 노인이 안락하게 일생을 마칠 수 있었고, 청년은 충분히 자기 역량을 발휘하며, 어린이가 바르게 양육되어지고, 홀아비·과부·고아·외로운 이·병든 자들이 모두 부양되어졌다. 남자는 각자의 정한 직분이 있었고, 여자는 각자의 가정이 있었다. … 이를 대동(大同)의 시대라 하였다.[31]

하나 대동의 시대는 계속되지 않았다. 전체적인 몰락이 그때 발생하게 되었고, 그에 따라 강력한 지도자들이 등장하게 되었는데, 그들은 인간의 사회성에 기초한 예법으로 사람들을 교화하여 질서를 잡았고 아울러 다섯 가지의 도덕적 관계가〔五倫〕제도화되었다. 모든 이에게 공유되었던 천하는 이

---

31. 영역본 W. T. de Bary, ed., *Sources of Chinese Tradition* (New York, 1960), vol.1, pp. 175-6에서 인용함.

제 개별적 가계(家係)의 소유로 축소되었다. 하·은·주 삼대(三代) 동안 어진 현자가 나라를 다스리긴 했지만, 그것은 요순(堯舜)의 전설적 설화에서처럼 어진 사람을 뽑아 왕의 자리를 이어가는 것이 아니라, 각기 후손에게 물려주는 데 그쳤을 뿐이다. 더욱이 각 왕조 시대를 통해 시간이 흐를수록 더욱 부패하게 되었다. 예(禮)와 의(義)는, 이기심과 술수를 막고 조절하는 데 없어서는 안될 필요악이 되어버렸다.

대도(大道)가 사라져버리게 되자, 이 세계는 사사로운 것의 소유가 되어버렸다. 모두들 각자 자신의 부모만을 친애하고 각기 자신의 자식만을 사랑하며, 재물이나 능력을 사사로운 목적으로 사용하게 되었다. 성벽과 성곽을 굳게 쌓아 안전을 도모하는 한편, 예법 등을 통해 세습 관직과 명예가 주어지게 된다. 예(禮)와 의(義)는 통치자와 피지배자의 관계를 규정하고 부자(父子)간의 정분이나 형제간의 화목, 부부간의 조화를 다지는 중요한 것이 되었다. … 이는 소위 소강(小康)의 시대인 것이다.[32]

이렇듯 초기의 친밀한 형태와 공동체(Gemeinschaft)는 집단 사회(Gesellschaft) 형태로 변화해 갔다. 그러나 여러 예법의 형태는 도덕적 기초를 가지고 있었기 때문에, 궁극적인 개념에 있어서 통치자의 의지의 표현으로 나타나는 법(laws)과는 상이하게 나타난다. 그래도 이 소강(小康)의 시대는 후대 시대의 것보다 더욱 바람직한 여러 상황을 말해 주고 있다. 어진 현자들의 도움을 통해서 어진 통치자들은 "끊임없이 예법에 대해 관심을 기울이고 의를 실행하며 신의를 실천"하게 되는 것이다. 과연 후대 통치자들 중에 몇 명이나 이에 합당할 만한 사람이 있겠는가?

여기 이 "예운"(禮運) 편에 나타난 과거 황금 시대의 두 가지 형태는, 도가적인 색채가 있음에도 불구하고, 유교 및 신유교 학자들에게 앞서와 같이

---

32. Ibid., p.176.

요약된 형태의 이상향에 대한 통찰을 제공해 주고 있다. "대동"이란 시대의 상황들은 사실상 거의 실현 불가능한 것임에 반해, 역사상의 주(周)왕조 초기를 연상시키게 하는 "소강"의 시대 상황은 후대의 귀감이 되고 있다. 중국 역사를 살펴보면, 학자들은 자기 시대를 통해 완벽한 토지 분할 제도라든지 정치적 봉건 제도 같은 것을 재확립하려고 많은 노력을 기울였었다. 시간이 흐르게 되자, 진(秦)나라 이전의 상황을 재건하려는 주장이나, 무력적인 형태의 패도(覇道)보다는 도덕적 형태의 왕도(王道)를 회복하려는 소리가 높아지기 시작했다.

과거나 미래를 막론하고, 이렇듯 과거 황금 시대와 유교적 "유토피아"를 동일화시키려는 노력이 계속되었는데, 특별히 송(宋)대와 명(明)대의 신유교 철학자들의 모습에서 결정적으로 드러나고 있다. 당시 개혁자들의 정열은 이전에 유례를 찾아볼 수 없을 정도였다. 철학자였던 주희(朱熹)는 역사에 대한 형이상학적 해석을 시도했는데, 즉 옛 상고 시대를 천리(天理)에 의해 다스려진 시대로 보고, 그때는 사람들이 하늘로부터 부여된 인간성이나 의(義), 예절, 지혜에 따라 요순과 같은 현명한 임금의 통치하에 있었다고 주장한다. 불행하게도 그 황금 시대는 인욕(人欲)이 가득 찬 다른 시대로 바뀌어졌고 이후로 사리 사욕이 유행처럼 번져나가 왕위 쟁탈을 목적하는 폭군의 무력이 숭상되었다. 주희는, 그 황금 시대의 회복을 위해서, 도덕적 교육 및 통치자의 신중한 선출이라는 것을 주장하였다.[33]

때때로 신유교 학자들은, 사회적으로나 정치적으로 현상 유지(status quo)를 옹호하거나 현실을 변혁하려는 것에 반동적인 보수주의자들로 평가받기도 한다. 그러나 문제가 그리 단순하지만은 않다. 보수주의자나 개혁주의자를 막론하고, 대부분의 실무 정치가들이 실용적인 정책들에 대해 관심을 가지는 데 반해, 신유교 철학자들은 목적에 대한 도덕성과 아울러 과정에 대한 도덕성에도 동등한 관심을 보이면서 도덕의 재건을 주장하였다. 또한 그

---

33. "Neo-Confucian Utopian Theories", 18.

들은, 정치 권력에 대한 독립적 입장을 견지하기에 힘썼고 정치가들 — 특히 고위직의 — 이 실제 정책의 수행을 위해 통치자의 위엄과 권위를 강화하려던 시도 속에서도 도덕적 권고를 통해 절대 권력에 일련의 제한적 역할을 해왔다. 이러한 것은, 정치적 상황에서조차도 도덕적 이상을 수호하려는 유토피아적 비전을 가진 그들만의 장점이었던 것이다.

장소적 차원보다는 시간적 차원에서 이상적 사회를 설정하려는 경향 속에서, 유교적인 중국 사회가 지정학적으로 중앙에 위치해 있기에 알려진 국경 이외에는 관심을 두지 않았고 일련의 자부심 속에서 생을 영위했음을 감지할 수 있다. 이렇게 황금 시대를 회복 가능한 것으로 설정하는 것은, 시간 인식에 있어 뚜렷한 순환적 경향을 보여주는 것으로서 다분히 기독교적인 측면의 직선적 이해나 천년 왕국 등의 이상과는 대조적인 것이다. 그러나 유교적 이상향의 정신에서도 또한 독자적인 직선적 차원이 드러나는데 이는 『춘추』(春秋)라는 고전적 역사 기록에 나타난 비유적 해석에서도 찾아볼 수 있다. 이것은 한(漢)나라 때 동중서(董仲舒)가, 공자 당대의 증언이나 공자가 수용한 구전 전승 및 전승 기록 자료 등을 본문으로 구성한 것이다. 이것은 당초 과거에 대한 역사 기록이었지만, 하휴(何休)로 대표되는 비유적 해석의 공양학(公洋學)파들이 이를 장삼세(張三世)라는 형태로 해석해, 무질서의 시대〔據亂〕· 평화에로의 시대〔升平〕· 완전한 평화시대〔太平〕 등으로 구분함으로써 역사의 현재와 미래에 있어서 바람직한 정부 형태에 대한 그들의 견해를 표명하였다.[34] 여기에 언급된 승평(升平)과 태평(太平) 그리고 『예기』에 나타나는 소강(小康)과 대동(大同) 사이에는, —『예기』의 "예운"편에서는 진보보다는 복귀를 말하고 있긴 하지만 —, 일련의 상응을 엿볼 수가 있다. 후기 청(淸)나라 때의 강유위(康有爲)는 『대동서』(大同書)에 담긴 그의 유토피아 이론을 통해 이러한 상응을 천명하고 공양학파의 해석을 부활시켰다. 그의 유토피아 이론이 서구로부터 영향받은 것으로 평가되기도

---

34. Ibid., p.22.

했지만, 그가 『예기』와 『춘추』를 조화시킨 것은, 시간과 역사에 있어서 인간 사회의 순환적 내지는 나선식(spiral)의 진보적 견해를 보여준 것이다. 그러므로 대부분의 중국 역사 속에서, 이상향에 대한 비전은 여전히 황금 시대의 회복과 동일시되었고, 훌륭한 통치자가 나타나 이를 성취한다는 것에 대한 역사적 사실로서의 믿음과도 동일시되었다는 것은 의심의 여지가 없는 것이다.

서구에서의 이상향에 대한 인식은, 비록 미래에의 대망 문제가 지배적이긴 하지만, 상실한 과거에 대한 동경(nostalgia)도 존재한다는 것이 이미 언급되었다. 이것은 "에덴 동산"에서의 인간들의 천진무구라는 원초적 상황에 대한 것뿐만 아니라 사도행전에 나타난 초대 공동체의 나눔에 관한 서술에도 적용되는 것이다. 이는 마르크시즘에서도 발견되는 것으로, 막연하게나마 미래의 이상향과 연결시키면서 먼 옛날의 원시 공동 사회의 모습을 요청하는 것이다. 그러나 일반적으로 본다면 서구의 지배적인 이상향은, 일련의 순환적 역사관이 잔재하긴 하지만, 직선적 역사관이라고 볼 수 있다.

한데, 만일 서구 기독교의 Utopia 의식이 다분히 직선적이라고 보고 또한 유교의 이상향이 순환론적 경향성이 있다고 한다면, 양자는 다음과 같은 사실의 공통성을 갖게 된다. 즉, 역사를 이끌어 나가는 것은 인간 자신이라는 점이다. 다시 말해 장차 도래할 황금 시대나 과거의 회복과 같은 각자의 환상에 걸맞는 미래를 인간이 추구할 수 있다는 점이다. 기독교인이나 유교인 모두에게 인간과 역사는 매우 중요한 의미를 가지며 사회와 국가도 이와 마찬가지이다. 여기서 기독교와 유교는, 세속적인 것이나 사회·정치적·현재적인 것을 덧없는 것으로 여기는 힌두이즘이나 불교 같은 인도적 배경의 종교들과는 거리가 있는 것이다.

오늘날의 상황

오늘날 인민 공화국이 된 중국에 있어서 과연 얼마나 유교의 흔적을 찾아볼 수 있을까? 새로운 정치적 비전과 새로운 사회적 구조로 세뇌되어져 있는 속에서 옛 사상들은 어떻게 지속되어 나갈 수 있을까? 이것은 매우 난해한 문제이다. 특히 1964년 및 그 이후로 프롤레타리아 대문화 혁명에서의 반유교 운동은 매우 강력한 것이었다.

분명한 것은, 오늘날의 중국은 모든 형태의 삶과 사상에 있어 유교적 영향력을 완전 말살시키려는 의도를 갖고 있다는 점이다. 인민 일보 1967년 1월 10일자에 나타난 것을 보면,

> 사회주의라는 새로운 모습의 우리 중국에서는, 착취 계급을 성원하는 자본주의나 수정주의 및 유교 이념 등이 절대로 발붙일 수 없다. 만약 이런 것들이 제거되지 않는다면, 프롤레타리아 지도 체제의 구축이나 사회주의 및 공산주의의 건설은 불가능하게 될 것이다. 프롤레타리아 대문화 혁명에 있어서 우리의 중요한 과업 중의 하나는, 고리타분한 유교적 봉건 체제를 부숴버리고 철저한 반동 세력인 유교 개념들을 멸절시키는 것이다.[35]

이러한 전멸 작전의 목표는 명백한 것이다. 즉, 모택동 사상의 "절대적 권위"의 확립이다.[36]

매우 흥미롭게도, 새로운 문화적·정치적 비전에로의 방침은, 유교 사상과 새로운 국가 이념 사이의 분명한 변증법적 과정을 이루는 셈이 되었다. 예전의 유교적 도(道) 및 그것의 대치와 마찬가지로, 변증법적 유물주의(materialism)는 이제 모든 철학이나 논리학, 역사 및 심지어 "종말론"에 이르기까지 무오류의 교리와 규정으로서 학습되고 준수되어지고 있다. "철학자이면서 통치자"라는 신화 대신에 이제는 새로운 이념의 수호자와 대표자로서 인민들의 아버지와 어머니가 되시는 정치적 통치자인 당 주석(黨主席)이라는 실체를 갖게 된 것이다. 중국 사회의 목적은 새로운 사회주의이다.

---

35. Donald E. MacInnis, *Religious Policy and Practice in Communist China: A Documentary History* (New York, 1972), p.294.

36. Ibid.

또한 그것은 대동(大同)이란 세계로 표현되는 유교적 이상 사회에 상응하는 보편적 비전이기도 하다.[37]

중국 공산주의와 유교와의 변증법적 상관 관계는 매우 분명하게 드러나고 있는데 어떤 이는 이에 대해 다음과 같이 언급하고 있다.

> 모택동이 의도하는 것은, 그 자신을 공자와 대등한 형태로서의 또 하나의 새로운 공자로 형성하려는 것이다. 이것은 문화 혁명 및 그 유명한 모택동 주석 어록에서도 암암리에 드러나 있다. 모 주석은, 전통적 중국 사회에 있어서 공자가 했던 것을 이 새로운 시대에 재현하려는 의도를 갖고 있다. 이를 위해서 그는 … 옛것과 오늘 사이에 … 절대적인 장벽을 구축해야만 하는 것이다. 그러나 모 주석은 분명하게, 유교적 덕목과 이에 나타난 전제 사회적 상황을 반대하면서도, 또 다른 범주 속에서 단순하게 이 덕목들을 재정립하려고 한다. 끊임없는 자아 비판 속에서 진행되는 혁명적 노력 자체들은, 중국인들이 전통적으로 매일매일 개인의 내적 향상을 위해 노력하는 것의 변형된 형태에 지나지 않을 뿐이다. … 타자를 위해 봉사하는 것이나 공동체에 복종하는 것 등은 … 새로운 상황에서 인(仁)이라는 전통적 덕목을 재현하는 것이다. 모 주석을 이해하는 열쇠는, 그가 공자와 대등한 위치에 있음을 인식하는 것이고, 그의 주장에도 불구하고 그의 가장 중요한 역사적 임무는 유교적 전통의 부활을 꾀하는 것이 되어버렸다.[38]

변증법적 일체 속에 상관 관계가 있다는 것은 타당한 견해이다. 그런데 만일 궁극적으로 사회적 목적이 유교적 대동(Great Unity, Great Equality)이라는 비전과 유사하다고 한다면, 이 목적에 도달하는 방법은 용어상으로도

---

37. Dai Sheng-yu, *Mao Tse-tung and Confucianism* (미발표 박사 논문, University of Pennsylvania, 1953); Stuart R. Schram, *The Political Thought of Mao Tse-tung* (London, 1963), pp.46-55.
38. Thomas Berry, "Mao Tse-tung: The Long March", *Theological Implications of the New China* (Geneva and Brussels, 1974), p.67.

전통적인 것과는 현격한 차이를 드러내고 있다. 즉, 과거의 시대나 사회적인 화합의 회복이라는 것보다는 오히려 계급 투쟁이라든지 사회주의 혁명, 심지어는 영속적인 혁명이 얘기되고 있다는 점이다. 아마도 새로운 집단 사회와 이데올로기의 외양이 유교적 가족 사회의 그것과 연관성을 보여준다고 생각할 수도 있지만 그 이념의 사회적 관점이나 내용은 근본적으로 차이가 있는 것이다. 그 전체의 철학적 틀은 조화의 논리가 아니라 오히려 투쟁과 모순과 혁명인 것이다. 극단의 논리가 중용의 논리를 대치해 버린 셈이 되었다.

문화 혁명은 십여 년간 지속되었다. 그러나 등소평은 모택동의 정권을 이어받아 또 다른 시대를 열어 놓았다. 이 기간 동안 문화 혁명은 부정되었고 반공자 운동도 중지되었다. 그러나 1989년 천안문 사태는 전세계에 충격을 주었고, 중국 역시 잠시 폐쇄되면서 얼핏 문화 혁명 때의 모습으로 되돌아 간 듯한 느낌을 주었다. 그러나 공자의 위치는 훼손되지 않았으며 오히려 중국 당국은 1989년 가을 공자에 관한 회의 기간 중 그를 부각시키기까지 하였다. 그러나 현재 당국과 백성들(특히 지식인)과의 사이에는 깊은 골이 패어져 있다.

공자를 들먹이는 것은 여기서 별반 도움이 되지 못하며, 젊은이들 사이에서는 공자나 유교에 대해 대부분 무관심한 것이 일반적 형편이다. 오히려 그들은 예수와 그의 가르침에 대해 더 깊은 관심을 보여주고 있는 실정이다. 중국 본토의 실정을 아는 이들은 중국에서의 갖가지 종교의 부활을 지적하고 있으며, 특별히 기독교의 경우를 주목한다.

물론, 상황은 그저 단순한 것이 아니며, 기독교회들은 우리가 알고 있다시피 반드시 정부의 통제하에서 견제되고 있다. 그러나 또한 많은 사람들이 개인적으로 유지해 가고 있는 "지하" 교회라는 것도 결코 무시할 수 없을 것이다.

그러나 여전히 차이점보다는 연관성에 더 연연하고 있는 사람들에게, 다음의 지적들은 앞으로의 전망에 일련의 단서들을 제공해 주게 될 것이다.

공자는 장차, 모택동이 끊임없이 그에게 도전했던 것처럼, 모택동에게 도전했던 중국 역사상의 거인으로 인식될 것이다. 공자는 지금도 여전히 모택동의 숨겨진 근심거리이고 그의 행동의 재판장이며 문화 혁명이란 기나긴 과정 속에서 씨름하고 있는 대상인 것이다. … 지금까지도 공자는 정신적 지주이며, 모택동이 파괴할 수 없는 복수의 신으로 남아 있다. 현재와 같은 옛것과 새것 사이의 분열 상태가 얼마나 오래 계속될 것인가 하는 것은 문제점이다. … 노자(老子)가 말하길 도(道)의 흐름은 반복되어 그 자체로 되돌아간다고 했다. 주역에 있는 여섯 개의 효(爻)는, 양(陽)의 효[―]가 분리되는 성질이 있는 반면에, 음(陰)의 효[― ―]는 연합하는 성질이 있는 것이다. 그래서 우리는 이 중국의 혁명이 어떤 형태로든지 다시금 되돌아 그의 과거를 회복한다고 보는 것이다. 물론 이 현재의 놀라운 업적을 부인하지 않으면서 말이다."[39]

결 론

오늘날 기독교인들은 원래 기독교 메시지의 정치적 의미와 책임에 대해 더욱더 관심을 기울이고 있는데, 이것은 신자들에게 있어 사회적·정치적 문제에 대한 고려와 좀더 정의로운 사회에 대한 추구를 요청하고 있음을 말해주는 것이다. 반면에 유교는, 조직화된 종교라기보다는 산만한 형태이면서 동아시아 전반에 걸쳐 혁명적인 사회·정치의 변화로부터 어려움을 겪어온 까닭에, 본질적으로는 정치적 성격의 가르침임에도 불구하고 그런 변화로 인한 문제점들에 대해서 적절히 대처하지 못하였다. 실제로 유교는 수동적 형태로 잔존하면서, 남한이나 대만 같은 나라에서는 지적으로나 정치적인 억압적 형태를 통해 정치적 권력에 의한 가부장적·권위적 정부 형태의 이론적 합리화에 이용되어져 왔다. 중국 인민 공화국이나 북한 같은 경우에 있어서는, 정부에 의해 강압적으로 요구되는 마르크시스트 정치 이념의 완

---

39. Ibid., p.68.

전한 장악을 의도하고 있기 때문에, 유교는 공식적으로 파기되어 버린 상태이다.

장차 유교와 기독교는 서로 상대방의 전통 속에서 정치적으로 교훈을 얻을 수 있게 될까? 기독교가 자기의 신앙 속에서 정치적 의미를 추구하게 될 때 어떤 모순이 나타나게 될까? 또한 유교적 통찰과 경험 등이 유교 이념 자체에 변화와 새로운 관계를 가능케 해주는 것처럼, 기독교에 있어서도 참고 자료로 쓰여질 수 있을까?

이미 언급한 대로, 신중한 많은 신앙인들 및 지도적인 기독교 사상가들은 마르크시스트들과의 대화 속에서 정치적인 교훈이 가능함을 보여주고 있다. 그들은 이미 자신에게 내적인 감동을 주는 종교적 의미의 실천이나 목표를 구분해 가면서, 기독교 신앙에 완전히 배치되지 않는 한, 마르크시스토의 인간관·사회·역사관을 어느 정도 수용할 준비가 되어 있는 것이다. 이러므로 그들은 유교인들에게 있어서 경쟁의 대상이 되고 있다고 볼 수 있다. 물론 이는 대극화라는 시점에서가 아니라, 자기 반성의 빛 속에서 진정한 성찰을 위한 것이다. 어떤 선택권도 없이 유교를 얘기해야만 하는 인민 공화국 내의 사람들을 제외하고, 대부분의 유교학자들은 마르크시즘의 연구에 대해 거의 무관심하다고 볼 수 있다. 그들은 급격한 변화에 직면해 있으면서도, 과거 전통의 영화와 관련된 로맨틱하고 비실제적인 환경에 집착하고 있는 것이다.

마르크시스트 이론 및 비판적 견해들과 같은 각각의 견해로부터 교훈을 얻고자 한다면, 기독교인들과 유교인들은 우선 기독교와 유교의 가르침과 영역에 대한 본질을 식별할 수 있어야만 한다. 이것이야말로 미래의 진보 가능성뿐만 아니라 각자의 과거에 대한 장점을 평가할 수 있는 기준을 제공해 줄 것이고, 또한 그들로 하여금 자신들의 기본적 입장을 폐기함 없이 마르크시스트나 여타 사회 이론의 적합성을 평가할 수 있게 해줄 것이다. 최근세기의 선교사(宣敎史)에 있어서 기독교가 서구 제국주의 같은 정치적·군사적 동맹력에 의존한 것은 모순이 아닐 수 없다. 이것으로 인하여 오늘날 동아시아 및 기타 지역에서 기독교가 사회주의 정부에 의해 배척당하는 주요 원인이 되었던 것이다. 이밖에도 정복주의적인 방법의 교리 주입이나 이교도의 개종과 같이, 타전통을 무시하고 독선적인 이미지를 내세우면서 인종적·문화적·종교적 우월성을 드러내었다. 사실상 기독교 선교가, 옛 봉건 사회의 중국으로 하여금 부르주아-자본주의적 국면을 재빨리 벗어나, 현재와 같은 사회주의 중국이 탄생하도록 기여했다고 보는 것도 바로 이때문이다.[40]

이외에도 또 다른 측면의 문제가 있다면, 그것은 정치 문제의 초월이라는 점이다. 인간의 자기 이해에서 비롯되는 신학이 그 자체 및 내포된 메시지에 충실하기 위해서 정치적 성향이 요청된다는 말은, 신학이 전적으로 사회·정치적 문제에 매달려야 한다는 의미는 아닌 것이다. 결국은 우리가 희망의 신학, 저항신학, 혁명신학, 해방신학 등의 진행을 증언하는 속에서, 심각한 불의에 직면한 기독교인 고유의 책임을 배우는 것이다. 하나 우리에게는 아직 해결되지 못한 몇몇 문제가 남아 있는데, 그것은 혁명에 있어서의 위법의 문제와 그것이 실제에 있어서 수용되는가 배척돼야 하는가의 문제이다. 아마도 우리는 여기서 말하는 희망·저항·혁명·해방이라는 주제가 신학의 전체를 포괄할 수 있는가를 물어야 할 것이다. 사회·정치적 책임이라는 것이 이 세상과 그 문제들에 대해 전적으로 몰입하는 것을 의미하는가? 아니면 사회 정의와 정치적 평등에 대한 제한적 접근 또는 기도와 명상 같은 정신적 삶이나, 세속적 개입과의 완전한 결별과 같은 무위(無爲)의 삶이 되어야 하는가? 또한 희망이나 종말론, 혁명과 해방의 종교적 의미에 있어서 유일하게 참된 척도가 되시는 예수 그리스도의 참된 의미가 망각되지는 않을까?

---

40. 기독교적 신앙과 중국인의 경험이란 주제로 열렸던 Louvain 회의에서의 나의 논문 "The Christian Way and the Chinese Wall", *America* vol.131, No.14(November 9, 1974), pp.275-8을 보라. 그 회의는 스웨덴의 Bastad에서 예비 접촉을 가진 뒤 (January, 1974), 1974년 9월에 열렸다.

이러한 사회적 상황의 난점이나 다양한 종교적 관점에 있어서, 인도 출신의 어떤 신학자는 자국의 경우 기독교 사회 윤리의 실천이 무엇보다 중요하다고 말하고 있다. 그는 또한 세계에의 개입과 아울러 세계에 대한 초연함이라는 의미에서 기독교인의 의식이 동등한 중요성을 갖고 있다는 것을 지적한다. 즉, 교회는 세상 안에 있지만 세상에 속한 것이 아니라는 것이다. 그는 기독교 독자들에게 말하기를, 인도 내의 힌두교도나 불교인들은 자신들의 Brahman-ātman, 열반(涅槃)에 대한 열망에 비기어 볼 때는 기독교인의 사회·정치적 관심조차도 단순한 것, 그리고 이 세상적인 것으로 간주한다고 밝히고 있다.[41]

위와 같은 지적 속에서 어떤 이들은, 사회·정치적 관심에 냉담한 힌두 및 불교인들과 그에 반해 너무 빈번히 그에 밀착하는 유교인들 사이에서 기독교인들은 중간적 입장을 택하고 있다고 추론하기도 한다. 그러므로 그리스도가 현세적이 될 것인가 아니면 타계적이 될 것인가 하는 것은 각자의 관점에 달려 있다.

J. Russell Chandran은 다음과 같이 말한다.

> 교회는 자신을 단순한 사회 기관으로서 인식하는 것이 아니라 그리스도 안에서 하나님의 새로운 피조물로 보고 있다. 이는 그리스도의 몸과 같은 존재로서의 공동체이며, 하나님의 궁극적 목적을 함께 나누며 새로운 인간성의 실현을 고대하고, 그리스도 안에서 모든 것을 종합하는 것을 말한다.[42]

기독교인에게 있어서, 그리스도의 궁극적 의미는 예수 그리스도의 십자가와 부활 속에서 발견된다. 왜냐하면 기독교인은 언제나 "세상에서 살고 있지만 세상에 속한 것이 아닌" 존재이기 때문이다.

---

41. J. Russell Chandran, "Where Other Religions Dominate", in John Bennett, ed., *Christian Social Ethics in a Changing World* (New York, 1966), p.230을 보라.
42. Ibid.

후 기

이 연구를 마무리할 단계에 와 있는 것 같다. 여기서 나는 서문에서 제기했던 여러 보편적인 목적들을 상기해 보고 싶다. 앞에서 나는 이 책을 쓰게 된 동기를 언급했었다. 특별히 기독교인들과 그 주변 문화권에 있는 사람들에게 유교를 널리 알리고 더 잘 이해시키기 위해서 상호 문화적·종교적인 대화가 진행되기를 희망했었다. 또한 넓은 측면에서 살펴볼 때, 여타 전통에 대한 주의깊은 관심은 자기 자신들의 전통에 대한 확장 및 향상에 기여한다는 것도 지적하였다. 이곳에서 나는 유교의 교훈에 대해 좀더 완벽하고도 바람직한 이해를 시도하려고 한다. 또한 유교 전통에 있어서 기독교적 관점에 배치되는 듯한 일련의 중요한 주제를 검증하는 것이 기독교의 신학적 자기 이해에 공헌할 수 있으리라고 본다. 이것은 다음 두 가지 측면에서 중요한 것이라 생각된다. 첫째는 좀더 진정한 "보편성"의 실현을 희구하는 에큐메니칼한 서구 기독교인의 경우이고, 둘째는 각기의 문화적 전통을 고려하여 더 진정한 신학적 형태들을 찾으려고 하는 동아시아의 "새로운" 기독교인들의 경우이다. 여기 마무리하는 데 있어서, 나는 아시아 기독교인의 문제에 더 치중하면서 그 미래적 전개에 있어서의 신학적 도전들을 다루려고 한다.

    Matteo Ricci 및 그의 후계자들의 극동 선교에 있어서, 각 문화에 그리스도를 적응시키는 작업은, 오늘날 보통 유교라고 알려진 전통적 지식 체계에 대한 학습의 준비 단계라는 의미를 갖고 있었다. 그러나 그 이후로 지적인 적응 작업 상황은 변화가 있었다. 오늘날 기독교와 불교 사이에는 다양한 형태로 매우 활기찬 대화가 전개되고 있다. 이 대화는 기구화된 교회에 의하여 수행되기도 하고, 좀더 세계적인 측면에서 공식적으로 지대한 관심을 불러일으키고 있다.¹ 유교 같은 경우는 거의 무시되거나 심지어 잊혀져 가는 상황이 되었다. 여기에서 이런 변화된 이유들을 논하자는 것은 물론 아니다. 나는 이런 상황이 전적으로 잘못됐다고 보는 것은 아니다. 사실 따져보면, 초기 중국과 일본에서의 선교사들이 불교를 간과했거나 비판했던 데 비추어볼 때, 오늘날 새로운 시대의 기독교 지성인들과 선교사들은 불교 철학과 정신 세계에 대해 가능한 한 진지하게 수용하려는 매우 긍정적인 태도를 보여주고 있다. 이것은 더욱 권장되어야 할 것이다. 그러나 기독교와의 내적인 상호 조화성에 비추어볼 때, 특별히 유교는 조금이라도 소홀히 다루어져서는 안된다고 본다. 이것은, 동아시아 문화의 핵심이라 할 수 있는 조화 및 비이분법적 근본 통찰이² 유교·불교·도교·일본의 신도(神道) 사이의 상호 작용의 장(場)을 형성해 주고 있다는 사실에서 더욱 중요한 것이다. 그러므로 동아시아 상황을 이해하는 데 있어서 타자로부터 방법을 배우는 것뿐만 아니라 그 전통들에 대한 일련의 지식은 필수불가결한 것이다.

동아시아에서는 신교 및 구교가 모두 토착신학의 발전을 빈번히 언급하고 있다. 이 점에서 볼 때, 일본의 개신교는 가장 괄목할 만한 기여를 했다.³ 가장 돋보이는 신학자는 Kazō Kitamori인데, 그는 기독교 메시지와 일본 문화의 내적인 차원의 관계에 대해 특별히 비중을 두고 있다. 그가 말하는 하나님 고통의 신학은 기독교 신학을 일본인의 심성으로 신학화한 매우 창조적인 작업으로 평가되고 있다. 여기에서는 유교적인 것보다 불교적인 특색이 엿보이긴 하지만, 각자 고유의 문화에 대한 내면적 지식을 신학적 전

---

1. 오늘날의 불교에 관한 것으로는 특별히 Heinrich Dumoulin, ed., *Buddhismus der Gegenwart* (Freiburg, 1970)과 그의 또 다른 책 *Christianity Meets Buddhism* (LaSalle, 1974), ch.2를 보라.
2. O'Hyun Park, *Oriental Ideas in Recent Religious Thought* (Lakemont, 1974), ch.2를 보라. Park는 또한 서양 사람들이 동아시아인들의 다양한 종교적 실상과 열정을 이해한다는 것이 얼마나 어려운가를 지적하고 있다. W. E. Hocking도 이 점을 실감하고 있다. *Living Religions and a World Faith* (New York, 1940), 77을 보라.
3. Carl Michaelson, *Japanese Contributions to Christian Theology* (Philadelphia, 1960); Charles H. Germany, *Protestant Theologies in Modern Japan* (Tokyo, 1965)을 보라.

제 요소로 내세운 것은, 여타 신학적 사고보다 뛰어난 창조적인 것이다.

중국 기독교인의 경우에는 진지한 노력이 서툴게 진행되지만, 신학적 사고력에서 뒤지고 있다. 이 경우는 특별히 아직도 유교적 가치에 속해 있는 개종자들 — 2세대 개종자 포함 — 에 의존하고 있다. 유교적 과거를 갖고 있는 사람들이 실제적인 단절감 없이 어떻게 유교에서 기독교로 자연스럽게 수용되는가에 대해서는 육징상(陸徵祥), 오경웅(吳經熊) 등이 참고가 될 것이다.[4] 개신교인인 T. C. Tsao는 특별히 유교와 기독교의 공통 분모에 기초해 중국 신학의 조건을 형성해 냈다. 그는 삶과 무관한 형태의 기독교의 제도적 요소나 교리를 불식시키면서 "하나님은 사랑이다"라는 사상에 중점을 두고, 인(仁)의 사상에 익숙한 유교인들이 적절히 수용할 수 있게 하였다.[5]

중국과 일본, 한국 내의 기독교인들은 공통적으로 기독교의 사회 복음에 대해 특별한 관심을 두면서 사회적 책임에 큰 비중을 할애하고 있는데, 이는 분명 유교의 사회적 윤리에 영향받았음이 틀림없다.[6] 사실상 동아시아에

---

4. Dom Pierre-Celestin Lu Tseng-tsiang, *Souvenirs et Pensées* (Bruges, 1945), John C. H. Wu, *Beyond East and West* (New York, 1951); *Chinese Humanism and Christian Spirituality* (New York, 1965); Paul K. T. Sih, *From Confucius to Christ* (New York, 1952). 누구든 유교적 과거를 파기시켜 버릴 필요도 없고, 유교적 신앙도 저버리지 않았음을 보여주기 위해, Dom Lu 같은 이는 "개종"보다는 기독교와 가톨릭의 명상주의(monasticism)에 대한 "소명"을 말하고 있고, John Wu와 Paul Sih는 모두 각자의 유교적 과거를 긍정적으로 평가한다. 그러나 개종자들의 경향은 유교를 기독교의 종교적 계시에 대한 철학적 준비 단계로 보는 것 같다. 내 견해는 유교가 기독교나 타 전통과 접촉 및 대화를 가짐에도 불구하고, 독자적이며 별개의 양상과 발전이 있다고 보는 것이다. 개종자의 저서에도 이것이 부정되지는 않고 있지만 이 모두가 강조되어 있지 않다.

5. Ng Lee-ming, "An Evaluation of T. C. Tsao's Thought", *Ching-feng* 14(1971), pp.21-35를 보라. Ng는 또한 "A Study of Y. T. Wu', *Ching-feng* 15(1972), pp.5-54 및 "Wang Ming-tao: An Evaluation of His Thought and Action", *Ching-feng* 16(1973), pp. 51-80. 이 세 사람에 대한 연구 가운데 T. C. Tsao의 것이 신학적으로 가장 의미가 깊다.

6. 이 점에 관해서는 앞에 나온 Ng의 논문과 S. Wu, "Confucianism and its Significance to Christianity in China", *Ching-feng* 12(1969), pp.4-23을 보라. 일본의 시각에서 본 것으로는, 특별히 Masaharu Anesaki, *History of Japanese Religion* (Tokyo, 1968), pp. 360-5.

있어서 사회주의의 발흥이라든지 사회주의 정부의 성립 이외에도 T. C. Tsao를 포함한 많은 기독교인들은 마르크스·사회주의 이론을 수용하거나 이를 기독교 신앙과 연관시키려 하고 있다. 그들 중에는 폭력과 사랑의 조화라는 것에 난점을 느끼는 이들도 있다. 어떤 이들은 더 이상 기독교인으로 머무를 수 없다고 느끼기도 한다. 그들의 노력이나 실례들은 오늘날 서구 정치 신학자들에게 좋은 교훈이 될 수 있을 것이다. 결국 신학은 경험의 진공 상태에서는 이루어질 수 없다. 그것은 신자들이 개인적으로나 사회적으로 삶과 진지하게 씨름하는 속에서 탄생되는 것이다.

그러나 아시아 신학에는 몇 가지 난점이 뒤따른다. 이것은 기독교회가 ― 이단 시비와 함께 ― 교리적 정통주의에 집착하는 것과 아울러, 아시아 기독교는 유럽과 아메리카의 유수한 신학적 스승에 비교하거나 비기독교적 다수에 둘러싸여 있다는 점에서 아직 어리고 불확실한 상태에 있다는 사실이다. 어떤 기독교인들은 지적·사회적 장벽 ― 국지적인 선교나 문명화된 서구 엘리트 사회 등등의 ― 을 쌓는 경향이 있다. 결국 그들은, 같은 신앙을 소유하지 않은 주위 애국자들로부터 혹은 전혀 무지한 상태에서 독단적인 편견을 내리는 서구 및 선교사들로부터 이중의 자기 소외를 당하고 있는 셈이다. 그는 계속 자기 정체(identity)에의 위기에 직면해 있는 것이다. Endo Shusaku의 『침묵』이란 소설은, 이러한 자기 정체 상실의 적나라한 모습을 보여주고 있다.[7] 기독교인은 다시 한번 일본·중국·한국인이 되기 위해 배교자가 되어야만 하는가?

여기서 제기된 물음은 사실상, 각 문화에 대한 기독교의 적응뿐만 아니라 기독교 휴머니즘 전체의 문제를 취급하는 광범위한 것이다. 만일 기독교가 더 나은 인간성을 의미하는 것이라면, 이는 또한 더 나은 중국·한국·일본

---

7. William Johnston (Tokyo, 1969)의 영역을 보라. 심지어 오늘날까지도 아시아의 천주교 교인들은 자신들이 이차 계급(second-class)으로 자국에서 취급받고 있으며, 또한 "외국"의 것에 의한 형식과 교육에 의해 동포들로부터 "문화적으로 소외된" 존재가 되고 있다. SVD 보고서, "Pluralism and Pluriformity in Religious Life: A Case Study", *Pro Mundi Vita Bulletin*, No.47(1973), pp.29-33을 보라.

인, 즉 더 행복한 인간성을 의미하기도 하는 것이다. 복음으로 인해 아시아에 야기된 대립의 메시지는, 어떻게 해서든지 인간과 그 자신, 인간과 우주 및 그 동료 사이에서 수용할 수 있고 진정한 아시아인이 될 수 있는 새로운 문화에로의 길을 마련해야 할 것이다.

내가 이 책을 쓰게 된 진정한 뜻이 바로 여기에 있다. 경험이 말해 주는 대로, 대립과 긴장은 문화적·정신적 발효가 되는 동시에 풍부한 미래를 여는 것이 되기도 한다. 우리가 철학적으로나 신학적 표현에 있어 변증법적 결과를 획득하기 위해서는, 그러한 대립과 긴장의 가치를 잘 인식하여야만 한다. 기독교와 휴머니즘은 서로간에 어떤 그리고 얼마만큼의 교훈을 얻을 수 있을까? 긍정적인 면은 무엇이고 부정적인 면은 무엇인가? 지속과 변혁을 위한 계기는 무엇인가? 이런 것들이 미래의 여러 가지를 좌우하는 기본적인 물음이 되는 것이다.[8]

이외에도 고려되어야 할 것이 많이 있다. 서구는 동양으로부터 배워야만 할 것이며, 특별히 서구 기독교인들이 동양의 비그리스도인들에게 배워야 할 것도 또한 여전히 많은 것이다. 이 책에서 우리는, 유교에 있어서의 인간 심성, 양심, 공동체 이론들을 밝혀 내면서 인간과 인간의 자기 초월 등의 문제를 다루었다. 또한 신(神)의 문제를 다루면서, 신비적 경향의 철학자들이 형이상학적 절대를 말하는 것과 유사한 형태로, 기독교의 성경 및 유교 경전에 나타난 인격적 하나님을 다루어 보았다. 그리고 간구와 명상, 제의 속에서의 자기 초월의 실천을 취급하면서, 인격적 하나님에 대한 믿음을 가졌던 초기 유교가 하나님과의 대화로서 간구에 대한 증거를 제공하였던 점이나, 철학적 정립을 이룬 후기 유교가 타자에 대해 개방적 신비주의라는 형태의 폭넓은 내면화(內面化)를 이루어 냈음을 밝혀 냈다. 아울러 정

---

8. 이런 점에서, 홍콩의 중국 대학 내의 중국 기독 학생들이 만든 *Ming-pao* 안의 논문을 보라. 논문 제목은 "Our Christian View of the Times and the Problem of Culture", *Ming-pao Monthly*, No.102(June, 1974), pp.41-7, No.104(August, 1974), pp.37-8. 특히 후자의 것은 유교와 기독교 사이의 관계를 다룬 것이다.

치적 관계와 제왕 및 반역에 대한 유교적 이론을 논의해 보면서 그 현대적 의미를 찾아보았다. 여기에서 시도된 비교 연구의 전체적 조망은 삶의 전 국면 — 희망과 긴장, 인간의 삶의 가능성 — 을 말해 주고 있다. 유교인들과 기독교인들은 서로로부터 배워야 할 것이 많이 있다. 유교 경전이나 성경의 교훈 속에서 각 전통의 총체적인 지혜 속에서 그리고 지금 현재 속에서 절실히 느끼는 것 등이 바로 그것이다.

일련의 짤막한 요약 속에서 우리는, 유교 이념이 오랜 세월을 통해 도덕적·종교적 심지어는 우주적인 측면에서 인(仁)이라는 가치의 중요성에 초점을 맞춰 왔고, 인간과 인간과의 관계나 상호 주관성의 경험 속에서도 초월을 식별해 왔다는 것을 알 수 있었을 것이다. 또 다른 한편 기독교는 "하나님은 사랑이시다"라는 진술 속에서 예수 그리스도의 모든 계시를 요약하여 핵심 교훈으로 항상 선포해 왔다. 그러므로 우리는 결국 이 책을 사랑과 인(仁)이라는 말로써 마무리를 지어야 할 것 같다. 공자는 우리에게 다음과 같은 말을 주었다. "문화(文)의 지평 위에서 서로를 만나고, 인(仁)의 진흥을 위해 친밀해야 한다"(논어 13:24).[9]

---

9. 『논어』 12-24. 영어 번역은 나의 것이다.

연 대 표

(유교 및 기독교의 중요 사건을 중심으로)

○ 상(商) 왕조
　　원시 종교 시대

○ 주(周) 왕조: B.C. 1111~249년경
　　춘추(春秋) 시대: B.C. 722~481년: (이스라엘의 예언자 시대)
　　전국(戰國) 시대: B.C. 403~221년
　　철학자의 시대 (그리스와 중국이 동일함)
　　　공자 B.C. 551~479년
　　　묵자 B.C. 468~376년경
　　　노자
　　　맹자 B.C. 371~289년경
　　　장자 B.C. 369~286년경
　　　순자 B.C. 298~238년경
　　　한비자 B.C. ?~233년경

○ 진(秦) 왕조: B.C. 221~207년
　　제국 시대 〔분서갱유(焚書坑儒): B.C. 213년〕

○ 한(漢) 왕조: B.C. 207~A.D. 220년(불교의 전래)
　　　동중서(董仲舒): B.C. 179?~104년? (예수의 탄생: B.C. 6년)
　　　왕충(王充): A.D. 27~100년경 (예루살렘의 파괴: A.D. 70년)

○ 삼국 시대: A.D. 220~280년

○ 진(晉) 왕조: A.D. 280~420년
　　신(新)도교와 불교

○ 남북조 시대: A.D. 421~589년

○ 수(隋) 왕조: **A.D. 589~618년**

○ 당(唐) 왕조: **A.D. 618~906년**
　　　불교의 번영과 쇠퇴
　　　유교의 부흥
　　　　　한유(韓愈): **A.D. 786~824년**
　　　　　　(경교의 중국 전래)

○ 오대(五代): 혼란의 시대: **A.D. 907~959년**

○ 송(宋) 왕조: **A.D. 960~1279년**
　　　신(新) 유교
　　　　　주돈이(周敦頤): **1017~1073년**
　　　　　정호(程顥): **1032~1085년**
　　　　　정이(程頤): **1033~1107년**
　　　　　주희(朱熹): **1130~1200년**
　　　　　육구연(陸九淵): **1139~1192년**

○ 원(元) 왕조 (몽고족): **1260~1367년**
　　　　(프란치스코회 선교사 입국)

○ 명(明) 왕조: **1368~1644년**
　　　왕양명(王陽明): **1472~1529년**
　　　왕간(王艮): **1483~1514년**
　　　　(**Matteo Ricci**의 중국 입국)

○ 청(淸) 왕조 (만주족): **1644~1912년**

○ 공화국 시대: **1912~현재**
　　　인민공화국: **1949~현재** (중국 공산주의)
　　　　　(선교사의 추방)

주요 참고서

비교 연구

Chan, W. T. et al. *The Great Eastern Religions: An Anthology.* New York, Macmillan, 1968.
Eliade, M. *Patterns in Comparative Religion.* New York, New American Library, 1974.
— and Kitagawa, J. M. *The History of Religions: Essays in Methodology.* Chicago, University of Chicago Press, 1959.
Hartshorne, C. et al. *Philosophers Speak of God.* Chicago, University of Chicago Press, 1953.
Heiler, F. In *Prayer,* ed. by Samuel McComb. London, Oxford U. P., 1932.
Hocking, W. E. *Living Religions and a World Faith.* New York, Macmillan, 1940.
Kaplan, A. *The New World of Philosophy.* New York, Vintage Books, 1961.
Kitagawa, J. M. *Religions of the East.* Philadelphia, Westminster, 1963.
Nakamura, H. *Parallel Developments: A Comparative History of Ideas.* New York / Tokyo, Kodansha International, 1975.
Otto, R. *The Idea of the Holy,* trans. by J. W. Harvey. Oxford U. P., 1923.
— 『聖스러움의 意味』 길희성 역. 분도출판사. 왜관. 1987.
Smith, W. C. *The Faith of Other Men.* New York, New American Library, 1965.
Smart, N. *The Religious Experience of Mankind.* London, Collins, 1970.
Tillich, P. *Christianity and the Encounter of World Religions.* New York, Columbia U. P., 1961.
— 『기독교와 세계 종교』 정진홍 역. 대한 기독교서회. 서울.
Toynbee, A. *Mankind and Mother Earth.* London, Oxford U. P., 1976.
— 『세계사: 인류의 어머니되는 지구』 강기철 역. 서울. 1985.

유교 관계

Legge, J. *The Chinese Classics.* Oxford, Clarendon, 1893–, 5 vols. (The four books are reprinted in *Confucius,* New York, Dover, 1971).
Lau, D. C. *Lao-tzu: Tao-te ching.* London, Penguin Classics, 1963.
— *Mencius.* London, Penguin Classics, 1970.
Waley, A. *The Analects of Confucius.* London, Allen & Unwin, 1939.

Watson, B. *Chuang-tzu: Basic Writings.* New York, Columbia U. P., 1964.
— *Han Fei Tzu: Basic Writings.* New York, Columbia U. P., 1964.
— *Hsün-tzu: Basic Writings.* New York, Columbia U. P., 1963.
— *Mo-tzu: Basic Writings.* New York, Columbia U. P., 1963.
Chan, W. T. *A Source Book in Chinese Philosophy.* Princeton, Princeton U. P.
de Bary, W. T. *Sources of Chinese Tradition.* New York, Columbia U. P.
Chan, W. T. *Religious Trends in Modern China.* New York, Columbia U. P., 1953.
Creel, H. G. *Chinese Thought from Confucius to Mao-Tse-tung.* Chicago, University of Chicago Press, 1955.
— *Confucius the Man and the Myth.* New York, John Day, 1949.
Fingarette, H. *Confucius: the Secular as Sacred.* New York, Harper Torchbook, 1972.
Fung Yu-lan. *A History of Chinese Philosophy,* trans. by Derk Bodde. Princeton, Princeton U. P., 1952~3, 2 vols.
— 『중국 철학사』(上·下), 유창훈 역, 세움사, 서울, 1975.
— *A. Short History of Chinese Philosophy.* New York, Macmillan, 1948.
— 『중국 철학사』 정인재 역, 형설출판사, 서울, 1983.
Jaspers, K. *The Great Philosophers: the Foundations.* New York, Harcourt & Brace, 1962. (Paradigmatic Individuals: on Confucius).
Kim, Sung-hae, *The Righteous and the Sage,* Sogang univ. press, 1985.
Smith, D. H. *Confucius.* New York, Holt, Rinehart, 1973.
— *Chinese Religions.* New York, Holt, Rinehart, 1968.
Waley, A. *Three Ways of Thought in Ancient China.* London, Allen & Unwin, 1939.
Weber, M. *The Religion of China.* New York, Free Press, 1964.

기독교 관계

The Holy Bible. Revised Standard Version (Catholic Edition). London, Catholic Truth Society, 1966.
『성경 전서』 대한 성서 공회 발행, 한글 개역판, 서울, 1956.
Bonhoeffer, D. *The Cost of Discipleship.* New York, Macmillan, 1959.
— 『나를 따르라』 허혁 역, 기독교서회, 서울, 1965.
Bultmann, R. *Theology of the New Testament.* New York, Scribner, 1968~70.
— 『신약성서 신학』 허혁 역, 성광출판사, 서울, 1976.
The Common Catechism: A Christian Book of Faith, ed. by F. Feiner and L. Vischer. London & New York, Seabury, 1975.

― 『하나인 믿음: 새로운 공동 신앙 고백서』 이경우・정한교 공역, 분도출판사, 왜관, 1979.
Conzelmann, H. *Outline of the Theology of the New Testament.* New York, Harper & Row, 1969.
― 『신약성서 신학』 김철손・박창환・안병무 공역, 한국 신학연구소, 서울, 1982.
Documents of Vatican II, ed. by Walter M. Abbott, S. J. New York, Corpus, 1966.
― 『제2차 바티칸 공의회 문헌』 한국천주교 중앙협의회, 서울, 1969.
Häring, B. *The Law of Christ.* Paramus, Newman Press, 1961, 2 vols.
Küng, H. *On Being a Christian (Christ sein).* New York, Doubleday, 1976.
『왜 그리스도인인가』 정한교 역, 분도출판사, 왜관, 1982.
Rahner, K. et al., *Sacramentum Mundi. An Encyclopaedia of Theology.* London, Burns & Oates, 1968, 6 vols.
Rahner, K. *Theological Investigations.* Baltimore, Helicon Press, 1961~9, 13 vols.
Schnackenburg, R. *The Moral Teaching of the New Testament.* New York, Herder, 1971.
Theological Dictionary of the New Testament, ed. by G. Kittel and G. Friedrich. Grand Rapids, 1971ff, 10 vols.
Tillich, P. *Systematic Theology.* Chicago, Chicago U. P., 1964~6, 3 vols.
― 『조직신학』(I・II・III), 김경수 역, 성광문화사, 서울, 1978.

인명 색인
(알파벳순)

Adam 112
Aleksandrov 77
Amitabha 193
Aquinas, Thomas 16 103 114 173
Arai Hakuseki 新井白石 55
Aristoteles 28 101 154
Augustinus 252
Avalokitesvara 193
Bakunin 57
Barth, K. 117
Bellah, R. 57
Bernard-Maître, H. 41
Berry, T. 261
Bloch, E. 155
Bodde, D. 139
Bonaventura 16
Bonhoeffer, D. 103 126
Bouvet, J. 87
Bouyer, L. 203
Bruce, J. P. 178
Buber, M. 116 223
Buddha 23 29 41-55
Bühlmann, W. 19
Bultmann, R. 103
Burgess, A. 148
Cameron, J. M. 233
Chan, W. T. 陳榮捷 14 34 114 138 184
Chandran, J. R. 266
Chang Carsun 張君勱 35
Chang Chih-tung 張之洞 56
Chang Pin-lin 章炳麟 71
Chang Tsai 張載 138 173
Chao Chi-pin 趙紀彬 80-1 84
Ch'en, K. 陳觀勝 47

Ch'en Tu-hsiu 陳獨秀 71-2 94
Cheng Hsüan 鄭玄 246
Ch'eng Hao 程顥 138 173
Ch'eng Yi 程頤 121 173 248
Ch'ien Hsüan-t'ung 錢玄同 74
Ching, Julia 秦家懿 108 113 121 131 133 181 214 253
Chou Tun-yi 周敦頤 173-9
Chow Tse-tsung 周策縱 57 72-3
Chu Hsi 朱熹 172-80 210 224 247
Chu Yüan-chang 朱元璋 254
Chuang-tzu 莊子 67 78 213
Columbus 40
Constantinus 234
Conzelmann, H. 155
Cooper, M. 44
Couplet, P. 87
Cox, H. 102
Creel, H. G. 70
Dai Sheng-yu 261
Dallet, Ch. 49
Darwin Ch. 57
de Bary, W. T. 35 255
d'Elia, M. 49
de Harlez, C. 223
de Lubac, H. 102 155 193 197
Demiéville, P. 39
de Rachewiltz, I. 38
Dewey, J. 71 92 94
Dumoulin, H. 214 268
Dunne, G. H. 40
Dupré, L. 151
Duyvendak 49
Eberhard, W. 109

Eckhart 182
Eichhorn, W. 156
Eichrodt, W. 105 154
Endo Shusaku 遠藤周作 270
Eusebius of Caesarea 234
Fang Chao-ying 房兆楹 49
Fang Hao 方豪 40
Fénélon 88
Feuerbach 57
Fingarette, H. 137
Fung Yu-lan 馮友蘭 80 85 139 177 220 241
Galileo 40
Gallaher, L. J. 40
Germany, Ch. H. 268
Greeley, A. 29
Han Fei Tzu 韓非子 67 68 77 253
Han Yü 韓愈 121
Häring, B. 116 130-2
Hartshorne, C. 175
Hegel 90 171
Heiler, F. 21 152 196 204 228
Hocking, C. 22
Holbach 57
Hou Wai-lu 侯外盧 79 188
Hsiao Kung-ch'üan 蕭公權 248
Hsiung Shih-li 熊十力 183-5
Hsü Fu-kuan 徐復觀 35 149
Hsü Kuang-ch'i 徐光啓 52
Hsü Shen 許愼 246
Hsün-tzu 荀子 106 109-12 167-9 213 219
Hu Shih 胡適 70-1 131 135
Huang Tsung-hsi 黃宗羲 251
Hung Hsiu-ch'üan 洪秀全 78
Ignatius of Antioch 126
Inoue Tetsujiro 井上哲次郎 56
Jansen, M. 94
John 123 139 205

Johnston, W. 270
Karlgren, B. 157
K'ang-hsi 康熙 44 51
K'ang Yu-wei 康有爲 74 258
Kitagawa, J. 14 16 58
Kraemer, H. 22
Kramers, R. P. 149
Ku Chieh-kang 顧頡剛 74
Kuan Chung 管仲 246
Küng, H. 19 103 117 144 232
Kuo Mo-jo 郭沫若 76-7 79 84
Lamarck 57
Lancashire, D. 54
Lao-tzu 老子 67 78
Lau, D. C. 138
LeComte 87
LeGall, S. 91
Legge, J. 17-8 24 46 91 110 160-3 179 199 239
Leibniz 52 88
Lenin 95
Levenson, J. 94
Liang Su-ming 梁漱溟 109
Lin Piao 林彪 83
Liu-hsia Hui 柳下惠 119
Liu Shao-ch'i 劉少奇 83
Liu Shu-hsien 劉叔賢 187
Liu Shun-te 劉順德 41 53
Lo Wen-tsao 羅文藻 52
Longobardi 88 93
Lu Cheng-hsiang 陸徵祥 269
Lu Chiu-yüan 陸九淵 180-1
Lu Hsün 魯迅 71 94
Machiavelli 253
MacInnis, D. 260
Ma Jung 馬融 247
Malebranche 88 93
Mannheim, K. 242

Mao   63 76 83-4 95 261-3
Marco Polo   39
Mariana, L.   243
Marx   37 45 57 59-60 64 75-7 94-5 149 187
Maverick, L. A.   89
Meisner, M.   76
Mencius 孟子   66 70 78 89 101 107 109-13 120 130 137 165-6 180 207 213 227 233
Metz, J.   221
Moltmann, J.   102 106
Montecorvino, John of   39
Montesquieu   89
More, Thomas   252
Moses   153
Mo-tzu 墨子   66 77 82 137
Mou Tsung-san 牟宗三   35
Moule, A. C.   39
Munro, D. H.   107
Münzer, T.   242
Murray, J. C.   154
Newton   40
Ng Lee-ming 吳理明   269
Nicolas of Cusa   176
Niebuhr, R.   106
Ogden, S. M.   103
Ott, H.   155
Ovid   130
Park, O'Hyun   268
Paulus   105 132 139
Pinot, V.   88
Plato   28 154 253
Po-yi 伯夷   119
Prester John   38
Quesnay   89
Rahner, K.   103 112 154 217
Ricci, M.   39 90 267

Ricoeur, P.   116
Riviére, C.   92
Robinson, J. M.   75
Rosso, A. S.   52
Rousseau   89
Rowley, H. H.   196
Royce, J.   245
Rubin, V.   70
Rule, P.   40
Russell, B.   92 94
Saeki, Y.   39
Schelling   171
Schillebeeckx, E.   102 155
Schram, S. R.   261
Schurhammer   49
Servier, J.   252
Shao-cheng Mao 少正卯   84 85
Shih, J. 施省三   156 218
Shryock, J.   58
Sih, P. 薛光前   269
Smart, N.   14
Smith, D. H.   18 223
Smith, J.   179
Söderblom, N.   152
Soothill, W. E.   18 222
Ssu-ma Ch'ien 司馬遷   75
Ssu-ma Kuang 司馬光   249
Stalin   76
Sudbrack, J.   217
Suso, H.   139
T'ang 湯   110-1
T'ang Chün-i 唐君毅   35 101 149
T'ang Yung-t'ung 湯用彤   47
Tao-sheng 道生   121
Teilhard de Chardin   92 139 171 177
Tien Tcheu-kang   156
Tillich, P.   103 115 151
Tilmann, K.   205

Tokugawa Ieyasu 德川家康 44
Treadgold, D. 90
Ts'ai Shang-ssu 蔡尙恩 79
Tsao, T. C. 269-70
Tseng-tzu 曾子 246
Tu Erh-wei 杜而未 156
Tung Chung-shu 董仲舒 137 142-3 240 258
Voltaire 52 57 89
Wang An-shih 王安石 249
Wang Ch'ung 王充 84 134-5 167 169
Wang Ken 王艮 79
Wang Ming-tao 王明道 269
Wang Yang-ming 王陽明 79 129-30 181-4 188
Watson, B. 67 168
Weber, M. 14 196
Weischedel, W. 182
Wen (King) 文王 120
Wen T'ien-hsiang 文天祥 127
Wilhelm, H. 161
Wolf, A. P. 141
Wolff 52 88
Wu (King) 武王 120
Wu, John C. H. 吳經熊 131 269
Yao and Shun 堯舜 119 244
Yang, C. K. 141
Yang Chu 楊朱 66 119
Yang Jung-kuo 楊榮國 80-2 85 111 188
Yen Hui 顏回 136 202
Yi Pai-sha 易白沙 71
Youn Eul-sou 49
Yü 禹 191
Zaehner, R. C. 212
Zhdanov 78
Zürcher, E. 47

사항 색인
(가나다순)

감정 133 207-12
경교인 39
계시 190-2
관계 139-46 184-6
교회, 공동체 21 139 232 266
기도 21 152 195-230
도교(도가) 53-8 66-7 72 97 149 228-9
마르크스주의 37 45 59-60 64 75-7 94-5 149 187
마음(心) 105-6 132-3 180-3 191
명상, 신비주의 152 195-230
모택동주의 95
묵가 66 68 72 97 137
반(反)공자 운동 83-6
반역(반란), 폭군 제거 242-5
방법, 방법론 15-7
법, 자연법 131
법가 68-70 82 96 188 253
불교도 23 29 41-55
불멸 133-5
선교사 38-61
성인, 현인 20 34 117-25 143 180
숙명 165
순교 125
스토아 130
신도(神道) 29 55
신앙 35-6 145 232
악, 죄 108-16
양심, 의식 20 110 130-9
역사, 역사성 162-4 190-3 252-3
영성 36 207 213-7
예(禮), 성례(聖禮), 성사(聖事) 207-8 218-21 224-6

예수회 38-53 87 90-2
예언(적) 21 197
왕, 왕권 143 236-41 257
유대, 유대교 29 151-7 196 231
이상(Maitreya) 254
이슬람교 29
인(仁), 사랑 80-2 135-9 183-6 269
인간 본성 106
일본 44 54 56-8 73 94 97 140 210 269-70
절대자 170-86 271
정치, 정치적 사회 20-1 231-66
제사(의식), 제의 58 220-30
제사장직 33 145
제의 논쟁 46-53
종교, 신학 17-20 33 102-4 267-72
창조, 창조자, 창조주 159-62 189
철학 22 33
초월 20-1 36 117 151-230
충성 245-51
태극 47 87 114
하나님 20 47-50 151-93
하늘, 천(天), 상제(上帝) 133-4 157-69 188-90 199-201 234
하늘의 위임, 천명(天命) 165-6 236-8
한국 49-50 57-8 269-70
혁명 239
효도, 가정 140-3
휴머니즘, 인간 101-50
힌두교 30

〈부록〉*

한국에 있어서의
유교와 기독교간의 대화

吳 剛 男
(캐나다 리자이나 대학교 종교학 교수)

머 리 말

이 논문의 목적은 한국에서 유교와 기독교가 처음 만났을 때 빚어졌던 갈등의 중요 쟁점들을 재확인하고 이를 다원주의적 시각에서 분석해 보고자 하는 것이다. 이어서 한국에서 유교와 기독교가 앞으로 의미있는 대화를 할 필요성이나 그럴 소지가 있는가 하는 것도 아울러 살펴보고자 한다.

I. 대결의 관계: 과거

A. 만남의 역사

1) 초기의 접촉: 16세기 중엽 일본과 중국에 소개되었던 가톨릭교는 17세기 초엽 한국인들 사이에 알려지기 시작했다. 1600년을 전후하여 조선조의 외교 사절로 중국에 드나들던 사람들이 "서학"(西學)의 일부로서 가톨릭 문헌을 한국으로 가지고 들어왔다. 이수광(李睟光, 1563~1628년)이 중국에 갔다가,

---

* 이 글은 오강남 교수가 1990년 11월 미국 New Orleans에서 열렸던 American Academy of Religion(북미 종교학회) 연례회에서 발표한 "The Encounter of Confucianism and Christianity: Past and Future"라는 논문인데, 이 책의 저자 Julia Ching 교수의 요청에 의해 오강남 교수가 직접 한국어로 번역하여 이 책에 첨부하는 것이다.

1603년에 출판된 예수회 선교사 마테오 리치(Matteo Ricci)의 중국말 저서 『天主實義』를 가지고 돌아오고, 기타 소현세자(昭顯世子) 같은 이들도 1644년 중국에서 돌아오면서 가톨릭 서적들을 다수 가지고 들어왔다.[1]

이렇게 서양 기술 문명과 함께 한국에 들어온 가톨릭교는 조선 시대 실학(實學)파에 속했던 학자들 사이에서 지적 호기심의 대상이 되었다. 그러나 18세기 중엽에 이르러서는 양상이 달라져서, 그것이 단순한 지적 호기심의 대상으로만이 아니라 하나의 종교로 받아들여지기 시작했다.[2]

18세기 마지막 부분에 이르러 가톨릭교는 이승훈(李承薰)과 그의 동료들에 의해 초석을 다지게 되었다. 지적으로 뛰어났던 이승훈은 북경(北京)에 있던 조선 외교부에서 일하게 된 아버지를 따라갔다가, 그곳 남천주당(南天主堂)에 있던 예수회 선교사들을 만나 가톨릭의 가르침을 받아들이고, 1784년 영세를 받았다. 이리하여 이승훈은 한국인들 중 최초의 정식 가톨릭 신도가 된 셈이다. 같은 해 귀국하여 한국인들에게 기독교의 가르침을 전하고 이를 받아들이는 사람들에게 영세를 주기 시작하였다. 이승훈은 그의 영세명 "베드로"가 뜻하듯 한국 가톨릭 교회의 반석이 되었다.

2) 불목 시기: 가톨릭교가 점점 널리 전파됨에 따라 그 당시 조선 왕조의 공식적 정치 및 종교 이념이었던 유교와 마찰을 빚어내기 시작했다. 1785년 조선 조정에서는 가톨릭교를 "이단사설"(異端邪說)로 규정하고 금지령을 내렸다. 조정의 공식 통역관이던 김범우(金範禹)가 자기 집 대청을 가톨릭교인들의

---

1. 물론 1594년초 Gregorio de Cespedes라는 예수회 선교사가 일본인 동역자 한 사람과 그 당시 한국을 침략한 토요토미 히데요시(豊臣秀吉) 군대의 종군관으로 한국에 왔다는 기록이 있으나, 일본 군부 내부에 있던 가톨릭계와 비가톨릭계 장군들 사이의 불화 때문에 두 달도 채 못되어 돌아가 버렸다고 한다. 따라서 이들이 한국인들에게 어떤 영향력을 미칠 수는 없을 것으로 보아, 이들을 한국 가톨릭의 시작이라 보기는 힘들 것이다. Charles Allen Clark, *Religions of Old Korea* (Seoul: The Christian Literature Society, 1961), 225f.와 James Huntly Crayson, *Early Buddhism and Christianity in Korea* (Leiden: E.J.Brill, 1985), 70 참조할 것.

2. Wanne J. Joe, *Traditional Korea: A Cultural History* (Seoul: Chung'ang University Press, 1972), 410.

집회 장소로 쓰게 한 죄로 투옥되었다가 나왔는데 옥중에서 받은 상처로 죽음으로써 한국 최초의 기독교[3] 순교자가 된 셈이다.

조정에서 금지시켰음에도 불구하고 가톨릭 신자들의 수는 놀랄 만한 속도로 증가되었다. 이로 인해 결국 1801년 신유사옥(辛酉邪獄)을 시작으로 하여 여러 차례 박해의 물결이 전국을 휩쓸어 불란서 선교사들을 포함하여 수많은 신도들이 죽임을 당하게 되었다.[4]

3) 무관심 시기: 기독교의 박해는 공식적으로 1884년 한불 수호조약(韓佛修好條約)의 체결과 함께 끝났다. 이즈음 개신교 선교사들도 한국에 들어오기 시작했다. 중국에 파송되어 있던 장로교 선교사 알렌(Horace N. Allen) 의사가 1884년에, 장로교의 언더우드(Horace G. Underwood)와 감리교의 아펜셀러(Henry G. Appenzeller)가 1844년에 한국으로 들어왔다.[5] 그 이후 한국 기독교는 가톨릭이든 개신교든 놀라운 성장을 거듭하여 한국에서의 선교가 "현대 선교사의 경이"가 될 정도가 되었다.

한국에서의 유교와 기독교의 관계에 관한 한 이런 초기의 비극적 대결이 양대 종교[6] 사이에 있었던 유일한 경험인 셈이다. 그때 이후 의미있는 대화는 고사하고 직접적인 교류란 어느 종류든 전무한 상태였다고 해도 과언이 아니기 때문이다. 그때 이후 유교와 기독교 사이의 관계를 한마디로 표현하라 한다면 그것은 거의 완전에 가까운 "상호 무관심"이라 할 수 있을 것이다.

---

3. 한국에서는 개신교(Protestant)만을 "기독교"라 부르고 가톨릭교는 기독교에 포함시키지 않는 경향이 있으나 이 논문에서는 이런 관행과 관계없이 본래의 뜻대로 기독교(Christianity)라고 할 때 가톨릭교와 개신교를 포괄적으로 지칭하는 것으로 한다.
4. 초기 가톨릭교의 역사를 위해서는 Dallet, *Histoire de l'Eglise de Corée*, 柳洪烈, 『한국 천주 교회사』(서울: 가톨릭 출판사, 1964) 등을 참조할 것.
5. 초기 개신교 선교사들에 대한 연구로 Everett N. Hunt, Jr., *Protestant Pioneers in Korea* (Maryknoll, NY: Orbis Books, 1980)이 있다.
6. 여기서 유교가 종교냐 아니냐 하는 문제를 다룰 생각은 없다. 유교의 "틀림없는 종교적"(unmistakably religious) 성격에 대해서는 Wing-tsit Chan, *The Great Asian Religions: An Anthology* (London: Macmillan, 1969), 105f. 참조할 것.

B. 갈등을 일으킨 중요 쟁점들

초기 유교와 기독교가 한국에서 맞부딪쳤을 때 이런 식으로 불행한 대결 관계를 빚게 된 근본 원인은 무엇이었을까? 한 가지 분명한 사실은 이런 갈등들의 배후에 관련된 쟁점들이 본질적으로 종교적인 성격의 것들이었기보다는 오히려 ① 정치적이고, ② 문화적이고, ③ 이념적인 것들이었다고 하는 사실이다. 이 세 가지 요인들을 좀더 구체적으로 살펴보기로 한다.

1) 정치적 요인: 조선조 마지막 부분에 가서는 당쟁(黨爭)의 피해가 극심했다. 어느 면에서 볼 때 가톨릭교를 박해한 것은 그 당시 복잡한 당쟁의 결과였다고 할 수 있다. 그 가장 좋은 예가 최초의 대규모 박해였던 신유사옥에서 찾아볼 수 있다.

그 당시 가톨릭을 연구하고 신봉하던 대부분의 학자들은 남인(南人) 시파(時派)에 속한 사람들이었다. 오랫동안 권력 밖에 나와 있던 사람들로서 뭔가 정신적으로, 사회적으로 개혁의 절실함을 느끼던 사람들이다. 유교가 더 이상 새로운 사회적·정치적 개혁을 위한 기풍을 진작시키는 정신적 동인이 되지 못하고 오로지 비실제적이고 형식적인 윤리적·사회적 행동을 강요하는 고루한 행동 규범 역할밖에 할 것이 없다고 느끼고 자연히 서양의 문물은 물론 서양의 종교를 포함하는 실학(實學), 곧 "실제적인 학문"에 기울어지게 된 것이다.

그 당시 임금 정조(正祖)는 시파 사람들을 두둔했고, 무엇보다도 조정 내에서의 세력 균형을 위해서 시파 사람들이 비록 가톨릭 신자들이라 하더라도 그들을 제거할 마음이 없었다. 시파 학자들을 박해하라는 계속적인 상소(上疏)에도 불구하고, 정조는 오히려 "바른 가르침을 밝히는 것이 그릇된 이론을 그치게 하는 것"[正學明, 邪說息]이라고 하면서 정론을 밝히는 데 힘쓸 것을 강조하는 정도였다.[7]

그러나 1800년 정조가 세상을 떠나고, 정순왕후(貞純王后)가 벽파의 도움으로 통치권을 장악하게 되자 세태는 급변하게 되었다. 대왕대비는 "사학"(邪學)

---

7. 琴章泰, 『東西交涉과 近代韓國思想의 推移에 關한 硏究』 성균관 대학교 대학원 박사 학위 청구 논문, 1978, 41.

을 신봉하는 자는 누구를 막론하고 반역죄를 저지르는 것으로 취급하겠다는 교서를 내렸다. 이것은 사실 그들의 정적(政敵)들을 제거하기 위한 핑계였던 것이다. 1801년 신유사옥으로 죽은 사람들이 300여 명이었고, 그중에는 이승훈, 정약전(丁若銓), 황사영(黃嗣永), 중국인 신부 주문모(周文謨) 등이 포함되어 있었다. "이는 정치적으로 노론벽파(老論僻派)가 남인시파(南人時派)를 몰아 내고 정권을 잡은 것에 불과하다. 천주교 박해가 정쟁(政爭)에 이용된 셈"이라는 것이 현대 사가(史家)들의 판단이다.[8]

2) 문화적 요인: 한국에서 유교와 기독교가 처음 만났을 때 빚어진 갈등의 주요 원인들 중 하나는 기독교가 한국에서 반사회적이고 반문화적인 것으로 여겨진 것이다. 이 문제의 가장 두드러진 예가 제사(祭祀) 문제였다.

중국에서 100년 가까이 예(禮)의 문제로 논쟁이 계속되다가 1742년에 공표된 교황의 교서 *Ex quo singulari*에 의해 제사가 기독교 신앙에 위배되는 우상 숭배요 미신으로 확정되게 되었다.[9] 이 불행한 결정은 그 당시 한국 기독교인들에게도 철칙처럼 받아들여지게 되고 그 결과 유교에 기반을 둔 조선 사회와 한국 가톨릭 교회는 정면 충돌을 하게 되었다.

가장 유명한 예가 1791년 전라도 진산에서 발생한 소위 진산사건(珍山事件)이라는 것이었다. 위대한 실학자요 가톨릭 지도자였던 정약용(丁若鏞)의 외손자 윤지충(尹持忠)은 새로 받아들인 기독교 신앙에 근거하여 그의 모친상(母親喪)에 신주(神主)를 만들지도 않고 제사도 폐해 버렸다. 이때문에 윤지충은 참형을 당하고, 이어서 나라에서는 가톨릭을 완전히 금하고, 집안에서는 식구들 중 가톨릭 신자들이 있으면 그 신앙을 버리도록 강요해야 한다는 가톨릭 반대 상소문과 문서가 속출했다.

---

8. 韓㳓劤·李成茂 編, 『韓國文化史』, 朝鮮後期篇, 一志社, 1985, 186.
9. Julia Ching, *Confucianism and Christianity: A Comparative Study* (Tokyo: Kodansha International, 1977), 19ff. 참조. Hans Küng은 이 일을 두고 the weightiest of the numerous fallible papal decision in matters of faith and morals(신앙과 윤리 문제에 관한 교황의 여러 가지 결정 중 가장 중대한 과오)라고 했다. Hans Küng and Julia Ching, *Christianity and Chinese Religions* (New York: Doubleday, 1989), 39.

제사 문제가 이제 전과 같이 그렇게 심각한 갈등 요인이 될 필요가 없다는 것을 이해하고 있는 사람들이 많아진 것이 사실이긴 하지만, 그것이 한국 근세사를 통해 유교적인 한국 사회와 기독교 사이의 간극을 넓혀 놓는 기본 쟁점들 중의 하나로 작용하였다고 하는 데는 이론(異論)의 여지가 없다고 볼 수 있다.

3) 이념적 요인: 유교를 바탕으로 하고 있던 이조 조정과 처음으로 한국에 들어왔던 기독교간에 갈등을 빚었던 또 한 가지 요인은 기독교가 반국가적인 종교로 여겨졌다는 사실에서도 찾아볼 수 있다. 이른바 황사영 백서(帛書) 사건에서 이 사실이 극명하게 나타난다.

황사영은 실학파의 유명한 정(丁) 씨 가문의 사위로서 머리가 명석한 학자인 데다가 신심이 두터운 가톨릭 신자였다. 중국인 신부 주문모의 동역자이기도 한 그는 북경(北京)에 있던 주교 앞으로 비단천 위에다 장문의 편지를 써서 보냈다. 이 편지에서 그는 주신부의 순교에 관한 이야기 등 근간에 일어났던 가톨릭 박해 사건을 소상하게 보고하고, 북경(北京)의 주교가 중국 황제에게 부탁해서 조선을 만주의 일부로 병합하게 하든지, 서양 해군에 부탁해서 함대를 보내 조선 정부로 하여금 가톨릭에 신교(信敎)의 자유를 허용하게 압력을 가하든지 해 달라는 등의 요청을 했다. 이 편지가 중도에서 관헌에 의해 발각되고, 이야말로 가톨릭이 외국 세력과 야합해서 국가를 전복하려고 음모하는 반국가적 종교임을 여실히 드러내는 증거라 여겨지게 되었다. 이런 종류의 종교는 그 당시 조정으로서 도저히 용납할 수 없는 것이었고, 이로 인해 조선 조정은 유교를 국가적 이념으로 받드는 데 더욱 철저하게 되었다.

이제 유교와 기독교의 만남에서 야기되었던 중요 쟁점 모두가 이 양 종교에 본질적으로 내재한 종교적 요인의 근본적 이질성에 뿌리를 둔 것이 아니었다는 사실의 일단이 밝혀진 셈이다. 양 종교의 갈등은 다양한 국내외적 정치 세력을 배경으로 하는 이해 집단의 충돌이라 보는 것이 더 온당한 관찰이라는 것이다.

물론 그렇다고 해서 종교적 교리 논쟁이 전혀 없었다는 뜻은 아니다. 가톨릭을 공식으로 공박하는 척사윤음(斥邪綸音)이 계속 있었고 가톨릭 측에서도 자기들의 신앙을 변호하는 호교론적 글들이 많이 나왔다.[10] 그러나 여기서도 이런 교리 논쟁들이 기독교의 본질적인 면을 다루는 일은 거의 없었다. 몇 가지 예외적인 경우를 제외하면,[11] 이런 글들은 모두 기독교의 신(神)이 상제(上帝)와 같으냐 다르냐; 천당 지옥으로 사람들을 유혹하거나 위협하는 것이 온당하냐; 독신 생활, 영세, 사후 생명 등이 무슨 근거에 의한 것이냐; 이런 사상들이 부모 자식 관계라든가 백성과 임금의 관계 같은 전통적 가족 관계나 사회 구조에 어떤 영향을 미치게 되는가 하는 등의 문제들에 관한 것들이 대부분이었다.

이런 교리 논쟁을 살펴볼 때 우리가 지금 간파할 수 있는 사실은 "兩者가 相對에 대한 批判 속에서 相對便의 根本槪念에 대한 沒理解를 露出하고 있는 것" 뿐만 아니라, "同時에 自己便의 根本槪念에 대한 理解의 限界를 보여주는 것"이다.[12] 이런 상황의 일면은 정약전의 아들 정하상(丁夏祥)이 자기 신앙 때문에 처형되기 직전 재상에게 보낸 글『상재상서』(上宰相書)에서 "애당초 의리(義理)의 여하를 불문하고" 무조건 사도(邪道)라 몰아붙여 사형에 처하니 원통하기 그지없다고 한 말에서도 잘 나타나 있다.[13]

물론 이렇게 "生存鬪爭의 性格을 內包"하고 있던[14] 처절한 대결이 그 당시의 특수한 역사적 상황(狀況)에서는 불가피한 일이었는지 모른다. 이런 문제들이 그때 사람들에게는 지극히 심각한 문제였을 것이기 때문이다. 그러나 현대적 시각을 가지고 볼 때 어떤 문제들은 너무나도 지엽적인 것이요, 또 대부분의 갈등은 그들이 이른바 "고전주의적 세계관"(古典主義的 世界觀)에서 벗어날 수만 있었다면 피할 수 있었던 것들이라 생각된다.[15]

---

10. 朴鍾鴻,『韓國思想史論攷 ― 儒學篇』(서울: 서문당, 1977), 267-352; 琴章泰, 앞의 책, 45ff.
11. 이런 예외적인 경우 중 가장 훌륭한 예가 정약용이다. 琴章泰, 같은 책, 77-111.
12. 琴章泰, 같은 책, 198.　　　　　13. 韓沽劤 등 篇, 앞의 책, 193.
14. 琴章泰, 앞의 책, 198.　　　洙佑 洙佑

II. 대화의 관계: 미래

조선조말 이후와 비교할 때 현재 한국이 정치·사회·학술·종교 등 각 부면에서 엄청나게 변모되었다는 것은 말할 나위도 없는 사실이다. 이제 한국에는 국가에서 공식적으로 떠받드는 특정 종교도 없다. 주자의 신유학(新儒學)을 지도이념으로 삼고 모든 타종교를 사학(邪學)이라 단죄하는 지적 분위기도 더 이상 존재하지 않는다. 종교를 앞세워 정치적 반대 세력을 제거하겠다는 일도 있을 수 없다. 한국은 다른 여러 나라와 마찬가지로 종교적으로 다원주의(多元主義)를 표방하는 사회다.

A. 다원주의 시각

이처럼 다원주의적 사회에서 유교와 기독교는 어떤 관계를 유지할 수 있을까? 한국 유교와 기독교가 다같이 "다원주의적 시각"(pluralistic perspective)을 함양하고, 이 건설적인 원칙 위에서 그들의 관계를 재정립할 필요가 있다고 생각한다.

그러나 불행하게도 현재 유교와 기독교 사이에는, 앞에서 언급한 것과 같이, 드러내놓고 대적하는 일은 없다고 하더라도, 거의 완전에 가까운 무관심 상태가 지속되고 있는 셈이다.[16] 한국인들 상당수가, 그리고 기독교인 중 많은 사람들이, 한국에서 "봉건주의적 유교의 잔재"를 씻어야 한다는 소리를 많이들 하고 있다. 유교가 허례허식·분파주의·사대주의·남존여비 등등 현재 한국 사

---

15. "고전주의적 세계관"의 의미에 대해서는 Paul F. Knitter, *No Other Name? A Critical Survey of Christian Attitudes toward the World Religions* (Maryknoll, NY: Orbis Books, 1985), 31f., 183, 201 참조.
16. 이 문제에 있어서 예외적인 인물로 특출한 분이 고 윤성범(尹聖範) 박사로서 그는 기독교 신학을 한국 신유학, 특히 율곡(栗谷)의 용어로 이해하려고 노력했다. 그의 책『韓國的 神學: 誠의 解釋學』(서울: 宣明文化社, 1972), 그리고 그의 논문『退溪와 栗谷의 天思想理解』정신 문화 연구원 주최 제1회 한국학 국제 학술 회의 논문집 (서울: 한국 정신 문화 연구원, 1979), 554ff. 참조.

회에서 발견되는 모든 부정적 요소들에 대해 역사적으로 그 책임이 있다는 것이다.[17]

한국 유교 전통에 대한 이와 같은 부정적 태도의 극적 표현으로 현재 한국 국회의원이며 "한국 여성 계발원" 원장인 김연덕 여사가 최근 어느 잡지 기자와 가졌던 대담에서도 여실히 나타나고 있다. 한국에서 "여성의 지위를 높이는 것"을 목적으로 하는 그의 사업을 소개하는 기사의 제목이 "Battle against Confucianism"(유교와의 대결)으로 되어 있었다.[18]

한국 기독교인들이 일반적으로 믿고 있는 것처럼 한국 기독교는 한국의 유교 전통과 무관하게 지낼 수 있을까? Julia Ching 교수가 지적한 바와같이 한국 기독교인들은 좋든 싫든 기타 동북 아시아 여러 나라 기독교인들과 마찬가지로 "유교적 배경과 가치관을 가진 기독교인으로 자처할 수밖에 없는 것"이다.[19] 이것은 한국 기독교인이 기독교인과 함께 한국인인 한 어쩔 수 없이 과거 500년간 한국 사회를 지배하며 축적된 유교의 종교 문화적 유산과 무관할 수 없다는 뜻이다.

도대체 유교라는 것이 무엇을 의미하는가? 한국인이 배격하는 유교라는 것은 어떤 것인가? Julia Ching 교수의 말대로, 유교가 "퇴영적 이념, 공허한 글공부, 호혜주의를 무시한 계층 관계의 사회, 부모가 자녀들을 지배하고 남자가 여자를 지배하는 영원한 지배, 그리고 미래에는 관심이 없고 오로지 과거에만 집착하는 사회질서" 등을 의미한다면 그런 유교는 오늘날의 실정에 부적합하고, 따라서 마땅히 무시되거나 배격되어야 한다는 것이다. 그러나 유교가 "인간의 존엄성, 도덕적으로 위대해질 수 있고, 심지어 성인의 경지에까지도 이를 수 있다는 가능성, 도덕적 가치에 입각한 사회에서 타인과 맺어야 할 근본적인

---

17. 이런 비난에 대해서는 柳東植, 『韓國宗敎와 基督敎』(서울: 기독교서회, 1965), 91-3: 玄相允, 『朝鮮儒學史』(서울: 민중서관, 1947), 6-9 참조.

18. *Koreana: A Quarterly on Korean Culture* (Seoul: International Cultural Society of Korea), vol. 4, No. 2, 1990, 84-6.

19. Hans Küng and Julia Ching, 앞의 책, 85.

관계, 실재에 대한 해석 및 초월적인 것에 대해 개방적인 자아의 형이상학 등의 역동적 발견"을 뜻한다면,[20] 이런 유교는 오늘날에도 적합한 것이고, 한국 기독교인으로서 이를 무시하거나 피할 수가 없을 것이다.

한국 유교와 기독교가 지금과 같은 무관심 내지 불편한 관계에서 벗어나 현재의 다원주의 사회에 부합되는 다원주의 시각에 입각해서 의미있는 대화를 시작한다면 그들은 한국 종교계를 위하여 지극히 보람된 관계를 이룩할 수 있을 것이라고 본다. 건설적인 대화의 관계를 위해 그렇게도 중요한 "다원주의 시각"이란 도대체 어떤 것인가? 필자는 그것을 다음과 같이 정의한 적이 있다:

> 그것은 될 수 있는 대로 많은 시각에서 사물을 보려는 것이다. 그것은 모든 인간의 견해란 나의 견해를 포함해서 모두 불가피하게 제약적이고 부분적일 수밖에 없다는 사실을 겸허하게 인정하는 것이다. 한 가지 시각에서 보아 옳은 것 같이 보이는 것도 다른 시각에서 볼 때 완전히 틀리는 것으로 보일 수 있다는 사실을 수납하는 것이다. 다른 시각들을 허용할 뿐만 아니라 좀더 완전에 가까운 실상에 이르기 위해서는 그들이 필요불가결하다는 사실을 인지하는 것이다. 따라서 일견 모순되고 양립 불가능한 것처럼 보이는 견해들도 양자 택일(either/or)의 이분법적 관계가 아니라 양자 함께(both/and)의 보완적 관계로 이해하는 것이다.[21]

이와 같은 시각을 갖게 된다면, 한국 유교인들과 기독교인들은 자기들의 종교가 결국 여러 가지 존재 가능한 종교들 중의 하나라는 것, 그리고 더욱 완전한 실상에 접근하기 위해서는 서로가 서로를 필요로 한다는 사실을 자각하게 될 것이고, 이와 같은 자각이야말로 그들로 하여금 격의없는 대화의 관계에 임하도록 해줄 것이다.

---

20. 같은 책, 90.
21. K. Oh, Concord and Discord in the History of Korean Thought: A Pluralistic Appraisal, 한국 정신 문화 연구원 제5회 국제 학술 회의 논문집(서울: 정신 문화 연구원, 1988), 제2권, 451.

B. "지평융합"

그러면 유교와 기독교 사이에서 이루어질 수 있는 이와 같은 대화의 관계에서 구체적으로 기대할 수 있는 것이 무엇인가? 실제적인 이점이 무엇이고 얻을 수 있는 결과는 무엇일까?[22]

우선 생각나는 것은 이와 같은 대화가 한국 유교인들과 기독교인들로 하여금 John S. Dunne이 말하는 "우리 시대가 감행해야 할 영적 모험"(the spiritual adventure of our time)을 감행할 수 있게 도와줄 수 있을 것이라는 점이다.

미국 노틀담 대학 종교 철학 교수인 Dunne은 그의 책, *The Way of All the Earth*에서 다음과 같이 말하고 있다:

> 우리 시대의 성인은 고타마나 예수나 모하멧같이 세계적인 종교를 창시한 인물들이 아니고, 간디처럼 동정적 이해심을 가지고 자기 종교에서부터 남의 종교들로 넘어갔다가 새로운 안목을 가지고 자기 종교로 되돌아오는 인물일 것이다. 넘어가봄과 되돌아옴은 우리 시대가 감행해야 할 영적 모험이다.[23]

그는 이어서 이 "영적 모험"에 대하여 다음과 같이 서술했다:

> 넘어가봄이란 입장을 바꾸어봄, 다른 문화, 다른 생활 양식, 다른 종교의 입장에 서보는 것이다. 이것은 "되돌아옴"이라 칭할 수 있는 동일하면서도 반대되는 과정, 곧 새로운 안목을 가지고 자신의 문화, 자신의 생활 양식, 자신의 종교로 되돌아옴을 수반한다.[24]

---

22. 유교인은 여기서 무슨 이익이 있는가를 묻지 말고 무엇이 옳은가를 물어야 한다고 할지 모르겠다. 이(利)가 아니라 의(義)를 물어야 한다는 것이다. 그러나 여기서 옳은 것이 이로울 수도 있다는 좋은 예를 보게 된다고 할 수 있다. 유교에서의 의의 개념에 대해서는 Fung, Yu-lan, *A History of Chinese Philosophy*, tr. Derk Bodde (Princeton: Princeton University Press), 74 참조.

23. John S. Dunne, *The Way of All the Earth* (New York: Macmillan, 1972), ix.

24. 같은 곳.

Dunne에 의하면, 이렇게 타종교로 넘어가봄과 자기 종교로 되돌아옴의 과정은 가능하고 바람직한 일일 뿐만 아니라 절대절명의 일로서 이 과정에 관계되는 당사자들뿐만 아니라 전인류의 운명에 관계되는 일이라는 것이다.

모든 살아 있는 생명체와 마찬가지로, 살아 있는 종교 전통도 움직이고, 자라고, 자기 변화의 과정을 거쳐야 하는데, 이런 과정은 새로운 환경에 적응하고 동화됨으로써만 가능한 일이다. 가장 뚜렷한 예가 중국 송(宋)나라 때 일어난 신유학(新儒學)이다. 잘 알려진 바와같이, 신유학의 방대한 체계는 단순히 고전 유학의 계승 발전만이 아니고, 타종교들, 특히 선불교(禪佛敎)의 영향 아래서 근본적인 자기 변혁을 거쳐서 이루어진 것이다.[25] 이제 20세기 후반의 유교가 기독교와 이와 비슷한 상호 작용의 관계를 맺음으로 그 때와 비슷한 유익을 얻지 못할 이유는 없다고 본다. 현대 유학자들은 기독교와 같은 타종교의 빛 아래서 유교 전통을 재조명하고 재평가함으로 유교의 참가치를 재발견하고 부흥시킬 수 있으리라 확신한다.

한국 기독교의 경우는 어떠한가? Huston Smith 교수는 "우리는 다른 사람들의 신앙에 대하여 귀를 기울여야 한다"[26]고 했다. 한국 기독교인들의 경우 유교는 정확히 말해서 "다른 사람들"의 신앙이 아니다. 그들에게 있어서 그것은 "우리들의 것" 혹은 적어도 "우리들의 것의 일부"다. 따라서 유교에서 하는 말을 더욱 주의깊게 경청해야 마땅할 것이다. 언제나 일방적으로 말만 하려고 하지 말고, 이렇게 귀를 기울이므로, 한국 기독교인들은 "넘어가봄"과 "되돌아옴"이라는 생산적인 변증법적 과정을 거치게 되고, 이로 인해 그들의 종교 생활이 더욱 깊고 풍성해질 수 있을 것이다.

한국 유교와 기독교가 이런 건설적 교류의 관계를 수립한다면 이른바 종교적 "지평융합"(fusion of horizons) 혹은 역동적인 종교적 종합이 가능하게 되리라는 것은 예상하기 그리 어려운 일이 아니다.[27]

---

25. 이 문제에 대하여서는 Fung, Yu-lan, *A Short History of Chinese Philosophy* (New York: The Free Press, 1948), 268 참조.
26. Huston Smith, *Religions of Man* (New York: Haper & Row, 1958), 313.

C. 함께 일한다

일본 학자로서 불교와 기독교와의 대화에 시간과 정력을 바치고 있는 아베 마사오(阿部正雄) 교수는 두 종교간의 대화가 상호이해만을 위해서가 아니라 상호변혁(mutual transformation)을 위해 이루어져야 하고, 이런 상호변혁은 "과학만능주의(scientism)와 니체적인 허무주의"처럼 "종교를 부정하는 이념들"의 도전에 협력하여 대응하는 것을 목표로 해야 한다고 주장하고 있다.[28] 이 것을 한국에서의 유교와 기독교의 대화에 적용한다면 이 두 종교는 한국에서 동역자로 협력하여 해야 할 일이 많다는 뜻일 수 있다.

오늘같이 복잡하고 다원적인 사회에서는 어느 한 종교도 현재 우리가 당면하고 있는 모든 문제를 다 해결할 수 있다고 주장할 수 없다. 여러 종교들은 그들의 힘과 노력을 합해 더욱 바람직한 사회, 더욱 평화로운 사회를 이루는 데 힘써야 할 것이다. 각이한 종교들은 이런 의미에서 서로 불가결하게 "상호 보완적으로" 이 시대의 도전에 함께 맞서야 할 것이다.

한국 유교와 기독교의 경우, 그들이 힘을 합해 같이 할 수 있는 일들이 무엇일까? 첫째로 생각할 수 있는 것은 동북 아시아 여러 나라 사람들과 마찬가지로 "극도의 개인주의와 윤리적 이완상태 같은 근대화의 부산물"[29] 때문에 당하고 있는 한국 사람들의 윤리적 당혹감을 경감하는 일에 힘을 합해야 하리라 생각한다. 현재 많은 한국 사람들은 상호의존의 인간관계를 근간으로 한 전통적 유교의 가치관이 서양의 개인주의와 개인의 자유에 의해 도전받고 있음을 묵도하고 있고, 이 결과 한국에서는 여러 가지로 가치관의 혼란이 일어나고 있다.[30]

---

27. "지평융합"(地平融合)에 대한 Karl Popper의 생각에 대해서는, 이즈쯔 토시히코(井筒後彦), 『意味の 深みへ』(東京: 岩波書店, 1985), 18-25를 참조할 것.
28. John B. Cobb, Jr. and Christopher Ives, eds., *The Emptying God: A Buddhist-Jewish-Christian Conversation* (Maryknoll, NY: Orbis Books, 1990). 4.
29. Julia Ching in Hans Küng and Julia Ching, 앞의 책, 85.
30. 이 문제에 대해서는 Michael C. Kalton, Neo-Confucian Studies Phase II: Future), 한국 정신 문화 연구원 제5회 국제 학술 회의 논문집(서울: 한국 정신 문화 연구원, 1988), 제2권, 263ff. 참조할 것.

유교와 기독교는 두 종교에서 발견되는 일견 양립 불가능한 것처럼 보이는 가치들의 장점들을 파악하여 의미있는 종합을 찾는 데 협력할 수 있을 것이다. 이렇게 함으로 권위주의적이거나 강압적인 요소가 배제된 상호의존의 공동체라든가 서양 개인주의의 부정적인 면을 극복한 개인적 자율과 자유 같은 가치를 창출해 낼 수 있을 것이다.

동시에 "집단적 이기심"의 발로라고 볼 수 있는 지나친 민족주의 내지 국가지상주의 같은 것도 유교와 기독교에서 공통으로 가지고 있는 인도주의와 보편주의 원칙에 따라 바른 방향을 잡아 나가도록 시정할 수 있을 것이다.

유교와 기독교가 한국에서 공동으로 할 수 있는 또 한 가지 사업은 한반도의 통일을 위한 것이다. 물론 이것은 유교와 기독교만의 과업이 아니라 불교, 천도교 등 한국에 있는 모든 종교들이 함께 일익을 담당해야 할 일일 것이다. 각 종교는 각기 나름대로 통일 전략이나 계획을 수립할 수 있을 것이다. 그러나 화기애애하고 고무적인 대화의 분위기라면 일이 더욱 효과적으로 이루어질 수 있고, 더욱이 모두가 팀웍의 정신으로 협력하여 추진한다면 그보다 더 좋은 일이 어디 있겠는가?

이상은 몇 가지 예에 불과하다. 대화를 진행시켜 나가면서 유교인들과 기독교인들은 그들의 정력을 함께 경주할 수 있는 사회적 윤리적 공동사업을 찾아 낼 수 있을 것이다.[31]

D. 함께 생각한다

한국 유교인들과 기독교인들이 가장 깊은 차원에서 서로 만날 수 있는 길은 무엇일까? 그들의 대화가 "대화를 넘어"(beyond dialogue) "상호변혁"(mutual transformation)을 가능하게 할 수 있는 방법은 무엇일까?

연세대학 및 미국 Whittier 대학에서 철학신학으로 교편을 잡았던 김하태(金

---

31. 몇 가지 구체적인 가능성, 특히 유교 측에서 할 수 있는 일에 대해서는, 금장태, "현대 한국 유교의 성찰과 전망" 『현대 한국 종교의 성찰과 전망』(서울: 민족 문화사, 1989), 31-54 참조할 것.

夏泰) 박사는 한국에서 유교와 기독교가 만났을 때 양 종교의 "부수적이며 우연적인 속성"이 아니라 그들의 "본질"을 파악하여 "비교·대조·구상을 꾀하여야" 한다고 했다.[32] 그는 "피란민 신학"이란 말을 차용하여, 피란민이 집을 떠날 때 생존에 불가결한 본질적인 것만 가지고 가듯이, 기독교 신학도 한국의 전통 종교와 만나는 길을 떠나면서 불필요한 것은 모두 버릴 줄 알아야 한다고 했다.

Hans Küng도 유교와 그 휴머니즘이 "만약 불필요한 전근대적, 이데올로기적, 제도적 짐을 벗어버리고 그 무능 상태에서 헤어나 본래적 '본질'에 전념한다면" 종교적으로 다원주의적인 현대사회에 크게 이바지할 수 있을 것이라고 말했다.[33]

그러면 유교와 기독교에서 "본질적인 것"이 무엇일까? 양편 종교의 본질적인 것이 의미있는 상호 변혁을 위해 만날 수 있을까? 이런 만남이 양편 종교를 위해 훌륭한 파라다임을 제공해 줄 수 있을까?

필자가 보기로는 한국 유교에서, 혹시 유교의 본질 자체가 아니라면 적어도 가장 본질적인 것들 중의 하나라고 볼 수 있는 것을 찾아야 한다면, 그것이 "성학"(聖學)이라는 개념이 아닌가 여겨진다. 과거 500년간 한국에서 가장 큰 영향력을 끼쳤던 유학은 신유학(Neo-Confucianism)인데, 신유학의 특징은 성학을 강조하는 데 있었다. 고대 유교에서도 물론 성인의 이상을 가르친 것이 사실이다.[34] 그러나 그것은 어디까지나 이상이지 도달 가능한 목표가 아니었다. 신유학은 이 고매한 이상을 모든 사람들이 수양을 통해 현실적으로 실현 가능한 목표로 바꾸어 놓았다.[35] 신유학에서 차지하는 성학의 중요성에 대해서 북미 신유학 연구의 권위자인 Columbia 대학교 de Bary 교수는 다음과 같이 말했다:

---

32. 김하태, 『東西哲學의 만남』(서울: 종로 서적, 1985), 213.
33. Küng and Ching, 앞의 책, 122. 큰 따옴표 중 작은 따옴표는 필자의 가필.
34. 예로 『孟子』 6B/2, 5A/7 참조.
35. 신유학에서의 자기 수양(Self-cultivation)에 대해서는 Toshihiko Izutsu, The Temporal and A-temporal Dimensions of Reality in Confucian Metaphysics, in *Eranos Jahrbuch* 43, 1974, (Leiden: E. J. Brill, 1977), 411-47 참조할 것.

"성학"(Sage Learning)이란 말은 여러 가지 뜻을 가지고 있다. 그것은 물론 과거 성인들에게서부터 내려오는 가르침, 즉 성인들의 가르침이라는 뜻일 수 있다. 그러나 주희(朱熹)는 특히 "성인이 되기 위한 배움의 길" 혹은 성인의 경지에 이르기 위한 배움으로 그것을 강조했다. 그에게 있어서 중요한 것은 성인의 경지라는 것이 송대(宋代)에서 실천 가능한 목표가 될 수 있다는 것, 일정한 자기 수양의 과정을 통해 고집스런(wayward) 마음이 도를 향한(Way-ward) 마음으로 변할 수 있다고 하는 것이었다. 성학을 단순히 "성인들의 가르침"이라고만 번역하는 대신 "성인의 경지에 이르기 위한 배움"이라는 뜻으로 번역을 하지 않으면, 이 전통적인 개념에 대한 신유학적 해석 중에서 가장 다이나믹한 요소를 놓쳐버리고 말게 되는 것이다.[36]

한국에서의 신유학도 이와 다를 것이 없었다. 한국 신유학자들 중 가장 잘 알려진 이퇴계(李退溪)가 『성학십도』(聖學十圖)를 지은 것이나,[37] 이율곡(李栗谷)이 『성학집요』(聖學輯要)를 지은 것은 이런 사정을 극명하게 말해 주는 증표라 볼 수 있다.

성인(聖人)이 된다고 하는 것은 인간의 전존재(全存在)가 근본적으로 변혁을 일으키는 것을 의미한다. 그것은 단순히 윤리적으로 존경받을 만한 사람이 되는 것을 의미하는 것이 아니다. 깊이 "사물을 궁구"[格物]하는 데서 얻어지는 돌파(breakthrough) 내지는 "밝아짐"[明]을 체험하는 일로서, 이는 오랜 기간 집중적으로 생각을 모으고 깊이하므로 여러 가지 현상 세계의 사물들로 분화하기 이전 우주의 근본자리인 미발(未發)의 상태로 뚫고 들어감을 의미하는 것이

---

36. Wm Theodore de Bary and JaHyun Kim Haboush, eds., *The Rise of Neo-Confucianism in Korea* (New York: Columbia University Press, 1985), 13. 성학의 문제에 대해서는, Rodney Leon Taylor, *The Cultivation of Sagehood as a Religious Goal in Neo-Confucianism* (Missoula: Scholars Press, 1978), 1-7: Wm T. de Bary, ed., *Self and Society in Ming Thought* (New York: Columbia University Press, 1988), 1-28 등 참조.

37. 번역 해설판으로 *To Become a Sage: The Ten Diagrams on Sage Learning by Yi T'oegye*. Tr., ed., and with Commentary by Michael C. Kalton(New York: Columbia University Press, 1988)이 있다.

다. 신유학자의 말대로 "생각을 모음은 뚫음과 깊음이요, 뚫음과 깊음은 성인으로 나가는 길이다".[38] 성인이 된다고 하는 것은 이와같이 도덕적 완성의 문제가 아니라 궁극적 변혁(ultimate transformation)의 문제다.[39] 이것이야말로 신유학에 있어서 본질적인 문제임에 틀림이 없다.

그러면 기독교에 있어서의 본질적인 요소는 무엇일까? 필자는 전문적 기독교 신학자가 아니기 때문에 기독교의 입장에서 이 문제를 다룰 처지는 못된다. 그러나 비교 종교학을 전공하는 한 사람의 입장에서 볼 때 예수님의 가르침에서 가장 본질적인 것 중의 하나가 "메타노이아", 곧 예수님이 공생애를 시작하면서 처음으로 선포한 말씀, "회개하라, 천국이 가까웠느니라" 할 때의 그 "회개"라는 것이 아닌가 생각된다.[40]

사실 Hans Küng 같은 신학자도 이와 같은 생각이다. 그에 의하면, 예수님이 시작한 일은 "인간의 사고에 근본적 변화를 일으키는 것, 모든 형태의 이기심에서부터 하느님과 동료 인간들을 향해 돌아섬(희랍어로 "메타노이아")이었다는 것이다.[41] Küng은 "전에 '회개'(repentance)라고 잘못 번역된" 이 메타노이아란 말은 "외부적으로 베옷을 입고 재를 뒤집어쓰는 참회의 행위가 아니라 인격 전체가 근본적으로 새로운 생각을 하고 새로운 방향으로 돌아섬, 완전히 새로운 삶의 자세가 이루어지는 것"을 뜻한다는 것이다. 그에 의하면, 인간의 전인격이 완전히 바뀌는 이런 변혁이 바로 기독교에서 "중심적 중요성"(central importance)을 가진 문제라고 하는데, 필자도 전적으로 동감이다.[42]

한국에서 유교와 기독교가 이 중차대하고 본질적 문제인 인간의 "궁극 변혁"(ultimate transformation)의 문제 — 인간의 잠재적 가능성을 최대한도로 발

---

38. Chu Hsi and Lü Tsu-ch'ien, *Reflections on Things at Hand,* tr. Wing-tsit Chan(New York: Columbia University Press, 1967), 84. 그리고 Fung, Yu-lan, *A Short History of Chinese Philosophy,* 306도 볼 것.
39. "신유학의 종교적 차원"에 대해서는 김하태, 앞의 책, 153-68 참조할 것.
40. 마태복음 4:17 및 병행구.
41. Hans Küng, *On Being a Christian* (London: Collins, 1977), 191.
42. 같은 책, 250.

현함으로써 이룰 수 있는 이 변혁의 문제를 중심으로 해서 대화를 진행시킨다면, 이런 "함께 생각함"이야말로 이 두 종교 모두를 위해 엄청나게 중요한 결실을 가져오게 되리라는 것이 필자의 소견이다. 이 일이 가능해진다면 실로 "가장 가슴 울렁이게 하는 만남은 새롭게 해석된 기독교와 새롭게 해석된 유교 간의 만남이다"[43]고 한 말이 사실일 수 있다고 본다.

필자 개인적인 생각으로는 유교에서 가르치는 "성인"의 이상과 기독교에서 말하는 "메타노이아"의 실현에 초점을 맞춘 대화는 다른 어느 종류의 대화, 예를 들어 최근 아베 마사오 교수가 제안한 불교의 "공"(空, *sunyata*) 사상과 기독교의 "비움"(*kenosis*)의 하느님 사상에 초점을 맞춘 대화 같은 것, 더욱더 생산적이 되리라 확신한다.[44] 그렇다고 물론 공과 비움 사이의 "상호 변혁을 목표로 하는 대화"를 경시하려는 것은 아니다. 이것도 중요하다. 그러나 필자가 보기로는, 공과 비움과의 대화가 더 형이상학적이고 이론적이라면, 성인됨과 메타노이아와의 대화는 근본적으로 인간에게 새로운 체험과 새로운 의식을 갖게 해주는 것을 목표로 하는 "실천적" 문제에 관심을 갖는 것이다.[45]

성인됨과 메타노이아를 중심으로 하는 대화는 **John Berthrong** 교수가 제안

---

43. Douglas J. Elwood, Christian Theology in an Asian Setting: the Gospel and Chinese Intellectual Culture, in Richard W. Rousseau, S. J., ed., *Christianity and the Religions of the East: models for a dynamic relationship* (Scranton, PA: Ridge Row Press, 1982), 133.

44. John B. Cobb, Jr. and Christopher Ives, eds., *The Emptying God,* 앞에 나온 책 참조.

45. 성인됨과 메타노이아에 초점을 맞추는 대화란 결국 인간의 잠재력을 최대한도로 발현하는 것을 강조하는 휴머니즘을 중심으로 하는 대화라는 뜻이다. 유교와 기독교간의 대화를 위한 근거로서의 휴머니즘을 논의한 글로 **D. J. Elwood**의 앞의 글 133ff.와 김하태, 앞의 책, 210을 참조할 것. 김하태 교수는 휴머니즘과 함께 신비주의(mysticism)도 이 대화의 근거가 된다고 보고 있다. 이런 의미에서 성인됨과 메타노이아 간의 대화는 禪佛敎의 "깨침"〔開悟〕의 이상을 포함하는 삼자 토의(trilogue)로 확대될 수 있다고 본다. 禪에서 悟(wu)와 신유학의 明(ming) 사이의 유사점과 상이점에 대한 논의는 중국 宋代에 중요한 문제였다. 그러나 그 당시의 정신적 분위기에서 당연한 일이었겠지만 이 논의는 격의없는 토론이 되지 못하고 분파적이고 호교적이었을 뿐이다. Toshihiko Izutsu, The Temporal and A-temporal Dimension of Reality in Confucianism, 앞의 글, 440을 볼 것.

한 "신의 초월성에 대한 고전적 개념의 일방성"을 극복하기 위한 수단으로서의 "이중적 초월"(dual transcendence)을 근거로 하는 유교와 과정신학(Process Theology)과의 대화보다도 더욱 구체적이고 실제적이라고 생각한다.[46]

맺는 말

우리는 유교와 기독교가 만났던 초기에 발생한 갈등이 본질적으로 종교적 성격의 것만이 아니었다는 사실을 밝혔다. 근본적인 성격을 말하라면 그것은 오히려 유교를 나라에서 유일한 사회 종교적 이념으로 고수하려는 전근대적 정신상태와 기독교를 구원의 유일한 길이라고 보고 한국 전통을 수용하는 데 실패한 똑같은 형태의 전근대적 경직성의 충돌이라 하는 것이 더욱 정확한 표현일 것이다. 이와 같은 "고전주의적" 사고방식과 태도는 지양되어야 마땅하고, 한국의 유교와 기독교가 이런 전근대적 질곡에서 해방되어 허심탄회한 대화의 관계를 수립한다면, 이 두 종교는 한국뿐만 아니라 전세계를 위해 중요한 공헌을 하게 될 것이다.

유교와 기독교와의 대화에 관한 한 분명히 한국은 매우 특이한 입장에 있다고 볼 수 있다. 유교가 비록 사회 정치적 세력으로서는 1910년 조선조의 몰락과 함께 사라진 것이 사실이지만, 그것은 아직 절대다수 한국인들의 삶과 생각을 지배하는 강력한 문화 종교적 영향력으로 살아 있다.[47] 이것은 지난 40여 년간 공산주의 사상이 지배적이던 중국 본토나, 전통적으로 불교가 지배적이던 일본 같은 사회에서는 찾아볼 수 없는 일이다. 동북 아시아 여러 나라 중에서

---

46. John Berthrong, Human Nature Revisited: Prospects for Contemporay Confucian-Christian Dialogue, in M. Darrol Bryant, ed., *Pluralism, Tolerance and Dialogue: Six Studies* (Waterloo, Ont.: University of Waterloo Press, 1989), 103-24, esp.109ff.
47. 현 한국 사회에서 유교가 미치는 영향력에 대한 연구로, 尹以欽 등, 『宗教人口調査의 方法論 開發과 韓國人의 宗教性向』, 『韓國宗教의 理解』(서울: 集文堂, 1985), 360ff. 참조할 것.

"한국 사회가 가장 심오하고 활기찬 유교 전통을 유지하고 있다는 것은 의심할 여지가 없는 사실이다"고 한 Michael Kalton의 관찰은 정확한 것이다.[48]

한국은 동시에 매우 활발한 기독교 인구를 가진 나라이기도 하다. 인구의 약 20%가 기독교를 자기들의 종교로 확인하고 있다. 최근 Donald N. Clark이 주목한 바와같이, "기독교가 이제 한국인의 종교지 외래품이 아니라는 인상"은 불가피한 사실이 되었다.[49] 이런 현상 역시 동북아시아 어디에서도 유례를 찾아볼 수 없는 일이다. 그러므로 유교와 기독교와의 대화를 위해 특별히 유리한 조건을 갖춘 나라가 있다면 그것은 분명 한국이라 해도 과언이 아닐 것이다.

김하태 교수는 이와 같은 한국의 특수 사정을 고려할 때 한국 신학자들은 기독교와 유교의 비교연구에 전념할 필요가 있고, 이들이 열린 마음으로 이 일에 힘쓴다면 세계 기독교에 중대한 공헌을 하게 될 것이라 역설했다.[50] 한국 유학자들에 대해서도 똑같은 말을 할 수 있을 것이다. 만일 그들이 기독교와의 대화 관계에서 그들 자신의 전통을 성찰하고 재발견하는 데 전념한다면, 그들도 새롭게 해방된 유교를 수립할 수 있을 것이고, 이로 인해 세계 종교계에 공헌할 수 있게 될 것이다. 이것은 위대한 가능성이고, 유교와 기독교가 힘을 합해 이런 가능성을 현실로 바꾸는 것이 그들 위에 부과된 당면 과업이다. 앞으로 유교와 기독교가 이런 일로 서로 만나 슬기를 모으게 될 날이 있으리라 확신한다.

---

48. Michael C. Kalton, Neo-Confucianism Studies Phase II: Future, 앞에 인용한 글, 270.
49. Donald N. Clark, *Christianity in Modern Korea* (Lanham, MD: University Press of America, 1986), 36.
50. 김하태, 같은 책, 214. 그는 불교와 기독교의 대화는 일본에서 잘 진행되고 있으므로 유교와 기독교의 대화는 한국에서 진행시키는 것이 좋으리라고 제의하고 있다.